클라우드 네이티브 아키텍처

클라우드 환경을 위한
고가용성 및 비용 효과적인
애플리케이션 설계와 구축

[예제파일 다운로드]

https://wikibook.co.kr/cna/

https://github.com/wikibook/cna

클라우드 네이티브 아키텍처

클라우드 환경을 위한 고가용성 및 비용 효과적인 애플리케이션 설계와 구축

지은이 톰 라쥬스키, 카말 아로라, 에릭 파, 피윰 조누즈

옮긴이 홍성민, 이진욱

펴낸이 박찬규   엮은이 전이주   디자인 북누리   표지디자인 Arowa & Arowana

펴낸곳 위키북스   전화 031-955-3658, 3659   팩스 031-955-3660

주소 경기도 파주시 문발로 115 세종출판벤처타운 311호

가격 27,000   페이지 328   책규격 188 x 240mm

초판 발행 2020년 02월 18일

ISBN 979-11-5839-193-5 (93000)

등록번호 제406-2006-000036호   등록일자 2006년 05월 19일

홈페이지 wikibook.co.kr   전자우편 wikibook@wikibook.co.kr

이 도서의 국립중앙도서관 출판시도서목록 CIP는
서지정보유통지원시스템 홈페이지(http://seoji.nl.go.kr)와
국가자료공동목록시스템(http://www.nl.go.kr/kolisnet)에서 이용하실 수 있습니다.
CIP제어번호 CIP2020005194

클라우드 네이티브 아키텍처

클라우드 환경을 위한 고가용성 및 비용 효과적인 애플리케이션 설계와 구축

톰 라쥬스키, 카말 아로라, 에릭 파, 피윰 조누즈 지음 / 홍성민, 이진욱 옮김

위키북스

이 책의 목적은 클라우드 네이티브와 실용성의 교차점을 찾는 것이다. 실용적인 클라우드 네이티브를 위해 어떤 것이 가능할지 탐구해 보고, 이 이유와 방법을 살펴본다. 이 책은 차세대 클라우드 컴퓨팅의 도약점이 될 것이다.

이 책의 목표는 클라우드 컴퓨팅의 성능을 강화하고 플랫폼에서 사용할 수 있는 모든 애플리케이션을 제공하는 것이다. 개발자와 최종 사용자, 회사 전체를 포함해 클라우드 컴퓨팅과 관련된 모든 사람은 이 책을 읽음으로써 혜택을 얻을 수 있을 것이다. 비즈니스 요구 사항을 충족하고 그 이상을 달성하는 것이 항상 IT의 목표여야 한다는 점을 명심하라. 이 책은 IT가 그러한 목표를 달성하기 위한 효과적인 계획을 세우는 데 도움을 줄 것이다.

클라우드 네이티브 기능을 사용하면 다음과 같은 이점을 얻을 수 있다.

- **성능**: 일반적으로 퍼블릭 클라우드 서비스의 네이티브 기능을 사용하면 네이티브가 아닌 기능보다 더 나은 성능을 제공한다. 예를 들어, 자동 확장 및 로드밸런싱 기능과 함께 작동하는 I/O 시스템을 다룰 수 있다.

- **효율성**: 클라우드 네이티브 애플리케이션의 클라우드 네이티브 기능 및 API를 사용하면 기반 자원을 보다 효율적으로 사용할 수 있다. 이는 성능 향상과 운영 비용 절감으로 이어진다.

- **비용**: 효율적인 애플리케이션은 일반적으로 실행 비용이 적게 든다. 클라우드 공급자는 소비되는 자원의 양에 따라 매월 청구서를 보내므로 적은 비용으로 더 많은 것을 할 수 있다면 비용을 절약할 수 있다.

- **확장성**: 네이티브 클라우드 인터페이스에 애플리케이션을 추가하기 때문에 클라우드 플랫폼의 자동 확장 및 로드밸런싱 기능에 직접 접근할 수도 있다.

AWS와 같은 IaaS 플랫폼을 비롯한 클라우드 플랫폼을 적절히 활용하려면 애플리케이션을 특정 물리적 자원에서 분리되게끔 설계해야 한다. 예를 들어, 리눅스와 같은 플랫폼에서 I/O에 직접 접근하는 경우, 클라우드의 추상화 계층 또는 해당 네이티브 API에 접근해야 한다.

애플리케이션이 클라우드용으로 설계됐는지 아닌지에 관계없이 클라우드는 애플리케이션과 기반 물리(또는 가상) 자원 간에 추상화 또는 가상화 계층을 '제공할 수 있다'. 하지만 그것만으로는 충분하지 않다. 진정한 클라우드 네이티브로 가려면 그 네이티브 자원을 직접 제어해야 한다.

애플리케이션의 설계와 개발, 배포에서 이 클라우드 네이티브 아키텍처를 고려할 때 기반 클라우드 자원의 활용률은 70% 더 효율적일 수 있다. 이 클라우드 컴퓨팅 효율성은 돈과 같다. 사용하는 자원에 대한 비용을 지불하므로 똑같은 자원으로 더 효율적으로 작동하는 애플리케이션이 더 빠르게 실행되고 월말에 더 적은 클라우드 서비스 비용을 만든다.

클라우드 네이티브는 특정 클라우드의 기능을 따르도록 코드를 변경하는 것뿐만 아니라 아키텍처 설계에 대한 접근 방식을 변경하는 것이다. 이러한 클라우드 맞춤 아키텍처는 자동 확장될 수 있으며, 분산돼 있고 상태 비저장이며 느슨하게 결합된 여러 특징을 갖는다. 애플리케이션을 진정한 클라우드 네이티브로 만들려면 코드를 리팩터링하기 전에 아키텍처를 다시 생각해야 한다.

애플리케이션 아키텍처에 대한 이 새로운 접근 방식이 자원과 돈을 잡아먹고 커다란 위험을 가중시킬까? 그렇다. 하지만 대부분 기업의 경우처럼 애플리케이션의 수명이 10-15년이라면 일반적으로 위험-보상에서 보상 측면이 더 커진다. 결국, **장기간 사용하는 애플리케이션의 아키텍처 재설계 및 리팩터링에 대한 노력은 몇 배의 대가를 돌려줄 것이다.**

애플리케이션을 클라우드로 마이그레이션할 때 클라우드 네이티브 애플리케이션 경로를 선택하는 이유는 설득력이 있다. 그 이득이 클라우드로 이전하기로 한 대부분 애플리케이션에 드는 비용보다 크기는 하지만, 리팩터링 비용이 단순한 리호스팅 비용의 30배에 달한다는 점을 고려할 때 기업이 바로 뛰어드는 것을 꺼려하는 것도 당연하다.

따라서 클라우드 네이티브 애플리케이션 경로는 애플리케이션을 유닉스/리눅스의 네이티브 API로 플랫폼 네이티브하게 만들 때 사용자들이 본 것과 유사한 또 다른 학습 과정이 될 것이다. 누구나 성공하기까지는 몇 번의 실패를 경험한다. 이 책의 독자들도 같은 패턴을 따를 것이라고 생각한다. 몇 년 안에 클라우드 네이티브는 모범 사례가 될 것이다. 하지만 몇 번 더 실패할 때까지 그런 일은 없을 것이다. 어떤 것들은 절대 변하지 않는다.

그렇다면, 클라우드 네이티브 아키텍처를 활용하는 클라우드 네이티브가 바로 가야 할 방향일까? 이 책의 추천사를 읽고 있는 것으로 봐서 여러분은 이미 그렇게 확신하고 있는 것이 아닌가 생각된다. 이 책의 나머지 부분을 읽으면 그 생각에 완전히 동의할 것이다. 첫 번째 또는 두 번째 클라우드 네이티브 아키텍처를 구현할 때쯤 비로소 진정한 이해를 하게 될 것이다.

― 데이비드 린시컴(David Linthicum)

"딜로이트 컨설팅", 최고 클라우드 전략 임원,

이 추천사를 쓰는 2018년 여름, 클라우드 컴퓨팅은 대부분 기업 및 기업 컴퓨팅 전략에서 수용되고 있다. 클라우드에서 애플리케이션을 호스팅함으로써 기업은 물리적 설비, 서버, 네트워크 등 부가가치가 없는 것에 대한 비용 지출과 의존도를 줄일 수 있다. RightScale 에 따르면 거의 90%의 기업이 어떤 식으로든 클라우드 자원을 활용하고 있는데, 이것은 놀랄 일이 아니다.

그러나 클라우드를 단순히 저렴한 아웃소싱 또는 가상화된 데이터 센터로 사용하는 것은 클라우드 컴퓨팅의 가치 중 많은 부분을 활용하지 않는 것이다. 시스템과 애플리케이션 아키텍처에 대한 '클라우드 네이티브' 접근 방식을 채택함으로써 기업은 현대 퍼블릭 클라우드의 탄력적이고 거의 무제한적인 컴퓨팅과 스토리지, 네트워킹 용량을 활용할 수 있으며, 이를 통해 고객에게 훨씬 더 나은 가치를 제공할 수 있다.

'클라우드 네이티브' 애플리케이션이란 무엇일까? 먼저 클라우드 네이티브 앱은 부하가 증가하고 감소함에 따라 자동으로 확장되는 기능에 의해 정의된다. 오늘날 대부분 기업은 예상되는 과부하에 맞춰서 데이터 센터에 최대 서버 수를 프로비저닝하고, 그 결과로 CPU 활용률이 한 자릿수에 머무르는 것을 보게 된다. 클라우드에서 자동화된 수평 확장 기능을 활용하면 사용자의 개입없이 필요에 따라 애플리케이션을 확장하고 축소할 수 있다. 용량이 필요하면 그것을 확보할 수 있으며, 그렇지 않으면 해당 용량이 반환되고 비용은 청구되지 않는다.

또한 클라우드 네이티브 애플리케이션은 오류나 장애에도 복원력이 있다. 어떤 이유로 서버나 라우터와 같은 일부 하드웨어가 실패하거나 데이터베이스가 치명적인 오류를 경험하는 경우라도 클라우드 네이티브 애플리케이션은 오류를 감지해 아마 다른 랙 또는 리전의 다른 클라우드 데이터 센터에 새로운 인스턴스를 만들어서 스스로 치유할 것이다.

클라우드 네이티브 컴퓨팅은 IT와 IT가 서비스하는 비즈니스 모두를 가속화해 IT가 애자일 및 데브옵스 기반 개발 접근 방식을 더 빠르고 더 적은 노력으로 채택할 수 있게 한다. 이를 통해 새로운 코드를 더 자주 (아마도 하루에 여러 번) 배포하고, 더 높은 신뢰성을 위해 자동화된 테스팅 파이프라인을 사용할 수 있다. IT와 비즈니스는 값비싼 조달없이 머신러닝과 고급 분석과 같은 클라우드 기능을 실험할 수 있다. 또한 IT의 가속화로 인해 비즈니스는 고객에게 더 빠르고 나은 응답을 제공할 수 있고, 클라우드의 글로벌 접근성을 통해 새로운 고객에 도달할 수 있으며 핵심 비즈니스 모델을 변경할 수도 있다.

제대로 구현된 경우 클라우드 네이티브 컴퓨팅의 이점을 계획한 대로 제공할 수 있는 컨테이너, API 게이트웨이, 이벤트 관리자, 서버리스 등 많은 새로운 기술이 있다. 그러나 클라우드 네이티브로의 전환은 기술적 변화뿐만 아니라 조직적, 문화적 변화도 내포하고 있다. 폭포수 개발 모델에서 애자일(Agile)과 린(Lean) 접근 방식, 지속적인 통합/지속적인 전달 자동화의 구현, 그리고 실험 문화를 구축하는 것이 클라우드 네이티브 사고 방식으로의 전환을 도울 수 있다.

클라우드 네이티브 방법론과 아키텍처를 채택함으로써 얻을 수 있는 혜택은 향상된 IT 기능이며, 더 중요한 것은 잠재적으로 비즈니스에 대한 엄청난 새로운 혁신의 기회를 포함한다는 점이다. 이러한 이점이 클라우드 네이티브 컴퓨팅을 필수적이며 현대 클라우드 채택의 선도적 원동력으로 만든다.

『클라우드 네이티브 아키텍처』를 읽어보기를 적극 추천한다. 이 책에서 클라우드를 의도한 대로 사용하는 애플리케이션을 만드는 방법을 찾을 수 있을 것이며, 지능적이고 혁신적인 솔루션의 새로운 세계를 마주하게 될 것이다.

– 미하 크랄(Miha Kralj)
"엑센츄어", 최고 경영자이자 클라우드 네이티브 아키텍처

톰 라쥬스키(Tom Laszewski)는 ISV, SI, 스타트업 및 엔터프라이즈 고객들이 IT 시스템을 현대화하고 혁신적인 소프트웨어 솔루션을 개발하는 데 도움을 주는 리더이자 클라우드 기술자다. 현재 주요 AWS 고객들과 함께 비즈니스 및 IT 혁신을 담당하는 엔터프라이즈 기술자 팀을 이끌고 있다. 이들 고객 중 다수는 클라우드 네이티브 아키텍처를 활용한 클라우드 현대화 및 디지털 전환 계획을 추구한다. 그는 십대 아들 슬레이드, 로건과 함께 세계 여행을 즐긴다.

카말 아로라(Kamal Arora)는 15년 이상의 IT 경험을 지닌 발명가이자 작가이자 기술 리더다. 현재 아마존 웹 서비스에서 근무하고 있으며, 글로벌 컨설팅 파트너와 기업 고객이 클라우드로의 전환을 가능하게 하는 고도로 숙련된 솔루션 아키텍트로 구성된 다양한 팀을 이끌고 있다. 카말은 또한 가장 큰 글로벌 기술 파트너십 창설을 주도하고 팀의 비전과 실행 모델을 설정하고 다수의 새로운 전략 계획을 도출해냈다. 그는 클라우드와 AI/ML 분야의 최신 혁신 기술과 그것이 우리 사회와 일상 생활에 미치는 영향에 대해 열정을 갖고 있다.

무조건적으로 지원을 아끼지 않은 아내 푸남 아로라와 항상 보살펴주고 응원해준 나의 가족 키란, 라지브, 니샤, 아아리니, 리안에게 특별히 감사의 말을 전한다. 마지막으로 중요한 한 마디를 남기자면, 아버지 보고 싶습니다!

에릭 파(Erik Farr)는 IT 업계에서 18년 이상 근무한 기술 리더다. 그는 세계에서 가장 큰 기업 및 시스템 통합 업체와 함께 일 하면서 클라우드 기술과 엔터프라이즈 아키텍처의 선두주자 역할을 했다. 현재 아마존 웹 서비스에서 글로벌 시스템 통합 파트너들이 엔터프라이즈 규모의 클라우드 네이티브 아키텍처를 설계할 수 있도록 도우며 경험 많은 솔루션 아키텍트팀을 이끌고 있다. AWS에서 일하기 전에는 캡제미니(Capgemini)와 월트 디즈니(The Walt Disney Company)에서 일한 경험이 있으며, 항상 고객들에게 가치 있는 결과를 창출하기 위해 노력한다.

이 여정에 보내준 모든 지원에 대해 나의 멋진 가족, 스테이시, 페이스, 시드니에게 특별히 감사의 마음을 전한다.

피윰 조누즈(Piyum Zonooz)는 아마존 웹 서비스의 글로벌 파트너 솔루션 아키텍트로, 다양한 업계의 여러 회사와 협력해 클라우드 채택을 촉진하고 제품을 클라우드 네이티브로 재설계하는 데 도움을 주고 있다. TCO 분석, 인프라 설계, 데브옵스 채택, 그리고 완전한 비즈니스 전환 분야의 프로젝트를 진행했다. AWS에서 일하기 전에는 엑센츄어 클라우드 프랙티스 팀의 리드 아키텍트였고, 대규모 클라우드 채택 프로젝트를 주도했다. 피윰은 일리노이 대학에서 공학 학사 및 석사 학위를 받았다.

리뷰어

산지브 자이스왈(Sanjeev Jaiswal)은 CUSAT의 컴퓨터 전공 대학원생으로 9년간의 현장 경험을 가지고 있다. 그는 기본적으로 펄, 파이썬, AWS, GNU/리눅스를 매일 사용한다. 현재 AWS 및 클라우드 보안 프로젝트에서 침투 테스트, 소스 코드 검토, 보안 설계 및 구현과 관련된 프로젝트를 진행하고 있다. 현재 데브섹옵스와 보안 자동화도 배우는 중이다. 산지브는 공학도들과 IT 전문가들을 가르치는 것을 좋아한다. 여가 시간을 통해 지난 8년간 교편을 잡고 있다.

그는 『Instant PageSpeed Optimization』(Packt Publishing 2013)을 썼고, 팩트 출판사와 함께 『Learning Django Web Development』(Packt Publishing 2015)를 공동집필했다.

무조건적으로 지원해준 아내 샬리니 자이스왈과 항상 보살펴주고 응원해준 친구 란잔, 리테시, 미키, 샨카르, 산토시에게 특별히 감사의 말을 전한다.

홍성민

2001년 웹 메일을 시작으로 SSO/EAM과 MDM 솔루션을 개발했으며, 다수의 SI/SM 프로젝트에서 소프트웨어 아키텍트 및 성능/문제 해결 전문가로 일했다. 또한 여러 오픈소스 미들웨어의 기술 검증과 이를 활용한 아키텍처 설계와 컨설팅에 참여했으며, AWS의 시니어 테크니컬 트레이너로 아키텍처, 데브옵스, 빅데이터 등 거의 모든 AWS 기술 교육 과정을 강의했다. VMWare에서 시니어 시스템 엔지니어로도 근무했으며, 현재는 큐비(https://www.cu.bi)라는 글로벌 영상 서비스를 제공하는 스타트업에서 플랫폼 개발 리더로서 AWS 글로벌 인프라 기반으로 파이썬과 플라스크를 사용해 데이터 플랫폼을 개발하고 있다. 번역서로는 『데브옵스: 개발자, QA, 관리자가 함께 보는 리눅스 서버 트러블슈팅 기법』(위키북스 2013), 『AWS 기반 서비리스 아키텍처』(위키북스 2018), 『클라우드 환경에서의 데브옵스 보안』(위키북스 2019)을 번역했고 『파이썬 웹 프로그래밍: 플라스크를 이용한 쉽고 빠른 웹 개발』(위키북스 2016)을 저술했다.

이진욱

Y2K로 기억되는 2000년부터 서버와 네트워크 엔지니어로서 중소규모 전산실부터 엔터프라이즈 데이터 센터에 이르기까지 인프라 아키텍처의 설계, 구축, 운영과 IT 기획, 예산 업무 등 IT 인프라와 관련된 다양한 프로젝트를 수행했다. 월드컵의 열기가 뜨거웠던 2002년부터는 SAP Basis Consultant로서, SAP 솔루션 구축 프로젝트와 운영 업무를 시작했다. 클라우드 서비스가 한국에서 본격적으로 태동하기 시작한 무렵인 2015년에 클라우드 인프라스트럭처 컨설턴트로 AWS에 합류해 다수의 엔터프라이즈 기업의 클라우드 도입 컨설팅 프로젝트와 마이그레이션 프로젝트를 성공적으로 수행했다. 이후 AWS의 수석 기술 강사로 고객들이 AWS의 여러 서비스를 잘 이해하고 사용할 수 있게 AWS의 클라우드 아키텍팅, 마이그레이션, 운영 및 보안 등의 교육 과정을 다양한 고객에게 전달했으며 현재는 AWS 솔루션스 아키텍트 SAP on AWS 스페셜리스트로 고객의 SAP 솔루션을 AWS에서 보다 효과적이고 안정적으로 마이그레이션하고 운영하기 위한 안내와 도움을 제공하고 있다.

2014년 아마존 웹 서비스(Amazon Web Services, AWS)의 CEO인 앤디 제시(Andy Jessy)가 '클라우드는 새로운 일상(The cloud is the new normal)'이라는 메시지를 세상에 던진 지 6년이 지난 지금, 클라우드는 더이상 '왜(Why)'의 대상이 아닌 '어떻게 (How)'의 대상이 됐다. 즉, 클라우드를 기업의 어느 부문에 어떤 방식으로 적용할지가 중요한 화두가 됐다.

오히려 클라우드를 도입하지 않으면 그 사유를 들어야 할 정도로 대부분 기업에서는 더이 상 클라우드를 새롭고 특별한 대상으로 여기지 않으며, 더 나아가 어떻게 하면 클라우드 를 잘 도입하고 적용해 기업의 경쟁력을 높이고 사업의 이익을 극대화할 수 있을지를 전 사적인 차원에서 고민하게 됐다.

이런 상황에서 실제 현장에서 글로벌 고객들이 클라우드를 도입하고 아키텍처를 설계하 며 애플리케이션을 개발하는 데 도움을 주는 4명의 AWS 솔루션 아키텍트 매니저와 아키 텍트가 수년간 AWS에서 근무하며 얻은 여러 교훈과 AWS의 모범 사례를 잘 엮어서 『클 라우드 네이티브 아키텍처』라는 책을 출간했다. 이 책은 위에서 언급한 최근 기업의 화두 인 클라우드 도입에 대한 '왜'뿐만 아니라 '어떻게'라는 질문에도 답변을 줄 수 있는 내용을 담고 있다.

저자들이 AWS 출신이라서 책의 여러 부분에서 AWS를 예로 들어 설명하지만, 클라우드 네이티브 성숙도 모델을 비롯해 클라우드 마이그레이션 전략 및 클라우드 네이티브의 개 념과 그 특징을 잘 활용한 아키텍처 모범 사례 등 책의 전반적인 내용은 특정 클라우드 서 비스 공급업체를 넘어서는 클라우드의 본질적인 내용이므로 AWS가 아닌 마이크로소프 트 애저나 구글 클라우드를 고려하거나 사용하는 독자들에게도 충분히 도움이 될 것이다. 또한 클라우드를 기술적인 관점에서만이 아닌 다양한 각도에서 바라보고 있으므로, 아키 텍트나 개발자뿐만 아니라 비기술 직군에서 클라우드 도입 및 적용에 관심을 갖고 있는 독자들에게도 클라우드 네이티브의 개념을 이해하는 데 좋은 가이드가 될 것이라고 생각 한다.

마지막으로 늘 믿고 찾아주시는 위키북스 박찬규 대표님과 다른 회사의 팀으로 자리를 옮겨 적응하느라 바쁜 상황에서도 서로 독려하며 무사히 번역을 마친 진욱 님에게 고마움을 전하고 싶다. 또한, 해가 갈수록 더욱 소중하게 느껴지는 부모님과 형, 누나, 가족들이 있음에 감사한다. 그리고 작년 한 해 부쩍 커버려서 아빠보다는 친구와 노는 시간이 더 많아졌지만, 그럼에도 불구하고 아빠의 아이스하키 관람 요청을 흔쾌히 수락하는 태의와 번역이라는 시간 집약적인 작업을 할 수 있는 환경을 제공하는 아내 지혜에게 사랑한다는 말을 전하고 싶다.

홍성민

불과 5년 전, 내가 처음 AWS에 합류했을 때만 하더라도 국내의 많은 고객이 클라우드 서비스를 도입하는 것은 시기상조라고 생각했다. 하지만 이제 '클라우드 컴퓨팅'이라는 단어가 많은 IT 종사자들에게 낯설지 않을 것이다. 국내에서도 이제 기업의 핵심 서비스라 일컬어지는 SAP ERP를 비롯한 기업의 중요 서비스들을 클라우드로 전환하기 위한 수많은 프로젝트가 동시다발적으로 진행되는 모습을 보면서 매우 빠른 변화의 속도를 실감한다.

이렇게 클라우드라는 기술이 무르익어가는 지금까지 고객에게 지속해서 전달했던 클라우드 네이티브 아키텍처에 대한 내용을 책으로 만들어보려는 생각을 왜 하지 못했을까? 사실은 했었다. 다만 언제나 그렇듯 여러 가지 이유와 핑계로 실행에 옮기지 못했을 뿐이다. 그러던 어느 날 기술적, 업무적으로 익숙한 내용이 담긴 책을 함께 번역해 보자는 성민 님의 제안에서 조금 더 빠르게 지금 시점에 우리나라의 고객들에게 필요한 내용을 전달할 수 있는 가능성이 보였다. 이를 계기로 번역이라는 전혀 새로운 도전을 시작했다. 사실 이런 용기를 낼 수 있었던 이유는 클라우드의 신규 도입을 검토하거나 클라우드 운영 방향에 대해 궁금증을 갖고 있거나 현재 운영 중인 클라우드 환경에 대한 효율화 또는 고도화를 고민하는 고객들에게 클라우드 네이티브 환경의 필요성과 방향성에 대해 생각해 볼 수 있는 많은 내용이 이 책에 담겨 있기 때문이기도 했다.

고난의 시작이기도 했지만, 항상 힘내라는 응원과 함께 일정을 맞추도록 독려해준 성민 님 덕에 작업을 무사히 마무리할 수 있었기에 다시 한번 고맙다는 인사를 전한다. 이 책을 번역할 기회를 주신 위키북스 박찬규 대표님과 꼼꼼하게 검토해주신 전이주 님에게도 특별한 감사 인사를 전하고 싶다. 그리고 내게 AWS의 경험과 사상을 나눠주고 많은 영감을 주신 원일 님에게 이 자리를 빌려 큰 감사의 마음을 전한다.

그리고 마지막으로, 내 존재 이유인 가족들. 생각해보면 2020년은 나 자신뿐만 아니라 가족들에게도 큰 의미가 있는 새로운 시작점이다. 자신의 선택과 도전을 통해 새로운 세계를 경험하게 될 사랑하는 딸 서연과 부쩍 자란 것 같아 더 믿음직한 아들 정우에게 개인적으로 영광스러운 이 지면을 빌어 큰 축하의 인사를 전하고 싶다. 그리고 아이들의 진학으로 더 바빠지고 걱정이 많아진 아내에게도 고맙다는 인사와 함께 사랑한다는 말을 전한다. '선영아, 사랑해!'

이진욱

12

클라우드 네이티브 애플리케이션 아키텍처 동향

이 책은 확장 가능한 시스템을 구축하는 데 필요한 핵심 설계 요소를 이해하는 데 도움을 준다. 높은 보안 및 내결함성을 달성하기 위해 자원 및 기술 스택을 효과적으로 계획하는 방법을 배울 것이다. 그 과정에서 실제 사례를 사용해 핵심 아키텍처 원칙을 탐색할 것이다. 이 책에서는 실제 예제와 사례를 실습 방식으로 채택해 클라우드 애플리케이션을 설계하고 비즈니스를 효율적으로 클라우드로 마이그레이션해야 한다는 독자의 필요를 충족시켜줄 것이다.

대상 독자

이 책은 클라우드에 네이티브한 회복성, 확장성, 고가용성의 애플리케이션을 설계하려는 소프트웨어 아키텍트를 대상으로 한다.

이 책에서 다루는 내용

1장 '클라우드 네이티브 아키텍처 소개'에서는 이 책의 어조를 정하고, 무엇이 클라우드 네이티브 아키텍처이고 무엇이 아닌지를 정의하는 기반으로 사용한다. 장단점, 신화, 어려움, 영향 등을 다양한 관점에서 논의할 것이다.

2장 '클라우드 채택 여정'에서는 클라우드를 채택하는 것이 무엇을 의미하는지 살펴본다. 온프레미스 또는 기존 환경에서 클라우드 환경으로 마이그레이션하는 방법을 포함해 다양한 각도에서 검토할 것이다.

3장 '클라우드 네이티브 애플리케이션 설계'에서는 마이크로서비스와 서버리스 컴퓨팅을 설계 원리로 사용해 클라우드 네이티브 아키텍처의 개발에 대해 깊이 있게 살펴본다.

4장 '기술 스택을 선택하는 방법'에서는 오픈 소스부터 라이선스가 있는 소프트웨어에 이르기까지 클라우드 네이티브 아키텍처를 만드는 데 사용되는 공통 기술에 대해 살펴본다. 이 장에서는 클라우드에서 자원를 소비하는 데 사용할 수 있는 마켓플레이스(marketplaces)를 탐색할 것이다. 그리고 마지막으로 클라우드에서 일반적인 조달 프로세스 및 라이선스 모델에 대해 논의한다.

5장 '**확장성과 가용성**'에서는 규모 및 HA를 위한 클라우드 네이티브 시스템을 설계할 때 사용할 수 있는 도구/기능 및 전략에 대해 설명한다. 이 장에서는 이러한 도구/기능의 작동 방식, 그러한 도구/기능이 클라우드 네이티브 애플리케이션을 지원하는 방법 및 그것들을 배치하는 방법에 대해 살펴본다.

6장 '**보안과 신뢰성**'에서는 IT 시스템 보안과 관련된 보안 모델, 클라우드에서 사용할 수 있는 기능, 장애물 및 모범 사례에 대해 설명한다. 또한 이러한 보안 기능이 어떻게 작동하고 클라우드 사용자가 더 나은 보안 환경을 구현할 수 있도록 지원하는 방법에 대해서도 살펴본다.

7장 '**비용 최적화**'에서는 클라우드 환경에 대한 가격 책정 모델을 다룬다. 그런 다음 이전 모델과 클라우드 모델의 차이점을 비롯해 비용 계산 연습에 접근하는 방법에 대해 논의한다.

8장 '**클라우드 네이티브 운영**'에서는 클라우드에 배포된 환경이 계속 실행되게 하기 위한 도구와 절차, 모델에 대해 설명한다. 이 장에서는 정상적으로 운영되는 시스템을 지원하는 조직 모델, 거버넌스 전략, 구축 패턴을 개략적으로 설명한다.

9장 '**아마존 웹 서비스**'에서는 아마존 웹 서비스의 클라우드 네이티브 애플리케이션 개발 역량, 강점, 에코시스템 성숙도 및 전반적인 접근 방식에 대한 관점을 제공하는 데 중점을 둔다.

10장 '**마이크로소프트 애저**'에서는 마이크로소프트 애저의 클라우드 네이티브 애플리케이션 개발 역량, 강점, 에코시스템 성숙도 및 전반적인 접근 방식에 대한 관점을 제공하는 데 초점을 맞춘다.

11장 '**구글 클라우드 플랫폼**'에서는 구글 클라우드 플랫폼의 클라우드 네이티브 애플리케이션 개발 역량, 강점, 에코시스템 성숙도 및 전반적인 접근 방식에 대한 관점을 제공하는 데 초점을 맞춰 설명한다.

12장 '**클라우드 네이티브 애플리케이션 아키텍처 동향**'에서는 향후 동향과 이 분야의 다양한 클라우드 제공자로부터 기대하는 바에 대해 살펴본다.

이 책을 최대한 활용하는 법

1. 소프트웨어 아키텍처에 대해 경험이 있다면 이 책을 따라가는 데 도움이 될 것이다.

2. 관련 사례에서 모든 예와 지침이 제공된다.

예제 코드 파일 내려받는 법

이 책의 예제 코드는 아래 사이트에서 내려받을 수 있다.

깃허브

- https://github.com/wikibook/cna

코드가 업데이트되는 경우 위 깃허브 저장소에도 업데이트된다.

위키북스 홈페이지

- https://wikibook.co.kr/cna/

파일을 다운로드하면 최신 버전의 프로그램을 사용해 파일의 압축을 해제한다.

- 윈도우용: WingRAR/7–Zip

- 맥용: Zipeg/iZip/UnRarX

- 리눅스용: 7–Zip/PeaZip

표기 규칙

이 책 전체적으로 다음과 같은 표기 규칙을 사용했다.

코드체: 텍스트의 코드 단어, 데이터베이스 테이블 이름, 폴더 이름, 파일 이름, 파일 확장자, 경로 이름, 더미 URL, 사용자 입력 및 트위터 핸들을 나타낸다. 예문: "예를 들면, 핸들러의 경우 그 값을 lambda_function.lambda_handler로 지정한다."

코드 블록은 다음과 같이 설정한다.

```python
print('Loading function') def respond(err, res=None): return {
'statusCode': '400' if err else '200', 'body': err if err else res,
'headers': { 'Content-Type': 'application/json', }, }
```

코드 블록의 특정 부분을 강조할 때는 관련 행 또는 항목을 굵게 표시했다.

```python
print('Loading function')

def respond(err, res=None):
    return {
        'statusCode': '400' if err else '200',
        'body': err if err else res,
        'headers': {
            'Content-Type': 'application/json',
        },
    }
```

굵은 글꼴: 새로운 용어나 중요한 단어, 메뉴 또는 대화 상자에 표시되는 내용은 굵은 글꼴로 표시했다. 예: "API의 이름인 **Serverless Weather Service**를 클릭해 해낭 구성을 자세히 살펴본다."

 경고나 중요한 메모는 이 아이콘으로 표시한다.

 팁과 트릭은 이 아이콘으로 표시한다.

클라우드 네이티브 아키텍처
소개

클라우드의 등장으로 컴퓨터 시스템의 설계와 구현, 지속적인 유지 보수에 대한 새로운 패러다임이 생겨났다. 이 새로운 패러다임에는 여러 다른 이름이 있지만 가장 일반적으로 사용되는 것은 **클라우드 네이티브 아키텍처**다. 이 책에서는 클라우드 네이티브 아키텍처가 정확히 무엇이며 왜 새롭고 다른지, 어떻게 다양한 글로벌 기업에서 클라우드 네이티브 아키텍처가 구현되는지에 관해 알아볼 것이다. 이름에서 알 수 있듯이 클라우드 네이티브 아키텍처는 전부 클라우드에 대한 것이며, 클라우드 공급 업체의 서비스를 사용해 새롭고 강건하며 안전한 방식으로 비즈니스 문제를 해결할 수 있는 아키텍처를 설계한다. 이 장의 목적은 클라우드 네이티브 아키텍처가 무엇인지 설명하고 정의하며, 클라우드 네이티브 아키텍처의 장단점 및 신화에 대한 통찰력을 제공하는 것이다. 클라우드 네이티브의 의미를 살펴보고 이러한 유형의 아키텍처에 필요한 스펙트럼 및 구성 요소를 이해하며 기업이 모델에서 성숙도를 높이기 위해 수행해야 할 클라우드 여정을 알아볼 것이다.

클라우드 네이티브 아키텍처란 무엇인가?

100명에게 '클라우드 네이티브'의 정의가 무엇인지 물어보면 100가지 답변을 듣게 될 것이다. 왜 그렇게 많은 답변이 있을까? 우선, 클라우드 컴퓨팅 자체가 여전히 매일 진화하고 있기 때문에 몇 년 전에 제공된 정의는 현재 클라우드의 상태와 완전히 일치하지 않을 수 있다. 둘째, 클라우드 네이티브 아키텍처는 일반적으로 클라우드 컴퓨팅의 규모에서만 달성할 수 있는 비즈니스 문제를 해결하기 위한 새로운 방법을 사용하는 완전히 새로운 패러다임이다. 마지막으로, 묻는 사람의 역할, 즉 아키텍트, 개발자, 관리자 또는 의사 결정자에 따라 그 정의가 서로 완전히 다를 수 있다. 그렇다면 클라우드 네이티브의 정의는 정확히 무엇인가?

AWS가 말하는 클라우드 컴퓨팅에 대해 일반적으로 받아들여지는 정의로 시작해 보자.

> "클라우드 컴퓨팅은 종량제 지불 방식으로 인터넷을 사용하는 클라우드 서비스 플랫폼을 통해 컴퓨팅, 데이터베이스 스토리지, 애플리케이션 및 기타 IT 리소스를 주문형으로 제공하는 방식이다."

따라서 가장 기본 형태의 **클라우드 네이티브**는 클라우드 컴퓨팅 서비스를 채택해 솔루션을 설계하는 것을 의미한다. 그러나 그것은 클라우드 네이티브가 되기 위해 필요한 최소한만 포함한다. 그것이 사용 가능한 가장 성숙한 서비스라고 할지라도 근본적인 클라우드 인프라를 사용하는 것 이상의 의미가 있다

자동화 및 애플리케이션 설계는 이 프로세스에서도 중요한 역할을 한다. 클라우드는 API 기반 설계를 채택하고 있기 때문에 규모에 있어서 극도의 자동화를 통해 인스턴스 또는 특정 시스템을 만들 수 있을 뿐만 아니라 사람과의 상호작용 없이 전체 기업 환경을 완벽하게 구현할 수 있게 해준다. 마지막으로, 클라우드 네이티브 아키텍처를 만드는 데 있어 중요한 구성 요소는 특정 애플리케이션을 설계하는 데 사용되는 방법이다. 최상의 클라우드 서비스로 설계되고 극한의 자동화로 배치된 시스템도 애플리케이션의 로직이 작동할 수 있는 새로운 규모를 고려하지 않으면 원하는 결과를 달성하지 못한다.

클라우드 네이티브 성숙도 모델 정의

클라우드 네이티브 아키텍처가 무엇인지에 대한 하나의 정답은 없다. 많은 유형의 아키텍처가 클라우드 네이티브 범주에 속할 수 있다. 클라우드 네이티브 서비스, 애플리케이션 중심 설계 및 자동화라는 세 가지 설계 원칙 또는 축을 사용해 대부분 시스템을 클라우드 네이티브 성숙도 수준으로 평가할 수 있다. 또한 새로운 기술이나 기법, 설계 패턴이 개발됨에 따라 이러한 원칙이 계속 확장되고 있기 때문에 클라우드 네이티브 아키텍처의 성숙도는 계속해서 향상될 것이다. 우리는 클라우드 네이티브 아키텍처가 진화에 의해 형성되고 성숙 모델로 분류된다고 믿는다. 이 책의 나머지 부분에서는 클라우드 네이티브 아키텍처를 디자인 원칙 개요와 함께 **클라우드 네이티브 성숙도 모델**(Cloud Native Maturity Model, CNMM)을 사용해 설명함으로써 여러 아키텍처 패턴과 그 진화 시점을 매핑할 수 있게 해준다.

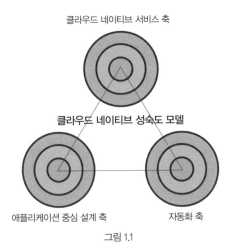

그림 1.1

첫 번째 축 – 클라우드 네이티브 서비스

시스템이 CNMM에서 어디에 해당하는지 이해하려면 클라우드 네이티브 아키텍처의 구성 요소가 무엇인지 아는 것이 중요하다. 정의에 따르면, 클라우드 네이티브가 되려면 클라우드 서비스를 채택해야 한다. 각 클라우드 공급 업체는 가장 풍부한 기능을 갖춘 가장 성숙한 서비스 세트를 보유하게 된다. 기본 빌딩 블록에서부터 가장 고급의 첨단 기술에 이르기까지 이러한 서비스를 통합하면 클라우드 네이티브 아키텍처가 클라우드 서비스 축에서 얼마나 수준이 높은지 정의할 수 있다.

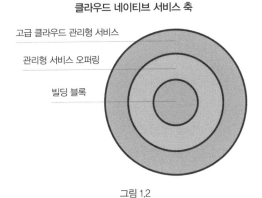

그림 1.2

성숙한 클라우드 공급 업체의 서비스

아마존 웹 서비스(Amazon Web Services, AWS)는 가장 진보된 클라우드 플랫폼으로 자주 인용된다 (이 글을 쓰는 시점 기준). 다음 도표는 기본 빌딩 블록에서부터 관리형 서비스 오퍼링, 고급 플랫폼 서비스에 이르기까지 AWS가 제공해야 하는 모든 서비스를 보여준다.

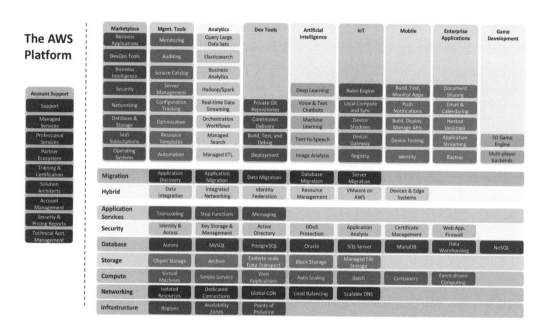

그림 1.3

클라우드 네이티브 서비스 빌딩 블록

클라우드 공급 업체의 성숙도와 관계없이, 클라우드 공급 업체는 컴퓨팅, 스토리지, 네트워킹 및 모니터링을 포함하는 인프라 빌딩 블록을 보유하게 된다. 조직의 클라우드 성숙도와 시스템을 설계하는 팀에 따라 이러한 기본 인프라 빌딩 블록을 활용해 클라우드 네이티브 여정을 시작하는 것이 일반적일 수도 있다. 가상 서버 인스턴스, 블록 디스크 스토리지, 객체 스토리지, 광섬유 라인 및 VPN, 로드밸런서, 클라우드 API 모니터링 및 인스턴스 모니터링은 고객이 클라우드를 소비하기 시작할 때 사용할 수 있는 모든 유형의 빌딩 블록이다. 기존 온프레미스(on-premises) 데이터 센터에서 사용할 수 있는 것과 유사한 이러한 서비스는 설계 팀이 클라우드에서 애플리케이션을 작성할 수 있게 친숙한 모양과 느낌을 제공한다. 이러한 서비스의 채택은 클라우드 네이티브 아키텍처를 개발하는 데 필요한 최소한의 것으로 간주되며, 해당 아키텍처의 성숙도는 클라우드 네이티브 서비스 축에서 상대적으로 낮은 수준이 된다.

기존 애플리케이션을 클라우드로 마이그레이션하기로 결정하면서 그대로 이전(lift-and-shift) 모델로 마이그레이션을 수행하는 기업도 종종 있을 것이다. 이 접근법은 말 그대로 애플리케이션 스택 및 주변 구성 요소를 클라우드로 옮길 때 설계나 기술, 또는 구성 요소 아키텍처를 변경하지 않는다. 따라서 이러한 마이그레이션은 클라우드가 제공하는 기본 빌딩 블록만 사용하는데, 이는 그 빌딩 블록이 고객의 온프레미스 위치에서도 그대로 유지되기 때문이다. 이 방식은 성숙도는 낮지만, 클라우드가 작동하는 방식에 대한 경험을 얻는다는 점에서 중요하다. 클라우드 서비스 빌딩 블록을 사용할 때조차도 설계팀은 초기 단계의 클라우드 네이티브 시스템에 대한 보안, 배포, 네트워킹 및 기타 핵심 요구 사항을 처리하는 보다 효율적인 기법을 배우기 위해 자체 가드레일과 정책, 명명 규칙을 신속하게 추가할 것이다.

이 성숙도 단계에서 기업이 얻는 주요 결과 중 하나는 클라우드의 기본 전제와 그 전제가 설계 패턴에 어떻게 영향을 미치는가 하는 것이다. 가령 수평 확장 대 수직 확장과 같은 설계 패턴 및 이러한 설계가 가격에 미치는 영향과 효율적인 구현 방법에 대한 것이 있을 수 있다. 또한 선택한 클라우드 공급 업체의 운영 방식을 학습하고 특정 위치에서 서비스를 그룹화하고 이러한 그룹 간에 상호작용해서 아키텍처를 통해 고가용성 및 재해 복구를 설계할 수 있다. 마지막으로 스토리지에 대한 클라우드 접근 방식과 플랫폼에서 효율적이고 기본으로 확장되는 클라우드 서비스로 프로세싱을 오프로드하는 기능을 배우는 것이 아키텍처 설계에 중요한 접근 방식이다. 클라우드 서비스 빌딩 블록의 채택은 상대적으로 성숙도는 낮은 단계지만, 클라우드 여정을 시작하는 기업에게는 매우 중요하다.

클라우드 공급 업체 관리형 서비스 오퍼링

차별화되지 않은 번거로운 업무는 기업의 수익에 도움이 되지 않는 작업을 수행하는 데 드는 시간이나 노력, 자원, 자금을 설명할 때 자주 사용된다. '차별화되지 않은(Undifferentiated)'이라는 말은 여러 사람들이 어떤 같은 일을 할 때 그 일을 하는 방식에 차이가 없다는 것을 의미한다. '번거로운 일(Heavy lifting)'이란 올바르게 수행하면 아무도 알아주지 않고 잘못 수행하면 비즈니스 운영에 치명적인 결과를 초래할 수 있는 기술 혁신과 운영에 있어서 어려운 작업을 말한다. 이러한 표현을 결합하면 기업이 어려운 작업을 수행할 때 잘못 수행하면 비즈니스에 영향을 미치지만, 회사는 이러한 작업을 수행하는 데 있어 차별화되는 핵심 역량을 보유하지 못한다는 것을 의미한다. 즉, 비즈니스 가치를 창출하지 못할 뿐만 아니라 비즈니스에 쉽게 손해를 입힐 수 있다.

안타깝게도 이것이 엔터프라이즈 기업에 대한 대다수 IT 운영을 의미하며 클라우드를 사용하는 것의 중요한 장점이 된다. 클라우드 공급 업체는 대부분 회사가 꿈꾸지 못하는 규모로 기술 혁신 및 운영에 있어서 핵심 역량을 갖추고 있다. 따라서 클라우드 공급 업체는 서비스의 모든 측면에 대한 관리를 소유하고 소비자는 서비스에 배포할 비즈니스 로직이나 데이터만 개발하면 되는 관리형 서비스를 포함하도록 서비스를 성숙시켰다. 이를 통해 차별화되지 않은 번거로운 업무를 기업에서 클라우드 공급 업체로 이동시켜 비즈니스 가치를 창출하는 데 훨씬 많은 자원을 투입할 수 있다(차별화 요소).

지금까지 봤듯이 기본 빌딩 블록 및 패턴만 사용해 클라우드 네이티브 아키텍처를 설계하는 데 사용할 수 있는 클라우드 서비스의 조합이 많이 있다. 그러나 설계팀이 선택된 클라우드 공급 업체의 서비스에 대한 이해를 넓히고 접근 방식에서 보다 성숙해짐에 따라 그들이 진보된 클라우드 서비스를 사용하고 싶어 할 것은 당연하다. 성숙한 클라우드 공급 업체는 차별화되지 않은 번거로운 업무가 필요한 구성 요소를 대체할 수 있는 관리형 서비스를 제공한다. 클라우드 공급 업체가 제공하는 관리형 서비스에는 다음이 포함된다.

- 데이터베이스
- 하둡
- 디렉터리 서비스
- 로드밸런서
- 캐싱 시스템
- 데이터 웨어하우스
- 코드 저장소
- 자동화 도구
- 탄력적인 검색 도구

이러한 서비스의 또 다른 중요 영역은 솔루션에 대한 민첩성이다. 시스템이 이러한 도구를 사용하도록 설계됐지만 기업 운영 팀에서 관리하는 경우, 가상 인스턴스를 프로비저닝하고 패키지를 구성하고 조정, 보안하는 프로세스가 설계팀의 진행을 크게 지연시킬 것이다. 이러한 자체 관리 구성 요소 대신 클라우드 공급 업체 관리형 서비스를 사용하면 팀이 아키텍처를 신속하게 구현하고 해당 환경에서 실행될 애플리케이션을 테스트하는 프로세스를 시작할 수 있다.

클라우드 공급 업체의 관리 서비스 오퍼링을 사용하는 것이 반드시 고급 아키텍처 패턴으로 이어지지는 않지만, 더 크게 생각하고 차별화되지 않은 번거로운 업무에 의해 제약받지 않게 해준다. 유한한 물리적 자원과 같이 일반적으로 온프레미스에서 발견되는 제한 사항에 제약받지 않는다는 이 개념은 클라우드 네이티브 아키텍처를 만들 때 중요한 디자인 특성으로, 시스템을 다른 곳에서 달성하기 어려운 규모로 만들어준다. 예를 들어, 클라우드 공급 업체의 관리형 서비스 오퍼링을 사용하는 것이 더 큰 확장성을 제공하고 네이티브 클라우드 아키텍처가 되게 해주는 영역은 다음과 같다.

- 관리형 로드밸런서를 사용해 아키텍처의 구성 요소 분리.
- 관리형 데이터 웨어하우스 시스템을 활용해 필요한 스토리지만 프로비저닝하고 더 많은 데이터를 가져올 때 자동으로 확장되게 함.
- 관리형 RDBMS 데이터베이스 엔진을 사용해 내구성과 고가용성을 갖춘 빠르고 효율적인 트랜잭션 처리를 가능하게 함.

고급 클라우드 네이티브 관리형 서비스

클라우드 공급 업체는 점점 더 정교한 수준으로 계속해서 성숙한 서비스를 제공하는 과정에 있다. 최고의 클라우드 공급 업체 사이에 일고 있는 혁신의 흐름은 규모와 보안 면에서 업체가 점점 더 관리형 서비스로 계속 이동하게 만들며, 고객이 감당해야 할 비용과 복잡성, 위험은 감소시킨다. 그들이 이를 달성하는 한 가지 방법은 기존 기술 플랫폼을 재설계하는 것인데, 특정 기술 문제를 처리하기 위한 것임은 물론이고 클라우드 가치 제안을 염두에 두고 수행한다. 예를 들어, AWS에는 관리형 데이터베이스 서비스인 Amazon Aurora가 있으며, 이 서비스는 데이터를 안전하게 유지하고 여러 가용 영역에 분산되도록 설계된 완전히 분산된 자체 치유 스토리지 서비스를 기반으로 한다. 이전 절에서 설명한 대로 이 서비스는 수요에 따라 증가하는 스토리지 집합을 허용해 데이터베이스와 관련된 관리형 서비스 오퍼링의 유용성을 향상시키고 유사한 데이터베이스 엔진보다 최대 5배의 성능을 제공하도록 조정됐다.

모든 고급 관리형 서비스가 기존 기술에 대한 재설계된 개념은 아니다. 서버리스(serverless) 컴퓨팅이 소개됨에 따라 클라우드 공급 업체는 운영뿐만 아니라 개발주기에서도 차별화되지 않은 번거로운 업무를 제거하고 있다. 클라우드가 제공할 수 있는 거의 무한한 자원으로 대규모 애플리케이션을 개별 기능으로 분리하는 것이 분산 시스템 설계의 차세대 흐름이며 이는 곧바로 클라우드 네이티브 아키텍처의 형성으로 이어진다.

AWS는 다음과 같이 말한다.

> "서버리스 컴퓨팅을 사용하면 서버에 대해 생각하지 않고도 애플리케이션과 서비스를 구축하고 실행할 수 있다. 서버리스 애플리케이션에서는 모든 서버를 프로비저닝하고 확장, 관리할 필요가 없다. 거의 모든 유형의 애플리케이션 또는 백엔드 서비스를 서버리스로 구축할 수 있으며 고가용성 애플리케이션을 실행 및 확장하는 데 필요한 모든 것이 알아서 처리된다."

컴퓨팅, API 프락시, 스토리지, 데이터베이스, 메시지 처리, 오케스트레이션, 분석 및 개발자 도구를 비롯한 많은 유형의 서버리스 서비스가 있다. 클라우드 서비스가 서버리스 또는 관리형 오퍼링인지를 정의하는 핵심 속성 중 하나는 라이선스 및 사용료가 책정되는 방식이다. 서버리스는 서버 인스턴스에 직접 연결돼 있고 소비 기반 가격 책정에 더 의존한다는 것을 의미하는 이전의 코어 기반 가격 책정 모델을 벗어났다. 함수가 실행되는 시간이나 초당 처리되는 트랜잭션의 양, 또는 이들의 조합이 서버리스 오퍼링을 사용하는 소비 기반 가격 책정에 사용되는 공통 지표다.

이러한 기존 고급 클라우드 네이티브의 관리형 서비스를 사용하고 출시된 새로운 서비스를 계속해서 채택하면 CNMM의 성숙도가 높아지고 기업에서 가장 고급의 클라우드 네이티브 아키텍처를 개발할 수 있게 된다. 이러한 서비스와 숙련된 설계팀으로 구시대적 제약이 사라지고 진정 제한 없는 용량과 정교함을 활용할 수 있을 때 기업은 그 발전 가능성의 범위를 한층 더 넓힐 수 있다. 예를 들어, 프런트엔드 웹이나 애플리케이션, 미들웨어 계층과 OLTP 데이터베이스로 스토리지를 구성한 전통적인 3계층 분산 컴퓨팅 스택 대신, 이러한 설계 패턴에 대한 새로운 접근 방식은 엔드포인트로서 이벤트 주도 컴퓨팅 컨테이너와의 지속성을 위해 확장성 있는 관리형 NoSQL 데이터베이스를 사용하는 API 게이트웨이가 될 것이다. 이러한 모든 구성 요소는 서버리스 모델에 속할 수 있으므로 설계팀이 필요한 규모를 달성하는 방법이 아닌 비즈니스 로직에 집중할 수 있게 해준다.

서버리스 및 다른 고급 관리형 서비스 너머에 미래가 있다. 현재 클라우드 컴퓨팅의 최첨단은 인공 지능과 머신러닝, 딥 러닝(deep learning) 영역에서 출시되는 오퍼링이다. 성숙한 클라우드 공급 업체는 이러한 범주에 속하는 서비스를 보유하고 있으며 이런 혁신은 계속해서 대규모로 일어나고 있다. 인공 지능은 아직 초기 단계이므로 설계팀은 앞으로도 더 많은 것이 나올 것이라고 예상해야 한다.

클라우드 네이티브 서비스 축 내용 정리

'클라우드 네이티브 서비스 축' 절에서는 클라우드 네이티브 아키텍처를 이룰 수 있는 구성 요소를 설명하고, 이를 사용해 애플리케이션을 만드는 더 성숙한 접근 방식을 보여줬다. CNMM의 모든 설계 원칙에서와 같이 그 여정은 그 원칙에 대한 기본적인 이해로 시작되며 설계팀이 규모에 맞게 구현하는 방법에 대해 점점 더 많은 지식을 갖게 됨에 따라 성숙할 것이다. 그러나 클라우드 컴퓨팅 구성 요소는 성숙한 클라우드 네이티브 아키텍처를 구성하는 데 필요한 설계 원칙의 한 부분일 뿐이다. 이 원칙은 자동화 및 애플리케이션 중심성이라는 다른 두 가지 원칙과 함께 사용돼 안전하고 강건한 방식으로 클라우드를 이용할 수 있는 시스템을 만든다.

두 번째 축 – 애플리케이션 중심 설계

두 번째 클라우드 네이티브 원칙은 애플리케이션 자체를 어떻게 설계하고 구조화할지에 관한 것이다. 이 절에서는 실제 애플리케이션 설계 프로세스에 중점을 두고 성숙하고 클라우드 네이티브 아키텍처로 이끄는 아키텍처 패턴을 식별한다. CNMM의 다른 설계 원칙과 마찬가지로 클라우드 네이티브 애플리케이션을 개발하고 아키텍처를 설계하는 것은 그 과정에서 일반적으로 따라야 할 다양한 패턴을 가진 진화다. 궁극적으로 다른 CNMM 원칙과 함께 사용하면 그 결과는 클라우드 컴퓨팅의 세계가 확장되면서 계속해서 진화할 준비가 된 성숙하고 정교하며 강건한 클라우드 네이티브 아키텍처가 될 것이다.

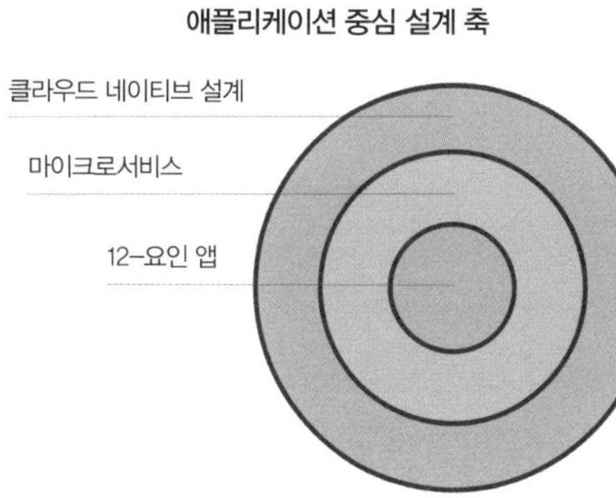

애플리케이션 중심 설계 축

그림 1.4

12-요인 앱(Twelve-factor app) 설계 원칙

12-요인 앱은 서비스형 소프트웨어(software-as-a-service, SaaS) 애플리케이션을 작성하는 일종의 방법론이다(https://12factor.net/). 이 방법론은 2011년 말에 작성됐으며, 확장성 있고 강건한 클라우드 네이티브 애플리케이션을 설계하기 위한 기본 구성 요소로 자주 인용된다. 이 원칙은 어떤 프로그래밍 언어로 작성된 애플리케이션에도 적용되며 모든 백엔드 서비스(데이터베이스, 큐, 메모리 캐시 등)의 조합을 사용하고 모든 클라우드 공급 업체 플랫폼에서 점차 유용성이 커지고 있다. 12-요인 앱의 바탕이 되는 개념은 신규 개발자를 추가하는 시간과 비용을 최소화하고 환경과 깔끔하게 상호 운용하고 클라우드 공급 업체에 배포할 수 있고 환경 간의 차이를 최소화하고 규모 조정을 제공하는 애플리케이션을 설계할 때 고려해야 할 12가지 중요한 요인이 있다는 것이다. 그 12가지 요인은 다음과 같다.

요인 번호	요인	설명
1	코드베이스	버전 관리로 추적되는 하나의 코드베이스와 여러 배포.
2	종속성	명시적으로 선언되고 분리된 종속성.
3	설정	환경에 설정을 저장.
4	백엔드 서비스	백엔드 서비스를 연결된 자원으로 취급.
5	빌드, 출시, 실행	엄격하게 빌드와 실행 단계를 분리.
6	프로세스	앱을 하나 이상의 상태 비저장(stateless) 프로세스로 실행.
7	포트 바인딩	포트 바인딩을 통해 서비스를 노출.
8	동시성	프로세스 모델을 통해 확장.
9	폐기 가능	빠른 시작과 우아한(graceful) 종료로 강건함을 극대화.
10	개발/운영 환경 일치	개발, 스테이징, 운영 환경을 가능한 한 유사하게 유지.
11	로그	로그를 이벤트 스트림으로 취급.
12	관리 프로세스	관리자/관리 작업을 일회성(one-off) 프로세스로 실행.

이전 절에서 이미 CNMM이 어떻게 이 방법론의 여러 요인을 고려하는지에 대해 설명했다. 예를 들어 '요인 1'은 저장소에 코드베이스를 유지하는 것으로, 이는 표준 모범 사례다. '요인 3, 10, 12'는 모두 환경을 별도로 유지하는 것에 대한 내용이지만, 코드와 구성 관점에서 서로 떨어지지 않도록 한다. '요인 5'는 분리된 기능을 가진 깨끗하고 반복적인 CICD 파이프라인을 보장한다. 그리고 '요인 11'은 로그를 이벤트 스트림으로 처리하는 것이며 준 실시간으로 로그를 분석하고 실행할 수 있다. 나머지 요인은 독립성 유지에 초점을 맞추고(요인 2) 모든 것을 서비스로 다루며 (요인 4 및 7) 효율적으로 수평 확장하고 (요인 6 및 8) 오류를 정상적으로 처리한다는(요인 9) 간단한 이유 때문에 클라우드 네이티브 설계와 잘

맞다. 12-요인 방법론을 사용해 애플리케이션을 설계하는 것이 클라우드 네이티브 아키텍처를 개발하는 유일한 방법은 아니지만, 이 방법론이 제공하는 표준화된 일련의 지침을 따른다면 CNMM에서 애플리케이션을 보다 성숙하게 만들 수 있다.

모놀리식과 SOA, 그리고 마이크로서비스 아키텍처

아키텍처 설계 패턴은 항상 최신 기술 혁신을 활용하기 위해 진화한다. 오랫동안 **모놀리식 아키텍처(monolithic architectures)**는 인기가 있었으며, 그 이유는 애플리케이션을 개발하고 배포하는 데 드는 물리적 자원의 비용과 느린 속도 때문인 경우가 많았다. 이러한 패턴은 컴퓨팅 및 메인 프레임의 주요 애플리케이션과 잘 어울리며, 오늘날에도 모놀리식 아키텍처로 실행되는 많은 레거시(legacy) 애플리케이션이 있다. IT 운영 및 비즈니스 요구 사항이 더 복잡해지고 시장 출시 속도가 중요해짐에 따라 이러한 요구 사항을 지원하기 위해 추가적인 모놀리식 애플리케이션이 배포됐다. 결국, 이러한 모놀리식 애플리케이션은 데이터를 공유하거나 다른 시스템에 포함된 함수를 실행하기 위해 서로 통신이 필요했다. 이러한 통신은 **서비스 지향 아키텍처(Service-OrientedArchitectures, SOA)**의 시작이었으며, 이를 통해 설계팀은 더 작은 애플리케이션 구성 요소를 생성하고 (모놀리식과 비교해) 통신을 조정하기 위해 미들웨어 구성 요소를 구현하고 특정 엔드포인트를 통하지 않고 구성 요소에 접근하는 기능을 격리할 수 있었다. SOA 설계는 가상화 호황기에 점점 더 인기를 얻었는데, 왜냐하면 가상화된 하드웨어에서 서비스를 배포하기가 더 쉽고 저렴해졌기 때문이다.

서비스 지향 아키텍처는 특정 통신 프로토콜을 통해 서비스에 다른 서비스를 제공하는 두 개 이상의 구성 요소로 구성된다. 통신 프로토콜은 종종 '웹 서비스'라고도 하며 JMS와 같은 메시징 프로토콜 외에도 WSDL, SOAP, RESTful HTTP와 같은 몇 가지 다른 일반적인 프로토콜로 구성된다. 이러한 여러 다른 프로토콜과 서비스의 복잡성이 커짐에 따라 **엔터프라이즈 서비스 버스(Enterprise Service Bus, ESB)**를 사용하는 것이 서비스 간 중개 계층으로 점차 보편화됐다. 이로 인해 서비스는 엔드포인트를 추상화할 수 있었으며, ESB는 다양한 소스의 메시지 변환을 처리해 원하는 시스템으로 올바른 형식의 호출을 얻을 수 있었다. 이 ESB 접근 방식은 서비스 간 통신의 복잡성을 줄였지만, 서비스 호출을 변환하고 워크플로를 처리하는 데 필요한 미들웨어 로직에 새로운 복잡성을 가져왔다. 이로 인해 종종 각 구성 요소의 애플리케이션 코드가 동시에 배포돼야 하는 매우 복잡한 SOA 애플리케이션이 생성되어 복합 애플리케이션 전체에 큰 규모의 위험한 주요 배포가 발생했다. SOA 접근 방식은 핵심 구성 요소를 자체의 개별 애플리케이션으로 분리해 모놀리식 아키텍처가 본질적으로 가지고 있던 영향 범위 문제에 긍정적인 영향을 미쳤다. 그러나 배포의 복잡성에 있어서 새로운 도전 과제를 제시했다. 이러한 복잡성은 너무 많은 상호 종속성을 야기하는 방식으로 나타났으므로 모든 SOA 애플리케이션에서 단일 대규모 배포가 종종 필요했다. 이 위험한 '빅뱅(big bang)' 배포의 결과로, 그 배포는 일 년에 몇 번만 수행됐으며 급격히 감소된 배포 속도는 비즈니스 요구 사항의 속도를 느리게 했다. 클라우드 컴퓨팅이 보편화되고 온프레미스 환경의 제약이 사라지면서 새로운 아키텍처 패턴, 즉 **마이크로서비스(microservices)**가 발전했다. 클라우드를 사용하면 애플리케이션팀은 더이상 코드 테스트를 위한 컴퓨팅 용량을 갖기 위해 몇 달을 기다릴 필요가 없으며 제한된 수의 물리적 자원으로도 제약을 받지 않는다.

마이크로서비스 아키텍처 스타일은 SOA의 분산적인 본질을 취해 이러한 서비스를 더욱 개별적이고 느슨하게 결합된 애플리케이션 기능으로 나눈다. 마이크로서비스는 기능을 더욱 격리시킴으로써 영향 범위를 줄일 뿐만 아니라 각 마이크로서비스 기능을 자체 구성 요소로 처리함으로써 애플리케이션 배포 속도를 획기적으로 향상시킨다. 특정 마이크로서비스에 대해 책임을 지는 작은 데브옵스팀을 이용하면 적은 양의 코드를 지속해서 통합하고 전달할 수 있으므로 속도가 향상되고 서비스에 의도하지 않은 문제가 발생했을 때 빠른 롤백이 가능하다.

마이크로서비스와 클라우드 컴퓨팅은 잘 어울리며, 현시점에서는 종종 마이크로서비스가 가장 성숙한 클라우드 네이티브 아키텍처로 간주된다. 이들이 서로 잘 어울리는 이유는 클라우드 공급 업체가 그들의 서비스를 종종 비즈니스 결과를 달성하는 데 여러 가지 방법으로 사용될 수 있는 개별 빌딩 블록으로 개발하는 방식 때문이다. 이 빌딩 블록 접근 방식은 애플리케이션 설계팀에 특정 유형의 데이터 저장소 또는 프로그래밍 언어를 사용하도록 강요하지 않고 문제를 해결하기 위해 서비스를 짜 맞추기 위한 창의성을 제공한다. 이로 인해 서버리스 컴퓨팅 서비스와 같이 클라우드를 활용하는 혁신과 설계 패턴이 향상되어 개발팀은 자원 관리를 하지 않고 비즈니스 로직에 집중할 수 있게 됐다.

클라우드 네이티브 설계 고려 사항

사용된 방법론이나 구현된 최종 클라우드 네이티브 설계 패턴에 관계없이 모든 클라우드 네이티브 아키텍처가 구현하려고 하는 특정한 설계 고려 사항이 있다. 이들 중 전부가 클라우드 네이티브 아키텍처로 간주될 필요는 없지만, 이러한 고려 사항이 구현되면서 시스템의 성숙도가 높아져 CNMM의 상위 레벨로 올라간다. 이러한 고려 사항에는 계측, 보안, 병렬화, 복원력, 이벤트 주도, 미래 사용성이 포함된다.

- **계측**: 애플리케이션 계측을 포함하는 것은 단순히 로그 스트림 분석 그 이상이다. 애플리케이션의 성능을 실시간으로 모니터링하고 측정할 수 있어야 한다. 계측을 추가하면 지연 조건, 시스템 결함으로 인한 구성 요소 오류 및 특정 비

즈니스 애플리케이션에 중요한 기타 특성을 애플리케이션이 스스로 인식할 수 있는 기능이 직접적으로 제공될 것이다. 계측은 여러 다른 설계 고려 사항에서 중요하므로 계측을 애플리케이션에서 우선시하면 장기적인 이점을 얻을 수 있다.

- **보안:** 모든 애플리케이션에는 보안 기능이 내장돼 있어야 하지만, 클라우드 네이티브 보안 아키텍처 설계는 애플리케이션이 클라우드 공급 업체 보안 서비스와 타사 보안 서비스, 계층 안에서 설계 수준의 보안을 활용할 수 있도록 보장하는 것이 중요하며, 이 모든 것이 애플리케이션의 자세를 강화하고 공격이나 위반이 발생한 경우 영향 범위를 줄여줄 것이다.

- **병렬화:** 애플리케이션의 다른 부분과 병렬로 별도의 프로세스를 실행할 수 있는 애플리케이션을 설계하면 확장될 때 필요한 성능을 제공하는 기능에 직접적인 영향을 준다. 여기에는 동일한 기능 집합을 여러 번 병렬로 실행하거나 애플리케이션의 많은 고유 기능을 병렬로 실행하는 기능이 포함된다.

- **복원력:** 애플리케이션이 어떻게 오류를 처리하면서 동시에 적절히 수행하는지 고려하는 것이 중요하다. 여러 물리적 데이터 센터 간 배포와 같은 클라우드 공급 업체의 기술 혁신 사용과 여러 개의 분리된 애플리케이션 계층 사용, 클라우드 공급 업체 위치 간 애플리케이션 구성 요소의 시작, 종료, 마이그레이션 자동화를 통해 애플리케이션의 복원력을 보장할 수 있다.

- **이벤트 주도:** 이벤트 주도 애플리케이션은 비즈니스 로직이나 복원력 수정, 보안 평가, 애플리케이션 구성 요소의 자동 확장 등의 작업을 수행하기 위해 이벤트를 분석하는 기술을 사용할 수 있다. 모든 이벤트는 고급 머신러닝 기술에 의해 기록되고 분석되어 더 많은 이벤트가 식별될 때 추가 자동화를 할 수 있다.

- **미래 사용성:** 미래에 대해 생각하는 것은 시간과 혁신이 진행됨에 따라 애플리케이션이 CNMM을 따라 계속해서 진화할 수 있도록 보장하는 중요한 방법이다. 이러한 고려 사항을 구현하면 미래를 대비하는 데 도움이 될 것이다. 하지만 필요한 모든 비즈니스 결과를 항상 제공할 수 있도록 자동화 및 코드 향상을 통해 모든 애플리케이션을 최적화해야 한다.

애플리케이션 중심 설계 축 내용 정리

마이크로서비스와 12-요인 앱 설계 패턴, 클라우드 네이티브 디자인 고려 사항을 포함해 클라우드 네이티브 애플리케이션을 만드는 데 사용할 수 있는 다양한 방법론이 있다. 클라우드 네이티브 애플리케이션을 설계하는 데 있어 하나의 올바른 경로는 없으며, CNMM의 모든 부분과 마찬가지로 보다 더 강건한 고려 사항을 적용할수록 성숙도가 높아진다. 이러한 설계의 대부분이 구현되면 애플리케이션은 이 축에 대해 가장 높은 성숙도에 도달할 것이다.

세 번째 축 - 자동화

세 번째이자 마지막 클라우드 네이티브 원칙은 자동화에 관한 것이다. 이 장 전체에서 다른 CNMM 원칙에 대해 자세히 논의하고, 특히 클라우드 네이티브 서비스와 애플리케이션 중심 설계의 사용이 왜 클라우드 네이티브 아키텍처로 하여금 규모 조정을 가능하게 하는지에 대해 설명했다. 그러나 이것만으로는 시스템이 클라우드를 실제로 활용할 수 없다. 사용 가능한 가장 고급 서비스를 사용해 시스템을 설계했지만 애플리케이션의 운영 측면을 수동으로 수행한다면 의도된 목적을 실현하는 데 어려움을 겪을 것이다. 이러한 유형의 운영 자동화를 종종 **코드형 인프라**(Infrastructure as Code)라고 하며, 이를 통해 정교한 클라우드 네이티브 아키텍처를 달성하기 위한 성숙도가 높아졌다. 클라우드 공급 업체는 일반적으로 API 엔드포인트로 모든 서비스를 개발해 프로그램 방식의 호출로 서비스를 생성하거나 수정, 제거할 수 있다. 이 접근법이 코드형 인프라의 원동력이며, 이 코드형 인프라는 이전에 운영팀이 인프라 설계 및 구성 외에 구성 요소의 물리적 설치 및 배포를 담당했던 영역이다.

코드형 인프라 자동화를 통해 운영팀은 이제 애플리케이션에 특화된 설계에 중점을 둘 수 있으며 클라우드 공급 업체를 사용해 자원 배포의 차별화되지 않은 번거로운 작업을 처리할 수 있다. 이 코드형 인프라는 애플리케이션의 다른 배포 산출물처럼 취급되며, 환경 구축의 장기적인 일관성을 위해 버전 관리되고 유지 관리되는 소스 코드 저장소에 저장된다. 자동화 수준은 여전히 초기 단계에서 환경 구축과 자원 구성, 애플리케이션 배포에 초점을 맞추는 범위에서 발전한다. 솔루션이 성숙됨에 따라 자동화는 고급 모니터링과 확장, 성능 활동을 포함하도록 진화하고 궁극적으로는 전체 솔루션의 감사, 규정 준수, 관리, 최적화를 포함하게 된다. 거기서부터 가장 고급 설계의 자동화는 인공 지능과 머신러닝, 딥 러닝 기술을 사용해 현재 상태를 기반으로 시스템을 자체 치유하고 조정해 구조를 변경한다.

자동화는 클라우드 네이티브 아키텍처에서 요구되는 규모와 보안을 달성하는 데 있어 핵심이다.

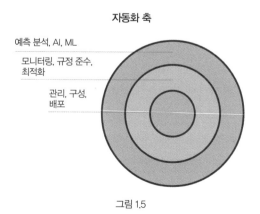

그림 1.5

환경 관리와 구성, 배포

클라우드에서 애플리케이션을 설계하고 배포 및 관리하는 것은 복잡하지만, 모든 시스템이 설정되고 구성돼야 한다. 클라우드에서는 코드로 환경 및 구성 프로세스를 개발해 이 프로세스를 보다 간소화하고 일관되게 유지할 수 있다. 기존 서버와 서브넷, 온프레미스에서 관리되는 물리적 장비를 능가하는 클라우드 서비스와 자원이 잠재적으로 많이 있다. 자동화 축의 이 단계에서는 API 주도 환경 프로비저닝과 시스템 구성, 애플리케이션 배포에 중점을 두고 있으며, 덕분에 고객은 이러한 반복 가능한 작업을 코드를 사용해 처리할 수 있다.

솔루션이 엔터프라이즈 기업에 대한 크고 복잡한 구현이든 비교적 간단한 시스템 배포든 관계없이 일관성을 관리하기 위해 자동화를 사용하는 것은 클라우드 네이티브 아키텍처를 구현하는 데 있어 중요하다. 규모가 크고 복잡한 솔루션의 경우나 규정 요구 사항에 따라 업무 분리가 필요한 경우, 기업은 핵심 인프라, 네트워킹, 보안, 모니터링과 같이 해당 영역에만 집중하도록 여러 운영팀을 분리하기 위해 코드형 인프라를 사용할 수 있다. 다른 경우에는 모든 구성 요소가 단일 팀(데브옵스 모델이 사용되는 경우 개발팀도 가능)에 의해 처리될 수 있다. 코드형 인프라가 어떻게 개발됐는지와 관계없이 민첩성과 일관성이 프로세스에서 일정함을 보장해 시스템을 수시로 배포하고 설계 요구 사항을 정확히 준수하는 것이 중요하다.

코드형 인프라를 사용하는 시스템의 작동을 처리하는 방법에 대한 여러 관점이 있다. 때에 따라 환경이 변경될 때마다 전체 코드형 인프라 자동화가 실행되어 기존 환경을 대체한다. 시스템 구성 요소가 절대로 업데이트되지 않고 매번 새로운 버전이나 구성으로 바뀌므로 이를 **불변 인프라(immutable infrastructure)**라고 한다. 이를 통해 기업은 환경 또는 구성 편차를 줄일 수 있을 뿐만 아니라 통제를 입증하고 수동으로 구현할 수 있는 보안 문제를 줄일 수 있는 엄격한 방법을 보장한다.

불변 인프라 접근 방식에 이점은 있지만, 매번 전체 환경을 대체할 수는 없기 때문에 보다 구체적인 구성 요소 수준에서 변경해야 한다. 모든 것을 일관적으로 구현하려면 자동화가 여전히 중요하다. 하지만 자동화는 클라우드 자원을 변경 가능하게 만들거나 시간이 지남에 따라 변경할 수 있는 능력을 부여한다. 인스턴스 수준의 자동화를 달성할 수 있는 제품을 보유한 수많은 공급 업체가 있으며, 대부분 클라우드 공급 업체는 이러한 유형의 자동화를 수행하는 관리형 서비스를 보유하고 있다. 이러한 도구를 사용하면 환경에서 코드 또는 스크립트를 실행해 변경 작업을 수행할 수 있다. 이 스크립트는 코드형 인프라의 배포 아티팩트의 일부로, 변경 불가능한 스크립트 세트와 동일한 방식으로 개발 및 유지 관리된다.

환경 관리 및 구성이 기본 수준에서 자동화가 필요한 유일한 길은 아니다. 코드 배포 및 탄력성은 완전히 자동화된 클라우드 네이티브 아키텍처를 보장하는 데 매우 중요한 구성 요소다. 시장에는 전체 배포 파이프라인의 자동화를 제공하는 수많은 도구가 있으며, **지속적인 통합**(Continuous Integration, CI), **지속적인 배포**(Continuous Deployment, CD)로 종종 불린다. 코드 배포 파이프 라인에는 코드 체크인, 코드 분석을 수반한 자동화된 컴파일, 패키징, 배포부터 여러 가지 후크가 있는 특정 환경 또는 깨끗한 배포를 보장하기 위한 승인 중지에 이르기까지 프로세스의 모든 측면이 포함되는 경우가 종종 있다. 환경 및 운영 관리를 위한 코드형 인프라와 함께 사용되는 CICD 파이프라인은 클라우드 네이티브 아키텍처를 위한 민첩성과 일관성을 제공한다.

자동화를 통한 모니터링, 규정 준수, 최적화

복잡한 서비스를 사용하고 여러 지리적 위치에 걸쳐 있는 클라우드 네이티브 아키텍처는 사용 패턴 및 기타 요인에 따라 자주 변경하는 기능이 필요하다. 자동화를 사용해 솔루션의 전체 범위를 모니터링하고 기업 또는 규제 표준을 준수하며 지속해서 자원 사용을 최적화하면 성숙도가 높아진다. 모든 진화와 마찬가지로, 이전 단계의 성숙도를 기반으로 솔루션에 증가된 규모를 도입할 수 있는 고급 기술을 사용할 수 있다.

수집할 수 있는 가장 중요한 데이터 요소 중 하나는 클라우드 공급 업체가 서비스로 제공하는 모니터링 데이터다. 성수한 클라우드 공급 업체는 기본적으로 서비스에 통합되지 않으면 얻을 수 없는 서비스의 지표와 이벤트, 로그를 수집할 수 있는 통합된 모니터링 서비스를 제공한다. 이러한 모니터링 서비스를 사용해 발생하는 기본 이벤트를 트리거하는 것은 전반적인 시스템 상태를 보장하는 자동화 유형이다. 예를 들어, 서비스 구성 요소의 로직 계층으로 가상 컴퓨팅 머신을 사용하는 시스템에서는 일반적으로 특정 양의 요청을 예상하지만, 주기적으로 요청이 급증하면 이러한 인스턴스의 CPU 및 네트워크 트래픽이 빠르게 증가한다. 클라우드 모니터링 서비스가 올바르게 구성되면 클라우드 모니터링 서비스는 이러한 증가를 감지하고 추가 인스턴스를 실행해 허용 수준 이상으로 로드를 균일하게 만들어 적절한 시스템 성능을 보장한다. 추가 리소스를 시작하는 프로세스는 코드형 인프라 자동화를 요구하는 시스템의 설계 구성으로, 클러스터의 다른 모든 구성 요소와 정확하게 동일한 구성 및 코드를 사용해 새 인스턴스가 배포되도록 한다. 이러한 유형의 활동을 종종 자동 확장(auto scaling)이라고 하며, 또한 반대로도 작동하여 요청이 급격히 줄어들면 인스턴스를 제거한다.

대기업 고객에게 환경 및 시스템 구성의 자동화된 규정 준수는 점점 더 중요해지고 있다. 시스템 구성 요소 전반에 걸쳐 일관된 규정 준수 감사를 수행하기 위해 자동화 기능을 통합하는 것은 자동화 축에서 높은 수준의 성숙도를 보여준다. 이러한 구성 스냅숏 서비스는 전체 환경 구성 시점에 대한 완벽한 그림을 제공하며 장기 분석을 위한 텍스트로 저장된다. 자동화를 사용하면 이러한 스냅숏을 환경의 이전 구성과 비교해 구성 간의 차이가 발생하지 않는지 확인할 수 있다. 이전 환경을 보는 것 외에도 현재 스냅숏을 규제 대상 산업의 감사 요구 사항을 지원하는 원하는 규정 준수 구성과 비교할 수 있다.

클라우드 자원의 최적화는 쉽게 간과될 수 있는 영역이다. 클라우드가 시작되기 전에 시스템이 설계됐고 그 시스템을 최대 요구 사항으로 실행하는 데 필요한 용량을 결정하기 위해 추정치(estimation)가 사용됐다. 이런 방식은 심지어 시스템이 만들어지기 전에 값 비싸고 복잡한 하드웨어와 소프트웨어를 조달하게 했다. 이로 인해 상당량의 과잉 공급된 용량이 유휴 상태에 있으면서 요청이 증가하기만 기다리는 것이 일반적이었다. 클라우드로 그 문제점은 거의 사라진다. 하지만 시스템 설계자는 여전히 필요한 용량이 얼마나 되는지 모르는 상황에 있다. 이를 해결하기 위해 자동화된 최적화를 사용해 모든 시스템 구성 요소를 지속해서 확인하고 과거 이력의 추이를 사용해 해당 자원이 과다 또는 저조하게 사용됐는지 파악한다. 자동 규모 조정은 이를 달성하는 한 가지 방법이며, 올바르게 구현되면 추가 최적화를 제공하는 훨씬 더 정교한 방법들이 있다. 예를 들어, 자동화된 프로세스를 사용해 모든 환경에서 실행 중인 인스턴스를 확인해서 사용량이 적은 인스턴스를 찾아 해당 인스턴스를 끄거나 야간과 주말에 모든 개발 환경을 종료하는 유사한 검사를 수행하면 기업이 많은 비용을 절약할 수 있다.

모니터링, 규정 준수, 최적화와 관련해 클라우드 네이티브 아키텍처의 성숙도를 높이는 주요 방법 중 하나는 광범위한 로깅 프레임워크를 활용하는 것이다. 이 프레임워크에 데이터를 로드하고 해당 데이터를 분석해 의사결정을 내리는 것은 복잡한 작업이므로 설계팀은 다양한 구성 요소를 완전히 이해하고 필요한 모든 데이터를 항상 수집해야 한다. 이러한 유형의 프레임워크는 로그를 수집하고 저장할 파일이라는 생각을 없애주고, 대신 어떤 종류의 이상 현상이든 실시간으로 분석해야 하는 이벤트 스트림으로서 로그에 집중하게 해준다. 예를 들어, 로깅 프레임워크를 구현하는 비교적 빠른 방법은 엘라스틱 서치(Elasticsearch), 로그스태시(Logstash), 키바나(Kibana)(이 세 가지를 묶어 종종 'ELK 스택'이라고 함)를 사용해 모든 유형의 시스템 로그 이벤트, 클라우드 공급 업체 서비스 로그 이벤트, 기타 타사 로그 이벤트를 수집하는 것이다.

예측 분석, 인공 지능, 머신러닝 그리고 그 이상의 것

시스템이 진화하고 자동화 성숙도 모델을 더욱 발전시키면 분석하고 실행하기 위해 그 시스템이 생성하는 데이터에 점점 더 의존하게 된다. 성숙한 클라우드 네이티브 아키텍처는 이 축의 이전 부분인 모니터링, 규정 준수, 최적화 설계와 유사하게 이상 현상 및 비효율성을 감지하기 위해 로그 이벤트 스트림을 지속해서 분석하지만, 가장 고급 성숙도는 **인공 지능(Artificial Intelligence, AI) 및 머신러닝(Machine Learning, ML)**을 사용해 이벤트가 시스템에 미치는 영향을 예측하고 성능이나 보안, 기타 비즈니스의 저하를 유발하기 전에 사전 조정을 수행함으로써 입증된다. 수집된 이벤트 데이터가 저장되는 시간이 길어지고 출처가 다른 데이터 소스의 양이 증가함에 따라 이러한 기법을 취할 데이터 포인트는 계속 증가할 것이다.

AI 및 ML과 함께 이 축에서 이미 논의된 자동화 빌딩 블록을 사용하면 시스템은 잠재적으로 비즈니스에 영향을 줄 수 있는 이벤트를 처리할 수 있는 많은 옵션을 갖게 된다.

예측 분석과 머신러닝에서는 데이터가 가장 중요하다. 이벤트를 분류하는 방법을 시스템에 가르치는 끊임없는 과정에는 시간, 데이터, 자동화가 필요하다. 겉보기에는 관련이 없는 데이터 이벤트를 서로 연관시켜 가설을 형성할 수 있다는 것이 AI와 ML 기법의 기본이다. 이러한 가설에는 과거에 이상 현상을 교정한 일련의 조치가 있으며, 그것을 이벤트가 발생했을 때 취할 수 있다. 이상 현상에 대한 가설에 부합하는 이벤트에 대한 자동화된 응답으로 시정 조치를 취하는 것은 ML에 기반한 예측 분석을 사용해 비즈니스에 영향을 미치기 전에 문제를 해결하는 예다. 또한, 새 이벤트가 수집되고 이력 데이터가 이전에 알려진 이상 현상과 정확하게 연관되지 않는 상황이 항상 있을 것이다. 심지어 이러한 상관 관계의 결여는 사실 그 자체로 하나의 지표이며 더 정확한 정보를 얻기 위해 데이터 이벤트, 이상 현상, 응답을 서로 연결할 수 있다.

이러한 유형의 자동화가 시스템 전반에 걸쳐 올바르게 구현되면 오늘날 가능한 가장 고급 아키텍처가 나올 것이다. 사용 가능한 클라우드 서비스의 현재 상태로 예측 분석, 인공 지능, 머신러닝을 사용하는 것이 성숙한 클라우드 네이티브 아키텍처를 설계하는 최첨단 방법이다. 그러나 서비스가 더욱 성숙해짐에 따라 추가 기술을 사용할 수 있게 되고, 혁신적인 사람들은 시스템이 비즈니스 손상에 대해 회복성을 가질 수 있게 이 기술을 사용해 끊임없이 성숙도를 높일 것이다.

자동화 축 내용 정리

클라우드 네이티브 아키텍처를 구현할 때 자동화는 중요한 가치를 드러낸다. 자동화의 성숙도는 간단하게 환경을 설정하고 구성 요소를 구성하는 것에서부터 솔루션 전반에 걸쳐 고급 모니터링, 규정 준수, 최적화를 수행하는 것으로까지 발전한다. 클라우드 공급 업체 서비스의 혁신 증가와 함께 자동화의 성숙과 인공 지능 및 머신러닝의 사용으로 시스템의 일반적이면서 이미 알려진 이상 현상과 점점 증가하는 알려지지 않은 이상 현상을 해결하기 위해 예측 조치를 취할 수 있다. 이러한 클라우드 공급 업체 서비스 채택과 자동화의 결합이 CNMM의 세 가지 중요한 설계 원칙 중 두 가지를 형성하며, 최종 요구 사항은 애플리케이션 설계 및 아키텍처 원칙이 된다.

클라우드 네이티브 여정

크든 작든, 신생 기업이든 노련한 기업이든 모두 클라우드 컴퓨팅의 이점을 알고 있다. 클라우드로 가는데는 여러 가지 방법이 있으며, 이는 종종 조직의 성숙도와 변화를 요구하는 고위 경영진의 의지에 달려있다. 조직의 유형에 관계없이 성공적인 클라우드 컴퓨팅으로의 전환은 시간과 노력, 지속성을 필요로하는 여정이다. 어떤 기업이 클라우드 네이티브로 가고 싶다고 말하기는 쉽다. 그러나 대부분 회사의 경우 그렇게 되기가 복잡하고 어려워 보인다. 많은 레거시 워크로드를 가지고 있으면서 데이터 센터를 관리하는 성숙한 조직의 경우 마이그레이션을 위한 로드맵을 확인하고 계획을 수립해야 할 뿐만 아니라, 그 여정에서 인력과 프로세스 측면 또한 관리해야 한다. 전통적 워크로드 측면에서 기술 부채(technical debt)를 많이 겪지 않은 신규 기업의 경우 클라우드가 초기 실험 장소가 되어 클라우드로의 여정이 가속화될 것이다. 그러나 클라우드 네이티브 기업으로 성숙해지기까지는 여전히 시간이 걸릴 것이다.

클라우드 우선 결정

지금 여기 클라우드 컴퓨팅이 있다. 몇 년 전만 해도 기업이 클라우드 우선 모델을 선언해야 할지, 아니면 최신이자 최고의 기술을 따르지 말아야 할지에 대한 많은 논의가 있었다. 그러나 현재는 거의 모든 회사가 클라우드 컴퓨팅을 향한 첫 발걸음을 내딛었으며, 많은 기업이 클라우드 우선 조직이 되기로 결정했다. 가장 기본 수준에서 이 결정을 내리는 것은 클라우드가 비즈니스 요구 사항에 충분하지 않다는 것이 입증되지 않는 한 모든 새로운 워크로드가 선택된 클라우드 공급 업체에 배포된다는 것을 의미한다. 때로는 정보 보안(즉, 정부 분류 또는 규제 조건)으로 인해 발생하는 경우도 있으며, 클라우드 공급 업체의 기술적인 문제 또는 단기간 극복하기 어려운 제한 사항으로 인한 것일 때도 있다. 그럼에도 불구하고 대다수의 새로운 프로젝트는 이전의 CNMM에서 설명한 것처럼 성숙도의 여러 단계에서 결국 클라우드를 사용하게 될 것이다.

오늘날의 IT 환경에서는 이러한 결정이 일반적이지만, 여전히 성공하기 위해 해결해야 할 문제가 있다. IT 및 비즈니스 리더는 인력 및 프로세스가 클라우드 우선 모델에 부합하는지 확인해야 한다. 또한 데브옵스 및 애자일(agile) 방법론을 발전시키는 것은 조직이 고립된(silo) 형태의 개발 및 운영팀으로 운영되는 폭포수(waterfall) 프로젝트의 느리고 고정된 특징을 극복하는 데 도움을 준다.

클라우드에서 인력과 프로세스 변경

대규모 IT 부서 또는 장기 아웃소싱 계약을 맺은 조직은 그 시점까지 기업에서 사용하는 기술에 숙련된 인력을 기본으로 보유하게 된다. 클라우드 컴퓨팅과 같은 새로운 기술로의 전환은 상당한 양의 도구 교체, 인력 이동, 인력의 사고 패턴 변화를 필요로 한다. 조직은 IT 인력을 레거시 워크로드를 유지하고 원래의 방법론을 유지하는 인력과 클라우드 우선 모델에서 작업하고 성공하기 위해 새로운 기술과 프로세스를 채택하는 인력으로 구분해 이러한 인력 문제를 극복할 수 있다. 이 접근법은 잠시 동안 효과가 있을 수 있지만, 시간이 지나면서 워크로드가 대상 클라우드 플랫폼으로 이동함에 따라 점점 더 많은 사람이 새로운 운영 모델로 전환하게 될 것이다. 이 접근 방식의 이점은 새로운 기술과 기법을 배우는 데 열정적인 소수의 사람만이 선도자가 될 수 있도록 허용하고, 나머지 인력은 보다 체계적인 속도로 자신의 기술을 재구성할 수 있다는 점이다.

숙련된 IT 전문가, 특히 데이터 센터 배치 및 많은 대규모 레거시 워크로드에서 경험을 쌓은 전문가의 경우 종종 극복하기 어려운 특별한 영역이 바로 무제한 자원의 개념이다. 대부분 클라우드 공급 업체는 효과적으로 무제한의 자원을 사용하므로 애플리케이션 설계에 대한 제약을 제거하면 이전에 애플리케이션을 설계할 때 불가능했던 문제를 해결할 수 있는 독특하고 혁신적인 방법이 많이 생기게 된다. 예를 들어, 일괄 처리 작업을 완료하기 위해 특정 CPU 프로세서 집합에 종속되면 개발자는 병렬화를 덜하도록 설계하겠지만, 무제한 CPU를 사용할 수 있는 환경에서는 전체 작업을 병렬로 실행하도록 설계할 수 있으며, 이 방법이 잠재적으로 여러 직렬 작업을 실행하는 것보다 빠르고 저렴하다. 크게 생각하고 제약을 제거할 수 있는 인력들을 선도팀으로 고려해야 한다.

프로세스는 또한 클라우드 우선 조직이 되는 데 있어 커다란 장애물이다. 클라우드 단계로 전환하고 있는 많은 기업이 SOA에서 마이크로서비스 단계로도 전환 중이다. 따라서 현재 진행 중인 프로세스가 SOA 아키텍처 및 배포를 지원하는 것이 일반적일 수 있으며, 그 방식은 일반적으로 느리고 복합 애플리케이션에 대해 '빅뱅(big bang)'으로 올바르게 배포하고 중요한 테스트를 수행할 수 있게 보장한다. 클라우드 우선이며 마이크로서비스를 사용해 빠르게 변화하는 비즈니스 요구 사항을 지원하기 위해 가능한 한 빠르게, 많이 배포하는 것이 목표다. 따라서 이러한 민첩성을 지원하도록 프로세스를 수정하는 것이 중요하다. 예를 들어, 조직이 엄격하게 ITIL을 준수하는 경우 코드의 수정과 배포를 프로덕션에 적용하려면 견제와 균형이 포함된 엄격한 승인 단계가 필요할 수 있다. 이 프로세스는 복합 애플리케이션의 복잡한 상호 연결된 특성 때문에 가능하며, 사소한 변경 사항이라도 전체 시스템 세트에 영향을 미칠 수 있다. 그러나 마이크로서비스 아키텍처에서는 API가 변경되지 않는 한 완전히 독립적이며 보통 API만 게시하므로 코드 자체는 다른 서비스에 영향을 미치지 않는다. 많은 소규모 배포 또는 롤백을 허용하도록 프로세스를 변경하면 속도와 비즈니스 민첩성이 보장된다.

애자일과 데브옵스

클라우드는 문제가 사라지는 마법의 장소는 아니다. 전통적인 문제의 일부는 사라지지만, 새로운 도전 과제가 다시 생길 것이다. 현재 전통적인 기업은 폭포수 프로젝트 관리에서 애자일로 전환하고 있다. 클라우드 네이티브를 지향하는 회사에게는 좋은 소식인데, 반복과 빠른 실패, 혁신은 장기적인 성공에 있어 중요하며 '애자일' 프로젝트가 이러한 유형의 프로젝트를 제공할 수 있기 때문이다. 이 방법론이 클라우드 네이티브 회사에게 인기 있는 이유 중 상당 부분은 클라우드 공급 업체가 겪는 빠른 혁신 속도 때문이다. 예를 들어 AWS는 1,430개의 새로운 서비스와 기능을 2017년에 출시했다. 이는 하루에 거의 4개 꼴로, 2020년 역시 빠른 속도로 진행될 것이다. 이러한 수준의 혁신이 이루어지면서 클라우드 서비스는 변화하고 있으며 애자일 방법론을 사용해 클라우드 네이티브 프로젝트를 관리하면 기업에서 이러한 기능을 활용할 수 있다.

데브옵스(또는 개발팀과 운영팀의 합병)는 코드가 개발되는 방식과 운영 환경에 배포된 후 운영되는 방식 간의 격차를 해소하는 데 도움이 되는 새로운 IT 운영 모델이다. 단일팀이 코드 로직, 테스트, 배포 아티팩트, 시스템 운영에 대한 책임을 갖게 해서 코드 개발 프로세스의 생명 주기에서 아무것도 잃지 않게 할 수 있다. 이 모델은 소규모 팀이 전체 서비스를 소유하고 서비스에 가장 적합한 코드를 작성해 기업이 선택한 클라우드 플랫폼에 배포한 다음, 해당 애플리케이션을 운영하고 애플리케이션이 운영 환경에 있을 때 발생할 수 있는 문제를 해결할 수 있는 가장 좋은 위치에 있게 해주기 때문에 클라우드 및 마이크로서비스와 잘 어울린다.

애자일 방법론과 데브옵스는 둘 다 클라우드 네이티브 조직으로 전환하려는 기업이 필요로 하는 중요한 변화다.

클라우드 운영 환경

클라우드로의 여정에는 많은 시간과 시행착오가 든다. 일반적으로 기업은 요구 사항에 대해 주요 클라우드 공급 업체를 식별하고, 경우에 따라 특정 요구 사항에 맞는 두 번째 클라우드 공급 업체를 보유하게 된다. 또한 거의 모든 회사가 하이브리드 아키텍처 방식으로 시작하는데, 이는 기존 투자 및 애플리케이션을 활용하면서 워크로드를 선택한 클라우드로 이전할 수 있게 해준다. 클라우드 네이티브 여정은 클라우드를 위한 마이그레이션이나 설계된 단일 워크로드로 시작하는 경우가 많으며, 이는 설계팀에게 중요한 경험을 제공하고 조직이 클라우드에 사용할 운영 기반을 만드는 데 도움이 된다.

클라우드 운영 기반

클라우드는 모든 종류의 비즈니스 문제를 해결하는 데 사용할 수 있는 방대한 자원의 집합이다. 그러나 이 기술은 숙련된 사람뿐만 아니라, 안전하고 비용 및 규모를 염두에 두고 운영할 수 있는 엄격한 운영 기반을 필요로 하는 일련의 복잡한 기술이다. 단일 워크로드가 클라우드에 배포되기 전에도 기업이 예상되는 기본 설계를 완전히 식별하는 것은 중요하다. 여기에는 계정 구조, 가상 네트워크 설계, 리전/지리적 요구 사항, 자격증명 및 접근 관리와 규정 준수와 같은 영역 측면에서의 보안 구조 또는 다양한 유형의 워크로드에 사용되는 특정 서비스와 관련된 통제 고려 사항 등 모든 것이 포함된다. 앞서 자동화 축에서 지적한 바와 같이 코드형 인프라를 활용하는 방법을 이해하는 것 또한 일찍 식별해야 하는 중요한 요소다.

모든 결정이 내려지고 클라우드 운영 기반이 마련되면 초기 프로젝트를 시작할 수 있다. 의사 결정 프로세스와 처음 몇 개의 프로젝트 배포 사이에서 데브옵스팀은 업무의 민첩한 속도, 대상 클라우드 공급 업체 플랫폼 및 회사의 클라우드 네이티브 환경에 대한 지침 및 접근 방식에 대한 많은 경험을 얻을 수 있다.

하이브리드 클라우드

클라우드 플랫폼의 기반 외에도 기업은 기존 자산을 활용하는 방법을 결정해야 한다. 클라우드 컴퓨팅의 가치 세안은 더이싱 논의되지 않지만, 마이그레이션의 속도와 기존 자산을 얼마나 빨리 폐기할 것인가는 중요하다. 클라우드 네이티브 여정의 시작 부분에 하이브리드 클라우드 접근 방식을 사용하는 것은 매우 일반적이며, 하이브리드 클라우드 접근 방식을 통해 기업은 기존의 두 그룹(레거시 그룹 및 클라우드 우선 그룹)을 사용해 쉽게 운영할 수 있다. 이 접근법은 기존 데이터 센터에서 클라우드로 '빅뱅' 마이그레이션을 요구하지 않고, 개별 프로젝트나 사업부, 또는 기타 분리된 영역을 다른 곳보다 더 빠르게 옮길 수 있게 하므로 비용 면에서 성공하기에 더 효율적인 경로가 될 수 있다.

모든 클라우드 공급 업체는 기업이 데이터 센터에 일부 워크로드를 유지하고 클라우드에 다른 워크로드를 보유하려는 경우에 활용할 수 있는 하이브리드 아키텍처 옵션을 제공한다. 이 하이브리드 아키텍처 접근 방식은 일반적으로 하나 이상의 데이터 센터에서 하나 이상의 클라우드 공급 업체의 지리적 영역으로 일부 유형의 네트워크 연결을 설정하는 것을 포함한다. 이 네트워크 연결은 퍼블릭 인터넷 경로 또는 다양한 전용 광섬유 옵션을 통해 VPN 형태로 이루어질 수 있다. 연결 유형에 관계없이 결과는 모든 기업의 자원과 워크로드를 (보안 및 통제 제약 내에서) 서로 볼 수 있는 단일 네트워크여야 한다. 하이브리드 클라우드 아키텍처의 일반적인 패턴은 다음과 같다.

- 레거시 워크로드는 온프레미스, 신규 프로젝트는 클라우드.

- 운영 워크로드는 온프레미스, 비운영 워크로드는 클라우드.

- 재해 복구 환경은 클라우드를 사용.

- 스토리지 및 아카이브는 클라우드를 사용.

- 온프레미스를 넘는 추가적인 용량은 클라우드를 사용.

시간이 지나면서 더 많은 워크로드가 클라우드로 마이그레이션되고 온프레미스 환경에서 폐기됨에 따라 무게 중심이 클라우드로 이동하고 조직은 온프레미스보다 클라우드에서 더 많은 자원을 갖게 된다. 이러한 진보는 당연한 것이며, 클라우드 네이티브 여정에 잘 맞는 회사의 전환점이 왔음을 의미한다. 결국, 클라우드 네이티브 기업은 클라우드에서 모든 워크로드를 처리하고 더이상 사용되지 않는 모든 하이브리드 연결 옵션을 제거할 것으로 예상한다. 이 시점에서 조직은 성숙한 클라우드 네이티브 기업으로 간주된다.

다중 클라우드

엔터프라이즈 기업은 자연 재해나 보안 이벤트, 또는 운영하는 모든 장소에서 고객을 감추고 있는지 여부와 상관없이 문제 발생 시 영향 범위를 줄이기 위해 위험을 나눠 분산되도록 해야 한다. 따라서 다중 클라우드 환경의 매력은 강력하며 일부 대기업은 클라우드 여정을 위해 이러한 경로를 따르기 시작했다. 적절한 상황에서 이 접근법은 의미가 있으며, 비즈니스가 특정 유형의 문제를 견딜 수 있게 추가적으로 보장해준다. 그러나 대부분 기업에서 이러한 유형의 아키텍처는 상당한 복잡성을 더하고 클라우드 채택의 속도를 늦출 수 있다.

다중 클라우드 배치 및 아키텍처에 대한 잘못된 인식은 복잡성 및 변경 관리를 잘 해내는 시스템 통합 업체에 의해 확산되는 경우가 많다. 시스템 통합 업체는 가능한 한 가장 복잡하고 설계가 까다로운 아키텍처를 홍보하려고 하며, 그에 따라 기업은 IT 운영이 원활하게 진행될 수 있도록 더 많은 것을 활용해야 한다고 느낀다. **다중 클라우드**는 이를 시작하는 가장 최근의 방법인데, 왜냐하면 이 경로를 택하는 데는 클라우드 관련 지식이 두 배, 하이브리드 또는 클라우드 간의 연결이 두 배가 필요하기 때문이다. 종종 단일 플랫폼이 다중 클라우드 및 온프레미스의 자원을 관리해 클라우드 운영을 더 쉽게 할 수 있다고 이야기하는 클라우드 브로커(cloud broker)가 있다. 이 관점의 문제는 이러한 클라우드 브로커가 실제로 클라우드 공급 업체의 최소 공통 분모(일반적으로 인스턴스, 스토리지, 로드밸런서 등)만 노출시키고 있으며, 선택한 클라우드 공급 업체의 가장 혁신적인 기술을 사용할 수 있는 능력을 갖지 못한다는 데 있다. 이 방식은 클라우드 네이티브 아키텍처 혁신을 저해하고 클라우드 이전에 사용했던 것과 유사한 운영 모델로 기업을 강제하며, 종종 그들 대신 환경을 관리하는 다른 회사에 비용을 지불하고 클라우드 여정에서 많은 것을 얻지 못하게 만든다.

다중 클라우드에 대한 또 다른 일반적인 접근법은 클라우드 간에 워크로드를 이동시키는 데 컨테이너를 사용하는 것이다. 이론적으로 이 접근 방식은 효과가 있으며 다중 클라우드가 직면한 많은 도전 과제를 해결해준다. 현재 이 접근법으로 많은 혁신이 이루어지고 있으며 클라우드 간에 성공적으로 컨테이너를 이동할 수 있는 기능은 아직 초기 단계다. 추가적인 프레임워크와 도구가 나타나고 해당 기술의 성숙도가 높아지면, 이것이 최첨단 클라우드 네이티브 아키텍처를 만드는 새로운 방법이 될 수 있을 것이다.

클라우드 네이티브 여정에 있으면서 다중 클라우드 접근 방식을 고려 중인 기업은 왜 이것을 고려하고 있는지 스스로 물어야 한다. 개인적으로는 조직이 설계에 두 번째 클라우드를 추가하는 대신에 단일 클라우드 공급 업체를 선택하고 모든 도구의 교체와 노력, 인력에 초점을 맞춘다면 초기 및 중간 부분에서 속도와 효율성이 향상될 것이라고 본다. 궁극적으로 비즈니스 요구에 가장 잘 부합하고 문화적으로 조직에 적합한 경로를 선택하라.

규모에 따른 애플리케이션 마이그레이션

클라우드 우선 조직이 되고 데브옵스 팀을 구성하기로 결정하면서 기업은 클라우드 여정을 시작하고 클라우드 공급 업체를 선택하고 대상 클라우드 운영 기반을 설정하는 작업을 계속하게 된다. 이러한 활동이 완료된 직후, 수평 확장 및 마이그레이션을 시작해야 한다. 클라우드 네이티브 기업은 자체 관리 데이터 센터 및 워크로드를 줄이고 가능한 한 클라우드로 전환하는 것을 목표로 삼는다. 크게 세 가지 경로가 있다.

- 레거시 워크로드를 클라우드로 그대로 이전(Lift-and-shift)하는 마이그레이션.
- 클라우드 최적화를 위한 레거시 워크로드의 재설계(Re-engineering).
- 그린필드[1] 클라우드 네이티브 개발.

대부분 대기업의 경우, 세 가지 옵션 모두 레거시 워크로드의 여러 다른 부분에서 수행될 수 있다. 더 작은 기업의 경우, 원하는 결과에 따라 세 가지 유형을 혼합해 사용할 수 있다.

---

1 (옮긴이) 그린필드(Greenfield): 아직 개발되지 않은 영역을 의미함.

그대로 이전(Lift-and-shift) 마이그레이션

'그대로 이전' 마이그레이션은 이미 구현된 대상 클라우드 운영 기반으로 기존의 워크로드를 그대로 이동시키는 작업이다. 이러한 유형의 작업은 대개 사업부 단위의 애플리케이션 그룹이나 기술 스택, 일부 다른 유형의 지표에 대한 복잡성 수준에 대해 수행된다. 가장 순수한 형태의 그대로 이전 마이그레이션은 기존 인스턴스, 데이터베이스, 스토리지 등을 문자 그대로 하나씩 복제하는 것으로 실제 클라우드에 대한 비용 절감 효과는 미미할 수 있기 때문에 이것으로 끝나는 경우는 드물다. 예를 들어, 온프레미스 데이터 센터에서 클라우드로 100개의 인스턴스를 옮기고 크기를 변경하지 않거나 확장 옵션을 고려하지 않는다면 기업에 많은 비용이 들 것이다.

그대로 이전 방식의 보다 일반적인 파생 형태는 **약간 고쳐서 이전(lift-tinker-shift) 마이그레이션**이며, 이 방식으로 대부분 워크로드를 이전한다. 그러나 특정 구성 요소는 클라우드 서비스를 위해 업그레이드되거나 대체된다. 예를 들어, 온프레미스 데이터 센터에서 클라우드로 100개의 인스턴스를 옮기면서 특정 운영체제(예: Red Hat Enterprise Edition)로 표준화하고, 모든 데이터베이스를 클라우드 공급 업체의 관리형 서비스로 이동하며(예: Amazon Relational Database Service), 백업 또는 아카이브 파일을 클라우드 스토리지(예: Amazon Simple Storage Service)에 저장하면 '약간 고쳐서 이전' 마이그레이션이 이루어진다. 이러한 유형의 마이그레이션은 해당 비즈니스 사례에 대해 많은 비용을 절감하고, 클라우드에서 가장 성숙한 서비스 중 일부를 활용하며, 향후 배포 시 장기적인 측면에서 큰 이점을 제공한다.

재설계(Re-engineer) 마이그레이션

진정으로 클라우드 네이티브 조직으로 전환하려는 기업은 클라우드가 제공해야 하는 규모와 혁신을 활용할 수 있도록 대부분 레거시 워크로드를 재설계해야 한다. 이 프로세스에서 클라우드로 마이그레이션되지만 재설계하도록 선택된 워크로드는 이동하는 데 시간이 오래 걸릴 수 있지만, 일단 완료되면 CNMM의 일부분으로 넘어가서 클라우드 네이티브로 간주된다. 이러한 유형의 마이그레이션은 그린 필드 개발 프로젝트는 아니지만 그대로 이전 마이그레이션도 아니며, 애플리케이션 워크로드의 상당 부분을 재작성하거나 리플랫폼 (replatformed)하도록 설계해 클라우드 네이티브 표준에 부합한다. 예를 들어, 복합 애플리케이션에는 전통적인 SOA 아키텍처를 사용하는 100개의 인스턴스를 포함하며 트래픽을 조정하기 위한 ESB에 5개의 서로 다른 개별 워크로드를 포함하고 있다. 이 복합 애플리케이션을 재설계하려면 기업은 ESB를 제거하고 개별 워크로드를 더 많은 기능 기반의 마이크로서비스로 쪼개며 서버리스 클라우드 서비스를 활용해 최대한 많은 인스턴스를 제거하고 데이터베이스 형태를 관계형 대신 NoSQL로 바꿔야한다.

재설계 접근 방식을 사용해 워크로드를 마이그레이션하는 것은 기업의 데브옵스 조직 선도팀이 의미 있는 프로젝트를 만들어서 아키텍처 설계에 깊이 관여하여 클라우드 네이티브 여정을 위한 새로운 기술과 기법을 모두 활용할 수 있는 좋은 방법이다. 시간이 지남에 따라 대다수의 마이그레이션 프로젝트가 클라우드 컴퓨팅을 활용하기 위해 기존 워크로드를 재설계할 것이라고 믿는다.

클라우드 네이티브 기업

엄밀히 말하면 마이그레이션이 아닌 새로운 애플리케이션을 개발하는 클라우드 네이티브 기업은 클라우드 네이티브 아키텍처를 염두에 두고 전체 개발 주기를 진행할 것이다. 재 설계된 워크로드조차도 어떤 이유로든 기본 기술을 완전히 변경할 수 없을 수도 있다. 기업이 완전한 클라우드 네이티브 개발을 선택하면 개발, 규모 제한, 느린 배포, 프로세스에 대한 모든 레거시 접근 방법과 레거시에 숙련된 인력은 없어지고 최신 및 최고의 클라우드 서비스와 아키텍처, 기법만 채택된다. 이 여정에서 이 단계에 도달한 기업은 진정으로 클라우드 네이티브가 되며, 비즈니스 애플리케이션을 개발하고 배포하는 방법으로 장기적인 성공이 보장된다.

클라우드 네이티브 아키텍처 사례 연구 – 넷플릭스(Netflix)

넷플릭스는 사람들이 이상적인 클라우드 네이티브 기업에 관해 이야기할 때 종종 나오는 첫 번째 기업인데, 그 이유가 무엇일까? 이 절에서는 넷플릭스가 오늘날에 도달하기 위해 수행한 여정을 파헤쳐 볼 것이다. CNMM을 사용해 각 축에 대해 논의하고 클라우드 네이티브 여정을 따르는 그들의 성숙함을 보여주기 위해 고려해야 할 핵심 사항을 알아볼 것이다.

여정

클라우드로의 모든 주요 마이그레이션과 마찬가지로 넷플릭스의 여정은 하룻밤 사이에 일어난 일이 아니었다. 2010년 5월 초 넷플릭스는 AWS를 클라우드 컴퓨팅 파트너로 선택하고 공개적으로 발표했다. 당시 두 기업이 발표한 보도 자료에서 다음 인용문을 추출했다(https://press.aboutamazon.com/news-releases/news-release-details/netflix-selects-amazon-web-services-power-mission-critical).

> *"아마존 웹 서비스는 오늘 넷플릭스가 다양한 미션 중심의 고객 지향형 백엔드 애플리케이션을 실행하기 위해 AWS를 선택했다고 발표했다. 기술 인프라에 대한 고민은 아마존 웹 서비스에 맡겨두고 넷플릭스는 계속해서 TV 및 컴퓨터에서 바로 TV 에피소드 및 영화를 보고 메일로 DVD를 수신하는 회원들의 전반적인 경험을 향상시킬 것이다."*

이 보도 자료는 넷플릭스가 실제로 워크로드 개발 실험을 위해 AWS를 1년 넘게 사용해왔다고 말하면서, 2009년부터 넷플릭스가 클라우드 네이티브 여정에 있었다고 말하고 있다. AWS가 2006년 첫 서비스를 발표한 이래로, 넷플릭스는 처음부터 그 이점을 확인하고 새로운 형태의 컴퓨팅을 활용하기 위해 적극적으로 AWS로 이동한 것이 분명하다.

넷플릭스는 위험 요소를 줄이면서 경험을 쌓고, AWS가 제공하는 최신 혁신 기술을 활용하기 위해 시간이 지남에 따라 구성 요소 마이그레이션을 단계적으로 진행했다. 다음은 마이그레이션의 간단한 일정이다[2009 - 2010] http://www.sfisaca.org/images/FC12Presentations/D1_2.pdf, [2011 - 2013] https://www.slideshare.net/AmazonWebServices/ent209-netflix-cloud-migration-devops-and-distributed-systems-aws-reinvent-2014(슬라이드 11), [2016] https://medium.com/netflix-techblog/netflix-billing-migration-to-aws-451fba085a4.

- 2009: AWS S3로 비디오 마스터 콘텐트 시스템 로그 마이그레이션

- 2010: DRM, CDN 라우팅, 웹 가입, 검색, 영화 선택, 메타 데이터, 장치 관리 등

- 2011: 고객 서비스, 국제 고객 서비스 조회, 통화 로그, 고객 서비스 분석

- 2012: 검색 페이지, E-C, 계정 관리

- 2013: 빅데이터 및 분석

- 2016: 청구 및 지불

자세한 내용은 https://media.netflix.com/en/company-blog/completing-the-netflix-cloud-migration에서 확인할 수 있다. 이 7년의 여정 덕분에 넷플릭스는 2016년 1월에 자체 데이터 센터를 완전히 폐쇄할 수 있었으며, 이제는 완전히 클라우드 네이티브 기업이 됐다. 분명히 넷플릭스의 이 여정은 쉽지 않았고, 많은 어려운 결정과 타협이 그 과정에서 이뤄져야만 했다. 이것이 클라우드 네이티브 여정의 진실일 것이다. 그러나 단지 현재 상태를 클라우드로 이동하는 대신 클라우드 네이티브 아키텍처로 시스템을 재설계하는 장기적인 이점은 모든 기술 부채와 기타 제한 사항에서 벗어날 수 있다는 것을 의미한다. 따라서 넷플릭스의 클라우드 및 플랫폼 엔지니어링 담당 부사장인 유리 이즈라일예브스키(Yury Izrailevsky)는 다음과 같이 말한다.

"우리는 사실상 모든 기술을 재구성하고 기업의 운영 방식을 근본적으로 변화시키는 클라우드 네이티브 방식을 선택했다. 구조적으로 모놀리식 애플리케이션에서 수백 개의 마이크로서비스로 마이그

레이션했으며, *NoSQL* 데이터베이스를 사용해 데이터 모델을 비정규화했다. *예산 승인, 중앙 집중식 출시 조정, 여러 주의 하드웨어 공급 주기가 지속적 전달로 바뀌었고, 엔지니어링 팀은 느슨하게 결합된 데브옵스 환경에서 셀프 서비스 도구를 사용해 독립적인 의사결정을 내리고 혁신을 가속화했다. "*

넷플릭스의 이 놀라운 여정은 오늘날에도 계속된다. 클라우드 네이티브 성숙도 모델에는 끝이 없기 때문에 클라우드 네이티브 아키텍처가 성숙하면서 CNMM과 이러한 아키텍처를 개발하는 방법의 경계를 넓혀가는 기업도 계속해서 성숙해질 것이다.

이점

넷플릭스가 클라우드 네이티브 기업이 되는 여정은 인상적이었으며, 넷플릭스와 그 고객들에게 계속해서 이익을 주고 있다. 넷플릭스가 2010년을 기점으로 성장함에 따라 시스템을 실행하고 확장하기 위한 추가 하드웨어와 용량에 대한 요구를 물류적으로 대응하기가 어려워졌다. 그들은 자신이 데이터 센터를 운영하는 회사가 아니라 엔터테인먼트 제작 및 유통 회사라는 것을 빨리 깨달았다. 전 세계적으로 계속 증가하는 데이터 센터를 관리하는 일이 계속해서 막대한 자본의 소비를 초래하고 고객에게 중요하지 않은 것에 초점을 맞추게 만든다는 사실을 알고, 넷플릭스는 클라우드 우선 결정을 하기로 했다.

클라우드의 탄력성은 넷플릭스의 주요 이점일 수 있는데, 넷플릭스의 고객 기반이 확장되고 사용량이 증가함에 따라 필요에 따라 수천 개의 인스턴스와 페타바이트의 스토리지를 추가할 수 있기 때문이다. 또한 필요한 자원을 제공하는 클라우드의 능력에 대한 의존은 빅데이터 및 분석 처리 엔진, 비디오 트랜스코딩, 청구, 지불 및 기타 비즈니스 운영에 필요한 많은 서비스를 포함한다. 클라우드가 제공하는 규모와 탄력성 외에도 넷플릭스는 서비스 가용성을 크게 향상시키는 방법으로 클라우드를 언급한다. 클라우드를 사용해 근본적으로 신뢰할 수는 없지만 중복 구성 요소를 사용하는 영역 및 지역의 워크로드를 분산해 99.99%의 가용성을 달성할 수 있었다.

마지막으로, 비용이 클라우드로 전환하려는 결정적인 요인은 아니었지만, '스트리밍 시작당 비용(costs per streaming start)'은 결국 자신의 데이터 센터를 관리했을 때의 비용의 아주 작은 부분이었다. 이것이 넷플릭스가 달성할 수 있었던 규모의 매우 유익한 결과였고, 그 혜택은 클라우드의 탄력성 때문에 가능했다. 특히, 이는 "지속해서 인스턴스 유형의 혼합을 최적화하고 용량에 대한 버퍼를 크게 유지할 필요 없이 즉각적으로 용량을 확장하고 축소할 수 있게 해준다. 또한 대규모의 클라우드 생태계에서만 가능한 규모의 경제로부터 이익을 얻을 수도 있다." 이러한 이점을 통해 넷플릭스는 고객 및 비즈니스 요구 사항에 초점을 맞추고, 비즈니스 임무에 직접적으로 영향을 미치지 않는 영역에 자원을 낭비하지 않게 되었다.

CNMM

넷플릭스의 여정이 무엇인지, 그 여정에서 어떻게 혜택을 얻었는지 알아봤으니 이 절에서는 CNMM을 사용해 그 여정이 어떻게 전개됐고 성숙도 모델에서 어느 위치에 있는지 평가해 보자. 넷플릭스는 이 여정에 대해 강경했기 때문에 청구 및 지불 시스템을 AWS로 마이그레이션했고, 이것이 이번 평가에 사용될 워크로드다. 이 시스템은 일괄 처리 작업, 청구 API, 통합으로 이루어져 있었으며 그 당시에는 구내 데이터 센터를 비롯해 복합 애플리케이션 스택에 있는 다른 서비스로 구성됐다. 마이그레이션에 대한 자세한 내용은 https://medium.com/netflix-techblog/netflix-billing-migration-to-aws-451fba085a4의 블로그에서 확인할 수 있다.

클라우드 네이티브 서비스 축

클라우드 네이티브 서비스 채택 범위의 초점은 아키텍처에 사용 중인 클라우드 공급 업체 서비스의 양을 보여주는 것이다. 넷플릭스가 사용하는 모든 서비스는 알려지지 않았지만, 그들의 아키텍처를 달성하는 데 도움이 되는 수많은 AWS 서비스를 공개했다. 이 장의 시작 부분에서 소개한 성숙한 클라우드 공급 업체 서비스 다이어그램을 참조하면, 넷플릭스는 네트워킹, 컴퓨팅, 스토리지, 데이터베이스 계층과 같은 인프라에 속하는 기본 서비스의 대부분을 확실히 사용한다. 또한 보안 및 애플리케이션 계층의 대부분 서비스를 사용한다. 마지막으로 관리 도구, 분석 도구, 개발 도구, 인공 지능 계층에 있는 많은 서비스의 사용법에 관해 논의했다. 이러한 서비스 사용량은 넷플릭스를 클라우드 네이티브 서비스의 매우 성숙한 사용자로 분류해주므로 넷플릭스는 클라우드 네이티브 서비스 축에서 높은 성숙도를 갖는다.

넷플릭스는 클라우드에 없는 서비스도 사용한다는 점 또한 중요하다. 그들은 **콘텐트 전달 네트워크(Content Delivery Networks, CDNs)**의 사용이 비즈니스의 성공을 위한 핵심 역량으로 간주되므로 자신의 글로벌 콘텐트 네트워크를 설정하고 관리한다는 점에서 매우 강경했다. 이 점은 블로그 게시물인 https://media.netflix.com/en/company-blog/how-netflix-works-with-isps-around-the-globe-to-deliver-a-great-viewing-experience에서 2016년에 다뤘으며, AWS 및 CDN의 사용법과 왜 그들이 그런 결정을 내렸는지 명시했다.

"여러분이 '재생'을 누르기 전까지 기본적으로 애플리케이션 인터페이스의 모든 로직, 콘텐트 검색 및 선택 경험, 추천 알고리즘, 트랜스 코딩 등을 포함한 모든 것은 AWS에서 일어난다. 우리는 이

러한 유형의 컴퓨팅에 대한 필요성이 넷플릭스에만 국한되지 않기 때문에 이러한 애플리케이션에 AWS를 사용하며 '클라우드' 시장의 사용 용이성 및 범용화를 활용한다. '재생'을 누른 이후의 모든 내용은 넷플릭스만의 특징이며, 이 영역에서 규모에 대한 필요성이 커짐에 따라 콘텐트 전달 및 인터넷 전반에 대한 효율성을 더 향상시켜야 할 기회가 됐다."

또한 NoSQL 데이터베이스의 경우는 카산드라(Cassandra), 이벤트 스트림은 카프카(Kafka)와 같이 클라우드 빌딩 블록에서 실행되는 오픈 소스 도구를 사용하는 경우가 있다. 이러한 아키텍처 결정은 클라우드 공급 업체가 제공하는 것뿐만 아니라 개인의 필요에 맞는 최상의 도구를 사용하도록 보장하기 위해 만든 절충안이다.

애플리케이션 중심 설계 축

클라우드를 위한 애플리케이션을 설계하는 것이 아마 이 여정의 가장 복잡한 부분일 것이며 애플리케이션 중심 설계 축에서 높은 수준의 성숙도를 얻으려면 특별한 접근법이 필요할 것이다. 넷플릭스는 청구 및 결제 시스템을 클라우드로 마이그레이션하는 과정에서 큰 어려움에 직면했다. 특히, 가동 중단 시간이 거의 없고 대규모 확장성과 SOX 준수, 글로벌 출시를 원했다. 이 프로젝트를 시작할 당시에는 이미 클라우드에서 여러 다른 시스템이 분리된 서비스로 실행됐다. 따라서 그들은 청구 및 지불 시스템을 위한 마이크로서비스를 설계함으로써 동일한 분리(decoupling) 접근법을 사용했다.

이 내용에 대한 블로그의 글을 인용하면 다음과 같다.

"우리는 기존 코드를 더 작고 효율적인 모듈로 다듬고 클라우드에서 실행하기 위해 중요한 종속성을 먼저 이동했다. 먼저 세금 솔루션을 클라우드로 옮겼다. 다음으로 여러 다른 코드 경로의 일부인 거대한 테이블에서 회원 청구 이력의 제공을 중단했다. 결제 이벤트를 수집하는 애플리케이션을 구축했고, 새로운 카산드라 데이터 저장소에 필요한 데이터만 마이그레이션 한 후, 클라우드에서 전 세계적으로 청구 이력을 제공하기 시작했다. 오라클(Oracle)의 여러 테이블에 분산된 회원 청구 속성을 훨씬 더 간단한 카산드라 데이터 구조로 변환하는 데이터 마이그레이션 도구를 작성하는 데 많은 시간을 할애했다. 이 통합을 더욱 단순화하고 쓸모없는 코드를 제거하기 위해 DVD 엔지니어링 부서와 협력했다."

이 과정에서 또 다른 중요한 재설계는 오라클 데이터베이스의 무거운 관계형 설계에서 가입 처리를 위해 보다 유연하고 확장 가능한 NoSQL 데이터 구조와 사용자 트랜잭션 처리를 위해 지역적으로 분산된

MySQL 관계형 데이터베이스로 옮기는 것이다. 이러한 변화로 인해 다른 넷플릭스 서비스는 데이터 저장소의 분리를 활용하고 NoSQL 데이터베이스 솔루션에 대한 데이터 입력 기능을 다시 시도하기 위해 설계를 수정해야 했다. 이로써 넷플릭스는 사용자에게 어떤 눈에 띄는 영향없이 온프레미스 오라클 데이터베이스의 수백만 행을 AWS에 있는 카산드라로 마이그레이션할 수 있었다.

넷플릭스는 클라우드로 청구 및 결제 시스템을 마이그레이션하는 과정에서 아키텍처에 영향을 미칠 수 있는 많은 중요한 결정을 내렸다. 이러한 결정은 장기적인 영향을 염두에 두고 이루어져 마이그레이션 시간이 길어졌지만, 넷플릭스가 세계적으로 성장함에 따라 확장될 수 있는 미래 지향 아키텍처를 확립했다. 기술 부채를 제거하는 코드를 정리하는 것이 이것의 주요한 예이며, 마이크로서비스를 사용해 새로운 코드베이스를 설계하고 다른 클라우드 네이티브 설계 원칙을 포함하도록 보장한다. 넷플릭스는 애플리케이션 중심 설계 축에서 높은 수준의 성숙도를 보여줬다.

자동화 축

자동화 축은 긍정적인 고객 경험을 보장하기 위해 시스템이 어떻게 작동하는지를 관리, 운영, 최적화, 보안, 예측하는 기업의 능력을 보여준다. 넷플릭스는 클라우드 여정 초기에 자신의 시스템이 최고 수준의 성능으로 작동하고 있는지, 그리고 더 중요하게는 그 시스템이 모든 종류의 서비스 결함에 대해 회복성이 있는지에 관해 확인하는 새로운 방법을 개발해야 한다는 사실을 알고 있었다. 그들은 시미안 아미 (Simian Army)(https://medium.com/netflix-techblog/the-netflix-simian-army-16e57fbab116)라는 도구 모음을 만들었다. 이 도구에는 병목 현상, 중단점, 고객을 위한 작업을 방해하는 여러 가지 유형의 문제를 식별하는 데 사용되는 모든 종류의 자동화 기능이 포함돼 있다. 시미안 아미 모음에 대한 원래 도구 중 하나이자 영감을 제공한 것은 카오스 멍키(Chaos Monkey)이며, 그들은 다음과 같이 말했다.

> "... 카오스 멍키를 만들 때 우리의 철학은 고객에게 어떤 영향없이 일반적인 유형의 오류에서도 서비스할 수 있도록 무작위로 운영 중인 인스턴스를 비활성화하는 도구를 만들자는 것이었다. 이 이름은 데이터 센터(또는 클라우드 리전)에 무기를 가진 야생 원숭이를 풀어놓아 무작위로 인스턴스를 쏴서 내려버리거나 케이블을 씹어서 뚫어버리는 상황에서도 중단없이 고객에게 계속 서비스를 제공해야 한다는 생각에서 나왔다. 서비스 운영 중에 카오스 멍키를 실행함으로써 어떤 문제라도 해결하기 위해 대기하는 엔지니어가 있는 신중하게 모니터링되는 환경에서 시스템의 취약점에 대한 교훈을 배우고 이를 해결할 수 있는 자동 복구 메커니즘을 구축할 수 있다. 따라서 다음에 인스턴스가 일요일 새벽 3시에 실패하더라도 그 사실을 알아채지 못할 것이다."

중요한 서비스를 무작위로 종료해도 살아남을 수 있는 시스템을 갖추는 것으로 높은 수준의 자동화를 정의한다. 이는 환경 관리, 구성, 배포, 모니터링, 규정 준수, 최적화, 예측 분석과 같은 시스템의 모든 환경이 엄격하게 자동화된 프로세스를 따라야 함을 의미한다. 카오스 멍키는 시미안 아미 도구 세트에 포함되는 다른 많은 도구에 영감을 줬다. 시미안 아미의 전체 모음은 다음과 같다.

- **레이튼시 멍키(Latency Monkey)**: RESTful 호출에 인위적인 지연을 만들어 서비스 저하와 유사한 상황을 유발한다.

- **컨포미티 멍키(Conformity Monkey)**: 미리 정의된 모범 사례를 따르지 않는 인스턴스를 찾아 강제 종료한다.

- **닥터 멍키(Doctor Monkey)**: 상태의 징후를 모니터링하기 위해 인스턴스에서 실행되는 상태 확인을 활용한다.

- **재니터 멍키(Janitor Monkey)**: 사용되지 않는 자원을 검색하고 폐기한다.

- **시큐리티 멍키(Security Monkey)**: 보안 위반 및 취약성을 찾고 문제의 인스턴스를 종료한다.

- **10-18 멍키(10-18 Monkey)**: 특정 지리적 리전의 구성 및 런타임 문제를 감지한다.

- **카오스 고릴라(Chaos Gorilla)**: 카오스 멍키와 유사하지만, AWS 가용 영역의 전체 중단을 시뮬레이션한다.

하지만 넷플릭스는 거기서 멈추지 않았다. 그들은 또한 모든 시계열 데이터를 수집하는 아틀라스(Atlas)(https://medium.com/netflix-techblog/introducing-atlas-netflixs-primary-telemetry-platform-bd31f4d8ed9a)로 알려진 클라우드 원격 측정 및 모니터링 플랫폼을 만들었다. Atlas의 기본 목표는 차원 시계열 데이터에 대한 쿼리를 지원해 문제를 최대한 빨리 파고들 수 있게 하는 것이다. 이 도구는 12-요인 앱 설계의 로깅 측면을 충족시키고 고객이 영향을 받기 전에 분석하고 조치를 취하는 데 막대한 양의 데이터 및 이벤트를 사용할 수 있게 한다. Atlas와 함께 2015년 넷플릭스는 빠른 속도와 신뢰를 가지고 소프트웨어 변경 사항을 출시하기 위한 오픈 소스, 다중 클라우드, 지속적인 전달 플랫폼인 스피네이커(Spinnaker, https://www.spinnaker.io/)라는 도구를 출시했다. 넷플릭스는 전 세계적으로 배포된 AWS 리전과 경우에 따라 다른 클라우드 공급 업체 서비스를 사용해 모든 서비스를 관리, 배포, 모니터링하는 데 도움이 되는 추가 자동화 도구를 지속해서 업데이트하고 출시하고 있다.

넷플릭스는 워크로드를 클라우드로 마이그레이션하는 동안 거의 모든 환경을 자동화했다. 현재 그들은 글로벌 네트워크가 제대로 작동하고 고객에게 서비스를 제공할 수 있도록 이러한 도구에 의존한다. 따라서 그들은 자동화 축에서 고도로 성숙된 수준에 해당한다.

요약

이 장에서는 클라우드 네이티브가 무엇인지, 그리고 성숙한 클라우드 네이티브 아키텍처를 개발하는 데 어떤 주요 영역이 필요한지를 정확히 정의했다. CNMM을 사용해 모든 아키텍처에 클라우드 서비스 채택, 자동화 수준, 애플리케이션 중심 설계의 세 가지 설계 원칙이 있음을 확인했다. 이러한 원칙은 아키텍처 구성 요소의 성숙도를 측정하는 데 사용되는데, 구성 요소의 성숙도는 아키텍처와 관련이 있으며 자체 스펙트럼에 따라 다르다. 마지막으로 한 기업의 클라우드 네이티브 여정, 클라우드 우선 결정 방법, 직원, 프로세스, 기술 변경 방법, 클라우드 운영 환경 생성 방법, 그리고 마지막으로 워크로드를 클라우드 우선 세계에 있게 하기 위해 마이그레이션하거나 재설계하는 방법에 대해 나눠서 설명했다.

다음 장에서는 클라우드 채택 프레임워크에 대한 심층적인 탐구로 시작해 그 프레임워크의 7개 핵심 요소를 살펴보면서 기업이 수행하는 클라우드 여정을 좀 더 자세히 알아본다. 마이그레이션과 그 여정의 그린필드 개발을 이해하고, 클라우드 도입에 따르는 보안 및 위험을 알아보며 마무리할 것이다.

02

클라우드
채택 여정

클라우드 네이티브 기업이 되는 것은 명백히 하나의 여정이지만, 기술에만 중점을 두는 여정은 아니다. 넷플릭스 사례 연구에서 나타났듯이 이 여정은 올바르게 수행하는 데 오랜 시간이 걸릴 수 있으며 기술 및 비즈니스적인 타협과 관련된 결정을 포함해 정하기 어려운 결정으로 가득한 경우가 많다. 또한 이 여정은 절대로 끝나지 않는다. 클라우드는 아직 초기 단계에 있으며 주요 클라우드 공급 업체가 제공하는 혁신은 속도를 늦추지 않고 가속화되고 있다. 이 장에서는 클라우드 채택을 결정하는 데 자주 사용되는 동인을 확인한다. 조직에서 클라우드 채택 경로를 시작하면서 일반적으로 사용하는 프레임워크를 검토하고 클라우드 마이그레이션에서 수행되는 구성 요소와 접근 방법을 설명한다. 마지막으로 클라우드의 위험, 보안, QA의 어려움을 고려한 포괄적인 클라우드 운영 모델을 작성하는 방법에 관해 설명한다.

클라우드 채택 동인

클라우드를 채택하는 것은 우연이 아니라 반드시 내려야 하는 결정이다. 그러나 이 결정은 많은 인력과 프로세스, 기술 변화를 수반하는 긴 여정의 출발점이다. 조직이 이러한 결정을 내리는 데는 여러 가지 이유가 있으며, 그 이유 중 민첩성 및 비용 요소가 종종 매우 높은 위치를 차지한다. 그러나 이런 이유와 함께 회사 자산의 보안 및 통제, 운영의 지역적 또는 국제적 확장, 최고의 기술 인력 유치 또는 개발 중인 기술 혁신 활용의 이점을 포함해 고려해야 할 다른 중요한 요소가 있다. 모든 규모의 회사가 이러한 동인을 이용해 클라우드 여정을 결정하고 있으며, 이 절에서는 이러한 동인이 중요한 이유와 의사 결정 프로세스에 미치는 영향에 대해 설명한다.

신속한 이동 및 비용 억제

클라우드 컴퓨팅이 출현하기 전에는 시스템을 설계할 때 성능 요구 사항을 예측한 후 이러한 예측과 일치하는 하드웨어 자원을 조달했는데, 이러한 예측은 종종 제한된 데이터로 수행되는 값비싸고 느린 프로세스였다. 이는 비용을 잘못 결정할 뿐만 아니라 사용되지 않는 용량이 데이터 센터에서 유휴 상태에 있음을 의미한다. 게다가 완전히 새로운 비즈니스 채널을 설계하는 것이라면 이러한 예측을 수행하는 것이 불가능할 수 있다. 따라서 가능한 한 최소의 투자로 시작하고 기하급수적인 성장을 목표로 하는 것이 클라우드를 사용해 혁신을 시도하는 회사의 성공 가능성을 높여준다. 오랜 기간 공급 업체의 하드웨어를 구매하거나 임대하는 것은 클라우드 컴퓨팅이 아니다. 클라우드 컴퓨팅은 필요할 때 자원을 프로비저닝하고 더이상 필요하지 않을 때 자원을 제거할 수 있다.

민첩성

클라우드 채택을 위한 최고의 동인으로 흔히 언급되는 것은 민첩성이다. 수십 년 동안 기업이 직면한 공통적인 문제는 하드웨어를 데이터 센터에 배포할 때 소요되는 오랜 시간이었고 그것이 프로젝트 일정 지연과 같은 모든 문제를 야기했다. 사실상 무제한 용량을 보유하고 이러한 용량을 몇 분 안에 사용할 수 있는 기능을 제공함으로써 이러한 제약 조건을 제거하는 것은 비즈니스 속도 요구 사항이 높은 조직에게 중요하다. 세상이 인터넷과 소셜 미디어로 인해 아이디어의 흐름이 더 빨라짐에 따라 기업은 그러한 아이디어를 쫓아가서 비즈니스 모델을 만들어 수익을 만들려고 한다. 어떤 아이디어나 일시적 유행은 몇 달 안에 사라지는 경우도 많기 때문에 물리적인 자원을 오래 기다려야 한다는 것은 기회를 놓치기 쉽다는 것을 의미한다. 클라우드 컴퓨팅에서는 이것이 문제가 되지 않으며, 조직은 핵심 역량을 기반으로 한 시장 전략을 개발할 수 있고 클라우드 공급 업체는 범용 IT 자원에 집중할 수 있다.

빠른 실패(Failing fast)는 클라우드의 민첩성과 실험이 중요한 또 다른 영역이다. 아이디어와 기업의 혼란은 요즘 기록적인 속도로 일어나고 있으며, 기업이 그 혼란을 견딜 수 있으려면 고객의 요구에 맞게 비즈니스 모델을 끊임없이 반복해야 한다. 실험의 개념에 대한 제프 베조스(Jeff Bezos)의 말을 인용하면, "효과가 있다는 것을 안다면 그것은 실험이 아니다(It's not an experiment if you know it's going to work)". 즉, 지속해서 새로운 아이디어를 시도하고, 새로운 제품이나 서비스를 설계하고, 신속하게 수행하는 것이 중요하다. 또한 이러한 아이디어 중 일부는 비즈니스 목표를 달성하지 못할 수도 있지만 그래도 괜찮은데, 왜냐하면 그러는 동안 이따금 성공하기 때문이다.

클라우드 컴퓨팅은 필요할 때 또는 더이상 필요하지 않을 때 정확하게 자원을 생성하고 폐기할 수 있게 함으로써 민첩성을 실현한다. 이 말은 곧 최소로 배치 가능한 자원 시스템은 적절히 설계하기만 하면 수요와 함께 기하급수적으로 성장할 것이고 기업이 절대 하드웨어가 유휴 상태이거나 제대로 활용하는 못하는 상황에 놓이지 않게 할 것이라는 의미다.

비용

빠른 실패는 중요하며, 실패 시 비용을 제한할 수 있는 능력도 중요하다. 실험 비용이 높으면 실패가 기업에 영향을 줄 수 있다. 프로젝트나 시스템이 기업에 심각한 영향을 미칠 경우 곧바로 견제와 균형을 통해 결정을 늦춤으로써 고가의 하드웨어 조달과 같이 투자에 대한 수익이 좋을 가능성이 거의 없는, 비용이 많이 드는 결정을 내리지 않게 한다. 클라우드 때문에 이 비즈니스 민첩성이라는 개념이 새롭게 다가오지는 않는다. 사실 그 개념은 수십 년 동안 존재해왔다. 그러나 클라우드 컴퓨팅이 제공하는 것은 최소한의 선행 비용과 더불어 민첩성으로 얻을 수 있는 비용상 이점이다. 새로운 비즈니스 아이디어의 전체 생명 주기는 몇 주 또는 몇 달이 될 수 있으며, 처음에는 매우 제한된 클라우드 자원만 사용하는 것이 중요하다. 이 아이디어가 인기를 얻게 되면 클라우드 네이티브 아키텍처를 통해 시스템 사용률이 높아질수록 해당 시스템을 확장할 수 있다. 아이디어의 결과로 원하는 바를 얻지 못하면 투자한 최소한의 자원만이 매몰 비용으로 간주되어 쉽게 중단할 수 있다. 이것이 혁신을 위해 클라우드를 사용하면서 얻는 빠른 실패의 힘이다.

비용에 관한 동인은 새로운 시스템에 최소한의 배치 가능한 자원을 사용하는 것만으로 그치지 않는다. 대부분 클라우드 공급 업체는 자원의 비용을 고객에게 청구하는 방식을 혁신했다. 가장 큰 공급 업체에게는 매우 세분화된 결제 메커니즘을 제공하는 것이 일반적이며, 때때로 초당 또는 그보다 더 짧은 시간 단위로 매월 집계된 청구서로 과금한다. 기업이 자원을 구입한 다음 지속적인 유지 관리에 상당한 비용을 지불해야 하는 공급 업체의 시대는 끝났다. 클라우드 자원의 비용은 해당 자원에 완전히 포함돼 있으며 클라우드 공급 업체가 업그레이드를 수행할 때 자동으로 향상된다는 이점이 있다. 이러한 월간 청구서는 대부분 조직에서 운영 비용으로 인정되고 장기 자본 지출 승인을 요청하지 않아도 되는 큰 이점이 있다. 이것은 대부분 회계 문제이지만, 새로운 비지니스 아이디어나 시스템을 승인이나 자본 요청 시점이 발생할 때까지 기다릴 필요가 없으므로 기업이 클라우드를 사용해서 얻는 민첩성의 중요한 측면이다.

보안과 적절한 통제 유지

오랫동안 모든 규모의 조직에서는 데이터 및 워크로드의 보안 및 통제를 제어할 수 있도록 자체 데이터 센터를 운영해야 했다. 그러나 마침내 대부분 조직이 스스로 달성할 수 있는 것보다 높은 수준의 보안 및 통제 기능을 제공하는 옵션을 클라우드 컴퓨팅이 제공한다. 이는 주요 클라우드 공급 업체가 모든 고객의 비즈니스 문제를 해결하기 위해 안전하고 호환되는 서비스를 제공하도록 클라우드 비즈니스를 수행하기 때문이다. 이러한 클라우드 공급 업체는 지속적으로 서비스를 반복해서 개선하므로 새로운 보안 패턴이나 정부 규정 준수 요구 사항, 기타 중요한 측면이 식별될 때마다 신속하게 클라우드에 통합한다. 따라서 고객으로서 클라우드를 사용하는 것만으로도 기업은 자동으로 그 규모의 혜택을 받으며 이들 공급 업체는 일반적으로 추가 비용이 거의 없거나 아예 없이 보안 및 통제에 집중할 수 있다.

보안

모든 조직은 보안 요구 사항이나 통제 요구 사항이 다르며, 회사 자산을 관리하고 보호해야 한다고 믿는 방식이 서로 다르다. 클라우드 공급 업체들은 가능한 한 가장 안전한 방법으로 서비스를 제공한다는 것에 그들의 사업과 이름을 걸었다. 프라이빗 클라우드 아키텍처를 사용해 직접 관리하는 데이터 센터에서 워크로드를 보다 안전하게 수행할 수 있다고 믿는 기업이 여전히 있지만, 클라우드는 올바르게 구성하면 놀라울 정도로 안전하다. 공급 업체가 성숙해지고 서비스를 안전하게 만드는 방법에 대해 점점 더 많은 혁신을 구현함에 따라 이러한 보안 추세는 계속 이어질 것이다. 클라우드 공급 업체는 매일 수백 또는 수천 명의 직원을 채용한다. 그들의 주요 임무는 클라우드 환경을 보다 안전하게 관리하고 암호화를 확장하는 새로운 방법을 설계하고 데이터 관리를 보호하거나 워크로드를 실행하는 여러 가지 방법을 생각하는 것이다. 인공 지능 및 머신러닝 기술이 성숙해감에 따라 클라우드 보안은 기하급수적으로 발전해 사전 모니터링뿐만 아니라 잠재적인 보안 손상의 자동 발견, 잘못 구성된 컨트롤의 자동화된 해결 및 데이터와 시스템을 보호하는 모든 종류의 방법을 제공할 것이다.

이 중요한 주제에 유사한 수준으로 집중할 수 있는 기업이나 조직이 있을 수도 있지만, 대다수는 클라우드 공급 업체처럼 보안을 지속해서 혁신하는 데 필요한 자원을 투자할 수 없다. 또한 클라우드 사용에 대한 동일한 주장이 보안 하위 주제에도 적용된다. 다시 말해, 클라우드 공급 업체의 혁신에 맞출 수 있더라도 그것이 정말 조직의 자원을 최선으로 활용하는 것인가? 아니면 비즈니스 결과에 중점을 둬야 하는가? 보안을 위해 클라우드를 활용하는 경우 낮은 비용과 민첩성이 가장 매력적이며, 온프레미스 하드웨어나 프라이빗 클라우드에 투자하기로 결정하기 전에 요구 사항을 자세히 검토하는 것이 중요하다. 이러한 검토를 담당하는 팀을 유심히 살펴볼 필요가 있으며 그들이 보안 또는 통제를 변명으로 둘러대며 알고 있는 것에 집착하거나 그 과정에서 모든 사람을 곤경에 처하게 하지 않아야 한다.

통제

클라우드가 안전하다는 전제하에 운영되는 것과 실제로 보안을 활용해 견고한 운영 상태를 유지하는 것은 전혀 다르다. 클라우드 공급 업체는 거의 모든 보안 요구 사항을 충족하도록 설계된 많은 서비스를 보유하고 있다. 그러나 설계 사양에 따라 이러한 서비스를 구현하는 것은 개별 시스템에 따라 달라진다. 후속 과제는 구현된 보안이 충분히 준수되고 유지되고 있는지 확인하는 것이며, 그것에는 상당한 양의 통제가 필요하다. 클라우드는 다른 서비스와 상호 작용하는 서비스를 제공해 모니터링, 감사, 구성 제어, 기타 통제 활동의 중첩된 계층을 형성한다. 클라우드를 사용하면 기업에서 배포한 워크로드가 모두 동일한 통제 모델을 갖도록 할 수 있으며, 온프레미스에서는 복잡성 또는 비용을 이유로 때때로 통제 모델을 빠져나가기도 했지만 클라우드에서는 건너뛸 수 없다.

기업 확장

대부분 조직에서는 기존 고객에게 서비스를 제공하고 시장 점유율을 확보하고 새로운 비즈니스 채널을 탐색하는 것과 더불어 기업 성장이 일반적으로 최우선 과제다. 이 확장에 더 많은 데이터 센터의 배치가 필요하다면 이는 기업에 큰 비용이 될 수 있다. 데이터 센터를 구축하는 것은 기업이 그 투자에 대한 수익성이 강한 비즈니스 사례를 갖고 있지 않다면 직접 수행할 것이 아니며, 설령 그렇게 하더라도 상당한 자본 지출이 필요할 것이다. 새로운 데이터 센터를 배치하는 데 소요되는 시간, 자본 비용, 위험 모두 중요하며, 점점 더 많은 기업이 이것이 실행 가능한 선택인지 다시 검토하고 있다. 그들의 영역 안에서 또는 국제적으로 전통적인 시장을 벗어난 확장이 발생할 경우, 이러한 위험은 훨씬 더 커진다.

이러한 확장을 위해 클라우드를 사용하는 것은 원하는 목표를 달성하고 선행 자본 지출을 줄이는 데 이상적인 방법이다. 이 확장이 나라의 반대편에서 일어나든 세계 반대편에서 일어나든 상관없이 대부분 주요 클라우드 공급 업체는 소비자를 집중시킬 수 있는 위치에서 운영한다. 기업이 선행 워크로드의 자동화에 대해 충분히 생각해 봤다면 추가적인 클라우드의 지리적 위치에 그 워크로드를 배치하는 것은 상대적으로 쉬울 것이다. 몇 분 안에 글로벌로 확장하는 것은 주요 클라우드 공급 업체의 큰 장점이며 워크로드를 배치할 때 모든 기업이 심각하게 고려해야 할 점이다.

인재 유치 및 유지

클라우드로 이동하는 기업은 기술과 그 변화에 수반되는 새로운 프로세스를 이해하는 인재를 필요로 한다. 많은 경우 기업은 기존 인력을 유지하면서 클라우드 여정을 성공적으로 수행할 수 있도록 재구성하는 데 주력할 것이다. 이 과정은 여러 이유로 유익한데, 중요한 것은 이러한 인재들이 소유한 모든 산업 지식이 기업 내에 머물러 있다는 사실이다. 비즈니스 프로세스와 접근 방식은 워크로드가 클라우드로 이동하면서 종종 비슷해지므로 레거시 워크로드 구현 중에 특정 결정이 내려지는 이유에 대해 장기적인 배경을 가지고 있는 것은 클라우드로 이동할 때 올바르게 설계됐는지 확인하는 데 있어서 중요하다.

인력을 유지하는 것 외에도 클라우드 여정의 장기적인 성공을 위해서는 외부 인재를 유치하는 것이 중요하다. 데이터 센터에서 직면한 한계를 넘는 사고로 기업을 재구성하는 데 도움을 줄 수 있는 클라우드 컴퓨팅 전문가를 채용하면 얻을 수 있는 상당한 이점이 있다. 여기서 말하는 외부 인재는 단지 기술 전문가를 말하는 게 아니라 이러한 변화와 관련된 도전을 이해하고 기업이 그 여정을 진행하는 데 도움을 주며 매우 중요한 역할을 하는 비즈니스 전문가다. 최상의 클라우드 인재를 확보하기 위한 경쟁은 세계적으로 이미 치열해지고 있으며, 점점 더 많은 기업이 클라우드 여정을 시작했으니 그 수요는 더욱더 증가할 것이다. 클라우드 인재 확보는 클라우드로 이전하는 모든 기업의 의사 결정 프로세스의 일부가 돼야 하는 중요한 영역이다.

클라우드 혁신과 규모의 경제

주요 클라우드 공급 업체가 최대한 빨리 혁신을 수행하게 하고 그 혁신 기술을 활용하면서 기업의 핵심 역량에 자원을 집중하는 것이 성공적인 클라우드 여정으로 가는 최선의 길이다. 데이터 센터 관리를 핵심 역량이라고 주장할 수 있는 기업은 거의 없으므로 클라우드 네이티브로 가기 위한 모든 결정은 클라우드 혁신을 활용하고 기업의 비지니스에 집중하는 것을 추진의 동인으로 삼아야 한다. 이 동인은 다른 클라우드 채택 동인을 강화하고 모든 조직에 주요 이점으로 보일 수 있는 포괄적인 것이다. 클라우드 혁신은 기업의 민첩성 향상, 비용 절감, 안전한 워크로드, 새로운 시장으로의 확장, 필요에 따라 사용할 수 있는 최고의 인재 유치 및 유지에 도움을 줄 것이다.

클라우드가 겪고 있는 빠른 속도의 혁신 외에도 이러한 클라우드 공급 업체는 엄청난 규모를 가지고 있으며 규모와 관계없이 그 규모를 활용해 대부분 기업이 할 수 없는 공급 업체와 가격 협상을 할 수 있다. 이는 컴퓨팅, 전력, 스토리지, 네트워킹 비용, 데이터 센터 확장을 위한 부지, 그리고 처음부터 이러한 혁신을 추진하는 데 도움이 되는 인재에 대해서도 마찬가지다. 클라우드 옵션을 고려하는 기업은 이러한 규모의 경제를 생각할 필요가 있으며, 큰 가격 결정력을 갖고 있지 않다면 클라우드가 더 나은 옵션을 제공한다.

클라우드 운영 모델

조직이 클라우드 채택 동인을 평가하고 클라우드 여정을 시작하기로 결정하고 나면 그에 대한 작업이 시작된다. 그렇다면 어떻게 시작할까? 아마존 웹 서비스의 클라우드 채택 프레임워크(https://d0.awsstatic.com/whitepapers/aws_cloud_adoption_framework.pdf)에 따르면 "클라우드 채택을 위해서는 근본적인 변화가 전체 조직에서 논의되고 고려돼야 하며, 모든 IT 부서 외부와 내부를 포함한 모든 조직의 이해 관계자가 이러한 변화를 지원해야 한다." 또한 인력, 프로세스, 기술이라는 세 가지 주요 중점 영역이 클라우드 여정에도 적용되지만, 만들어지는 변화의 규모에 비해 너무 간단하다. 이 여정은 비즈니스 소유자, 인적 자원 고려 사항, 조달 변경을 포함하며, 강력한 통제가 필요하고 프로젝트 관리 요구 사항을 갖는다. 또한 기술은 모든 당사자에게 다양한 영향을 미칠 것이며 대상 플랫폼과 보안, 운영과 관련된 구체적인 결정이 중요하다.

클라우드 여정에 접근하는 방법에 적용할 수 있는 많은 조직 변화 이론이 있으며, 모든 대규모 변화 작업과 유사하게 전체 조직의 이해 관계자가 조직 변화에 참여할 것이다. 클라우드 여정과 잘 어울리는 조직 변화 패턴 중 하나는 코터 박사(Dr. Kotter)의 이론이다(https://www.kotterinternational.com/8-steps-process-for-leading-change/). 코터는 기업 전반에 걸쳐 성공적인 하향식 변경 관리로 이어지는 8단계를 식별했다. 그 단계는 다음과 같다.

1. 위기감을 고조시킨다.

2. 핵심 추진 조직을 구성한다.

3. 전략적 비전과 이니셔티브를 세운다.

4. 자원 조직을 구성한다.

5. 장벽을 제거해 행동에 옮긴다.

6. 단기적인 성과를 만든다.

7. 변화의 속도를 유지한다.

8. 변화를 정착시킨다.

클라우드 여정에 이 방법론을 사용하는 것이 효과적인데, 왜냐하면 일반적으로 이런 변화는 너무 크고 심해서 종종 이사회 및 CEO와 함께 기업의 최상위 계층에서 시작해야 하기 때문이다. 그 수준에서 보면 단순한 비용 절감 또는 민첩성에 대한 아이디어는 너무 범위가 좁지만, 목표가 있는 비즈니스 변화는 기업의 수익 및 주가 증대로 가는 새로운 길을 열어줄 바람직한 결과가 돼야 한다. 따라서 이 여정을 비즈니스 변화와 연계시키는 것은 종종 필요한 위기의식이며, 거기서부터 이 비전을 추진할 믿음직한 조직이 만들어진다. 실제로 이 작업에 참여한 사람들이 초기의 자발적 조직을 구성하게 되는데, 이들은 이러한 변화가 새로운 기술에 대한 지식을 늘리고 자신의 경력을 발전시키며 큰 변화의 일부가 될 수 있는 위험을 감수하고 높은 성과를 올리는 사람들이며, 장벽을 제거함으로써 더 빠르게 이동하고 집중할 수 있다. 장기적인 성공을 위해서는 덜 모험적인 것을 수용하는 것이 필요하며, 이를 위해 이 전략이 성공적이라는 것을 증명할 수 있는 많은 소규모 성과가 있어야 하며, 궁극적으로 이는 새로운 기준으로 완결될 클라우드 네이티브 프로젝트 또는 마이그레이션의 가속화로 이어진다.

이해관계자

클라우드로 가는 여정이 새로운 기술을 구현하는 것만은 아니다. 그것은 비즈니스 변경의 민첩성 및 이 장의 시작 부분에 설명한 다른 모든 동인에 대한 것이다. 따라서 이 여정의 모든 측면에서 영향을 받을 수 있고 그래서 포함돼야 하는 이해 관계자 목록이 길어질 수 있다. 거의 모든 경우, 경영진인 전체 C 레벨 그룹이 어떤 방식으로든 참여하게 되는데, 이러한 변화가 전체 기업을 변화시키기 때문이다. 또한 경영진과 해당 조직은 주요 업무 영역을 갖게 될 텐데, 이 또한 애플리케이션의 일반적인 중점 영역이 이러한 비즈니스 단위의 판매 또는 공급 요구 사항을 지원하기 위해 설계됐기 때문이다. 마지막으로, IT가 핵심 참여자로서 무시될 수 없으며, 이 부서가 클라우드 및 관련 변경 사항을 지원하기 위해 기업 전체를 통합할 것이다.

많은 조직에서 IT 부서는 몇 가지 중요한 직무로 구성되며, 특히 CIO 또는 기업 시스템 담당 부사장, CTO 또는 비즈니스 애플리케이션 담당 부사장, 최종 사용자 컴퓨팅 또는 지원 담당 부사장, 인프라 담당 부사장 및 기존의 모든 직무를 포괄하는 CISO가 있다. 클라우드는 이러한 역할을 제거하지 않지만 경우에 따라 직무를 변경한다. 예를 들어, 인프라를 관리하기 위한 요구 사항이 물리적인 장비에서 코드로 옮겨갔기 때문에 인프라 담당 부사장은 종종 데브옵스 담당 부사장 또는 이와 유사한 형태로 변경된다. 이러한 변화만으로도 데이터 센터 또는 하드웨어 조달을 유지하고 비즈니스 애플리케이션을 개발하는 데 필요한 재원을 재조정하는 데 할당됐던 많은 자원을 확보할 수 있다. 이러한 주요 변화 외에도 개별 IT 그룹은 각각 선택한 클라우드 플랫폼에 각자의 기술을 재조정할 필요가 있는데, 이때 종종 상당한 교육, 역량 개발, 하향식 의사 전달이 필요하다.

이 여정에서 비즈니스가 핵심 참여자로 자주 언급되는데, 정확히 그 의미가 무엇일까? 이 경우, 비즈니스는 수익을 창출하고 기업을 대신해 제품 또는 서비스를 소유하는 조직의 일부다. 다국적 대기업의 경우 비즈니스는 실제로 특정 요구 사항에 맞게 일하는 많은 하위 비즈니스 그룹을 가진 별도의 자회사가 될 수도 있다. 다른 중소 기업에서는 비즈니스가 그 기업에서 생산 중인 특정 제품을 대표한다. 어쨌든 비즈니스는 기업의 수익을 주도하고 끊임없이 새로운 아이디어를 혁신하고 아이디어를 경쟁 업체보다 빠르게 시장에 내놓으려고 노력하고 있으며, 이것이 바로 **비즈니스 민첩성**이라는 용어의 의미다. 모든 기업의 목표는 경쟁 우위를 확보하기 위해 가능한 한 이 비즈니스 민첩성에 많은 자원을 집중시키는 것이다. 따라서 IT 부서에서 차별화되지 않은 번거로운 업무를 수행하는 사람들을 비즈니스 애플리케이션의 설계 또는 구현 업무로 재배치할 수 있을 때 그것이 기업 수익에 직접적인 영향을 미칠 수 있다.

변경 및 프로젝트 관리

조직이 클라우드로의 여정을 착수할 때는 영향을 받게 될 프로세스, 특히 변경 관리 및 프로젝트 관리를 고려해야 한다. IT 운영 모델에 대해 이 두 가지 중요한 측면을 여정과 함께 고려해야 하며, 일반적으로 이 두 측면을 클라우드에서 어떻게 달성할지에 관한 기존 정책을 바꿀 필요가 있다. 많은 조직의 변경 관리를 주의 깊게 살펴보면 광범위하고 성숙하지만, 실제로 IT 자원의 배포를 늦춰 위험 완화를 위한 비즈니스 속도에 영향을 주는 많은 프로세스가 있다. 이러한 프로세스는 일을 늦추는 수단으로 만들어지지는 않았지만, 시간이 지남에 따라 일회성 상황이나 인식의 차이로 인해 부가적인 관료주의가 더해진다. 이러한 추가적인 단계가 누적되어 추가 승인 요구 사항, 더 긴 롤백 계획, 비즈니스 민첩성을 저해하는 기타 활동이 발생한다. 이러한 속도 저하는 또한 상당한 자본 지출이 이루어지기 전에 프로젝트 요구 사항 및 예산의 적절한 조정을 보장하기 위해 많은 분석이 이루어져야 한다는 인식에 대한 부작용이었다.

클라우드가 엄격한 변경 관리 프로세스의 필요성을 없애주지는 않는다. 그러나 클라우드는 감속을 초래한 많은 관료주의를 제거하는 동시에 사실상 효과적인 방식으로 프로세스를 구현하는 방법에 변화를 가져온다. 클라우드 네이티브 아키텍처는 본질적으로 결합도가 낮고 서비스 기반이므로 대규모 빅뱅 배포는 제거되고 전달 프로세스는 빨라진다. 클라우드로 이동하면 노후화된 코드 형태의 기술 부채뿐만 아니라 노후화된 프로세스도 제거할 수 있다. 예를 들어, ITIL은 IT 서비스를 비즈니스 요구에 맞추기 위해 설계된 많은 기업에서 사용하는 일반 통제 및 변경 관리 형태다. ITIL은 문서, 승인 체계, 롤백 계획, 기타 활동을 포함해 변경 사항이 어떻게 구현되는지에 대한 엄격한 프로세스를 갖고 있다. 이들 역시 여전히 클라우드에 존재할 것이다. 그러나 배포 크기가 줄어들면 이러한 변경의 위험이 훨씬 적어지기 때문에 변경 속도가 빨라진다. 이것은 보통 조직의 변경 관리 및 프로젝트 관리 프로세스에 대한 새로운 관점의 결과다.

변경 관리

클라우드 네이티브 애플리케이션 설계 패턴, 특히 많은 소규모 서비스로 구성된 패턴이 변경 관리를 더 빠르게 만드는 유일한 원인은 아니다. 자동화 및 컨테이너화 또한 주요 기여자다. 빠른 변경 관리가 클라우드에 고유한 것은 아니다. 하지만 클라우드의 API 주도 특성과 데이터 수집, 저장 및 분석에 대한 거의 무제한적인 기능으로 인해 변경 관리가 진행되는 방식에 혁명이 일고 있다. 데브옵스 철학과 **지속적인 통합, 지속적인 배포(Continuous Integration/Continuous Deployment, CICD)** 파이프라인을 사용한 자동화된 배포는 코드 배포 및 롤백 과정을 원활하게 수행하게 해주고, 무엇보다도 일관되게 만든다. 클라우드 공급 업체는 코드 저장, 코드 작성, 코드 배포, 코드 테스트와 관련된 많은 문제를 근본적으로 해결하는 도구를 보유하고 있다. 또한 사용자 정의 개발 방법을 사용해 고급 CICD 파이프라인을 구현할 방법도 있다.

프로젝트 관리

변경 관리 프로세스와 더불어, 클라우드로 전환하면서 프로젝트 관리 방식도 진화해야 한다. 전체 요구 사항을 미리 확인한 다음 요구 사항을 순서대로 개발하고 마지막으로 테스트 주기를 수행하는 폭포수 방법론은 필요한 비즈니스 민첩성을 얻기에는 너무 느리다. 과거에는 하드웨어 프로비저닝과 관련된 시간이나 팀 의사 소통의 부족으로 인해 작업 속도는 느렸지만, 폭포수 방식으로 고품질 시스템을 생산해냈다. 이러한 장벽이 제거된 애자일 방법론이 클라우드에서는 종종 사용된다. 이 형태를 사용하면 요구 사항 수집, 개발, 테스트, 배포를 포함해 작업을 병렬로 수행할 수 있다. 자원을 즉시 프로비저닝하고 필요할 때 확장할 수 있는 클라우드의 기능이 이 프로젝트 관리 형태에 실제로 매우 잘 작동한다. 시장 상황으로 비즈니스 요구 사항을 변경해야 하는 속도가 빨라질 수 있는데, 민첩성 있게 프로젝트를 관리하면 많은 재작업 없이도 요구 사항을 신속하게 수정할 수 있다.

'클라우드 우선' 설계 원칙의 일부로 프로젝트 관리 프로세스를 변경할 때 한 가지 중요한 영향은 클라우드 네이티브 개발을 위한 모범 사례를 포함하는 것이 될 것이다. 확장성 있고 안전한 클라우드 네이티브 아키텍처를 설계하기 위한 모범 사례를 식별하는 설계 프로세스에 품질 보증 검사를 포함하면 워크로드를 클라우드 규모로 즉시 배치할 수 있고, 운영 환경에서 수정 작업을 덜 해도 된다. 이러한 클라우드 네이티브 설계 사례를 프로젝트 관리 프로세스에 통합함으로써 기업은 클라우드 네이티브 아키텍처를 조기에 개발하고, 클라우드 공급 업체의 자동화 및 혁신에 집중하며, 비즈니스 요구에 따라 방향을 신속하게 바꿀 수 있는 위치에 서게 된다. 이러한 변화는 비즈니스 속도를 높일 뿐만 아니라 위험을 감소시킨다.

위험, 규정 준수, 품질 보증

기업의 리스크 프로파일은 클라우드로 옮겨갈수록 높아진다. 적어도 초기에는 그렇다. 이것은 클라우드가 위험한 장소라는 뜻이 아니라, 오히려 그 반대다. 기업이 이해해야 하는 새로운 방식으로 문제가 발생하기 때문이다. 기업의 자산(예: 데이터 및 코드)을 직접 제어하지 않는 컴퓨팅 자원으로 마이그레이션하면 그러한 자원을 안전하게 유지하는 방법에 대해 추가로 고려할 사항이 있기 마련이다. 업계 표준 준수는 기업에서 수집한 데이터의 기본 사항을 충족시키기 위해 중요한 첫 번째 단계다. 또한 프로세스 통제 및 프로세스 감사는 데이터 유출을 초래하거나 기업 자산에 대한 백도어로 발견될 수 있는 그 어떤 것도 흘러보내지 않도록 보장할 것이다. 마지막으로, 시스템 코드나 기능뿐만 아니라 인프라 프로비저닝, 보안 컨트롤, 기타 고가용성 절차 및 비즈니스 연속성 계획에 대한 품질 보증 테스트가 클라우드 네이티브 기업에게는 필수적이다.

이 모든 기술적 측면은 온프레미스를 클라우드와 비교할 때 매우 다른 경우가 많으며, 기업은 클라우드에서 접근 방식을 조정하는 것뿐만 아니라 온프레미스 방식을 조정해 클라우드에 더욱 잘 부합하는 것이 중요하다. 클라우드 여정을 따를 때 클라우드 네이티브의 목표는 기업에서 IT 자원을 사용하는 방식을 변경하고 애플리케이션을 설계하는 방법과 관련한 온프레미스의 제한 사항을 제거하는 것이다. 즉, 온프레미스에서 발생하는 작업에 대해서도 이 개념을 사용해 이러한 기존 워크로드가 클라우드로 이전되면서 이미 승인된 설계 원칙을 준수하도록 해야 한다. 시간이 지나면서, 마이그레이션 및 새로운 개발을 통해 회사의 중심이 클라우드로 이동함에 따라 위험, 규정 준수, 품질 보증에 대한 접근 방식도 이동한다. 기술적 고려 사항은 실제로 운영 모델의 가장 직접적인 부분 중 하나다. 복잡하고 종종 새로운 것이지만, 그것 또한 예측 가능한 패턴을 따르며 기술을 배우고 습득할 수 있는 많은 기회가 있다.

위험과 규정 준수

기업이 데이터를 저장하거나 트랜잭션을 처리하거나 고객과 상호 작용할 때마다 위험은 피할 수 없다. 데이터나 트랜잭션, 상호 작용을 도용하거나 조작하려는 악의적인 행위자가 항상 있기 때문에 기업은 위험한 상황을 처리하게 된다. 그러나 악의적인 행위자가 기업이 직면하는 유일한 위험은 아니다. 컴퓨팅 자원 결함 또는 소프트웨어 버그 또한 실질적으로 모든 기업이 적절하게 관리해야 한다. 클라우드는 위험을 이동시키지만, 위험을 감소시키지는 않는다. 주요 클라우드 제공 업체는 보안 및 컨트롤 구현을 위해 공유 책임 모델 하에서 운영된다. 일반적으로 이 공유 책임 모델은 클라우드 제공 업체가 하이퍼바이저에 대한 구체적인 부분을 소유하고 운영(또는 위험에 대한 책임을 짐)하지만, 하이퍼바이저 위에서 동작하는 운영체제부터 애플리케이션 스택에 대한 책임은 고객에게 있음을 의미한다. 일반적으로 클라우드 제공 업체는 개별 서비스에 대한 다양한 산업 및 정부 준수 인증(예를 들면, PCI-DSS, ISO 27001)을 달성하는 데 매우 적극적이다. 이것이 초래하는 위험은 공유 책임 모델에서는 클라우드 공급자의 서비스가 특정 유형의 워크로드에 대해 인증될 수는 있지만, 기업이 이 동일한 컨트롤을 구현하기 위해 그 워크로드를 설계하지 않으면 감사를 통과하지 못한다는 것을 이해해야 한다는 것이다.

규정 준수는 단지 외부의 관심사가 아니며, 종종 기업은 특정 유형의 데이터 및 워크로드에 특정 컨트롤을 적용해야 하는 엄격한 내부 통제 모델을 갖는다. 이러한 경우, 특정 컨트롤의 적용과 같은 요구 사항은 해당 조직에만 해당되므로 클라우드 공급자는 그런 요구 사항을 구현할 수 없다. 하지만 규정 준수를 보여주기 위해 내부 컨트롤을 유사한 요구 사항을 가진 다른 인증에 매핑하는 방법도 종종 사용한다. 데이터 및 워크로드가 특정 애플리케이션의 분류 범위에 있는 서비스를 사용하고 있는지 확인하기 위해 외부 및 내부의 이러한 컨트롤을 매핑하는 것이 클라우드에서 성공하는 데 중요하다. 규모가 크고 복잡한 조직은 수백 또는 수천 개의 애플리케이션을 보유하고 있으며 각 애플리케이션에는 데이터 및 처리 형태에 대한 개별적인 특성이 있으므로 이러한 규정 준수 활동을 완료하는 것이 클라우드 운영 모델을 구성하는 데 있어 중요한 요소가 된다.

여기서 논의할 중요한 고려 사항 중 하나는 클라우드 공급 업체의 혁신 속도가 새로운 워크로드에서 사용하기 위해 클라우드 공급 업체의 서비스를 분석하고 승인할 수 있는 기업의 능력을 능가할 가능성이 높다는 것이다. 기업은 시스템에 사용되는 서비스가 안전하고 외부 및 내부 감사를 통과할 수 있게 부지런해야 하는 것도 중요하지만, 이런 노력에 너무 많은 시간을 쏟아서 자신의 비즈니스 요구 사항의 구현을 느리게 하는 방식으로 사용하지 않는 것이 중요하다. 안전하고 시기 적절한 방식으로 새로운 서비스 혁신을 활용할 수 있으며, 기업은 이를 현실화하기 위해 노력해야 한다. 한 예로 혁신팀은 최첨단 클라우드 네이티브 서비스를 사용해 업무 중요도가 낮은 시스템을 위한 새로운 개발에 집중하는 한편, 중요한 시스템 개발에는 보다 성숙한 서비스를 집중시켜야 한다.

품질 보증과 감사

기업의 규정 준수 및 위험 완화 활동이 굳건해지면 클라우드에 배치할 수 있는 가드레일은 준비된 셈이다. 그러나 이러한 가드레일 및 통제 방법론은 개발 및 구현 때와 다를 바 없다. 시간이 지나면서 워크로드가 클라우드에 구축되고 배포되면 기업은 원래 구현했던 위험 상태를 재평가하고 현재 상태를 계속 확인해야 한다. 시간이 지남에 따라 클라우드 공급 업체는 새로운 서비스를 출시할 것이고, 그 서비스가 평가되어 적합한 수준의 데이터 및 워크로드에 할당될 것이다. 정부 및 규정 준수 단체는 고객 데이터의 안전을 보장하기 위해 조직이 준수해야 하는 새로운 프레임워크를 지속해서 업데이트하거나 출시할 것이다. 이 모든 것에 품질 보증 및 감사가 필요하다.

이러한 맥락에서 품질 보증은 시스템이 비즈니스 문제 설명문에 원래 기술된 표준을 충족하는지 지속해서 평가하고 테스트하는 프로세스다. 전통적인 의미에서 이 프로세스는 코드가 기능적으로 올바르고 보안 및 기타 결함이 없으며 다른 비기능적 요구 사항을 충족하는지 확인한다. 이것은 클라우드에서도 마찬가지다. 그러나 비기능적 요구 사항에 이제 추가적인 클라우드 네이티브 속성이 포함된다. 예를 들어, 클라우드의 비용 최적화는 클라우드 스프롤(cloud sprawl)을 방지하는 데 중요하며 품질 보증 프로세스는 사용 중인 클라우드 공급 업체 서비스가 적절하고 올바르게 구현됐는지 확인해야 한다. 품질 보증은 코드 및 서비스뿐만 아니라 배포 파이프라인, 시스템 가용성, 분산 아키텍처의 영향 범위까지 확장된다. 앞서 논의한 바와 같이, 품질 보증은 회사의 프로젝트 관리 프로세스에도 반영돼야 하므로 워크로드가 운영에 반영되기 전에 이러한 철학을 고려해 설계된다.

시스템에 필요한 또 다른 중요한 구성 요소는 감사 기능이다. 시스템이 외부 감사자의 범위에 있든 내부에 있든 관계없이, 이 프로세스는 결함 및 보안 사고를 식별하는 책임성 및 추적성을 보장한다. 시간이 지남에 따라 최상으로 구현된 시스템조차도 원래의 아키텍처 및 보안 상태에서 벗어날 수 있다. 이는 비즈니스 조건이 바뀌고 새로운 기능이 구현됨에 따라 당연히 예상할 수 있는 것이다. 중요한 것은 통제, 보안, 규정 준수에 대한 감사 프로세스가 동일하게 유지되거나 시스템과 함께 향상된다는 것이다.

새로운 비즈니스 기능을 배치한다고 해서 보안 상태가 변경돼야 한다는 의미는 아니므로 지속해서 가드 레일을 감사하는 것이 원래 상태에서 과도하게 벗어나지 않게 해줄 것이다. 클라우드 공급 업체는 일반적으로 전체 클라우드 환경을 주기적으로 확인하고 디지털 형식으로 저장해 감사 및 비교 테스트에 완벽한 구성 서비스를 제공한다. 이러한 구성 서비스는 일반적으로 클라우드 환경을 볼 수 있을 뿐만 아니라 사용자 정의 시스템 수준의 검증을 수행하고 클라우드 구성과 함께 출력을 저장하기 위해 확장될 수 있다. 자동화를 통해 짧은 시간 간격으로 이러한 감사 확인을 수행한 다음, 프로그래밍 방식으로 비교해 요구되는 상태와 다른 환경을 야기하는 어떤 것도 유입되지 않도록 보장할 수 있다. 자동화된 감사는 성숙한 클라우드 네이티브 조직이 그들의 시스템이 항상 규정을 준수하게 하는 방법이다.

품질 보증 및 감사가 딱히 **클라우드 네이티브 성숙도 모델(CNMM)**의 일부는 아니지만, 세 개의 축 전체적으로 퍼져 있다. 성숙한 CNMM 기업은 보다 빠르고 저렴하게 비즈니스 목표를 달성하고 허용된 위험 및 규정 준수 요구 사항을 준수하는 데 도움을 줄 수 있는 새롭고 진화된 클라우드 공급 업체의 서비스를 끊임없이 평가한다. 규정 준수 검사, 감사 활동, 엔드 투 엔드(end-to-end) 배포 및 품질 보증 프로세스를 비롯한 모든 작업을 자동화해 시스템의 차이가 보안 문제를 일으키지 않도록 한다. 또한 애플리케이션 설계가 최상의 클라우드 네이티브 사례를 따르도록 전력을 기울이고 취약성, 보안 격차, 비용 비효율성, 영향 반경 조건을 확인하기 위해 코드 검토를 자동화한다.

기초적인 클라우드 운영 프레임워크와 랜딩 존

클라우드 네이티브 여정을 시작할 때 기업이 갖는 공통 문제는 안전한 기본 운영 환경을 보장하기 위해 어디서부터 시작해야 할지 모른다는 것이다. 인력, 프로세스, 기술 고려 사항이 모두 조정되더라도 이러한 랜딩 존(landing zone, 착륙 지점)이 없으면 클라우드 네이티브 활동의 초기 단계에서 속도 저하나 실패를 유발할 수 있다. 미래의 클라우드 워크로드를 위한 기본 랜딩 존을 만드는 데는 여러 다른 측면이 있으며, 이 절에서는 이러한 내용의 일부와 개별 조직에 적합한 방식을 고려하는 방법을 다룬다.

일반적으로 기술적인 측면을 고려하고 계정, 가상 네트워크, 보안 상태, 로깅, 기타 기본 의사 결정의 올바른 구성을 식별하는 것이 좋은 시작점이다. 이를 통해 기본 랜딩 존이 기업의 요구 사항을 충족시키고, 성장 여지가 충분하며, 직원의 현재 클라우드 기술로 설계될 수 있다는 것을 보장한다. 일부 산업의 경우, 클라우드 환경에 외부 컨트롤을 올바르게 매핑하기 위해 하나 이상의 특정 통제 모델을 추가해 규제 기관에 대해 적절한 감사 기능을 사용할 수 있다. 이러한 개념은 다음 절에서 자세히 설명한다.

클라우드 랜딩 존

클라우드 랜딩 존은 모든 워크로드가 실제로 배치되기 전에 고려되고 설계돼야 하는 기술 및 운영 측면의 모든 것이다. 이 카테고리에 속하는 영역은 다양하며 성공적인 클라우드 여정에 그 모두가 필요한 것은 아니다. 그러나 모범 사례로서 모든 것을 고려하는 것이 좋다. 높은 수준에서 봤을 때 이러한 측면은 다음과 같다.

- 계정 구조 설계, 청구, 태깅
- 네트워킹 설계 및 상호 연결 요구 사항
- 중앙 공유 서비스
- 보안 요구 사항, 로깅, 감사 기능 준수
- 자동화 프레임워크 및 코드형 인프라

계정 구조 설계

계정 구조 설계 전략은 모든 것의 시작이며, 각 기업은 자신의 계정을 설정하는 방법에 대해 서로 다른 요구 사항을 갖게 된다. 클라우드에서 실행되는 워크로드가 적은 중소 기업의 경우 단일 계정으로도 충분할 수 있다. 조직의 규모와 복잡성이 커짐에 따라 개별 청구나 업무 분리, 영향 반경 감소, 환경, 통제 요구 사항의 전문화를 허용하는 많은 계정을 갖는 것이 일반적이다. 그리고 마스터 계정과 많은 하위 계정이 있는 계층적 구조를 사용하는 것이 일반적이다. 이렇게 하면 계정 간에 제한된 가시성을 제공하면서도 여전히 보안, 네트워킹, 환경 워크로드와 같은 특정 측면을 연계할 수 있다.

종종 가장 상위에 있는 마스터 계정은 청구 및 비용 집계의 목적으로만 사용된다. 이렇게 하면 청구를 위한 단일 창을 사용할 수 있지만, 차지백(charging back)[2]을 위해 하위 계정으로 비용을 쪼개거나 단순히 어느 활동에 가장 많은 비용이 소요되는지 알 수 있게 해준다. 이런 계정 구조는 또한 종종 청구 구성에서 비용 최적화를 허용하고 볼륨 할인 가격 또는 예약된 용량 확산을 지원할 수 있다. 하위 계정 또는 자식 계정은 일반적으로 개별 요구 사항으로 구성된다. 기업 요구 사항에 관계없이, 클라우드 계정 전략이 이해 관계자의 요구와 적절히 조정되도록 초기에 클라우드 계정 전략을 이해하는 것이 중요하다.

네트워크 설계

계정이 설계 및 준비되고 나면 네트워크 설계가 그다음으로 가장 중요한 구성 요소다. 계정은 대부분 관리 구성 요소지만, 워크로드를 배포하고 데이터를 보호하는 기능은 네트워크 설계로 수행된다. 대부분 클라우드 공급 업체는 다양한 요구 사항에 필요한 네트워크 공간을 사용자 정의로 설계할 수 있는 가상 네트워킹 개념을 갖고 있다. 이러한 가상 네트워크를 외부 트래픽 처리(즉, 퍼블릭 서브넷) 및 내부 전용(즉, 프라이빗 서브넷)과 같은 네트워크 트래픽 흐름에 대한 요구 사항을 허용하는 서브넷으로 더 세분화할 수 있다. 계정 설계와 마찬가지로 가상 네트워크 설계는 만들고 나면 수정하기가 어렵기 때문에 중요하며, 확장 및 워크로드 요구를 고려해야 한다.

일반적으로 단일 계정에는 많은 가상 네트워크가 포함될 수 있으며 상호 작용하거나 다른 계정의 가상 네트워크와 상호 작용할 수 있다. 따라서 여러 가상 네트워크를 갖는 것이 영향 범위 문제를 줄이고 워크로드 또는 데이터를 격리하는 추가적인 방법이다.

중앙 공유 서비스

계정 및 가상 네트워크가 식별되고 매핑되면 다음 주요 중점 영역은 중앙 공유 서비스로 실행될 대상에 관한 것이다. 일부 서비스는 전체 클라우드 자산에 표준이 될 것이며, 서로 다른 계정이나 가상 네트워크에서 그것들을 복제하려는 것은 비생산적이거나 위험한 일이다. 대부분의 경우 여러 계정 및 가상 네트워크가 있는 기업은 이러한 모든 서비스를 저장하기 위해 공유 서비스 계정 또는 가상 네트워크를 고려

---

2   (옮긴이) 차지백: 사용한 비용이 어떻게 사용됐는지를 좀 더 세밀하게 확인해서 비용을 세분화해 부과하려는 정책으로, '비용 분담 정책'이라고도 함.

해야 한다. 이것은 각 가상 네트워크가 서비스의 단일 인스턴스가 배포되는 허브에 다시 연결되는 가상 허브 및 스포크(hub and spoke) 설계로 간주될 수 있다. 중앙 공유 서비스의 좋은 예로는 스토리지 로깅, 디렉터리 서비스, 인증 서비스, CMDB 또는 서비스 카탈로그, 모니터링이 있다.

보안 및 감사 요구 사항

마지막으로, 보안 및 감사 요구 사항은 클라우드 자산 전반을 다뤄야 한다. 전체 계정, 네트워크, 공유 서비스 개념은 전체적인 보안 및 감사 기능 설계 전략에 의해 지원된다. 중앙 공유 서비스 절에서 설명한 것처럼 디렉터리 및 인증 서비스는 워크로드, 데이터, 계정에 대한 접근을 보호하는 데 중요하다. 아울러 보안 및 감사에 대한 중요한 고려 사항은 강력한 로깅 프레임워크와 구성 감사 프로세스를 갖추는 것이다.

워크로드에 대해 클라우드 계정 내부에서 수집할 수 있는 로그는 여러 가지가 있으며, 일부는 클라우드 공급 업체에서 제공하고 다른 일부는 개별 애플리케이션에 내장돼 있다. 수집되는 로그가 많을수록 워크로드의 모든 측면에서 더 나은 결정을 내릴 수 있다. 중앙 로깅 프레임워크를 사용하면 인스턴스나 컨테이너, 플랫폼 서비스, 기타 워크로드 구성 요소가 문제 해결이 필요 없는 상태 비저장 머신으로 작동할 수 있다. 워크로드 로그를 네트워크 흐름, API 호출, 패킷 대기 시간 등과 같은 다른 로그와 결합하면 전반적인 클라우드 환경의 작동 방식에 대한 통찰력을 얻을 수 있으며, 향후 로그 집계를 통해 이벤트를 재생할 수 있다. 이는 클라우드 자산이 증가하고 점점 복잡해지면서 워크로드를 이해하고 보호하는 강력한 방법이다.

감사 기능 또한 고려해야 할 중요한 요소다. 앞에서 설명한 것처럼 다양한 방식에서 유용한 특정 간격마다 전체 환경 구성의 스냅 숏 또는 뷰를 유지하는 클라우드 공급 업체 서비스가 있다. 첫째, 무엇보다도 클라우드 환경이 합의된 통제 요구 사항을 준수하고 있음을 입증하기 위해 일관된 감사 검사를 수행할 수 있다. 둘째, 클라우드 관리자가 환경 편차와 잘못된 구성, 악의적인 구성 변경, 비용 최적화를 확인할 수 있다.

자동화 및 코드형 인프라는 이러한 유형의 로깅 및 감사 제어 배포의 핵심 요소이며 클라우드 여정의 관점에서 기업이 성숙함에 따라 기업에서 증가시키고자 하는 클라우드 네이티브 성숙도 모델과 직접 관련이 있다.

외부 통제 가이드라인

클라우드에서 안전하고 호환되는 운영 환경을 지원하기 위해 개발되거나 발전된 다양한 통제 지침이 있다. 산업별 요구 사항이나 중요 데이터 요구 사항, 외부 규정 준수 요구 사항에 따라 기업은 기본 클라우드 랜딩 존을 향상시키는 방법에 대한 옵션을 갖고 있다. 특정 업계 또는 규정 준수 요구 사항에 속하지 않는 조직의 경우에도 이러한 통제 지침 중 하나 이상을 준수하면 세계적으로 인정되는 클라우드 컴퓨팅 리소스의 엄격한 준수를 보장하고 컨트롤 매핑의 내부 감사 프로세스에 도움이 된다. 클라우드에서 호환되는 워크로드를 배포하기 위한 몇 가지 중요한 통제 지침과 모델이 여기에 요약돼 있다.

미국 국립 표준기술연구소 (NIST)

구현할 수 있는 NIST 기반 보증 프레임워크는 다양하다. 아마존 웹 서비스가 참조 문서와 퀵스타트 가이드, 가속기 제작에 광범위한 노력을 기울인 대표적인 것은 NIST SP 800-53 (Revision 4) (https://www.wbdg.org/files/pdfs/dod_cloudcomputing.pdf), NIST SP 800-171 (http://nvlpubs.nist.gov/nistpubs/SpecialPublications/NIST.SP.800-171.pdf), the OMB TIC Initiative - FedRAMP Overlay (pilot) (https://www.fedramp.gov/draft-fedramp-tic-overlay/), the DoD Cloud Computing SRG (https://www.wbdg.org/files/pdfs/dod_cloudcomputing.pdf) (https://aws.amazon.com/about-aws/whats-new/2016/01/nist-800-53-standardized-architecture-on-the-aws-cloud-quick-start-reference-deployment/)에 관한 것이다. AWS에서 개략적으로 설명한 지침과 가속기를 사용해 조직은 이러한 NIST 간행물의 범위에 포함되는 워크로드를 지원하는 표준화된 환경을 배포할 수 있다.

지불 카드 산업 데이터 보안 표준 (PCI DSS)

고객의 신용카드 데이터를 처리해야 하는 경우, PCI DSS (https://www.pcisecuritystandards.org/) 규정 준수 표준을 따른다. 아마존 웹 서비스는 고객이 https://aws.amazon.com/quickstart/architecture/accelerator-pci/에서 사용할 수 있는 PCI DSS 호환 환경을 설정할 수 있도록 지원하는 세부 참조 아키텍처 및 제어 매핑을 가지고 있다.

건강 보험 양도 및 책임에 관한 법률 (HIPAA)

HIPAA에 따라 규제되는 민감한 워크로드를 실행하고 **보호된 건강 정보(Protected Health Information, PHI)**를 포함하려는 고객은 그 의미를 이해하고 특정 클라우드 공급업체를 대신해 운영할 수 있는 올바른 권한을 가져야 한다. 모든 클라우드 공급업체 서비스가 HIPAA Business Associate

Addendum의 범위에 포함되는 것은 아니며 고객이 설계하는 데이터 및 워크로드 유형을 식별하는 것은 고객에게 달려 있다. AWS에서 이를 달성하는 방법에 대한 추가 정보는 https://d0.awsstatic.com/whitepapers/compliance/AWS_HIPAA_Compliance_Whitepaper.pdf에서 확인할 수 있다.

인터넷 보안 센터 (CIS)

CIS (https://www.cisecurity.org/cis-benchmarks/)는 광범위한 컨트롤에 대한 보안 요구를 충족하기 위해 서비스를 배포하고 구성하는 방법에 대한 벤치마크 권장사항을 식별하기 위해 주제 전문가들로 구성된 합의 검토 프로세스를 가지고 있다. 아마존 웹 서비스에서 이를 달성하는 방법에 대한 자세한 설명은 https://d0.awsstatic.com/whitepapers/compliance/AWS_CIS_Foundations_Benchmark.pdf에서 확인할 수 있다.

클라우드 마이그레이션 대 그린필드 개발

클라우드로 이동하기 위한 결정이 내려지고 프레임워크와 가드레일이 설치되고 초기 성공이 이루어지고 나면 대부분의 경우 큰 문제는 많은 양의 워크로드가 마이그레이션되는 것이다. 클라우드 마이그레이션은 애플리케이션이나 데이터, 기타 구성 요소를 기존 위치(일반적으로 온프레미스)에서 클라우드로 이동하는 것으로 정의된다. 그린필드 개발 프로젝트는 설계에 부과된 기존 제약 사항이 없으므로 완전히 새로운 구현을 결과로 얻는다. 마이그레이션 및 그린 필드 개발은 종종 나란히 존재하며, 이때 기존 워크로드는 대상 클라우드 운영 환경으로 마이그레이션되고 모든 새로운 프로젝트는 클라우드 네이티브로 설계된다.

이 절에서는 일반적인 마이그레이션 패턴과 마이그레이션에 사용되는 도구, 그린필드 클라우드 네이티브 개발을 마이그레이션 스토리에 끼워 맞추는 방법을 자세히 설명한다. 이 책은 클라우드 마이그레이션에 대한 세부 정보를 제공하지는 않는다. 그러나 마이그레이션은 클라우드 네이티브 아키텍처 프로세스의 중요한 부분이므로 그 교차점이 어디인지 파악하는 것도 중요하다.

마이그레이션 패턴

마이그레이션은 종종 6R(Rehost, Replatform, Repurchase, Refactor, Retire, Retain)을 사용해 패턴으로 분류한다. 6R의 각 항목은 클라우드 네이티브에 대한 논의가 필요한 부분을 가지고 있다. 그러나 폐기(Retire)와 유지(Retain), 재구매(Repurchase)는 클라우드 네이티브 토론에는 적용되지 않는다. 종종 애플리케이션 워크로드를 폐기하거나 유지하기로 결정하는 것은 복잡성 또는 새로운 대체가 구현될 때까지 남은 예상 기간과 관련이 있다. 따라서 마이그레이션을 시도하는 것보다 유지하거나 폐기하는 것이 일반적으로 저렴하다. 재구매는 전반적인 엔터프라이즈 아키텍처에 영향을 미칠 수 있으며, 특히 기존 워크로드를 클라우드 기반 서비스지만 다른 회사에서 완전히 관리하는 서비스형 소프트웨어(Software as a Service, SaaS)로 대체하려고 결정한 경우에 해당한다. 이 절의 나머지 부분에서는 리호스트, 리플랫폼, 리팩터를 중점적으로 설명한다.

리호스트 (Rehost)

'그대로 이전(lift-and-shift)'이라고도 하는 리호스트는 클라우드로 가는 가장 빠른 경로이면서 가장 순수한 형태로, 문자 그대로 워크로드를 기존 위치(일반적으로 온프레미스)에서 정확히 그대로 클라우드로 이동하는 것을 의미한다. 이 마이그레이션 패턴은 비교적 적은 양의 선행 분석 작업만 하면 되고 빠른 투자 수익을 제공하기 때문에 자주 선택된다. 시장에 이 유형의 마이그레이션을 지원하는 도구가 많이 있으며, 블록 수준 복제 또는 이미지 패키징을 통해 클라우드에 인스턴스를 가져온다. 또한 데이터베이스 서버가 스키마를 포함해 유사한 방식으로 데이터를 마이그레이션할 수 있게 해주는 도구들이 있다. 이러한 유형의 마이그레이션의 단점은 일반적으로 마이그레이션 속도가 빠르기는 하지만, 클라우드에서 활용할 수 있는 다양한 서비스를 활용하지 못하기 때문에 클라우드의 진정한 이점을 실현하지 못한다는 것이다. 종종 리호스트 마이그레이션은 명확한 이벤트(예를 들면, 데이터 센터 임대 만료)로 인해 실행되며 속도가 가장 중요한 요구 사항이다. 또한 클리우드에서 리호스팅하면 클라우드에서 애플리케이션을 한 번 리플랫폼하거나 리팩터하는 능력을 가속하므로 다음 다이어그램과 같이 마이그레이션 중에 변경 작업을 수행할 위험을 줄일 수 있다.

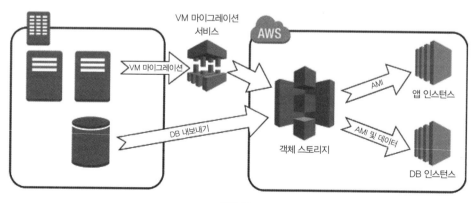

그림 2.1

리플랫폼 (Replatform)

리플릿폼은 리호스트와 유사하다. 그러나 마이그레이션 프로세스에서 클라우드 네이티브 공급 업체 서비스를 활용해 워크로드 아키텍처에 변경을 준다. 예를 들어 애플리케이션을 그대로 옮기지만, 데이터베이스를 자체 관리 인스턴스에서 공급 업체의 관리형 데이터베이스 플랫폼으로 변경한다. 이러한 변화는 사소한 것으로 보이지만, 워크로드 아키텍처가 변경되어 테스트 및 문서화해 작은 리팩터링으로 관리해야 한다. 리플랫폼은 또한 다음 다이어그램과 같이 온프레미스에서 클라우드로 마이그레이션하거나 애플리케이션이 이미 클라우드에 있는 상태에서 마이그레이션할 때 수행할 수 있는 패턴이다.

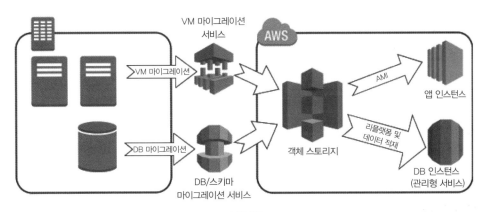

그림 2.2

리팩터 (Refactor)

리팩터는 워크로드를 클라우드 네이티브로 재설계하는 프로세스다. 이 유형의 마이그레이션 패턴은 본질적으로 1장 '클라우드 네이티브 아키텍처 소개'에서 논의한 CNMM에 맞게 재조정하고 자동화를 추가하며 클라우드 네이티브 설계를 갖는 애플리케이션 아키텍처를 설계하기 위해 애플리케이션을 재작성하는 것이다. 리호스트와 리포매팅은 일반적으로 마이그레이션이라고 생각하는 것에 더 부합하지만, 기업들이 클라우드로의 그대로 이전은 그들의 비즈니스 사례에서 이점을 실현하지 못한다는 것을 깨닫게 되면서 마이그레이션 과정에서 리팩터링하는 것이 점점 더 대중화되고 있다. 다음 다이어그램에서 볼 수 있듯이, 대부분의 경우 데이터가 새로운 데이터베이스 엔진(즉, NoSQL)으로 변환되고, 애플리케이션은 서비스 구성 요소(즉, 마이크로서비스)를 분리하도록 재설계되며, 가장 중요한 것으로 비즈니스 로직이 이 프로세스 동안 동일하게 유지(또는 개선)되기 때문에 리팩터링이 여전히 마이그레이션에 적용된다.

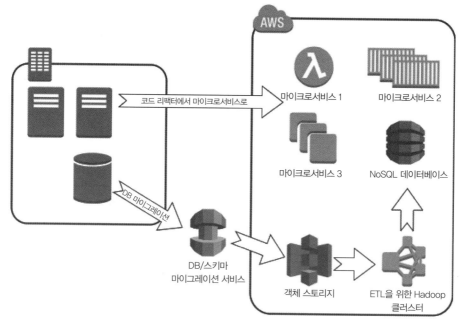

그림 2.3

마이그레이션, 아니면 그린필드 개발?

이 장을 통해서 클라우드를 채택해야 하는 이유와 고려 사항에 대해 논의하고 기업에서 기존 워크로드를 클라우드로 마이그레이션하는 방법에 대해 자세히 살펴봤다. 이러한 패턴에 애플리케이션을 리팩터링하거나 리플랫폼하기 위한 개발 활동이 포함되어 있기는 하지만, 그래도 여전히 마이그레이션 패턴이다. 따라서 문제는 다음과 같다. 언제 조직이 마이그레이션 대신 그린필드 개발을 사용하는가? 일반적으로 기업이 클라우드 우선 전략을 결정하면 기존 워크로드를 클라우드로 마이그레이션하기 위해 큰 노력을 기울일 것이다. 동시에, 그들은 그린필드 개발인 모든 새로운 개발 활동을 클라우드에서 시작할 것이다. 보통 새 프로젝트 또는 워크로드가 클라우드에 있는지, 마이그레이션 중인지에 상관없이 레거시 애플리케이션과의 인터페이스 지점이 필요하므로 이 두 활동 간의 공통 교차점은 인터페이스 지점의 통합이다.

마이그레이션 활동이 줄어들면서 클라우드에서 새로운 개발에 집중하는 것이 최우선 과제가 된다. 마이그레이션 후의 이 단계는 일반적으로 클라우드 기술이 강하고 클라우드가 어떻게 회사를 바꿀 수 있는가에 대한 낙관적인 전망이 높기 때문에 조직에서 흥미로운 시간이다. 이 기간 동안 클라우드 네이티브 아키텍트가 되는 것은 앞으로 큰 아이디어를 제시하고 오래된 장벽을 제거할 수 있게 해줄 것이다.

요약

이 장에서는 여러 기업이 클라우드로 전환하기로 결정한 이유가 정확히 무엇인지 확인했다. 민첩성, 비용, 보안, 통제, 확장, 재능, 혁신 등의 핵심 동인을 이해하고 기업 내에서의 성숙도에 따라 그 여정을 떠나기 위한 최종 결정이 내려질 것이다. 결정이 내려지면 클라우드에서 성공을 보장하기 위해 위험 및 규정 준수 요구 사항이 관리되고 구현된다는 것을 이해 관계자에게 보증하는 운영 모델뿐만 아니라 변경 및 프로젝트 관리를 정의하고 구현하는 것이 중요하다. 마지막으로 워크로드를 클라우드로 이전할 수 있는 주요 마이그레이션 패턴을 검토했다. 일부 조직은 마이그레이션을 건너 뛰고 클라우드에서 새로운 것을 시작할 수 있지만, 대부분 기업에는 이 마이그레이션 단계가 필요하며, 그것을 올바르게 수행하는 것이 중요하다. 클라우드 우선 기업은 기존 워크로드를 마이그레이션하지만, 클라우드 네이티브 아키텍처 패턴을 준수해 클라우드에 모든 새로운 애플리케이션을 생성한다.

다음 장에서는 시스템 개발 생명 주기, **서비스 지향 아키텍처(Service-Oriented Architectures, SOA)**, 마이크로서비스, 서버리스 컴퓨팅을 포함한 클라우드 네이티브 아키텍처의 애플리케이션 수준 요구 사항을 검토한다. 여러 다른 프레임워크와 방법론에 대해 자세히 알아보고 클라우드 네이티브 설계 원칙에 어떻게 부합하는지 살펴볼 것이다.

03

클라우드 네이티브 애플리케이션 설계

이 장에서는 성숙한 CNMM 상태로 마이크로서비스 및 서버리스 컴퓨팅을 사용하는 클라우드 네이티브 아키텍처 개발에 관해 자세히 설명한다. 모놀리식에서의 컴퓨터 시스템 진화로 시작해 훨씬 더 성숙한 아키텍처로 이동하면서 컨테이너, 오케스트레이션, 서버리스, 그리고 이들이 어떻게 서로 어울리며, 왜 애플리케이션 중심 설계 축에서 성숙한 것으로 간주되는지에 대해 다룬다.

모놀리식부터 마이크로서비스까지, 그리고 그 사이의 모든 것

클라이언트-서버 애플리케이션은 항상 인기가 있었다. 그러나 네트워킹 기술과 설계 패턴이 발전함에 따라 상호 통신하는 덜 밀접하게 결합된 애플리케이션의 필요성이 **서비스 지향 아키텍처(Service Oriented Architectures, SOAs)**로 옮겨 가고 있었다. SOA는 하나의 단일 시스템 또는 서버를 더 많은 개별 비즈니스 서비스로 만드는 구성 요소로 분해하는 개념이다. SOA 구성 요소는 여전히 독립적이다. 그러나 그것들은 전통적인 모놀리식 애플리케이션보다 범위가 상당히 작으며 빠른 유지 관리와 분리된 상호 작용을 가능하게 한다. 전통적인 클라이언트는 여전히 SOA 애플리케이션의 구성 요소로 간주될 수 있지만, 모놀리식 서버와 직접 통신하는 대신 호출을 받고 다른 서비스에 처리를 분배하는 중개 계층 또는 서버 버스가 있다. 이러한 다른 서비스는 데이터 지속성을 제공하거나 비즈니스 결정을 내리기 위한 추가 정보를 수집할 수 있다. SOA 접근 방식은 시스템을 분산시킬 수 있는 능력을 제공하기 시작했으며 심지어 회사의 외부 시스템을 포함한 여러 다른 시스템 간의 상호 작용에 대한 막대한 변화를 허용했다.

클라우드 컴퓨팅은 이러한 서비스에 대한 비용이 점차 낮아지고 서비스를 생성하기 위한 자원의 가용성이 높아지면서 이러한 패턴을 지속해서 발전시키고 있다. SOA와 유사한 마이크로서비스는 특정 서비스를 훨씬 더 많은 개별 구성 요소로 나눌 수 있는 진화다. SOA의 서비스는 완전한 비즈니스 기능을 수행하는 일종의 블랙박스다. 마이크로서비스는 그 기능을 구성하며, 더 큰 비즈니스 기능의 하위 집합을 수행하기 위해 세분화된다. 이렇게 하면 시스템 유지 관리 및 기능 업데이트를 수행하는 속도가 향상되고 또한 코드 또는 하드웨어 결함의 영향 범위를 줄일 수 있다. 이 책의 1장 '클라우드 네이티브 아키텍처 소개'에서 정의한 것처럼, 클라우드 네이티브 아키텍처는 클라우드 네이티브 서비스, 애플리케이션 중심 설계, 자동화, 애플리케이션 설계 원칙을 포함한 클라우드 네이티브 성숙도 모델에 대한 다양한 성숙도를 갖게 된다. 마이크로서비스는 이러한 모든 원칙을 달성할 방법을 제공해 시스템 설계의 다른 전통적인 방식으로는 달성하기 어려운 규모와 내결함성을 가능하게 한다.

시스템 설계 패턴

시스템 설계의 발전은 점점 더 복잡한 비즈니스 문제를 해결하기 위해 시스템 구축 및 배치 방식에 여러 압력이 영향을 주는 곳에서 일어난다. 이 절에서는 이러한 패턴을 보다 자세히 다루고 그 패턴이 작동하는 방식과 진화를 강제하는 직면한 도전 과제에 대한 추가 통찰력을 제공한다. 솔루션 아키텍처가 어떻게 발전했는지 이해하려면 몇 가지 핵심 개념, 즉 프리미티브(primitives), 하위 시스템(subsystems), 시스템을 정의하는 것이 중요하다.

디자인 패턴에 관계없이 프리미티브는 전체 솔루션의 기본 수준으로, 형태에 따라 기능이나 작업, 마이크로서비스라고도 한다. 기본적으로 프리미티브는 동작을 수행할 수 있는 가장 기본 단위로 가정한다. 프리미티브는 종종 그 자체로 매우 전문화돼 있어, 자신이 속한 하위 시스템에 직접적인 영향을 미칠 수 없다. 대신, 한 작업을 빠르고 효율적으로 수행한다. 하위 시스템은 개별 비즈니스 기능을 형성하는 프리미티브의 논리적 그룹이다. 하위 시스템은 설계 구조에 의존할 수 있지만, 단일 구성 요소일 필요는 없다. 그러나 비즈니스 기능을 달성하게 하는 논리적인 흐름이 필요하다. 하위 시스템을 구성하는 프리미티브는 결과가 시스템의 완료로 끝나는 한 동일한 코드 블록 내에서 함수 호출 또는 완전히 별도의 마이크로서비스가 될 수 있다. 시스템은 솔루션의 최상위 레벨이며, 종종 처음부터 끝까지 전체 프로세스를 완료하기 위해 서로 또는 다른 시스템과 상호 통신하는 여러 하위 시스템으로 구성된다.

클라우드 네이티브 아키텍처는 이러한 진화의 산물이다. 아키텍처의 구성과 패턴의 기원을 이해하는 것이 중요하므로 진화는 계속 진행될 수 있으며 특정 비즈니스 요구 사항에 대한 최상의 설계는 시간이 지남에 따라 사용되고 진화될 수 있다. 모놀리식, 클라이언트–서버, 서비스라는 세 가지 주요 설계 패턴이 있다. 각각은 시스템, 하위 시스템, 프리미티브의 개념을 사용한다. 그러나 각각의 구현은 그것들이 보다 견고하고 클라우드 네이티브가 되게 해주는 주요 차별화 요소다.

모놀리식

정보 기술의 초기 시대와 컴퓨팅 작업의 속도를 높인 컴퓨팅 성능의 출현부터 애플리케이션의 기본 설계 패턴은 모놀리식이었다. 간단히 말해서, 모놀리식 설계 패턴은 시스템의 모든 측면이 독립적이며 다른 시스템이나 프로세스와 독립적인 패턴이다. 이 패턴은 코드 로직, 스토리지 장치, 인쇄가 모두 동일한 위치에서 수행되는 대형 메인프레임 시스템에 잘 동작했다. 오늘날 우리가 알고 있듯이 네트워킹은 불가능했으며 사용 가능한 일부 연결도 현저히 느려서 추가 시스템이 상호 연결되지 못했다. 새로운 비즈니스 요구 사항이 확인되면 기존 모놀리식에 직접 설계되어 중요하고 매우 밀접하게 결합됐다. 궁극적으로 모놀리식 설계 패턴은 원하는 결과를 완성하기 위해 모든 작업을 실행할 수 있게 했다.

기술과 컴퓨팅 성능의 요구가 발전함에 따라 시스템 설계자는 새로운 기능을 모놀리식 시스템에 추가하는 것이 번거롭고 잠재적으로 버그를 식별하기 어렵다는 것을 발견했다. 또한 구성 요소와 작업을 재사용하면 시간과 비용을 절약하고 코드 변경에 따르는 버그를 줄일 수 있다는 것을 깨달았다. 여전히 대부분 모놀리식 시스템 설계였지만, 이 모듈식 접근 방법은 재사용 가능했으며 전체 애플리케이션이나 시스템에 영향을 미치지 않으면서 더욱 정교한 유지 관리 업데이트를 수행할 수 있었다. 이 철학은 기술이 발전함에 따라 계속 진화하여 가장 큰 단일 시스템 중 일부를 별도의 개별 하위 시스템으로 분리해 개별적으로 업데이트할 수 있었다. 이러한 구성 요소 분리 개념은 시스템 설계의 진화를 주도하는 핵심 요소이며 기술 발전에 따라 계속해서 점점 더 분리될 것이다.

클라이언트-서버

결국, 기술 비용이 낮아지고 설계 패턴이 계속해서 더 정교한 수준으로 발전함에 따라 클라이언트-서버 애플리케이션이라는 새로운 형태의 아키텍처가 널리 보급됐다. 모놀리식은 필요한 백엔드 처리와 데이터 스토리지를 제공하기 위해 여전히 존재했다. 그러나 네트워킹 및 데이터베이스 개념의 발전으로 인해 프론트엔드 애플리케이션, 즉 클라이언트가 사용자 경험을 제공하고 서버에 데이터를 전송하는 데 사용됐다. 클라이언트 애플리케이션은 여전히 서버 애플리케이션과 밀접하게 결합돼 있다. 그러나 잠재적으로 많은 클라이언트를 서버에 연결해 애플리케이션을 현장 인력 또는 인터넷의 일반 사용자에게 배포할 수 있다. 모듈식 접근 방법의 이러한 진화로 인해 IT 부서는 클라이언트 및 서버 구성 요소를 담당하는 여러 그룹과 함께 시스템을 배포하고 유지 관리하는 방식도 변경했고, 기술이 전문화되고 효율성을 더 향상시키는 방법에 집중하기 시작했다.

서비스

클라이언트−서버 애플리케이션은 매우 잘 작동했지만, 구성 요소의 결합으로 인해 핵심 업무 애플리케이션의 느리고 위험한 배포가 발생했다. 시스템 설계자는 장애의 영향 범위를 줄이고, 배치 속도를 높이며, 프로세스 진행 중 위험을 줄이기 위해 구성 요소를 서로 분리하는 방법을 지속해서 모색했다. 서비스 설계 패턴은 비즈니스 기능이 특정 목적으로 세분화되어 다른 서비스의 상태에 대한 지식이나 의존성을 필요로 하지 않는 독립적인 방식으로 설계하는 것이다. 이러한 독립적인 서비스 상태는 그 자체로 분리 (decoupling)의 정의이며 모놀리식 아키텍처로부터의 주요한 진화적인 변화를 나타낸다. 서비스 설계의 변경은 컴퓨팅 및 스토리지 가격의 절감 및 상호 통신을 위한 네트워크 정교함 및 보안 실천의 증가와 직접적으로 관련된다. 비용을 낮추면 더 많은 지리적 영역에 보다 다양한 비즈니스 기능 요구 사항 집합을 가진 서비스에 대한 많은 컴퓨팅 인스턴스를 만들 수 있다.

서비스가 비즈니스 문제를 해결하기 위해 설계된 사용자 정의 코드만은 아니다. 실제로 클라우드 공급 업체가 서비스를 성숙시키면 종종 관리형 서비스는 어떤 시스템의 차별점 없는 번거로운 작업을 제거하는 데 도움이 되도록 만들어진다. 이러한 개별 서비스는 관리형 서비스 범주에 적합하며 대용량 분산 및 분리된 솔루션에서 특정 기능을 구성한다(예를 들면, 설계상의 기능으로 큐 서비스 또는 스토리지 서비스를 사용). 모놀리식 시스템 아키텍처에서 이러한 모든 구성 요소는 밀접하게 상호 연결돼 있고 장애나 지연, 또는 결함 있는 코드의 위험이 큰 단일 애플리케이션 스택으로 개발돼 있다. 성숙한 클라우드 네이티브 아키텍처는 사용자 정의 기능 외에도 이러한 공급 업체 서비스를 활용하고 서로 다른 이벤트에 반응하도록 모두 하나로 동작하며, 궁극적으로 가능한 한 복잡성을 최소화해 비즈니스 성과를 달성하도록 특별히 설계됐다.

서비스 기반 아키텍처는 클라우드 네이티브 아키텍처에서 매우 인기가 있지만, 서비스 설계의 발전에는 시간이 걸렸다. SOA의 첫 번째 반복 단계부터 마이크로서비스, 기능에 이르기까지 각 패턴은 가능한 한 상호 작용을 분리하기 위해 기능을 더 많이 분해한다.

서비스 지향 아키텍처 (Service−oriented architectures, SOAs)

SOA는 클라우드가 나오기 전부터 있었던 서비스 설계 패턴이다. 모놀리식 애플리케이션을 개별 부분으로 분해해 영향 범위를 줄이고 애플리케이션 개발 및 배포 프로세스를 보다 빠르게 수행해 비즈니스 속도를 지원하는 데 도움이 되는 첫 번째 중요한 발전이다. SOA 설계 패턴은 대개 모놀리식 시스템과 마찬가지로 상호 작용하는 하위 시스템으로 분할되는 큰 애플리케이션이다. 그러나 그 패턴은 종종 중간에 **엔터프라이즈 서비스 버스(Enterprise Service Bus, ESB)**같은 중개 계층을 갖는다.

ESB를 사용해 서비스 요청을 조정하면 이기종 통신 프로토콜과 더 많은 서비스 분리가 가능하며, 종종 메시징 교환을 통해 이루어진다. ESB는 메시지 변환과 라우팅, 기타 형식의 조정을 통해 소비자 (consumer) 서비스가 적시에 올바른 형식의 메시지를 수신하게 한다. 크고 복잡한 기업용 시스템을 만들기 위해 종종 SOA 설계 패턴이 결합되기 때문에 개별 서비스에는 종종 특정 하위 시스템에 대한 전체 비즈니스 로직 집합이 포함된다. 이 설계는 서비스가 부분적으로 독립될 수 있게 하고 EBS를 통해 다른 하위 시스템의 데이터를 제공하거나 요청하도록 메시지를 전송한다.

이러한 SOA 설계 접근 방식은 시스템을 더 많이 분산시키고 비즈니스 요구를 보다 빠르게 처리하며 저렴한 컴퓨팅 자원을 활용할 수 있는 능력을 크게 향상시켰다. 그러나 SOA와 관련된 몇 가지 단점이 있다. 서비스가 ESB를 통해 다른 구성 요소와 상호 작용하기 때문에 ESB는 빠르게 병목 지점 또는 단일 장애 지점이 될 수 있다. 메시지 흐름이 매우 복잡해지고 ESB가 중단되면 메시지의 속도가 느려지거나 메시지가 큐에 대기하여 전체 시스템이 막힐 수 있다. 또한 각 서비스가 요구 사항이 지정된 특정 메시지 유형을 필요로 하기 때문에 전체 복합 애플리케이션의 테스트는 매우 복잡하고 격리되지 않아 비즈니스 속도를 느리게 한다. 예를 들어 두 개의 서비스에 중요한 비즈니스 로직 업데이트가 있고 각각 새롭고 향상된 메시지 형식이 있는 경우, 배포 시 하위 시스템과 ESB 모두에 대한 업데이트가 필요하므로 전체 복합 애플리케이션이 중단될 수 있다.

마이크로서비스

SOA의 진화로 인해 비즈니스 기능이 계속 세분화되어 종종 마이크로 서비스라고 일컫는 더 작은 구성 요소가 됐다. 이들은 앞서 정의한 대로 여전히 서비스다. 그러나 서비스 범위와 상호 통신 방식은 기술 및 비용을 활용할 수 있게 발전했다. 마이크로서비스는 종종 서비스 모델을 성숙시키면서 SOA가 직면한 몇 가지 문제를 줄이는 데 사용된다. SOA와 비교할 때 마이크로서비스 설계를 위한 두 가지 주요 차별화 요소는 서비스의 범위와 통신 방법이다.

마이크로서비스는 서비스 범위를 더욱 전문화하도록 설계됐다. SOA를 사용하면 서비스는 대규모 비즈니스 기능 블록을 가지고 있는 전체 하위 시스템의 역할을 하지만, 마이크로서비스 아키텍처는 해당 하위 시스템을 주요 서비스의 하위 기능을 수행하는 프리미티브에 가까운 컴포넌트로 분해한다. 마이크로서비스는 비즈니스 로직을 갖고 있거나 데이터베이스 트랜잭션, 감사 또는 로깅과 같은 워크플로 작업만 수행할 수 있다. 비즈니스 로직을 포함하는 경우, 서비스 범위는 SOA 서비스보다 훨씬 더 작으며 일반적으로 전체 비즈니스 작업을 완료할 수 있는 독립형 구성 요소가 아니다. 이러한 기능의 분해는 서비스가 다른 구성 요소와 독립적으로 확장되고 종종 이벤트 기반으로 실행되어 클라우드 자원이 사용되는 시간과 비용을 줄인다.

마이크로서비스의 다른 중요한 차별화 요소는 통신 방법이다. SOA는 종종 ESB를 통해 이기종 프로토콜과 통신하며, ESB에서 마이크로서비스가 모든 소비자 서비스에서 호출할 수 있는 API를 제공한다. 이러한 API의 노출은 서비스를 어떤 언어로든 개발할 수 있게 하며, 다른 서비스 및 개발 언어 또는 접근법에 의해 전혀 영향을 받지 않는다. API 계층의 분리된 특성으로 인해 서비스 로직을 변경하면 소비자 서비스 간에 조정이 필요하지 않으며 API 자체만 수정되는 경우에도 소비자 서비스에만 통보하면 되고, 이는 종종 동적 API 엔드포인트 식별이나 탐색을 통해 수행할 수 있다.

서비스가 중요한 이유

클라우드의 주요 차별화 요소는 가장 인기 있는 서비스 기반 아키텍처로 애플리케이션을 설계하고 배포하는 방식이다. 서비스는 배포 속도가 더 빠른 작은 구성 요소로 애플리케이션을 설계하여 비즈니스 아이디어를 더 빨리 시장에 출시할 수 있게 해주기 때문에 중요하다. 또한 서비스나 기능이 작을수록 영향 범위가 작아지므로, 결함이 있거나 나쁜 코드는 상대적으로 적은 양의 연결된 서비스에만 영향을 준다. 이렇게 영향 범위를 줄이면 코드 배포의 위험 분석과 문제가 있을 때 롤백에 필요한 시간이 크게 향상된다.

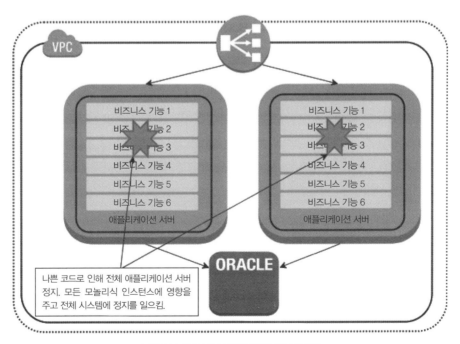

그림 3.1 고가용성으로 배치된 모놀리식 시스템

이 다이어그램은 고가용성을 위해 여러 인스턴스에 배포된 모놀리식 시스템을 보여주지만, 설계 패턴을 사용해 각 인스턴스의 애플리케이션 서버에 전체 애플리케이션 기능을 배포한다. 이 경우 비즈니스 기능 상자는 다양한 기능을 가진 하위 시스템의 예시거나, 필수 기능을 완료하기 위해 포함된 프리미티브다. 이 예에서 새 코드 배포는 시스템 수준에서 수행돼야 하며 예정된 중단 시간과 모든 애플리케이션 아티 팩트의 전체 재배포가 필요할 수 있다. 하위 시스템이나 프리미티브에 새롭게 배포된 코드 중 일부에 의 도하지 않은 버그가 있는 경우, 모두 함께 배포되므로 전체 애플리케이션이 영향을 받는다. 이러한 예기 치 않은 중단으로 인해 전체 애플리케이션 아티팩트뿐만 아니라 시스템의 다른 부분에서 의도한 대로 작 동하는 하위 시스템까지도 롤백된다. 이 설계는 매우 유연하지 않으며, 길고도 스트레스를 주는 **빅뱅** 배 치를 수주 또는 수개월 동안 미리 계획해야 한다.

시스템과 비즈니스 기능을 별도의 하위 시스템으로 분리하면 이러한 하위 시스템 간의 상호 작용 지점이 현저히 낮아지고 의사 소통이 전혀 이루어지지 않을 수도 있다. 서비스 형태의 하위 시스템과 프리미티 브를 사용하면 변경 사항이 광범위한 조직에 크게 영향을 미치지 않게 해서 영향 범위가 해당 서비스와 직접 관련이 있는 서비스로만 축소되기 때문에 이러한 변경과 관련된 위험이 줄어들 수 있다. 요구 사항 에 따라 하위 시스템은 여전히 하나의 분리된 구성 요소이거나 여러 프리미티브로 분리될 수 있다.

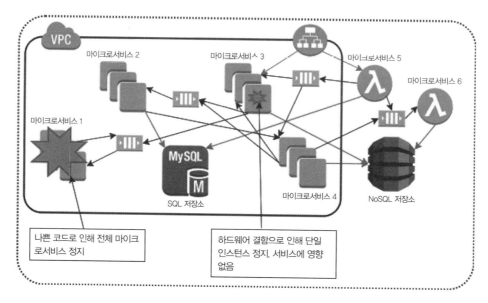

그림 3.2 서비스로 분리된 애플리케이션

이 다이어그램에서는 인스턴스, 컨테이너, 함수, 클라우드 공급 업체 서비스를 혼합해 원래의 모놀리식 애플리케이션을 재설계하고 별도의 하위 시스템과 프리미티브로 배포했다. 모든 서비스가 상호 작용하거나 데이터를 저장하는 것은 아니므로 환경에 일부 문제가 있더라도 대부분 서비스는 사용할 수 있다. 하위 시스템 1은 잘못된 코드가 배포되어 중지된 것으로 보이지만, 적절한 서비스팀에 의해 발견되고 해결될 것이다. 한편, 서브 시스템 1과 상호 작용하지 않는 한 다른 모든 서비스는 영향을 받지 않고 계속 작동한다. 다이어그램은 또한 하드웨어 결함으로 인해 단일 인스턴스 중지에 대한 영향도 보여준다. 이는 전체 시스템이나 개별 서비스에 영향을 미치지 않는 일반적인 경우다. 하위 시스템 3은 인스턴스 그룹에서 한 개의 인스턴스가 없어졌음을 감지하고 들어오는 요청을 처리하기 위해 자동으로 새 인스턴스나 컨테이너를 배포한다. 원시 마이크로서비스 5와 6은 데이터를 유지하거나 메시지 큐와 상호 작용하거나 비즈니스 기능을 수행하기 위해 다른 프리미티브와 상호 작용하는 이벤트 기반 코드 블록으로 실행된다.

서비스는 기능을 분리하고 영향 범위를 줄이며 비즈니스 속도를 증가시키고 올바르게 수행되면 전체 시스템을 실행하는 비용을 절감할 수 있기 때문에 중요하다.

컨테이너와 서버리스

클라우드 네이티브 아키텍처는 클라우드 기술의 최신 발전을 활용하기 위해 패턴이 발전함에 따라 지난 수년간 성숙해왔다. 마이크로서비스는 현재 온프레미스 소프트웨어로는 불가능한 방식으로 클라우드 네이티브 서비스를 사용하면서 구성 요소를 대규모로 분리할 수 있어 아키텍처 동향에서 가장 관심 있는 주제다. 그러나 마이크로서비스는 단지 하나의 패턴일 뿐이다. 다양한 기술과 접근 방식으로 마이크로서비스를 구성하는 방법은 여러 가지가 있으며, 컨테이너와 서버리스 방식이 가장 일반적이다. 이것은 마이크로서비스 시스템이 더 많은 전통적인 가상 인스턴스로 설계될 수 없다는 말이 아니다. 여전히 적용 가능한 올바른 사례가 있다. 이것이 의미하는 것은 컨테이너와 서버리스 기술을 통해 일반적으로 마이크로서비스와 함께 제공되는 규모와 민첩성으로 시스템을 설계하고 배치할 수 있다는 것이다. 컨테이너와 서버리스는 마이크로서비스의 목표에 더욱 잘 부합한다. 이 절에서는 컨테이너와 서버리스를 탐색하고, 그들의 의미와 클라우드 네이티브 아키텍처를 설계하는 데 그들을 사용하는 방법을 설명한다.

컨테이너와 오케스트레이션

컨테이너는 하드웨어의 추가 격리 및 가상화가 자연스럽게 발전하는 과정이다. 가상 인스턴스로 베어메탈(bare metal)[3] 서버가 여러 호스트를 가질 수 있어 그 특정 서버의 자원을 더 효율적으로 사용하는 환경에서 컨테이너는 비슷하게 동작하지만 훨씬 더 가볍고 이식과 확장이 가능하다. 일반적으로 컨테이너는 리눅스 또는 (때에 따라) 윈도우 운영체제에서 실행한다. 그러나 쓸데없이 많은 사용되지 않는 구성요소가 제거되어 기존의 시작, 종료, 작업 관리는 처리하지만 다른 작업은 거의 수행하지 않는다. 개발자는 특정 라이브러리 또는 언어를 포함하고 코드 및 구성을 컨테이너 파일에 직접 배치할 수 있다. 그런다음 컨테이너 파일은 배포 아티팩트로 처리되고 레지스트리에 게시되어 오케스트레이션 서비스를 통해이미 클러스터에서 실행 중인 컨테이너 전체에 배포되거나 업데이트된다.

컨테이너의 경량성으로 인해 컨테이너는 클라우드 환경에서 실행될 수 있는 이상적인 기술이 됐고 애플리케이션을 마이크로서비스로 극단적으로 분리할 수 있게 됐다. 컨테이너의 확장 측면은 해당 인스턴스의 자원을 극대화하고 많은 호스트를 사용해 오케스트레이션 서비스에 의해 유지 관리되고 예약된 클러스터를 형성함으로써 노드 전체에서 발생할 수 있다. 파일 스토리지의 경우 서비스가 로컬 임시 파일시스템 위치를 사용할 수 있고 데이터를 유지해야 하는 경우 노드의 모든 컨테이너에서 마운트되고 접근할수 있는 영구적인 볼륨에 파일을 저장할 수 있다. 컨테이너 배치 및 규모 조정을 쉽게 하기 위해 일부 오케스트레이션 도구는 포드(pods) 또는 결합된 컨테이너를 사용해 함께 인스턴스화되고 함께 확장되는단일 단위로 작동한다.

레지스트리

컨테이너 레지스트리는 단순히 미리 만들어진 컨테이너를 저장하고 제공하기 위한 퍼블릭 또는 프라이빗 영역이다. 사용할 수 있는 레지스트리에는 많은 옵션이 있으며, 모든 주요 클라우드 공급 업체에는 특정 조직에 대해 비공개로 만들 수 있는 호스팅을 제공하는 레지스트리가 있다. 또한 도커 허브 레지스트리와 같이 바로 사용할 수 있는 많은 공통 구성을 가지고 미리 만들어진 공개된 컨테이너 파일을 보유하고 있는 퍼블릭 호스팅 레지스트리가 많이 있다. 조직의 요구에 따라 이들 중 하나를 사용한다. 그러나학습 단계가 완료되면 항상 프라이빗 레지스트리를 호스팅해서 사용하는 것이 좋다. 클라우드 환경에서호스팅되는 경우, 프라이빗 컨테이너 이미지에 대한 보안이 훨씬 강화되는 것 외에도 빠른 배포 파이프라인을 위해 오케스트레이션 서비스에 더 가까운 접근성을 제공한다.

---

3 (옮긴이) 베어메탈: 어떤 소프트웨어도 설치돼 있지 않은, 즉 어떤 운영체제도 설치돼 있지 않은 하드웨어를 말한다.

레지스트리는 애플리케이션 배포에 사용될 CI/CD 파이프라인에서 중요한 역할을 한다. 우리는 개발자가 선택된 저장소(이 경우에는 깃 저장소)로 코드를 체크인하는 간단한 파이프라인을 가지고 있다. 이 푸시는 젠킨스를 사용해 빌드를 트리거하며, 젠킨스는 컨테이너를 빌드하고 미리 정의된 스크립트를 사용해 새로 만들어진 컨테이너를 테스트한 다음, 해당 컨테이너를 레지스트리 서비스로 푸시한다. 일단 레지스트리에서 오케스트레이션 도구가 풀(pull)을 트리거하면 새 컨테이너를 가져와서 업데이트 또는 배포를 수행한다. 최종 배포를 수행하는 데는 몇 가지 방법이 있으며, 무중단(zero downtime)을 위한 롤링 업데이트 또는 구성 요구 사항에 따른 신규 배포가 있다.

오케스트레이션

컨테이너의 오케스트레이션은 어려운 부분이다. 애플리케이션이 컨테이너를 사용해 하위 시스템을 실행하는 데 필요한 모든 작업을 수행하는 대형 모놀리식 스택으로 설계된 경우, 해당 컨테이너를 배포하는 것은 매우 쉬운 작업이 된다. 그러나 이것은 또한 구성 요소를 서로 또는 다른 서비스와 상호 작용하는 작은 서비스로 분리하는 컨테이너 및 마이크로서비스를 사용하는 목적에 어긋난다. 하위 시스템이 많은 개별 프리미티브 마이크로서비스로 나뉘면서 하나 또는 여러 개의 컨테이너로 구성된 서비스를 조정하는 기능은 매우 어려워진다. 일부 서비스는 상대적으로 작고 잘 사용되지 않지만, 다른 서비스는 사용량이 매우 커서 엄격한 확장 및 고가용성 구성이 필요할 수 있다. 또한 클러스터에 새 컨테이너를 배포하는 것이 중요하며 일반적으로 중단 시간이 아주 조금 있거나 아예 없이 배포해야 하므로 이러한 업데이트를 수행하는 서비스가 매우 중요하다.

시중에 여러 유형의 컨테이너 오케스트레이션 도구가 있으며, 각 클라우드 공급 업체는 하나 이상의 관리형 버전을 갖고 있다. 또는 조직이 요구 사항에 따라 자체 오케스트레이션 도구를 설치하고 유지 관리할 수 있다. 가장 인기 있는 오케스트레이션 서비스 중 하나는 쿠버네티스 (Kubernetes)다. 쿠버네티스는 모든 클라우드 플랫폼, 온프레미스, 하이브리드로 실행할 수 있다. 클라우드 공급 업체의 컨테이너 오케스트레이션 서비스를 타사 도구를 통해 사용하는 이유가 있는데, 특히 공급 업체가 제공하는 컨테이너 및 기타 클라우드 서비스의 기본 상호 작용 때문이다. 그러나 현재 클라우드 공급 업체는 자체 관리 쿠버네티스 서비스도 배포하고 있다. 쿠버네티스 배포의 주요 개념은 다음과 같다.

- **쿠버네티스 마스터**: 클러스터의 원하는 상태를 유지 관리한다.
- **쿠버네티스 노드**: 노드는 애플리케이션 및 클라우드 워크플로를 실행하는 장비(VM, 물리 서버 등)다. 쿠버네티스 마스터가 각 노드를 제어하고, 여러분은 노드와 직접 상호 작용하지는 않는다.

- **파드:** 쿠버네티스의 기본 빌딩 블록이며, 쿠버네티스 객체 모델에서 생성하거나 배포하는 가장 작고 간단한 단위다. 파드는 클러스터에서 실행 중인 프로세스를 나타낸다.

- **서비스:** 파드의 논리적 집합과 때때로 마이크로서비스라고 부르는 것에 접근하기 위한 정책을 정의하는 추상화다.

- **레플리카 컨트롤러와 레플리카세트:** 특정 수의 파드 복제본이 한 번에 실행되도록 한다. 즉, 파드 또는 동종의 파드 세트가 항상 사용 가능하게 한다.

- **배포:** 파드 및 레플리카세트에 대한 선언적 업데이트를 제공한다.

- **데몬세트:** 모든(또는 일부) 노드가 파드의 복사본을 실행하도록 한다. 노드가 클러스터에 추가되면 파드가 노드에 추가된다. 노드가 클러스터에서 제거되면 해당 파드는 가비지 컬렉션(garbage collected)된다. 데몬세트를 삭제하면 생성된 파드를 정리한다.

컨테이너 사용 패턴

컨테이너는 클라우드 네이티브 아키텍처를 설계하고 구현하기 위한 훌륭한 도구다. 컨테이너는 1장 '클라우드 네이티브 아키텍처 소개'에서 요약한 클라우드 네이티브 성숙도 모델에 잘 맞는다. 특히 이들은 공급 업체의 네이티브 클라우드 서비스로 CICD를 통한 극대화된 자동화가 가능하며, 가볍고 확장 가능한 특성으로 인해 마이크로서비스에 적합하다. 컨테이너가 중앙 구성 요소인 곳에서 사용되는 몇 가지 핵심 패턴, 즉 마이크로서비스, 애플리케이션 배포의 하이브리드 및 마이그레이션, 민첩성을 통한 비즈니스 혁신이 있다.

컨테이너가 있는 마이크로서비스

컨테이너는 종종 마이크로서비스의 동의어로 쓰인다. 이것은 최소한의 운영 체제와 특정 비즈니스 기능을 실행하는 데 필요한 정확한 라이브러리 및 구성 요소만 포함하는 경량의 특성 때문이다. 따라서 새로운 것으로 설계됐든 모놀리식으로 설계됐든 간에 애플리케이션은 처리 속도를 늦추는 추가 오버 헤드 없이 필요한 것을 정확하게 포함하도록 설계된다. 마이크로서비스는 작고 특정 비즈니스 기능을 수행하며, 이는 종종 다른 팀에서 설계되지만 동시에 배포된다. 따라서 소규모 팀은 원하는 프로그래밍 언어와 라이브러리, API 구현 스타일 및 확장 기술로 컨테이너를 사용해 특정 서비스를 개발할 수 있다. 이들은 상호 작용하는 서비스의 매시에서 다른 서비스에 영향을 주지 않으면서 레지스트리 및 CICD 배치에 대한 컨테이너 푸시를 통해 비즈니스 기능을 무료로 배포할 수 있다. 또는 다른 소규모 팀이 자기만의 스타일을 사용해 자체 서비스를 개발할 수 있으며, 다른 서비스의 API에 대해 걱정할 필요가 없다.

마이크로서비스를 위한 컨테이너의 사용은 소규모 그룹을 민첩하게 유지하고 빠르게 움직이는 데 적합하다. 또한 아키텍처 표준 보드는 모든 서비스가 설계팀의 민첩성에 영향을 미치지 않고 따라야 할 지침을 구현할 수 있다. 예를 들어 로깅 프레임워크, 기밀에 대한 보안 접근 방식, 오케스트레이션 계층, CICD 기술은 필수적이지만 프로그래밍 언어는 팀에서 사용하고 싶은 것을 사용할 수 있다. 이렇게 하면 복합 시스템을 중앙에서 관리하고 각 서비스를 개별적으로 설계할 수 있다.

하이브리드와 애플리케이션 배포 마이그레이션

컨테이너는 다른 방법보다 하이브리드 아키텍처를 실행하거나 워크로드를 클라우드로 더 빠르고 쉽게 마이그레이션할 수 있는 가장 좋은 방법이다. 컨테이너는 개별 단위이기 때문에 프라이빗 클라우드 같은 온프레미스에 배포하든, AWS 같은 퍼블릭 클라우드에 배포하든 똑같다. 그런 다음, 이 패턴을 통해 아키텍처팀은 온프레미스에 전체 복합 애플리케이션(다중 마이크로서비스, 컨테이너화된 애플리케이션 등)을 배포하고 **재해 복구(Disaster Recovery, DR)** 사이트 또는 장애 조치 사이트로 클라우드 환경을 사용하거나, 그 반대로 사용할 수 있다. 이것은 또한 컨테이너화된 애플리케이션을 온프레미스에서 클라우드로 마이그레이션하는 위험성을 낮추므로 애플리케이션을 컨테이너화한 후 대규모 마이그레이션을 수행할 수 있는 가장 좋은 방법이다. 안타깝게도 그렇게 단순하지는 않다. 어떤 클라우드 및 오케스트레이션 솔루션이 사용되는지에 따라 시스템을 구성하는 주변 구성 요소를 지원하는 데 필요한 변경 사항이 있다. 예를 들어, 온프레미스 및 클라우드 모두에서 쿠버네티스를 사용하는 경우, 쿠버네티스 매니페스트 파일을 변경해 다양한 수신 방식이나 지속성 볼륨, 로드밸런서, 기타 구성 요소를 지원할 수 있다.

온프레미스 및 선택된 클라우드 공급 업체에서 활성화된 워크로드를 실행하거나 다양한 클라우드(종종 멀티 클라우드라고 함)에서 컨테이너를 이동하는 것 등 더 복잡한 사용 사례도 가능하다. 이 아키텍처를 구현하는 목적은 비용 구조를 활용하거나 전체 비즈니스 연속성 시나리오를 수행하지 않고도 문제가 되는 클라우드(예를 들면 지연 시간 문제, 다운된 데이터 센터 등)에서 벗어나는 것이다. 그러나 클라우드에서 이러한 유형의 워크로드 분배는 매우 복잡하고 많은 애플리케이션에서 가능하지 않다. 데이터 지속성 및 **온라인 트랜잭션 처리(Online Transaction Processing, OLTP)**를 올바르게 처리하도록 특별히 설계된 워크로드만이 성공적으로 수행된다. 클라우드 브로커 도구, 분산 데이터베이스, 네트워킹 지연에 대한 현재 성숙도 단계에서는 클라우드 네이티브 애플리케이션을 위한 단일 클라우드 플랫폼만 사용할 것을 추천한다.

컨테이너 안티 패턴

클라우드 컴퓨팅의 세계에서 컨테이너는 클라우드 네이티브 아키텍처를 구현하는 데 널리 사용되는 방법일 뿐만 아니라 마이크로서비스를 설계하기 위한 표준이 되었다. 그러나 컨테이너가 항상 적합하지는 않은 사용 사례가 몇 가지 있으며, 특히 여러 관심사에 컨테이너를 사용하는 사례가 있다. 관심사 또는 구성 요소의 중점 영역에 대한 개념은 각 모듈 또는 클래스가 기능의 단일 부분에 대한 책임을 져야 한다는 것이다. 컨테이너의 경우, 여러 관심사라는 것은 웹 서버와 데이터베이스가 동일한 컨테이너에서 실행되는 것을 의미한다. 서비스 접근 방식에 따라 단일 시스템을 개별 구성 요소로 분리하면 애플리케이션의 영향 범위가 좁아지고 독립적으로 배포하고 확장하기가 쉽다. 하지만 컨테이너가 단일 스레드만 가지고 있어야 하고 단일 역할만 가져야 한다는 것은 아니다. 컨테이너가 영구적인 디스크를 공유하고 상호 통신하는 방법은 있지만, 같은 컨테이너에 여러 구성 요소나 관심사를 두는 것은 올바른 방법이 아니다. 간단히 말해, 컨테이너는 가상 머신이 아니다.

컨테이너를 가상 머신으로 취급하는 것은 단일 컨테이너에 여러 관심사를 배치하는 것에만 국한되지 않는다. 컨테이너에 SSH 데몬(또는 다른 형태의 콘솔 접근)을 허용하면 애당초 컨테이너의 목적에 위배된다. 컨테이너는 개별 구성 요소이기 때문에 초기 개발 단계의 일부로 설정되고 구성되며 코드가 배포돼야 한다. 그러면 저장소에 푸시되고 사용하는 오케스트레이션 도구를 통해 배포되는 배포 아티팩트가 된다. 컨테이너에 직접 콘솔 접근을 허용하면 수정이 가능하고, 컨테이너는 더이상 변경 불가능한 구성 요소가 아니며, 내용의 일관성을 더이상 신뢰할 수 없게 된다. 대신, 컨데이너가 버그 또는 개선으로 인해 업데이트가 필요한 경우, 기본 컨테이너에 이 작업을 수행하고 적절한 채널을 통해 테스트한 다음, 배포를 위해 저장소로 푸시해야 한다.

애플리케이션에 여러 관심사나 SSH 접근이 필요한 경우, 컨테이너 대신 클라우드 인스턴스 가상 머신의 사용을 고려한다. 또는, 더 클라우드 네이티브한 것을 원한다면 애플리케이션에서 관심사를 분리하거나 CICD 파이프라인을 향상시켜 보다 빠르고 일관된 배포 프로세스를 수행할 수 있다.

서버리스

서버리스는 서버가 없다는 의미가 아니라 서버 용량을 고려하지 않고도 자원을 사용할 수 있음을 뜻한다. 서버리스 애플리케이션은 설계 또는 운영팀이 서버를 프로비저닝, 확장 또는 유지 관리할 필요가 없다. 이 모든 것은 클라우드 공급자가 처리한다. 아마도 이것이 개발자가 가장 잘 할 수 있는 것인 코드 작성에 정말 집중할 수 있는 첫 번째 접근법일 것이다. 이러한 유연성과 집중 외에도 서버리스 애플리케이션에 대한 비용 효과는 전통적인 접근 방식, 심지어 컨테이너에 비해서도 큰 이점이다. 서버리스의 가격 책정은 일반적으로 100밀리 초를 단위로 한 서비스 실행 시간에 의해 처리된다. 짧은 간격으로 코드를 실행하는 서비스를 설계하는 것이 마이크로서비스의 정의를 충족시키고 서버리스 기술을 최대로 활용하는 길이다.

서버리스를 논의할 때 대부분 가장 먼저 떠오르는 것은 서비스형 함수(Function as a Service, FaaS)다. 거대한 세 클라우드 제공 업체는 각각 AWS Lambda, Azure Functions, Google Cloud Functions를 각자의 버전으로 보유하고 있다. 각각은 거의 동일하게 동작하며 코드를 배포하고 이벤트 방식으로 실행할 수 있다. 대부분의 경우 이 유형의 서버리스 서비스에서는 코드 실행 장소가 모든 서버리스 설계 패턴의 핵심 구성 요소로 간주된다. 그러나 서버리스 범주에 속하는 다른 클라우드 서비스도 있으며, 대부분의 경우 클라우드 환경에서 하위 시스템을 구성하기 위해 이러한 서버리스 서비스가 함께 사용된다. AWS에 따르면 서버리스 서비스가 있는 상위 8개 영역이 있다. 이들은 컴퓨팅, API 프락시, 스토리지, 데이터 저장소, 프로세스 간 메시징, 오케스트레이션, 분석, 개발자 도구다. 이 각 범주에 하나 이상의 서버리스 서비스가 있으면 동일한 비즈니스 성과를 달성하기 위해 보다 저렴하고 확장성이 뛰어나며 기존 서비스보다 관리 오버헤드가 훨씬 적은 복잡한 시스템 설계를 달성할 수 있다.

규모 조정

서버리스 애플리케이션은 개별 서버 용량 단위를 이해할 필요 없이 설계대로 확장할 수 있다. 그 대신, 소비 단위가 이러한 서비스의 중요한 요소인데, 일반적으로 처리량이나 메모리가 그 단위이며, 애플리케이션이 필요로 하는 만큼의 용량을 갖도록 자동으로 업데이트될 수 있다. 또한 AWS Lambda와 같은 서비스의 경우 실행 가능 시간이 짧기 때문에(5분 미만)[4] CPU가 과도하게 사용되는 경우, 클라우드 서버 인스턴스에 배포된 애플리케이션처럼 자동 확장되지 않는다. 함수는 이벤트로 실행되도록 설계되어 있으므로 이벤트가 발생할 때마다 정확히 한 번 실행되고 종료되는 함수가 호출된다. 따라서 함수의 규모 조정 기능은 자동 규모 조정 그룹을 통해 인스턴스를 추가하지 않고 함수를 트리거하는 이벤트의 특성에 따라 발생한다. 함수는 메시지가 큐나 스트림에 놓일 때마다 발생하는 것처럼(예를 들면, 초당 수천 회) 이벤트 소스에 의해 빈번하게 호출되도록 설계됐다.

웹 애플리케이션의 첫 페이지를 제공하기 위해 아파치를 실행하는 일반적인 웹 서버 클러스터를 예로 들어보자. 사용자가 사이트에 요청할 때마다 사용자에게 페이지를 제공하고 추가 상호 작용을 기다리는 작

---

4 (옮긴이) 2018년 10월부터 Lambda의 최대 실행 시간은 15분으로 늘어났다.

업자 스레드가 만들어진다. 사용자가 증가함에 따라 더 많은 스레드가 생성되고 결국 인스턴스가 전체 용량으로 작동하게 되며 추가 인스턴스가 필요해 자동 규모 조정 그룹을 통해 인스턴스화되고 사용자에게 서비스하는 더 많은 스레드를 제공한다. 이 설계는 잘 작동하지만, 필요한 자원을 극대화하지 않고, 대신 필요할 때 사용하기 위해 전체 인스턴스를 생성해 실행 중 분 단위로 비용을 지불한다. API 프락시와 함수를 사용하는 같은 설계 역시 동적으로 사용자에게 서비스할 수 있지만, 스레드 또는 함수는 호출될 때만 실행되고 사라지며, 실행에 대해 100밀리 초 단위로 비용을 지불한다.

서버리스 사용 패턴

서버리스 기술을 활용하는 방법은 시스템 생성에 참여한 설계팀의 상상력에 달려있을 만큼 무궁무진하다. 서버리스로 달성할 수 있는 설계를 더욱 확장하는 새로운 기술이 하루가 다르게 개발되고 있으며, 클라우드 제공 업체의 혁신 속도가 빠르기 때문에 이 분야의 새로운 기능과 서비스는 항상 증가하고 있다. 그럼에도 불구하고, 다년간의 성숙이 이뤄진 이 시점에서 웹 및 백엔드 앱 처리, 데이터 및 일괄 처리, 시스템 자동화와 같은 몇 가지 일부 핵심 서버리스 설계 패턴이 등장했다.

웹과 백엔드 애플리케이션 처리

이 설계 패턴을 설명하는 가장 쉬운 방법은 전통적인 3-계층 애플리케이션 아키텍처와 비교하는 것이다. 수년 동안 확장 가능한 웹 애플리케이션에 대한 지배적인 접근 방식은 로드밸런서, 웹 서버, 애플리케이션 서버, 데이터베이스를 구성하는 것이었다. 이 설계를 지원하는 타사 도구 및 기법에는 여러 가지 유형이 있으며, 제대로 수행되면 애플리케이션에서 발생할 수 있는 트래픽 급증을 지원하기 위해 확장 및 축소되는 내결함성 아키텍처를 얻을 수 있다. 이 접근 방식의 문제점은 클라우드 네이티브 서비스를 완전히 활용하지 못하고 여전히 용량 계획, 환경 관리 인력 및 적절한 클러스터 설정, 장애 조치를 보장하기 위한 많은 구성에 의존한다는 것이다. 이와 완전히 동일한 3-계층 애플리케이션을 관리, 실행, 내결함성, 기타 관리를 아주 적은 비용으로 서비스가 처리해주는 완벽한 서버리스 기술을 사용해 설계할 수 있다.

우리는 3-계층 애플리케이션을 완벽하게 서버리스로 구현한다. 정적인 프런트엔드 페이지는 객체 스토리지인 Amazon S3에서 호스팅되며, 브라우저에서 호출하는 사용자에게 제공된다. 이 서비스는 페이지를 제공할 수 있기 때문에 부하 분산 및 처리 능력의 모든 요구 사항을 자동으로 처리하며 웹 서버가 웹 애플리케이션을 호스팅하도록 설정하지 않아도 된다. 사용자가 동적 처리가 필요한 페이지와 상호 작용하고 나면 API 호출이 Amazon API Gateway에 만들어지며, 이 서비스는 AWS Lambda 함수를 통해 사용자의 요청을 동적으로 실행하는 코드를 실행하는 확장 가능한 진입점 역할을 하는데, 이때 이 함수는 API 호출당 이벤트에서 호출된다. Lambda 함수는 사실상 무제한적으로 다른 행동을 수행할 수 있다. 이 사용 사례에서 호출된 함수는 데이터 저장을 위해 Amazon DynamoDB 테이블을 업데이트한다. 이뿐만 아니라, 메시지를 큐에 넣거나 추가 메시징을 위해 토픽을 업데이트하거나 시스템에 필요한 모든 요구 사항을 수행하는 완전히 새로운 하위 시스템 백엔드를 실행하는 것과 다른 백엔드 기능도 분기된 함수로 수행할 수 있다.

데이터와 배치 처리

클라우드 사용의 가장 큰 장점 중 하나는 많은 양의 데이터를 빠르고 효율적으로 처리할 수 있다는 것이다. 가장 보편적인 고차원의 두 가지 접근 방식은 실시간 및 배치 데이터 처리다. 앞의 예제와 마찬가지로, 이 패턴은 각각 한동안 존재해왔으며 보다 전통적인 도구와 접근 방식을 사용해 데이터를 처리할 수 있는 방법이 있다. 그러나 서버리스를 추가하면 속도가 증가하고 가격이 낮아진다.

우리는 소셜 미디어 데이터 스트림을 실시간으로 처리하고 분석할 수 있으며, 이것은 쉽게 광고 분석을 지원하는 모든 웹 속성에 대한 클릭 스트림 분석이 될 수 있다. 스트림 또는 클릭 스트림은 스트리밍 데이터 서비스인 Amazon Kinesis를 통해 유입되며, Amazon Kinesis는 요구 사항에 따라 처리되고 분석되는 데이터의 각 마이크로 배치에 대해 Lambda 함수를 실행한다. 그런 다음 Lambda 함수는 중요한 정보를 DynamoDB 테이블에 저장하는데, 이 정보는 감성 분석(소셜 미디어 스트림이 사용되는 경우) 또는 인기 있는 광고 클릭(클릭 스트림이 사용되는 경우)이 될 수 있다. 이런 메타데이터가 테이블에 저장되면 추가적인 다른 서버리스는 서비스를 사용해 추가적인 리포팅이나 분석, 대시 보드를 다른 하위 시스템으로 설계하고 구현할 수 있다.

배치 데이터 처리를 위해 데이터 처리가 어떻게 처리되는지 보여주기 위해 배치 파일이 객체 스토리지인 Amazon S3에 있는 경우를 고려한다. 이 파일은 데이터 처리가 완료되기 전에 어떤 방식으로든 처리되거나 수정되어야 하는 이미지나 CSV 파일, 기타 바이너리 파일일 수 있다. 파일이 객체 스토리지에 배치되면 AWS Lambda 함수가 필요한 목적으로 파일을 실행하고 수정한다. 이 배치 프로세스는 데이터를 사용하는 다른 하위 시스템을 실행하거나 이미지를 수정해 크기를 변경하거나 필요한 데이터의 일부로 다양한 데이터 저장소를 업데이트하는 것일 수 있다. 이 예에서는 DynamoDB 테이블이 업데이트되고 메시지가 큐에 저장되며 알림이 사용자에게 전송된다.

시스템 자동화

또 다른 인기 있는 서버리스 설계 패턴은 일반적인 환경 유지 관리 및 운영을 수행하는 것이다. CNMM 의 완전 자동화를 위한 요구 사항에 따르면 함수는 시스템 요구 사항의 작업을 수행하는 좋은 방법이다. 클라우드 환경이 성장함에 따라 자동화를 통해 성장을 지원하는 중요한 작업이 일관되게 유지되고 조직 이 환경을 지원하는 운영팀을 선형적으로 확장할 필요가 없어졌다. 이러한 관리 작업을 수행하는 서비스 를 구현하는 방법에는 제한이 없으며, 운영팀의 요구 사항과 창의적인 사고에 의해서만 제한된다.

일반적인 관리 사용 사례는 일정에 따라 실행되는 함수를 설정하고 모든 계정의 모든 인스턴스에서 적절 한 태깅, 올바른 크기의 인스턴스 자원, 사용되지 않는 인스턴스 중지, 연결되지 않은 스토리지 장치 정 리를 확인하는 것이다. 일상적인 관리 작업 외에도 서버리스 애플리케이션 설계를 보안 관리에 사용할 수도 있다. 예를 들어, 스토리지 또는 디스크에 있는 객체의 암호화를 실행 및 확인하고, 계정 사용자 정 책이 올바르게 적용됐는지 확인하고, 인스턴스 또는 기타 시스템 구성 요소에 대해 사용자 정의 규정 준 수 정책을 검사하기 위해 함수를 사용하는 방법이 있다.

서버리스 안티 패턴과 우려사항

서버리스는 클라우드 네이티브 아키텍처를 통해 성공을 달성하는 점점 성장하는 중요한 방법이다. 혁신 은 이 영역에서 항상 일어나고 있으며, 수년간 계속될 것이다. 그러나 서버리스 아키텍처에 직접 적용되 지 않는 패턴이 있다. 예를 들어, 장기 실행 요청은 함수의 짧은 수명(15분 미만)을 고려하면 유효하지 않은 경우가 자주 생긴다. 요청이 함수 서비스가 사용되는 기간보다 오래 걸릴 경우, 컨테이너는 함수같 이 지속 시간이 없으므로 가능한 대안이다.

서버리스에 대한 우려의 또 다른 예는 이벤트 소스가 예상과 다르게 실행돼 예상보다 함수를 더 많이 호 출하는 경우다. 기존 서버 인스턴스 애플리케이션에서 이 시나리오는 CPU를 신속하게 포화시키며 인스 턴스가 멈출 때까지 인스턴스를 교착 상태에 빠뜨리고, 서비스를 중단시킨다. 서버리스 환경에서는 각 함수가 개별 단위이기 때문에 원하는 의도가 아니더라도 실행을 멈추지 않는다. 기껏해야 이 함수의 비 용이 증가하게 되며, 최악의 경우 함수의 특성에 따라 데이터가 손상되거나 손실될 수도 있다. 이를 방지 하려면 트리거가 해당 함수에 적합한지 테스트해야 한다. 또한, 안전 장치로서 해당 함수의 전체 호출에 대해 경고를 설정하는 것이 좋은데, 이는 함수가 제어를 벗어났을 때 운영팀에 알리고 처리를 중지하기 위해 사람의 개입을 허용한다.

마지막으로, 클라우드 공급 업체의 서비스 및 어떤 서비스가 서로 연계되어 작동하는지 파악하는 것이 중요하다. 예를 들어, 일부 AWS 서비스는 Lambda를 위한 트리거 소스이고 다른 서비스는 그렇지 않다. Amazon Simple Notification Service는 메시지가 토픽에 놓일 때마다 Lambda 함수를 호출할 수 있지만, Amazon Simple Queue Service는 그렇게 할 수 없다[5]. 따라서 서비스가 조합되는 방법과 함수 호출 시기 및 사용자 정의 솔루션(예를 들면, 함수 대신 인스턴스의 리스너)이 필요한 경우를 알면 하위 시스템이 최상의 방법으로 서로 잘 맞는지 확인할 수 있다.

개발 프레임워크와 접근 방식

클라우드에서 수평 확장 가능한 애플리케이션을 설계하기 위해 취해진 많은 프레임워크와 접근 방식이 있다. 각 클라우드 공급 업체의 특성으로 인해 저마다 고유의 특정 서비스와 프레임워크가 가장 잘 작동한다. 9장 '아마존 웹 서비스'에서는 AWS로 이를 수행하는 포괄적인 개요를 볼 수 있다. 10장 '마이크로소프트 애저'에서는 마이크로소프트 애저의 접근 방식에 대해 자세히 설명한다. 11장 '구글 클라우드 플랫폼'에서는 해당 클라우드에 가장 적합한 패턴과 프레임워크를 세분화한다. 이들 각각은 유사하지만 다르며, 각자의 고객 설계팀에 의해 다르게 구현될 것이다.

요약

이 장에서는 마이크로서비스와 서버리스 컴퓨팅을 디자인 원칙으로 사용한 클라우드 네이티브 아키텍처의 개발에 대해 자세히 살펴봤다. SOA와 마이크로서비스의 차이점, 서버리스 컴퓨팅이 무엇이고 클라우드 네이티브 아키텍처에 어떻게 부합하는지를 배웠다. 성숙한 클라우드 공급 업체는 각각 고유한 프레임워크 및 접근 방식을 사용해 이러한 플랫폼에서 확장 가능한 아키텍처를 설계할 수 있음을 알게 됐다. 다음 장은 기술 스택을 효과적으로 선택하는 기법을 배우는 데 도움이 될 것이다.

---

5   (옮긴이) 2018년 7월부터 SQS도 Lambda 트리거가 가능해졌다.

04

기술 스택을
선택하는 방법

클라우드 컴퓨팅의 세계는 광대하며, 클라우드 공급 업체 중 몇 개의 지배적인 업체가 있지만 성공에 필수적인 다른 생태계가 있다. 어떤 클라우드 공급 업체를 이용할지 어떻게 결정할까? 어떤 유형의 파트너를 고려해야 하며 그들은 무엇을 제공할까? 클라우드에서 조달은 어떻게 변하고, 어떻게 똑같이 유지될까? 서비스를 관리하기 위해 클라우드 공급 업체에 얼마만큼 의존할 것인가? 이것들이 바로 이 장에서 대답할 중요하고 유효한 질문이다.

클라우드 기술 생태계

클라우드 생태계를 고려하는 것과 클라우드 생태계를 활용하는 방법은 클라우드 네이티브 여정에서 중요한 단계다. 이 여정에서 파트너를 생각할 때 집중해야 할 세 가지 주요 영역이 있는데, 바로 클라우드 공급자, ISV 파트너, 시스템 통합자가 그것이다. 여정을 함께하는 동료와 더불어 그것들은 클라우드 컴퓨팅으로 비즈니스를 변화시키는 데 사용되는 인력과 프로세스, 기술의 기반을 구성할 것이다.

퍼블릭 클라우드 공급자

이 책은 퍼블릭 클라우드 공급자에 초점을 맞추고 있으며, 퍼블릭 클라우드 공급자는 때가 되면 기업이 IT 자원을 소비하는 지배적인 방법이 될 가능성이 크다. **아마존 웹 서비스(AWS)**가 최초의 퍼블릭 서비스(Amazon Simple Queuing Service 및 Amazon Simple Storage Service)를 시작한 2006년부터 오늘날의 클라우드가 시작됐다. 거기서부터 가상 서버 인스턴스, 가상 네트워킹, 블록 스토리지, 기타 기초 인프라 서비스를 통해 매우 빠른 속도로 혁신적인 기능을 추가할 수 있었다. 2010년 마이크로소프트는 AWS와 유사한 애저(Azure)를 출시했으며, 애저의 기능은 AWS가 시작한 기능을 모방하고 이 분야에서 고객과 경쟁하기 위해 고안됐다. 또한, 이 기간에 구글(Google)은 더 많은 플랫폼 서비스를 출시하기 시작했는데, 그 서비스가 결국 오늘날 구글 클라우드 플랫폼(Google Cloud Platform)이 되었다.

다른 틈새 중점 영역과 고객 요구 사항을 해결하기 위한 접근 방식을 가진 다른 클라우드가 있지만, 이 세 공급자가 클라우드 서비스에서 지배적인 글로벌 시장 점유율을 차지한다. 클라우드 공급 업체에 대한 결정은 처음 공급 업체를 조사할 때는 복잡해 보일 수 있는데, 주로 시장에서 덜 지배적인 공급자가 실제로 클라우드가 아닌 서비스에 클라우드 매출 또는 시장 점유율을 표시함으로써 자신을 보다 나은 위치에 배치하려고 하기 때문이다. 클라우드에 대한 단 하나의 정의가 없고 수익을 보고하는 방법이 없으며 각 공급자가 서비스에 대해 원하는 것을 말할 수 있기 때문에 클라우드 공급 업체를 결정하기 전에 그 업체가 보유하고 있는 서비스의 다양성과 규모를 이해하는 것이 중요하다. 세 가지 주요 클라우드 공급 업체는 매우 강력한 기본 서비스(종종 서비스형 인프라라고 함)를 보유하고 있으며 고부가가치 관리형 클라우드 오퍼링(서비스형 플랫폼이라고도 함)으로 이동했고 데이터베이스에서부터 애플리케이션 서비스 및 데브옵스 도구, 인공 지능 및 머신러닝 서비스에 이르기까지 모든 서비스를 제공한다.

클라우드 공급 업체를 선택할 때 고객이 고려하는 많은 기준이 있으며, 그중 일부는 과거에 사용했고 익숙한 기술과 관련이 있다. 고려해야 할 몇 가지 추가 영역은 다음과 같다.

- **규모**: 클라우드 공급 업체 비즈니스는 언제 어디서나 사용할 수 있는 규모와 기능을 제공한다. 현재 고객이 글로벌 규모로 클라우드 자원을 필요로 하지 않거나 단일 지리적 위치에서 대규모 확장이 필요하지 않더라도, 이를 제공할 수 있는 클라우드 공급 업체를 사용해 계속해서 성장하고 혁신할 수 있는 경험과 자금, 욕구를 갖는 것이 중요하다.

- **보안/규정 준수**: 모든 클라우드 공급 업체의 우선 순위는 보안일 것이다. 클라우드 공급 업체가 이 항목에 집중하지 않고 이미 대부분 규정 준수 인증을 보유하고 있다면 그 클라우드 공급 업체를 피하고 보안을 우선 순위로 삼는 다른 공급 업체를 선택하는 것이 최선이다.

- **기능의 다양성**: 혁신 속도는 점점 빨라지고 있으며 클라우드 공급 업체는 몇 년 전에는 고려조차 하지 않던 영역으로 이동하고 있다. 머신러닝, 블록체인, 서버리스, 기타 신기술 등 무엇이든 끊임없이 혁신을 주도하는 클라우드 공급 업체는 그런 기술들에 중점을 둘 것이다.

- **가격**: 가격이 공급 업체를 선택하는 유일한 이유는 아니지만, 항상 가격을 고려해야 한다. 일반적인 믿음과는 달리, 클라우드 공급 업체 시장은 가격 책정 측면에서 최저가 경쟁은 아니다. 규모와 혁신을 통해 공급 업체는 고객에게 절감된 금액을 전달함으로써 가격을 낮출 수 있다(규모가 중요한 또 다른 이유). 세 주요 클라우드 공급 업체는 모두 비용 경쟁력이 있지만, 서비스 가격을 지속해서 모니터링하는 것은 중요하다.

가트너(Gartner)는 오랫동안 클라우드 공급 업체 시장에 대해 심층 분석을 해왔다. 클라우드 인프라 서비스에 대한 가트너 매직 쿼드런트의 최신 버전은 다음 링크에서 확인할 수 있다: https://www.gartner.com/doc/3875999/magic-quadrant-cloud-infrastructure-service.

독립 소프트웨어 공급 업체(ISV)와 기술 파트너

클라우드 공급 업체는 클라우드 네이티브 전략의 기반이 되는 반면, ISV 및 기술 파트너는 이 여정에서 핵심 구성 요소를 형성하게 된다. 많은 경우, 클라우드 공급 업체는 플랫폼에 고유한 도구를 사용해 고객의 정확한 요구를 충족시킨다. 그러나 클라우드 공급 업체가 모든 요구 사항을 충족시킬 수 없는 많은 이유가 있으며, 바로 여기가 ISV 및 기술 파트너가 참여하는 곳이다. 심지어 클라우드 공급 업체가 문제를 해결하기 위해 특정 서비스를 제공하는 경우에도 고객은 종종 다양한 이유로 타사 도구를 사용하는 경향이 있다. 한 가지 이유로, 타사 도구를 오랫동안 사용해왔고 제품에 클라우드를 채택했기 때문에 더 성숙됐거나 기능이 풍부할 수 있다. 다른 경우로, 기업이 특정 ISV 제품을 사용해 광범위한 관계 또는 기술 집합을 보유하고 있어 그 제품을 클라우드 여정의 일부로 쉽게 결정할 수도 있다. 마지막으로, 클라우드 공급 업체가 비슷한 서비스를 제공하지 않는 경우도 많으므로 이러한 타사 공급 업체를 사용하면 기업이 처음부터 기능을 개발할 필요 없이 문제를 해결할 수 있다.

클라우드 컴퓨팅의 성숙도 곡선의 이 시점에서 대다수 전통적인 ISV가 클라우드 전략을 채택하기로 결정했다. 다른 기업과 마찬가지로, 이러한 ISV는 클라우드 서비스 공급 업체를 평가하고 많은 시간과 노력을 들여 하나의 공급 업체(또는 제품 유형에 따라 여러 공급 업체)로 표준화했다. ISV 제품의 일반적인 사용 모델에는 고객 관리형 제품 배포 또는 서비스형 소프트웨어가 포함된다. 일반적으로, ISV 또는 기술 파트너는 그들이 선택한 가격 모델을 정하는데, 그 모델은 고객에게 제공되는 소비 모델과 직접 관련이 있다.

고객 관리형 제품

고객 관리형 제품의 경우, ISV는 기존 제품을 클라우드 기반 모델로 만들거나 마이그레이션하도록 선택해왔다. 종종 이것은 공급 업체가 클라우드 네이티브 아키텍처를 채택하고 최종 고객에게 제품을 판매하는 중요한 단계를 밟았음을 의미한다. 가장 단순한 형태로, 이 제품은 하나 이상의 클라우드 공급 업체와 테스트를 거쳐 의도한 대로 작동하는지 확인하고, 고객이 온프레미스 방식과 유사한 방식으로 설치하고 구성할 수 있게 한다. 이 접근 방식의 예로는 SAP 또는 다양한 오라클 제품이 있다. 보다 복잡한 시나리오에서 ISV는 클라우드 공급 업체의 고유 서비스와 마이크로서비스를 활용해 동일한 제품을 온프레미스에서 사용하면 달성하기 어려운 수준의 규모나 보안, 가용성을 얻을 수 있도록 제품을 재설계한다. ISV가 취한 접근 방식에 관계없이, 적절한 제품을 선택하려면 기능 및 가격 모델을 신중히 평가하고, 가능한 경우 유사한 클라우드 공급 업체 서비스와 비교해 제품이 클라우드 네이티브 아키텍처에 필요한 확장성과 보안성을 갖는지 확인해야 한다.

서비스형 소프트웨어

ISV와 기술 파트너는 종종 서비스 사용(사용량) 기반으로 제품을 완전히 재설계하여, 고객이 좀 더 쉽게 소비하도록 만든다. 이를 위해, 공급 업체는 대부분의 경우 특정 클라우드 공급 업체를 선택하고 그 클라우드 공급 업체를 기반으로 자사 제품을 개발해 고객이 소프트웨어를 사용할 수 있도록 하지만, 기반 클라우드 공급 업체 인프라 또는 서비스에 대한 접근은 제공하지 않는다. 일부 대규모 공급 업체의 경우, 실제로 대규모 클라우드 관리의 핵심 역량을 고려해 고객이 선택한 클라우드 서비스와 통합되는 프라이빗 클라우드 또는 온프레미스 환경을 선호한다.

진정한 클라우드 컴퓨팅인 서비스형 소프트웨어(SaaS)는 대형 클라우드 공급 업체의 핵심 구성 요소는 아니며, 설계 중인 대부분 워크로드에 대해 클라우드 공급 업체를 평가할 때 고려하지 않아야 한다. 일부 대형 클라우드 공급 업체는 또한 ISV와 비슷하게 클라우드에서 실행하는 SaaS 애플리케이션을 가지고 있으며, 예를 들어 마이크로소프트와 오피스365, 또는 링크드인처럼 통합 목적을 위해 고려될 수 있다. 즉, SaaS 공급 업체는 고객이 선택한 클라우드에 상관없이 고객에게 직접 서비스를 제공하기 때문에 많은 고객을 위한 클라우드 네이티브 여정에서 절대적으로 중요한 역할을 담당한다. SaaS 제품과 고객 워크로드 및 데이터 저장소의 통합은 이러한 서비스가 사용자 정의로 설계된 클라우드 네이티브 워크로드와 함께 사용되는 가장 일반적인 방법 중 하나다. 대규모 SaaS 제품의 예로는 기업 시스템과 잘 통합되는 매우 정교한 비즈니스 로직을 제공하는 세일즈포스(Salesforce)와 워크데이(WorkDay)가 있다.

ISV 또는 기술 파트너가 고객이 자체 관리형 버전을 구입해 선택한 클라우드에 배포하거나 동일한 제품의 SaaS 버전을 활용할 수 있는 제품을 제공하는 경우 또한 많다. 공급 업체가 이러한 방식으로 제품을 제공하기로 결정한 이유에는 여러 가지가 있다. 종종 고객은 자신의 환경에서 제품의 데이터 및 제어를 유지하고 싶어 하거나 사용 중인 기존 라이선스를 이미 보유하고 있다. 어떤 경우에는 고객이 빠르게 이동하기를 원하고 사용 중인 소프트웨어가 없으므로 SaaS 버전으로 바로 이동해 기존 시스템과 통합하기만 하면 된다. 궁극적으로 ISV 및 기술 파트너는 고객이 요구하는 바를 수행하기를 원하며, 이는 공급 업체를 선택할 때 고려해야 할 중요한 영역이다.

컨설팅 파트너

컨설팅 파트너 또는 **시스템 통합 업체(System Integrators, SIs)**는 IT 자체가 시작된 이래로 거의 계속 있어왔다. 그 개념은 기업들은 신기술을 숙련하거나 비즈니스 요구 사항을 처리하기 위해 인력을 확장할 시간이나 자원, 욕구가 없다는 것이다. 따라서 이러한 SI 파트너는 그 공백을 메우고 신속하게 성과를 거두고 프로젝트 및 비즈니스 결과를 전달할 수 있는 사람들과 함께 기업을 신속하게 돕는 데 사용된다. 이러한 유형의 파트너는 다양한 형태와 크기로 제공되며, 기업과의 관계는 개별 기업이 비즈니스를 처리하기로 결정한 방식에 따라 매우 일시적이거나 전략적이며 장기적일 수 있다. 일반적으로, SI 파트너는 틈새 시장 참가자이거나 지역 중심 또는 글로벌/대규모로 볼 수 있으며, 각 파트너는 기업의 여정에서 중요한 위치를 차지한다.

틈새 SI 파트너

틈새 파트너는 일종의 기술이나 클라우드, 집중 영역에서 매우 구체적인 서비스를 제공하는 기업이다. 이 파트너는 규모가 비교적 작은 경우가 많지만, 각 분야에서 가장 숙련된 전문가를 보유하고 있다. 그들은 대규모 프로젝트의 주제 전문가(subject matter expert)로 일하거나 그 전문 분야의 특정 프로젝트를 수행하는 데 투입된다. 오늘날 클라우드 컴퓨팅 단계에는 특정 클라우드 공급 업체에 핵심 역량을 갖춘 틈새 SI 파트너가 있으며, 심지어 클라우드 공급 업체 중 하나 또는 모든 곳의 특정 서비스에 관한 역량을 갖추고 있다. 고객의 요구 사항을 위해 이 파트너의 규모를 선택하는 것은 아니며, 선택된 영역에서의 기술적인 깊이가 이 파트너가 집중하는 영역이다. 틈새 SI 파트너를 평가할 때 고객은 각 기술에 대한 개별 자원의 인증, 납품 기간 및 유사한 일을 수행한 고객 레퍼런스를 고려해야 한다. 틈새 SI 파트너는 종종 클라우드 네이티브 설계 및 아키텍처, 빅데이터 아키텍처 및 데이터 구조 요구 사항, 또는 특정 산업 또는 요구 사항에 대한 보안 및 규정 준수에 대한 컨설팅에도 사용된다.

틈새 SI 파트너 사용에 대한 안티 패턴은 파트너의 핵심 역량을 뛰어넘는 인력을 확장할 수 있는 능력이다.

지역 SI 파트너

지역 SI 파트너는 파트너가 일반적으로 해당 지역에 있는 모든 자원을 갖기 때문에 지리상 특정 영역 또는 지역에서 운영하는 기업에서 널리 사용된다. 종종 고위 경영진에 대한 관계를 가진 전략적 파트너로 간주되는 이 파트너는 고객이 전략을 정의하고 고객 자원으로 특정 프로젝트를 실행하는 데 도움을 준다. 그들은 대개 프로젝트 관리, 기술 아키텍처, 개발, 테스트를 포함하는 크고 복잡한 프로젝트를 수행할 수 있는 깊이 있는 복합적 기술 전문가와 충분한 규모를 갖추고 있다. 모든 파트너와 마찬가지로, 지역 SI 파트너는 종종 특정 산업군이나 기술/클라우드, 기타 차별화할 수 있는 영역에 집중한다. 또한 고객의 요구에 매우 잘 대응하며 클라우드 네이티브 여정을 통해 성공과 실패의 차이를 만들 수 있다. 클라우드 네이티브 여정에서 고객을 돕는 지역 SI 파트너의 예로는 슬라롬(Slalom)이 있다.

지역 SI 파트너 사용에 대한 안티 패턴은 잠재적으로 수천 명의 사람들을 필요로 하거나 기업의 초창기 전략적 시각을 필요로 하는 글로벌 이니셔티브를 지원할 수 있는 능력이다.

글로벌 SI 파트너

글로벌 SI 파트너는 고객이 가지고 있는 가장 크고 길고 복잡한 프로젝트를 지원할 수 있는 규모와 능력으로 유명하다. 이름에서 알 수 있듯이, 그들은 모든 지역에서 중요한 존재로, 본질적으로 글로벌하며 전 세계 대부분 국가에서 운영되고 있다. 글로벌 SI 파트너는 처음부터 대기업 및 중소기업을 대상으로 IT 운영, 설계, 전략, 수행에 대한 아웃소싱을 돕는 데 중요한 역할을 했으며, 그들이 핵심 비즈니스에 집중할 수 있게 해줬다. 글로벌 SI 파트너는 종종 이사회 수준의 관계를 맺고 수십 년 동안 기업의 장기 전략적 중점 비즈니스에 참여하게 되며, 고객의 요구 사항에 부합하는 자원과 기술을 제공한다. 이들은 다중 클라우드 공급자나 지역, 기술 전반에 걸쳐 복잡한 글로벌 배치를 실행한다. 고객의 클라우드 네이티브 여정을 돕는 글로벌 SI 파트너의 예로는 액센츄어(Accenture)가 있다.

글로벌 SI 파트너 사용에 대한 안티 패턴은 때때로 규모에 따라 품질이 희생될 수 있고, 이로 인해 보다 많은 초보 인력이 글로벌 범위로 사용될 수 있다는 점이다. 또한, 글로벌 환경을 고려했을 때 중요한 프로젝트의 수행이 고객이 운영하지 않는 지역에서 종종 이루어지므로 그로 인한 조정이 복잡해진다.

클라우드에서 조달

클라우드가 그렇게 인기를 얻고 클라우드 네이티브 아키텍처가 워크로드를 설계하는 일반적인 방법이 되고 있는 이유 중 하나는 사용된 조달 및 소비 모델 때문이다. 이에 대해 쉽게 생각하려면 전통적인 **자본 지출**(Capital Expenditure, CapEx) 대신 **운영 비용**(operational expenditure, OpEx)을 사용해 조달할 수 있는 능력을 떠올리면 된다. 이것은 기업이 수익과 세금, 자산의 장기 감가 상각을 처리하는 방식에 큰 영향을 줄 수 있다. 그러나 이는 조직이 IT 자원을 조달하는 과정에서 클라우드가 미치는 영향의 껍데기에 불과하다.

클라우드 공급 업체가 사용하는 사용당 지불(pay per use)로 전환하면 ISV가 비즈니스 모델을 조정할 수 있으므로 선택한 클라우드 공급 업체 서비스와 함께 제품을 더 쉽게 소비하게 해준다. 이러한 변화는 조직이 ISV와 계약을 협상하는 방식에 중대한 영향을 미칠 수 있으며, 종종 소프트웨어가 설치된 CPU의 수를 기반으로 한 장기 계약 대신에 사용한 만큼 지불함으로써 전체적인 청구 비용을 낮춘다. 타사 ISV가 조달 모델을 수정하는 것 외에도, 클라우드 공급 업체는 종종 클라우드 마켓플레이스를 제공해 ISV에 소프트웨어 카탈로그를 제공하고 고객이 소프트웨어를 쉽게 찾고 테스트하고 구매하고 배포할 수 있게 한다.

이러한 모든 변경 사항은 고객이 비즈니스 요구 사항을 보다 신속하게 조정하고 비즈니스 문제를 해결할 수 있는 제품을 보다 쉽게 식별할 수 있게 구매 행동을 근본적으로 사용자 친화적으로 바꿀 수 있도록 설계됐다.

클라우드 마켓플레이스

클라우드 공급 업체의 마켓플레이스를 사용해 클라우드에서 비즈니스를 수행하는 데 필요한 소프트웨어를 찾고 조달하는 것은 기업이 언제든지 필요한 도구를 가질 수 있는 한 가지 방법이다. 근본적으로 고객은 새로운 워크로드를 개발하거나 기존 워크로드를 클라우드로 옮기고, 마이그레이션된 경우라면 그 워크로드를 현대화한 다음, 간소화된 인력으로 규모 있는 환경을 관리하려고 한다. 기업이 클수록 다양한 이해 관계자와 사업부 및 고객 세그먼트의 범위로 인해 비즈니스 요구 사항이 더 복잡해질 수 있다. ISV 제품 조달은 올바른 법적 약관, 용량 요구사항, 청구 모델 등을 얻기 위해 인력과 수개월의 시간이 소요될 수 있다. 클라우드 공급 업체의 마켓플레이스는 기업이 이러한 걸림돌을 최소화해 필요할 때 원하는 소프트웨어를 사용할 수 있게 해주는 한 가지 방법이다.

이러한 마켓플레이스의 성숙도에 따라 거의 모든 범주에 걸쳐 수천 개의 여러 다른 소프트웨어 패키지가 있을 수 있으며, 기업은 그중에서 선택할 수 있다. ISV 제품을 구매하고 고객 클라우드 랜딩 존에 배치하는 버튼을 누르거나 API 호출을 하면 이 소프트웨어는 필요한 경우 수 분 내에 배포되고 테스트를 거쳐 환경에 통합될 수 있다. 클라우드 마켓플레이스를 사용하는 소프트웨어 조달은 소프트웨어가 해당 클라우드 공급 업체의 사양에 맞게 구성되고 강화되도록 하는 추가적인 이점이 있다. 일반적으로 소프트웨어를 작동시키는 데는 추가 구성이 거의 또는 전혀 필요하지 않다. 사용되는 클라우드 서비스는 여전히 별도로 지불되며(예: 인스턴스, 스토리지, 네트워크 사용 등의 비용), 대부분의 경우 클라우드 공급 업체 청구서에 추가 사용당 지불 항목으로 들어간다.

마켓플레이스와 서비스 카탈로그

클라우드 공급 업체는 알맞은 권한을 가진 사용자가 필요할 때 사전 작성된 애플리케이션 스택 또는 복잡한 솔루션을 저장 및 배포할 수 있는 서비스 카탈로그 기능을 제공한다. 이 접근 방식을 마켓플레이스와 결합하면 서비스 설계팀이 알맞은 소프트웨어를 선택하고, 카탈로그 위치에서 실행하고, 기업의 지침에 따라 배포하거나 운영팀이 배포할 수 있는 강력한 방법을 제공한다. 다음 그림은 마켓플레이스 및 서비스 카탈로그 오퍼링이 조직의 조달 전략의 어느 부분에서 적합한지 보여준다.

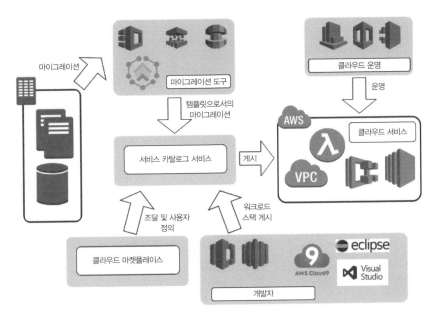

그림 4.1 마켓플레이스와 서비스 카탈로그 오퍼링

이 예에서 서비스 카탈로그는 기업이 고객이 개발한 패턴을 게시하고 클라우드 마켓플레이스 소프트웨어를 조달하거나 대상 클라우드 랜딩 존으로 푸시되기 전에 온프레미스 워크로드를 마이그레이션하는 중간 위치 역할을 한다.

클라우드 마켓플레이스 안티 패턴

클라우드 마켓플레이스는 기업이 장기적인 협상을 거의 또는 전혀 하지 않고 소프트웨어를 구입할 수 있는 강력한 도구가 될 수 있다. 또한 기업은 새로운 소프트웨어를 테스트해 그것이 초기 비용 측면에서 비즈니스 문제를 쉽게 해결할 것인지를 판단할 수 있다. 그러나 마켓플레이스를 사용하는 것이 적합하지 않은 경우가 있다. 예를 들어, 기업이 이미 ISV 공급 업체나 사용자 정의 패치, 기타 특정 제품 제공 업체와 장기적인 전략적 관계를 맺고 있는 경우 일반적으로 소프트웨어를 직접 배포하는 것이 좋다. 또는 기업이 특히 복잡한 사용 사례(대규모, 추가 보안 등)와 배포 자체를 관리하는 핵심 역량을 갖고 있다고 생각한다면 일반적으로 마켓플레이스를 포기하고 소프트웨어 솔루션을 직접 설계하고 배포하기로 선택한다.

라이선스 고려사항

이전 절에서는 조달과 관련해 고려해야 할 몇 가지 분야를 확인했고 일반적인 종량제 소비 모델에 대해 논의했다. 일반적으로 클라우드 공급 업체 서비스 비용은 라이선스가 아닌 소비로 간주되지만, 사용되는 소프트웨어에 따라 추가 라이선스 비용이 필요하다. 전통적으로, 소프트웨어에 대한 라이선스는 소프트웨어를 설치하는 CPU 또는 코어의 수에 기반한 지불 방식을 따르므로 공급 업체가 사용되는 소프트웨어의 양을 알 수 있는 방법을 제공했다. 고객이 하드웨어에 대규모 초기 자본을 투자하고 어떤 서버가 어떤 소프트웨어를 실행할 것인지를 정확히 알고 있을 때는 문제가 없었다. 클라우드는 그 탄력성 때문에 그 모델을 깨뜨린다. 그렇다면 고객은 사용 중인 소프트웨어 라이선스를 어떻게 지불해야 할까? ISV는 여전히 사용량에 대한 대가를 받고 싶어하므로 다른 방법, 일반적으로 사용에 대한 중요 지표를 식별해야 한다. 몇 가지 일반적인 클라우드 기반 접근 방식을 다음에 소개한다.

- 네트워크 처리량이나 스토리지 용량, 기타 물리적 구성 요소. 네트워크 트래픽이 얼마나 사용되고 사용된 기가 바이트(GB)의 스토리지 또는 CPU 기반이 아닌 다른 하드웨어 지표를 기준으로 측정하고 요금을 청구한다.

- 호스트당. 서버 인스턴스는 여전히 클라우드에서 매우 인기가 있으며, 오랜 시간 동안 유지될 것이다. 소프트웨어에 따라 호스트당 요금을 부과하면 소프트웨어의 사용량을 정확하게 계산할 수 있다. 이것은 일반적으로 탄력성을 설명하기 위해 시간 기반(예: 한 시간) 단위로 부과되며 CPU와 연결되지 않는다.

- 클라우드 공급 업체 지출의 비율. 모니터링 또는 엔드포인트 보안과 같은 전체 클라우드 환경 전반에 걸쳐 사용되는 소프트웨어의 경우, 공급 업체가 전체 고객 클라우드 지출의 일부를 청구할 수 있다. 이를 통해 ISV 지불에 대한 탄력적인 증가와 축소가 고려될 수 있다.

- 거래당. 일부 ISV는 매우 높은 거래 속도를 가지지만, 거래 규모는 매우 작다. ISV는 거래량을 측정하고 거래당 적은 비용을 청구함으로써 탄력성을 확인할 수 있으며 여전히 고객에게 사용당 지불 모델을 제공할 수 있다.

클라우드 공급 업체 가격 모델

고객이 구매할 각 기술에 대한 가격 책정 지표를 완전히 이해하는 것이 중요하다. 이것은 특히 아주 새롭고 가격을 책정하기 어려운 서비스에 대해 복잡한 가격 모델을 가질 수 있는 클라우드 공급 업체의 경우에 해당된다. 클라우드 공급 업체가 제공하는 많은 기술 서비스가 새롭거나 최신 방식으로 제공되기 때문에 가격 책정 방식은 매우 다를 수 있으며 사용되는 서비스의 양을 철저히 이해해야 사용 비용으로 놀라는 일이 없을 것이다. 가상 인스턴스 또는 바이너리 스토리지와 같은 기초 인프라 서비스의 경우 가격 책정의 기준은 일반적으로 시간당 또는 월별이며, 크기가 커짐에 따라 요금이 올라간다. 그러나 관리형 클라우드 서비스의 경우, 가격 책정이 더 복잡할 수 있다. 다음은 클라우드 네이티브 마이크로서비스 아키텍처에서 사용되는 인기 있는 AWS 서비스인 AWS Lambda 및 Amazon DynamoDB의 예다.

가격 책정의 복잡성과 옵션을 감안할 때 설계팀은 이러한 서비스가 아키텍처에서 어떻게 사용되는지 이해하는 것이 중요하다. 트랜잭션의 크기나 함수의 실행 시간, 기타 측면에 대한 작은 변화라도 시스템이 충분히 높은 비율로 확장되면 비용이 증가할 수 있다.

예 – AWS Lambda 가격

AWS Lambda 가격 정책에 대한 이 예는 AWS 서비스 가격 책정 페이지에서 직접 가져온 것이며, 추가 세부 정보는 해당 페이지를 참고하면 된다.

Lambda는 콘솔에서 테스트 호출을 포함해 이벤트 알림이나 직접 호출에 대한 응답으로 실행할 때마다 요청으로 계산한다. 모든 함수에 걸친 전체 요청의 수에 대해 요금이 부과된다.

실행 시간은 코드가 실행되기 시작한 시간부터 반환되거나 반대로 종료될 때까지 계산되며, 가장 가까운 100ms 단위로 올림된다. 가격은 함수에 할당하는 메모리 양에 따라 다르다.

다음 표에서는 여러 다른 메모리 크기로 연결된 100ms당 대략적인 가격과 무료 티어 초를 보여준다.

메모리 (MB)	월 무료 티어 (초)	100ms당 가격 (달러)
128	3,200,000	0.000000208
192	2,133,333	0.000000313
256	1,600,000	0.000000417
320	1,280,000	0.000000521

메모리 (MB)	월 무료 티어 (초)	100ms당 가격 (달러)
2,816	145,455	0.000004584
2,880	142,222	0.000004688
2,944	139,130	0.000004793
3,008	136,170	0.000004897

가격 예 1:

함수에 512MB의 메모리를 할당하고 한 달에 3백만 번 실행하며 매번 1초 동안 실행하면 비용은 다음과 같이 계산된다.

- 월간 컴퓨팅 요금

- 월별 컴퓨팅 요금은 GB당 0.00001667달러이고 무료 티어는 400,000GB이다.

- 총 컴퓨팅(초) = 3백만 * (1초) = 3,000,000초

- 총 컴퓨팅(GB) = 3,000,000 * 512MB/1024 = 1,500,000GB

- 총 컴퓨팅 − 무료 티어 컴퓨팅 = 월간 청구 가능 컴퓨팅 GB

- 1,500,000 GB − 400,000 무료 티어 GB = 1,100,000 GB

- 월간 컴퓨팅 요금 = 1,100,000 * 0.00001667달러 = 18.34달러

- 월간 요청 요금

- 월간 요청 요금은 1백만 건당 0.20달러이며 무료 티어는 월 1백만 건의 요청을 제공한다.

- 총 요청 − 무료 티어 요청 = 월간 청구 가능 요청

- 3백만 요청 − 1백만 무료 티어 요청 = 2백만 월간 청구 가능 요청

- 월간 요청 요금 = 2백만 * 0.2달러/1백만 건 = 0.40달러

- 총 월간 요금

- 총 요금 = 컴퓨팅 요금 + 요청 요금 = 18.34달러 + 0.40달러 = 월간 18.74달러

예 – Amazon DynamoDB 요금

Amazon DynamoDB 가격 책정의 예는 AWS 가격 책정 페이지에서 직접 가져왔으며, 그 페이지에서 추가 세부 사항을 확인할 수 있다.

처리량에 영향을 줄 수 있는 메모리와 CPU, 기타 시스템 자원에 대해 생각해야 하는 기존 NoSQL 배포와 달리, DynamoDB는 목표 사용률과 테이블에 필요한 최소 및 최대 용량을 지정하기만 하면 된다. DynamoDB는 읽기 및 쓰기 용량의 목표 사용률을 달성하기 위해 자원 프로비저닝을 처리하고 사용량에 따라 용량을 자동으로 조정한다. 선택적으로, 테이블 처리량을 수동으로 관리하려는 경우 읽기 및 쓰기 용량을 직접 지정할 수 있다. 다음 표는 주요 DynamoDB 가격 책정 개념을 요약한 것이다.

자원 형태	Details	Monthly price
프로비저닝된 처리량 (쓰기)	하나의 **쓰기 용량 단위**(Write Capacity Unit, WCU)는 초당 최대 1회 쓰기를 제공하며 매월 250만 번 쓰기가 가능	WCU당 0.47달러
프로비저닝된 처리량 (읽기)	하나의 **읽기 용량 단위**(Read Capacity Unit, RCU)는 초당 최대 2회의 읽기를 제공하며 매월 520만 번 읽기가 가능	RCU당 0.09달러
인덱싱된 데이터 스토리지	DynamoDB는 테이블에서 사용하는 디스크 공간의 GB당 시간 당 요금을 부과	GB당 0.25달러

수동 프로비저닝 예제: 미국 동부(버지니아 주) 리전에서 실행 중인 애플리케이션이 8GB의 데이터를 저장하는 동안 DynamoDB 테이블에서 일일 5백만 번의 쓰기 및 5백만 번의 최종 일관성[6]을 가진 읽기를 수행해야 한다고 가정하자. 간단한 설명을 위해 워크로드는 하루 종일 비교적 일정하며 테이블 항목의 크기는 1KB 이하라고 가정한다.

- **쓰기 용량 단위(WCU):** 1일 5백만 번의 쓰기는 초당 57.9번이다. 하나의 WCU는 초당 하나의 쓰기를 처리할 수 있으므로 58WCU가 필요하다. WCU당 월 0.47달러로, 58WCU는 월 27.26달러다.

- **읽기 용량 단위(RCU):** 1일 5백만 번 읽기는 초당 57.9번이다. 하나의 RCU는 초당 2번의 최종 일관된 읽기를 처리할 수 있으므로 29RCU가 필요하다. RCU당 월 0.09달러로, 29RCU는 월 2.61달러다.

- 데이터 스토리지: 테이블은 8GB의 스토리지를 차지한다. GB당 월 0.25달러로, 테이블 비용은 2.00달러다.

---

6 (옮긴이) 최종 일관성: 분산 컴퓨팅에 쓰이는 데이터 일관성 모델의 하나로 분산된 여러 노드에 복제되어 저장된 어떤 데이터를 업데이트했을 때 요청에 대한 빠른 응답을 이유로 모든 데이터를 동기적으로 업데이트하지 않지만, 최대한 빠른 시간 안에 모든 복제된 데이터를 업데이트하여 최종적으로는 데이터의 일관성을 유지한다.

총 비용은 월 31.85달러(쓰기 처리량의 27.14달러, 읽기 처리량의 2.71달러 및 인덱싱된 데이터 스토리지의 2.00달러)다.

오픈 소스

기존의 온프레미스 환경과 마찬가지로, 고객은 클라우드 네이티브 여정을 시작할 때 선택할 수 있는 다양한 소프트웨어 옵션을 갖는다. 이미 지적했듯이, 라이선스 고려사항은 결정을 내리기 전에 이해하는 것이 중요하다. 오픈 소스 소프트웨어는 클라우드에서 매우 효과적일 수 있으며, 종종 기업이 기술 환경에서 중요한 격차를 메꾸기 위해 선호하는 방법으로 꼽히기도 한다. 오픈 소스 소프트웨어가 아파치 재단(Apache Foundation)에서 찾은 환상적인 프로젝트의 일부를 사용하든 또는 다른 위치에 있는 것을 사용하든, 고객은 결정할 때 이러한 옵션을 고려해야 한다.

예를 들어, 매우 인기 있는 보안 정보 및 이벤트 관리(Security Information and Event Management, SIEM) 솔루션은 ISV 스플렁크(Splunk)로 대용량 로그 집계 및 이벤트 관리를 수행한다. 이러한 유형의 솔루션이 가장 적합한 것으로 종종 간주되는 반면, 몇 가지 유사한 대체 오픈 소스 프로젝트들, 특히 **ELK 스택(ElasticSearch, Logstash, Kibaba의 약자)**이 있다. 둘 다 서로 다른 유형의 고객에게 매력적일 수 있는 서로 다른 가격 책정 모델을 사용해 비슷한 결과를 얻을 수 있다. 종종 오픈 소스 대안은 강력한 커뮤니티 지원이 있지만, 덜 세련된 구성 모델을 제공하므로 그 오픈 소스를 설치하고 효과적으로 실행하려면 고객이 그 기술을 알아야 한다.

또한 오픈 소스 소프트웨어의 경우 물리적인 자원(예: 가상 인스턴스, 스토리지, 네트워킹 등)은 사용 중에 여전히 연관된 비용이 있음을 기억해야 하며, 오직 소프트웨어만 무료가 된다.

클라우드 서비스

클라우드 제공 업체는 많은 서비스를 제공하며 혁신은 가속화되고 있다. 따라서 비즈니스 문제를 해결하는 데 적합한 서비스를 선택하는 방법을 이해하는 것은 어려운 일이 될 수 있다. 대형 클라우드 제공 업체는 특정 서비스에 대해 고려하지 않았던 문제를 해결하기 위해 함께 사용할 수 있는 빌딩 블록 등의 서비스를 설계했다. 이 접근법은 고객 설계팀이 창조적이게 하며 실험을 통해 새롭게 생각하고 빠른 실패가 가능한 프로젝트를 만들 수 있게 한다. 핵심은 실제로 사용할 수 있는 서비스를 잘 이해하는 것이다. 기초 인프라 서비스는 클라우드의 성장 동력으로 자리 매김하고 있으며, 종종 기본으로 결정될 정도로 성숙해졌다. 특정 네트워킹 주소, 서브넷, 보안 그룹, 라우팅으로 랜딩 존을 설정하는 것은 코드형 인프라로 일관되고 승인된 모델을 사용해 수행된다. 그러나 운영 체제와 관련해 여전히 중요한 몇 가지 근본적인 고려 사항이 있다.

서비스 스택 확장은 대규모 퍼블릭 클라우드 공급 업체가 경쟁자와 차별화를 시작하는 곳이다. 이 오퍼링은 제공 업체에 따라 다르며 관리형 데이터베이스 플랫폼에서부터 완전히 훈련된 머신러닝 얼굴 인식에 이르기까지 다양하다. 이러한 서비스가 클라우드 네이티브 전략에 어떻게 부합되는지, 규모에 따라 가격을 책정하는 방법과 아키텍처 요구 사항을 충족하기 위한 틈새 기능이 있는 대안이 있는지를 이해하는 것이 클라우드 여정에서는 중요하다.

클라우드 서비스 – 공급 업체 대 직접 관리형

클라우드 초기 시절에는 기초 인프라 서비스는 새로운 워크로드를 클라우드에서 개발할 수 있는 충분한 이유가 됐다. 그러나 이러한 서비스가 성숙되고 클라우드 공급 업체가 혁신 속도를 가속화하면서 고객이 사용하던 기존 소프트웨어의 관리형 버전을 서비스로 개발하기 시작했다. 그 이유는 간단하다. 대용량 클라우드 제공 업체의 목표는 고객을 대신해 관리 환경의 차별화되지 않은 번거로운 업무를 줄이고 비즈니스 요구 사항에 필요한 시간과 자원을 확보하기 위해 혁신을 수행하는 것이다. 이 접근 방식이 성공적으로 사용된 초기 영역의 하나는 데이터베이스 관련 영역이었다. 대형 클라우드 공급 업체는 고객이 사용하는 인기 있는 데이터베이스 플랫폼의 관리형 버전을 갖게 된다. 그런데 고객이 클라우드 관리형 버전을 사용해야 하는가? 아니면 자체적으로 배포하고 관리해야 하는가? 이 질문에 대한 답은 실제로 조직이 해당 기술에 핵심 역량을 갖추고 있으며 클라우드 공급 업체보다 더 저렴하고 빠르게 그 역량을 갖출 수 있다고 생각하는지에 달려 있다. 그럼에도 불구하고 자체 소프트웨어를 관리하기로 결정한 기업은 해당 서비스에 대한 최신 소프트웨어를 유지할 수 있도록 빠른 반복 속도를 가질 수 있게 준비해야 한다. 그렇지 않으면 클라우드 공급 업체가 서비스를 혁신하는 동안 기업들은 그 최신 소프트웨어들을 유지할 수 없을 것이다.

직접 관리형 접근 방식

클러스터 또는 기타 고가용성 접근 방식을 사용해 데이터베이스를 설정하고 올바른 디스크 유형 및 네트워킹 요구 사항을 포함하는 것은 어려울 수 있다. 수년간 데이터베이스 관리자 (DBA)라고도 하는 이 기술 집합은 제대로 수행하기 위해 숙련되고 경험 많은 전문가를 필요로 하는 기술이었다. 클라우드가 이러한 사실을 바꾸지는 않으며, 데이터베이스 플랫폼의 설치와 구성, 관리에도 똑 같은 DBA가 필요하다. 클라우드 초기에는 기업이 클라우드로 워크로드를 이동시키거나 개발하면서 소프트웨어를 자체 관리하는 방식을 취했다. 가상 인스턴스, ISV 공급 업체 소프트웨어, 숙련된 전문가를 사용해 대부분 워크로드를 온프레미스에서 수행한 것과 똑같이 클라우드에서 실행할 수 있었다.

오픈 소스 패키지를 사용하고 최신 기술에 접근할 수 있기 때문에 회사는 여전히 자신의 소프트웨어를 관리할 수 있다. 클라우드 공급 업체가 빠르게 혁신하지만, 최신 기술에 대한 운영 버전을 얻는 데 시간이 걸리므로 해당 기술을 사용해 시장에 출시하는 시간을 줄이기 위해 기업이 스스로 이를 수행하는 것을 선택한다. 기업이 이 작업을 수행하는 다른 이유는 특정 패키지 또는 패턴에 대한 강력한 역량을 갖추고 있다고 느끼고 해당 소프트웨어를 직접 설정하고 관리하는 것을 선호하기 때문이다. 소프트웨어 패키지가 복잡하거나 중요한 임무에 대한 것일수록, 관리하기가 더 어렵고 비용이 많이 든다.

관리형 클라우드 서비스

공급 업체의 관리형 클라우드 서비스는 고객이 기술 운영 관리의 차별화되지 않은 번거로운 업무를 처리하지 않고도 필요한 기술을 사용할 수 있는 방법이다. 클라우드 공급 업체는 기업이 유사한 기술을 온프레미스에서 관리하는 방식을 모방하거나 그에 능가하는 서비스를 설계하기 위해 많은 시간과 자원을 소비한다. 예를 들어 클라우드 공급 업체는 널리 사용되는 동일한 데이터베이스 플랫폼을 제공하지만, 데이터 센터를 확장하고 증분 백업을 수행하며 자체 조정하고 심지어 장애가 발생해도 장애 조치 또는 자체 복구를 수행하도록 구성된 데이터베이스 서비스를 갖고 있다. 이러한 유형의 서비스는 대개 자동화를 사용해 고객이 언제라도 엄청난 수의 서비스를 실행할 수 있게 하며, 운영의 모든 측면(운영 체제, 소프트웨어 패치, 백업 등)을 담당한다.

클라우드 공급 업체의 성숙도가 높아짐에 따라 공급 업체의 관리형 서비스가 점점 더 많이 제공되고 있으며, 고객은 그것들이 사용할 수 있게 될 때 이를 고려해야 한다. 성숙한 클라우드 네이티브 조직은 가능한 한 많은 공급 업체 관리형 또는 서버리스 오퍼링을 활용해 조직의 자원을 비즈니스 가치 개발에 집중할 수 있도록 할 것이다.

공급 업체 종속

IT가 생긴 이래 공급 업체들이 그들의 제품을 고착화해 이동하기 어렵게 만든다는 공통된 주제가 있었다. 이러한 추세는 고객의 요구 사항을 지원하기 위한 것으로 보이지만, 새로운 기술로 전환하는 것이 불가능하지는 않더라도 어려워지면 고객이 원래 선택한 공급 업체에 종속된다. 이 방식의 가장 좋은 예는 독점적인 코드 및 저장 프로시저를 사용하는 보수적인 데이터베이스 공급 업체이며, 대용량 데이터베이스의 경우 이 방식은 막대한 양의 투자를 나타내며 애플리케이션에 중요하다. 이러한 유형의 혁신은 여전히 고객에게 강세를 유지하면서 고객이 해당 공급 업체가 출시하는 즉시 새로운 기능을 사용할 수 있게 해주는 훌륭한 방법이다. 그렇다면 해당 공급 업체가 그 플랫폼에서 속도를 늦추거나 벗어나서 혁신이 고객 요구에 부합하지 않는 경우 어떻게 될까? 저장 프로시저 및 데이터베이스 명세에 따라 작성된 코드에 대한 모든 투자로 인해 고객이 더 빠르게 이동하는 좀 더 혁신적인 플랫폼으로 전환하지 못한다.

이 점에서 클라우드는 다르다. IT 부서를 비용 센터로 삼고 기업의 서버 및 하드웨어를 사용해 소프트웨어 패키지를 설정하고 관리하는 예전 방식은 끝났다. 클라우드 네이티브 기업은 구형 모델을 사용하면 제품을 단지 상품화만 하고 시장에서 차별화할 수 없다는 사실을 알게 됐다. 이를 막을 수 있는 유일한 방법은 IT 서비스 관리의 차별점 없는 번거로운 작업을 덜어내고 비즈니스 요구 사항에 자원을 집중시키는 것이다. 클라우드 공급 업체는 여러 영역에서 끊임없이 혁신하고 있으며 느려질 조짐을 보이지 않는다. 그들은 보안 및 최첨단 서비스에 개별 기업이 따라잡을 수 없는 것으로 확인된 많은 노력과 자원을 투자한다. 클라우드 네이티브 조직은 이러한 관리형 클라우드 서비스를 채택하고 있으며 일부 사람들은 클라우드 종속성을 고려할 수 있지만, 성숙한 회사는 이것이 새로운 비즈니스 방법임을 이해하고 있다.

이러한 새로운 사고방식에도 불구하고, 예상치 못한 문제가 발생할 경우 다른 클라우드 공급 업체를 활용할 수 있도록 조직에서 참작해야 할 몇 가지 사항이 있다.

- 출구 계획을 세운다. 업무에 필수적인 모든 결정에는 필요하다면 빠져나가거나 마이그레이션하는 방법에 대한 계획이 필요하다. 어떤 애플리케이션이 빠르게 이동할 수 있는지, 어떤 데이터와 함께 사용되는지, 어떻게 수행되는지 확인한다.

- 느슨하게 결합되고 컨테이너화된 애플리케이션을 설계한다. 12-요인 애플리케이션 및 기타 클라우드 네이티브 설계 원칙에 따라 느슨하게 결합된 애플리케이션을 설계하면 영향 범위의 문제없이 보다 쉽게 이동을 수행할 수 있다.

- 중요한 데이터를 체계적으로 구성하고 관리한다. 보유한 데이터, 저장된 위치, 분류 및 암호화 요구 사항을 정확히 파악한다. 이렇게 하면 다른 클라우드로 이동하기 위한 결정이 내려지더라도 작업의 순서를 이미 안다.

- 모든 것을 자동화한다. 코드형 인프라 및 다른 데브옵스 철학을 사용하면 최소한으로 변경해 다른 클라우드를 지원할 수 있다. 자동화는 클라우드 네이티브 기업의 핵심이다.

운영 체제

기초 인프라 서비스에는 일반적으로 클라우드 가상 인스턴스가 포함된다. 이러한 인스턴스를 실행하려면 운영 체제가 필요하며 클라우드의 경우 리눅스 또는 윈도우 버전을 선택하는 경우가 종종 있다. 가상 인스턴스 외에도, 컨테이너는 코드 및 프레임워크를 배포하기 위해 축소된 버전이지만 운영 체제를 실행해야 한다. 성숙한 클라우드 네이티브 아키텍처인 경우에도 서버리스 또는 유사한 기술을 사용할 수 없는 여러 가지 작업과 에지 케이스를 처리하는 데 사용되는 인스턴스가 여전히 있을 가능성이 크다. 따라서 클라우드의 운영 체제는 일정 시간 동안 존재할 것이며 중요한 선택이다.

윈도우 대 리눅스

윈도우 대 리눅스에 대한 오랜 질문은 대부분 고객이 어느 시점에는 동의해야 하는 문제다. 그러나 클라우드 배포 규모에 따라 윈도우와 리눅스가 혼합되어 각기 다른 버전과 기능이 혼합될 수도 있다. 따라서 필요한 버전과 클라우드 공급 업체에서 제공하는 버전을 아는 것이 중요하다. 일반적으로 클라우드 공급 업체는 운영 체제별로 다양한 버전을 제공하는데, 일부는 관련 라이선스 비용이 있으며 일부는 무료로 사용할 수 있다. 운영 체제의 가격은 비용의 상당 부분을 차지할 수 있으므로 완전히 클라우드 네이티브로 가는 고객에게는 사용을 최소화하거나 무료로 사용할 수 있는 서비스를 사용하는 것이 권장된다.

운영 체제가 아직도 정말 중요할까?

진짜 질문은 운영 체제가 아직도 정말 중요한가 하는 것이다. 대답은 그렇기도 하고, 아니기도 하다. 그렇다, 왜냐하면 컨테이너는 여전히 마이크로서비스를 개발하기 위한 공통 기술이므로 운영 체제가 필요하다. 아니다, 아키텍처가 성숙해짐에 따라 클라우드 네이티브 아키텍처의 핵심 구성 요소로 서버리스를 가지고 점점 더 많은 관리형 클라우드 서비스가 활용될 것이다. 운영 체제의 운영 및 라이선스의 관리는 빠르게 추가될 수 있기 때문에 성숙한 클라우드 네이티브 기업은 특정 라이브러리를 여전히 설치해야 하는 레거시 워크로드와 영역에만 그것들을 사용해야 한다고 제한한다.

클라우드는 API 주도 환경이라서 운영 체제의 정의가 다소 바뀌고 있다. 물론 가상 인스턴스와 컨테이너에는 여전히 운영 체제가 필요하다. 그러나 전체 클라우드 환경 자체가 일종의 운영 체제로 변화하고 있다. 마이크로서비스, 이벤트, 컨테이너, 공급 업체 관리형 서비스는 이제 API 서비스 호출, 객체 스토리지, 기타 분리된 메소드를 통해 상호 통신한다. 클라우드와 거기에 배치된 클라우드 네이티브 워크로드를 대규모 운영 체제로 생각하는 이런 추세는 계속 인기를 얻을 것이다.

요약

이 장에서는 어떤 기술 스택을 선택할지 결정할 때 묻는 질문에 대한 답을 배웠다. 다음 장에서는 클라우드 아키텍처의 확장성과 가용성에 관해 설명한다.

확장성과
가용성

이전 장에서는 클라우드 네이티브 아키텍처가 무엇이며, 이러한 아키텍처가 사람과 프로세스, 기술에 미친 영향을 정의했다. 클라우드 네이티브 시스템을 구축하기 위한 여정은 쉽지도 짧지도 않다. 조직과 문화가 성숙해짐에 따라 클라우드 네이티브의 가능성을 완전히 인식하는 데 수년이 걸릴 수 있다. 기술 세트와 문제 해결 접근 방법은 시간이 지남에 따라 바뀌어야 한다. 실수를 하고 교훈을 얻으면서 시스템은 진화한다. 앞 장에서 클라우드 네이티브로의 여정을 정의하기 위해 프레임워크를 도입했다. 여정은 비즈니스와 사람, 통제, 플랫폼 보안, 운영에 영향을 준다. 각 애플리케이션과 각 기업은 자신의 여정에 따라 성숙도 수준이 다를 수 있다. 이 여정을 더 잘 이해하기 위해 클라우드 네이티브 성숙도 모델(Cloud Native Maturity Model)을 수립했다. 이것은 조직이나 애플리케이션 스택, 시스템이 현재 여정의 어느 위치에 있는지, 그리고 더욱 클라우드 네이티브하게 되기 위해 필요한 기능이 무엇인지를 이해하는 데 유용한 모델이다. 또한 클라우드 네이티브 애플리케이션의 **소프트웨어 개발 생명 주기(Software Development Life Cycle, SDLC)**를 소개하고 사용 사례에 적합한 최상의 기술 스택을 선택하는 방법을 배웠다.

이 책의 다음 4개 장에서는 클라우드 네이티브 설계의 핵심 원칙을 정의하려고 한다. 이러한 설계 원칙은 시스템을 클라우드 기반으로 만드는 핵심 특징이다. 이러한 특징은 클라우드 애플리케이션 또는 시스템에만 적용되는 것은 아니다. 그러나 취합하면 클라우드 이외에는 어떤 플랫폼도 제공할 수 없는 특징의 집합이다. 이어지는 장들에서 이러한 원칙을 하나씩 소개할 것이다. 각 원칙에 대해 아키텍처 및 배포를 안내하는 핵심 설계 신조를 명시할 것이다. 이러한 신조를 애플리케이션 스택의 여러 다른 계층에 적용할 수 있는 방법에 대한 특정 사용 사례를 검토한다. 그리고 이러한 목표를 지원하는 데 도움이 되는 도구, 오픈 소스 프로젝트, 클라우드 네이티브 서비스, 타사 소프트웨어 솔루션에 대해 논의할 것이다.

이 장에서는 먼저 현대 클라우드 제공자가 운영하는 규모에 대해 알아본다. 대부분 노련한 IT 실무자에게 익숙한 보통 규모(데이터 센터의 규모)에서 '하이퍼 스케일(hyper-scale)'로의 명확한 변화가 있었다. 이 하이퍼스케일 클라우드 인프라는 본질적으로 이 장에서 논의할 많은 구성 및 접근법을 형성한다. 또한 독자가 정보에 입각한 아키텍처 결정을 내리는 데 도움이 되는 확장성 있고 가용성 있는 클라우드 시스템의 핵심 신조를 소개한다. 마지막으로, 탄력적이고 클라우드 네이티브 아키텍처를 형성하는 자체 치유 인프라를 구축하는 데 도움을 주는 현재 사용 가능한 도구에 대해 설명한다.

이 장에서는 다음 내용을 다룬다.

- 글로벌 클라우드 인프라 및 공통 용어

- 클라우드 인프라 개념(리전 및 가용 영역)

- 자동 확장 그룹 및 로드밸런서

- VM 사이징(sizing) 전략

- 상시 가용(Always-on) 아키텍처

- 네트워크 이중화 및 핵심 서비스 설계

- 모니터링

- 코드형 인프라

- 불변 배포

- 자체 치유 인프라

- 확장성 및 가용성 있는 아키텍처의 핵심 신조

- 서비스 지향 아키텍처

- 확장성 및 가용성 있는 아키텍처를 위한 클라우드 네이티브 툴킷

하이퍼스케일 클라우드 아키텍처 소개

시스템 또는 스택을 클라우드에 배포할 때 주요 클라우드 제공 업체가 운영하는 규모를 이해하는 것이 중요하다. 3대 클라우드 제공 업체는 거의 모든 지역에 걸쳐 데이터 센터 영역을 만들었다. 전 세계의 데이터 센터에서 실행되는 시스템에 낮은 지연 시간, 많은 처리량의 연결을 제공하기 위해 고대역 광섬유

네트워크 회선을 사용해 전 세계를 감싼다. 이 3개의 최상위 클라우드 제공 업체가 운영하는 규모가 다른 업체보다 훨씬 커서 업계에서는 새로운 명칭인 하이퍼클라우드(hyper-cloud)라는 용어를 채택해야 했다. 다음 그림은 최대 클라우드 제공자인 AWS의 글로벌 위치를 보여준다.

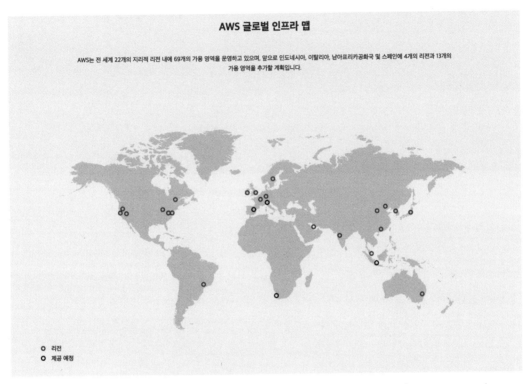

그림 5.1 https://aws.amazon.com/about-aws/global-infrastructure/

이 이미지에서 회색 동그라미는 각각 독립적인 '리전(region)'을 나타낸다. 회색 동그라미 지점을 클릭하면 해당 리전에 있는 가용 영역(Availability Zones, AZs)의 수가 나타낸다. 검정 동그라미 지점은 발표됐지만 아직 정식으로 출시되지 않은 제공 예정인 리전을 나타낸다.

하이퍼 클라우드 제공자는 구축해서 관리 중인 여러 데이터 센터 이외에도, 고대역폭 대양/대륙 간 광섬유 네트워크를 구축해 각 데이터 센터 클러스터 간의 트래픽을 효과적으로 관리한다. 이를 통해 각 플랫폼의 고객은 매우 짧은 지연 시간과 낮은 비용으로 여러 지역에 분산된 애플리케이션을 생성할 수 있다.

이제 AWS 글로벌 데이터 센터와 네트워크 트렁크 인프라를 캡처한 이미지를 살펴 보자(AWS는 2016년 11월 연례 개발자 컨퍼런스인 리인벤트(re:Invent)에서 처음으로 글로벌 설계도를 공개적으로 공유했으며 AWS 부사장이자 수석 엔지니어인 제임스 해밀턴이 발표했다). 그 이미지는 다음과 같다.

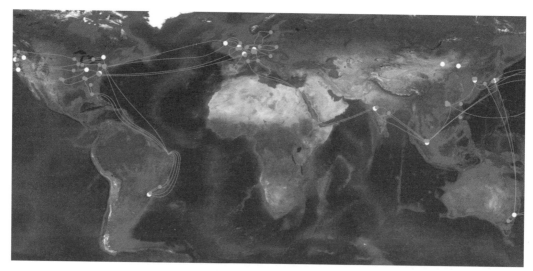

그림 5.2[7] AWS 간 연결된 글로벌 네트워크 구조

구글 클라우드 플랫폼(GCP) 및 마이크로소프트 애저(Azure)는 비슷한 지리적 범위를 제공한다. 이 3 개의 모든 하이퍼 클라우드 플랫폼은 **리전(region)**이라고 하는 인프라 추상화에서 핵심 클라우드 서비스를 제공한다. 리전은 엄격한 지연 시간 및 성능 요구 사항 아래 함께 작동하는 데이터 센터의 모음이다. 이를 통해 클라우드 플랫폼 사용자는 해당 리전을 구성하는 여러 데이터 센터로 워크로드를 분산시킬 수 있다. AWS는 이를 **가용 영역(AZs)**이라 하고 GCP는 이를 **영역(Zones)**이라고 부른다.

클라우드 네이티브 아키텍처 모범 사례: 한 리전 내의 여러 영역으로 워크로드를 분산시켜 스택의 가용성을 높이고 하드웨어 또는 애플리케이션 구성 요소에 장애가 발생하지 않게 한다. 이를 구현하는 데 추가 비용이 들지는 않지만, 스택이 격리된 여러 데이터 센터에 컴퓨팅 노드를 분산시켜 운영상의 이점을 제공한다.

다음 그림은 한 리전 내 세 개의 다른 AZ를 보여준다.

---

7 (옮긴이) 해당 그림은 AWS 리전 간 연결돼 있는 글로벌 네트워크 구조를 보여주는 그림으로 제임스 해밀턴은 이중화 구조를 확보하기 위한 해저 케이블 프로젝트 및 리전과 가용 영역에 대한 자세한 구조를 설명했다. 유튜브(https://www.youtube.com/watch?v=AyOAjFNPAbA)에서 전체 영상을 확인할 수 있다.

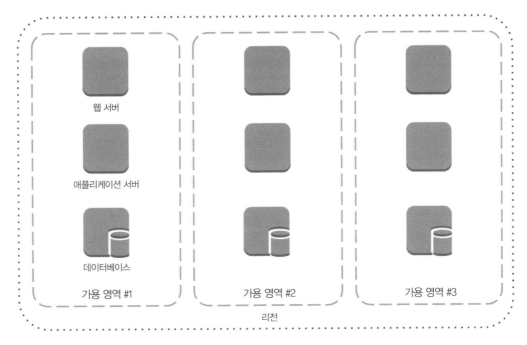

웹 서버

애플리케이션 서버

데이터베이스

가용 영역 #1

가용 영역 #2

가용 영역 #3

리전

그림 5.3

이 그림에서 볼 수 있듯이, 한 리전 내의 여러 AZ에 컴퓨팅 부하를 분산시키면 서비스 중단(애플리케이션 또는 시스템 오류 여부에 관계없이) '영향 범위(blast radius)[8]'가 줄어든다. AZ는 의도적으로 뛰어난 성능과 리전 내에서 서로 확장할 수 있도록 구축되어 비용 측면에서는 추가 비용이 들지 않는다.

클라우드 네이티브 시스템을 설계할 때 이해하고 최소화할 핵심 개념은 '영향 범위'다. 영향 범위는 '핵심 설계 구성 요소의 오류로 인해 영향을 받을 수 있는 애플리케이션 또는 보조 시스템'으로 정의된다. 이 개념은 데이터 센터 또는 단일 마이크로서비스에 적용될 수 있다. 목적은 자신의 아키텍처 내의 종속성을 이해하고, 위험의 수용 범위를 평가하며, 영향 범위를 최소화하는 비용 영향을 정량화하고, 이들 파라미터 내에서 스택을 설계하는 것이다.

클라우드에서 영향 범위를 최소화하는 데 있어 핵심은 리전과 영역의 분산이라는 특징을 효과적으로 활용하는 것이다. 아키텍트가 이를 효과적으로 수행하는 데 도움을 주는 주요 공급 업체의 서비스로는 로드밸런서와 자동 확장 그룹이 있다.

---

8 (옮긴이) '영향 범위'라는 용어는 지뢰, 폭탄, 포탄과 같은 폭발물이 터졌을 때 폭발 지점으로부터 영향 받는 거리를 말하며, 최근에는 IT 서비스의 장애로 인해 영향 받는 대상을 지칭하는 기술 용어로도 사용한다.

로드밸런서는 클라우드에 대한 고유한 개발 환경은 아니지만, 주요 플랫폼에는 모두 이 기능을 제공하는 기본 서비스가 있다. 이러한 기본 서비스는 클라우드 사용자가 운영하는 VM에서 실행되는 가상 로드밸런서 대신 많은 시스템에서 실행되므로 훨씬 높은 수준의 가용성을 제공한다.

클라우드 네이티브 아키텍처 모범 사례: 가능하면 클라우드가 제공하는 기본 로드밸런서를 사용한다. 이는 클라우드 소비자에서 클라우드 제공자로의 운영 유지 관리를 넘겨준다. 로드밸런서의 가동 시간과 상태를 클라우드 서비스 제공자(Cloud Service Provider, CSP)가 관리하므로 클라우드 사용자는 더이상 걱정하지 않아도 된다. 로드밸런서는 일련의 컨테이너 또는 여러 대의 VM에서 실행되므로 하드웨어 또는 시스템 오류가 사용자에게 영향을 주지 않고 백그라운드에서 원활하게 처리된다.

로드밸런서 개념은 IT 업계에서 일하는 모든 사람에게 익숙할 것이다. 로드밸런서의 개념에서 여러 클라우드 서비스가 나오거나 추가되는데, 이는 사용자가 로드밸런서와 함께 DNS 서비스를 제공하게 해준다. 이러한 조합을 통해 사용자는 선택한 지역에서 원활하게 확장되는 전 세계에서 사용 가능한 애플리케이션을 구축할 수 있다. AWS의 Amazon Route53와 같은 서비스를 통해 지연 시간 기반 라우팅 규칙과 지리적 제한을 설정해 최종 사용자를 가장 성능이 뛰어난 스택에 연결하거나 최종 사용자의 위치를 기반으로 이러한 서비스의 사용을 배제할 수 있다. 예를 들어, 현재의 제재법을 준수하기 위해 이란이나 러시아, 북한에 거주하는 사용자에게 애플리케이션의 접근을 제한할 수 있다.

클라우드 네이티브 아키텍처 모범 사례: 클라우드 네이티브 도메인 네임 시스템(DNS) 서비스를 사용한다(AWS Route53, Azure DNS, 또는 GCP Cloud DNS). 이러한 서비스는 기본적으로 각 플랫폼에서 로드밸런싱 서비스와 통합된다. 지연 시간 기반 라우팅(latency-based routing, LTR)과 같은 라우팅 정책을 사용해 여러 리전에서 실행되는 전 세계적으로 사용 가능한 성능이 뛰어난 애플리케이션을 구축한다. 지리적 DNS(Geo DNS)와 같은 기능을 사용해 특정 지역(또는 국가)의 요청을 특정 엔드포인트로 라우팅한다.

클라우드 네이티브 도구 상자에 있는 또 다른 중요한 도구는 사용자가 다양한 경보 또는 플래그를 기반으로 동적으로 애플리케이션 VM을 복제하고 확장할 수 있게 해주는 새로운 서비스 추상화인 **자동 확장 그룹(Auto Scaling Group, ASG)**의 배포다. ASG를 배포하려면 애플리케이션의 표준화된 이미지를 먼저 미리 구성하고 저장해야 한다. 애플리케이션 사용자의 트래픽은 ASG에서 사용 가능한 성능이 뛰어난 노드로 지능적으로 라우팅돼야 하기 때문에 ASG를 효과적으로 사용하기 위해 거의 항상 로드밸런서와 결합돼야 한다. 이는 라운드 로빈 분배 또는 큐 시스템 배포와 같은 여러 가지 방법으로 수행할 수 있다. 2개의 AZ에 걸친 기본 자동 확장 구성이 다음 그림에 있다.

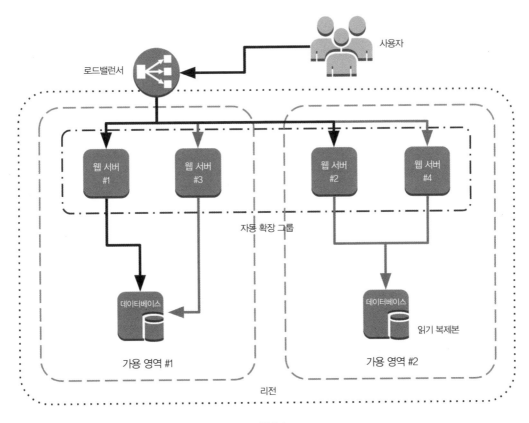

그림 5.4

위 그림에서 ASG는 각 가용 영역에 하나씩 최소 2개의 VM으로 설정된다(**웹 서버 #1** 및 **웹 서버 #2**). 이 노드에 대한 트래픽은 검은색으로 표시한다. 더 많은 사용자가 애플리케이션에 접근하면 ASG는 여러 AZ(**웹 서버 #3** 및 **웹 서버 #4**)의 ASG에 더 많은 서버를 배치하면서 반응한다. 추가 트래픽은 회색으로 표시했다.

이렇게 해서 회복력 있는 클라우드 시스템에 중요한 요소인 로드밸런서, 자동 규모 조정, 다중 AZ/리전 배포, 글로벌 DNS를 소개했다. 이 스택의 자동 규모 조정 기능은 탄력적으로 확장/축소되는 컨테이너 그룹을 사용해 복제할 수도 있다.

 클라우드 네이티브 아키텍처 모범 사례: 스택을 설계할 때 로드밸런서 뒤에 더 작고 더 많은 VM을 사용하는 것이 비용 효율적이다. 이렇게 하면 전체 시스템의 비용 세분화가 향상되고 중복성이 높아진다. 또한 단일 애플리케이션 VM에 대한 종속성을 제거해 오류 발생 시 세션 복구가 훨씬 간단해지므로 상태 비 저장 구조를 만드는 것이 좋다.

VM 크기가 다른 자동 확장 그룹 간에 비교해 본다.

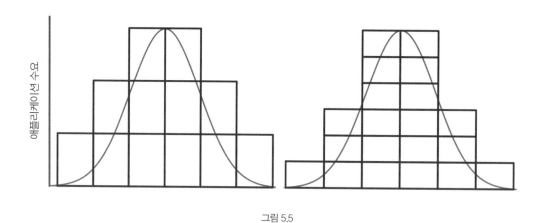

그림 5.5

더 작은 VM을 가진 자동 확장 그룹을 만들면 장점이 있다. 위 그래프의 곡선은 해당 애플리케이션의 수요 또는 트래픽을 나타낸다. 블록은 각각 하나의 가상 시스템을 나타낸다. 왼쪽에 있는 자동 확장 그룹 배포의 VM에는 더 많은 메모리, 컴퓨팅 성능, 더 높은 시간당 비용이 포함된다. 알맞은 배포 환경의 VM은 메모리, 컴퓨팅 성능, 시간당 비용이 더 적다.

앞의 그래프에서 ASG 그룹에서 더 작은 컴퓨팅 노드를 사용하는 이점을 보여줬다. 곡선 위에 나타나는 블록 내의 모든 공백은 비용을 지불할 낭비된 자원이다. 즉, 시스템 성능이 애플리케이션의 요구에 이상적으로 맞춰지지 않아 '유휴' 자원이 발생한다. VM 사양을 최소화함으로써 상당한 비용 절감 효과를 얻을 수 있다. 게다가 VM의 크기를 줄임으로써 애플리케이션 스택은 자연스럽게 더 많이 분산된다. 그룹에 장애 조치할 VM이 더 많기 때문에 하나의 VM이나 컨테이너가 실패해도 스택의 전체 상태가 위험해지지는 않는다.

자동 확장 그룹, 동적 라우팅, 고가용성 및 고성능 DB 서비스를 활용하는 상태 비 저장 아키텍처와 함께 로드밸런서 서비스를 활용하는 것은 여러 영역(또는 데이터 센터 그룹)에 분산돼 있으며, 성숙한 클라우드 네이티브 아키텍처를 나타낸다.

상시 가용(Always-on) 아키텍처

수년 동안 아키텍트는 항상 주어진 시스템의 '가용성'과 시스템의 '복구성'(종종 **재해 복구**라고 함)이라는 두 가지 주요 관심사를 가지고 있었다. 이러한 두 가지 개념은 제한된 온프레미스 인프라에 배포된 시스템의 내재된 특성을 해결하기 위해 존재한다. 이 온프레미스 인프라에는 특정 함수를 수행하거나 특정 애플리케이션을 지원하는 실제 또는 가상 자원의 수가 제한되어 있다. 이러한 애플리케이션은 여러 머신에서 분산된 방식으로 실행되는 기능을 효력이 없게 만드는 방식으로 구축된다. 이 패러다임은 전체 시스템에 단일 네트워크 인터페이스, 가상 시스템 또는 물리적 서버, 가상 디스크 또는 볼륨 등 무엇이든 간에 많은 단일 장애 지점이 있다는 것을 의미한다.

이러한 내재된 장애 지점이 주어진 상태에서 아키텍트는 시스템의 효율성을 측정하기 위해 두 가지 원칙 평가를 개발했다. 실행 상태를 유지하고 기능을 수행할 수 있는 시스템의 기능을 가용성이라고 한다. 시스템에 장애가 발생하면 시스템의 복구성은 두 지표로 측정된다.

- **목표 복구 시간(Recovery Time Objective, RTO)**: 장애 발생 후 시스템을 허용할 수 있는 정도의 가동 상태로 만드는 데 필요한 시간
- **목표 복구 지점(Recovery Point Objective, RPO)**: 시스템이 멈춘 동안에 데이터를 잃을 수 있는 허용 가능한 시간

완전히 클라우드 네이티브 아키텍처를 고려할 때 몇 가지 중요한 요인이 이러한 오래된 패러다임에 영향을 미치고 이를 발전시킬 수 있다.

- **클라우드는 아키텍트에게 (모든 실제적인 목적으로) 무한한 양의 컴퓨팅 및 스토리지를 제공한다.** 이 장의 앞부분에서 논의한 주요 클라우드 제공업체의 '하이퍼 스케일' 특성은 최신 시스템의 크기와 범위를 보여준다.

- **클라우드 플랫폼이 제공하는 서비스는 본질적으로 내결함성과 복원력이 뛰어나다.** 이러한 서비스를 스택에 소비하거나 통합하면 직접 만든 도구를 활용해 가용성이 높은 스택을 만들 때는 거의 달성할 수 없는 수준의 가용성을 제공한다. 예를 들어, AWS Simple Storage Service(S3)는 99.999999999%의 내구성을 유지하는 내결함성 및 고가용성 객체 스토리지 서비스다(즉, 개체가 영구적으로 손실될 가능성이 매우 작다). S3 표준의 **서비스 수준 계약**(Service Level Agreement, SLA) 가용성은 99.99%다. S3에 업로드한 객체는 추가 비용 없이 중복성을 위해 해당 리전의 다른 2개의 AZ에 자동으로 복제된다. 사용자는 단순히 **버킷(bucket)**이라고 하는 논리적 스토리지 매체를 만들고 나중에 검색할 수 있도록 해당 객체를 버킷에 업로드한다. 실제 및 가상 시스템 유지 관리 및 감독은 AWS에서 처리한다. 자체 시스템으로 AWS에서 제공하는 가용성 및 내구성 수준에 접근하려면 엔지니어링과 시간, 투자가 엄청나게 많이 필요하다.

- 아키텍트와 개발자는 시스템의 상태를 유지 관리하기 위해 모니터링과 플래그 지정, 수행에 도움이 되는 기본 서비스 및 기능을 사용할 수 있다. 예를 들면, AWS의 Cloudwatch 모니터링 서비스는 스택에 있는 가상 시스템의 성능 및 상태에 대한 지표를 제공한다. Cloudwatch 지표를 자동 확장 그룹 또는 인스턴스 복구와 결합해 특정 성능 수준에 대한 시스템 응답을 자동화할 수 있다. 이러한 모니터링 서비스를 서버리스 함수 실행과 결합해 아키텍트는 시스템이 자동화된 방식으로 지표에 응답할 수 있는 환경을 만들 수 있다.

이러한 클라우드 기능이 주어지면 클라우드 아키텍처의 새로운 패러다임이 **상시 가용**(always-on) 패러다임을 달성할 수 있다고 믿는다. 이 패러다임은 사용자가 개입하지 않아도 시스템이 자체 치유 및 자동 수정이 가능한 방식으로 중단을 계획하고 설계할 수 있게 돕는다. 이 자동화 수준은 특정 시스템의 높은 성숙도를 나타내며, 클라우드 네이티브 성숙도 모델에서 가장 성숙한 단계에 위치한다.

모든 인간의 노력은 결국 실패하고 실수하거나 중단될 것이며, 클라우드도 예외는 아니라는 것에 유념해야 한다. 인간은 예지력이 없고 IT 분야에서의 역량을 끊임없이 발전시키고 있기 때문에 어떤 시점에서 뭔가 문제가 생기고 장애가 발생하는 것은 '불가피하다'. 이러한 사실을 이해하고 받아들이는 것이 상시 가용 패러다임의 핵심이며, 이러한 실패에 대한 계획이 장애를 완화하거나 피할 수 있는 유일한 방법이다.

상시 가용 - 핵심 아키텍처 요소

항상 사용할 수 있고 기술적으로 복원력 있는 아키텍처를 허용하는 클라우드 네이티브 아키텍처의 특징이 있다. 이것은 양자택일의 문제는 아니며, 여기서 논의할 특징들이 혼합돼 있는 배포가 많을 것이다. 이러한 모든 특징을 하룻밤 사이에 통합해 배포할 수 있다는 생각으로 스스로 또는 아키텍트를 압도하지 말아야 한다. 여기서 논의할 핵심 설계 요소를 채택하기 위해서는 반복적이고 진화적인 접근이 필요하다. 아마존의 CTO인 베르너 보겔스(Werner Vogels)는 "모든 것은 항상 실패한다."라고 말한다. 불가피한 실패를 미리 계획해두면 그것을 피할 수 있는 시스템을 설계할 수 있다.

네트워크 이중화

클라우드 및 모든 환경으로의 연결은 높은 가용성과 중복 방식으로 제공돼야 한다. 클라우드 네이티브 세계에는 이에 대한 두 가지 주요 의미가 있다. 첫 번째 의미는 온프레미스 환경 또는 고객에서 클라우드로의 물리적 연결이다. 모든 하이퍼 클라우드 제공자는 ISP 파트너와 함께 프라이빗 고속 네트워크 연결을 제공한다(예를 들면, AWS Direct Connect, Azure ExpressRoute, GCP Cloud Interconnect). 별도의 물리적 링크를 활용해 장애 조치 옵션(다른 프라이빗 연결 또는 인터넷상의 VPN 터널)을 가지고 기본 고대역폭 연결을 백업하는 것이 모범 사례다.

클라우드 네이티브 아키텍처 모범 사례: 물리적으로 서로 다르고 분리된 두 개의 광섬유 네트워크를 사용해 클라우드 환경에 중복 네트워크 연결을 활용한다. 이는 비즈니스에 중요한 애플리케이션을 위해 클라우드 환경에 의존하는 기업에게 특히 중요하다. 소규모 또는 덜 중요한 배포의 경우, 경량 환경을 위한 프라이빗 광섬유와 VPN 또는 두 개의 VPN 링크 조합을 고려할 수 있다.

두 번째 의미는 물리적 및 가상 엔드포인트(클라우드 및 온프레미스 환경 모두)의 중복이다. 클라우드 엔드포인트는 각 서비스가 '서비스형(as-a-service)' 게이트웨이 구성에서 제공되므로 이 중복에 대한 부분은 대개 클라우드 엔드포인트에서는 말할 필요가 없다. 이러한 가상 게이트웨이는 여러 데이터 센터의 여러 물리적 컴퓨터에서 클라우드 공급자의 하이퍼바이저에서 실행된다. 종종 간과되는 부분은 클라우드 네이티브 사고 방식이 클라우드에서 고객 엔드포인트까지 확장돼야 한다는 것이다. 이는 시스템의 성능 또는 최종 고객에 대한 가용성을 혼란스럽게 하는 단일 지점이 없도록 보장하기 위해 필요하다. 따라서 클라우드 네이티브 접근 방식은 소비자의 온프레미스 네트워크 연결로 확장된다. 이는 병렬 네트워크 링크가 있는 여러 개의 중복 어플라이언스를 활용해 클라우드 제공업체가 물리적 데이터 센터의 연결을 구축하는 방식을 그대로 반영하는 것을 의미한다.

 클라우드 네이티브 아키텍처 모범 사례: 기업 및 업무에 중요한 환경의 경우, 고객 측(온프레미스)의 두 개의 개별 물리적 장치를 클라우드 연결의 종료 지점으로 활용한다. 고객 측에서 하드웨어 기반 단일 장애 지점(single point of failure)으로 인해 환경에 대한 연결이 끊어지면 클라우드에서 상시 가용을 위한 설계는 무효가 된다.

클라우드 제공자와 기업 데이터 센터 간의 연결을 나타내는 다음 그림을 살펴보자.

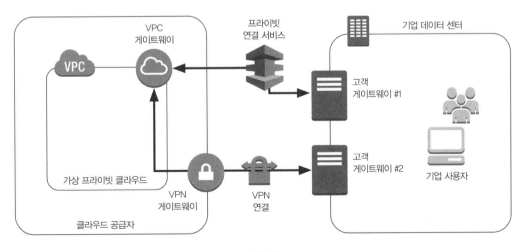

그림 5.6

기업 데이터 센터나 사무실 위치, 고객 사이트에서 클라우드 환경으로 연결할 때 중복 연결 경로를 사용해 클라우드 환경 가용성을 유지한다. 장비 고장이나 물리적 광섬유 중단, 서비스 중단 시 항상 중복 경로를 사용할 수 있어야 한다. 이것은 고비용, 고성능 기본 회선과 저비용, 저성능의 보조 회선(즉, 인터넷상의 VPN)의 조합이 될 수 있다.

중복된 핵심 서비스

IT 스택의 다른 부분이 사용하는 핵심 서비스와 애플리케이션을 중복해서 만드는 것은 클라우드 네이티브 아키텍처의 또 다른 중요한 설계 측면이다. 기업은 클라우드 네이티브 모델에 이제 막 적응하기 시작한 많은 레거시 서비스를 가지고 있다. 클라우드로 마이그레이션할 때 새로운 환경에서 안정적으로 실행되도록 이러한 애플리케이션을 재설계하거나 리팩터링하는 것이 중요하다.

예를 들어 **액티브 디렉터리(Active Directory, AD)**는 거의 모든 기업에서 생산성을 실현하는 데 중요한 구성 요소다. AD는 자신의 행동을 인증하고 승인함으로써 사람과 기계, 서비스에 대한 접근을 유지하고 허가한다.

클라우드 네이티브 성숙도 수준은 AD 서비스의 구성에 따라 다양하다. 스펙트럼의 한쪽 끝에서 기업은 단순히 그들의 네트워크를 클라우드로 확장하고 온프레미스에 존재하는 동일한 AD 인프라를 활용한다. 이것은 최소한의 수행 패턴을 나타내고 클라우드가 제공하는 것의 이점을 최소화한다. 좀 더 발전된 패턴으로, 아키텍처는 클라우드 네트워크 환경에 **도메인 컨트롤러(Domain Controllers, DCs)** 또는 **읽기 전용 도메인 컨트롤러(Read-Only Domain Controllers, RODCs)**를 배포해 포레스트(forest)[9]를 클라우드로 확장한다. 이는 보다 높은 수준의 중복성과 성능을 제공한다. 진정한 클라우드 네이티브 AD 배포의 경우, 선도적인 클라우드 플랫폼은 이제 대규모로 실행되고 자체적인 물리적 또는 가상 인프라를 유지하는 일부 비용으로 완전 관리형 AD 배포를 구성하는 네이티브 서비스를 제공한다. AWS는 여러 가지 변형(AWS Directory Service, Managed Microsoft AD, AD Connector)을 제공하고, 마이크로소프트는 Azure AD를 제공하며 구글 클라우드에는 Directory Sync가 있다. 다음 그림은 도메인 컨트롤러가 호스팅되는 위치를 기준으로 최소(옵션 #1)부터 가장 성능이 뛰어난 것(옵션 #3)까지 세 가지 다른 AD 옵션을 보여준다.

다음 그림에서 다양한 AD 배포를 보여준다.

---

9 (옮긴이) 포레스트: 마이크로소프트 액티브 디렉터리에서 가장 상위의 루트 도메인 이름을 가지는 계층적인 구조를 트리(tree)라고 하며 하나 이상의 트리 집합을 포레스트라고 한다.

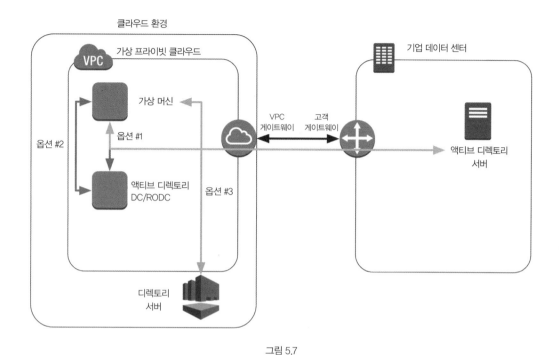

그림 5.7

첫 번째 옵션은 AD 인증 및 인가를 위해 온프레미스 AD 서버에 대한 연결에 의존하는 것이다. 두 번째 옵션은 클라우드 환경에 DC 또는 RODC를 배포하는 것이다. 가장 클라우드 네이티브한 방법은 이 '차별점 없는 번거로운 작업'을 기본 클라우드 서비스로 넘기는 것이다. 클라우드 서비스는 AD 인프라를 배포하고 관리해 클라우드 소비자들이 이러한 일상적인 작업을 위임하게 한다. 이 옵션은 성능과 가용성을 상당히 향상시킨다. 그것은 여러 AZ에 걸쳐 자동으로 배포되고 몇 번의 클릭만으로 확장 옵션을 제공해 도메인 컨트롤러의 수를 증가시키며 온프레미스 AD 배포에서 필요한 고급 기능을 지원한다(예: 단일 로그인, 그룹 기반 정책, 백업 등).

이 외에도, 클라우드 AD 서비스는 다른 클라우드 서비스와 기본적으로 통합되므로 VM 배포 프로세스 중 부담을 덜어준다. VM을 도메인에 쉽게 추가할 수 있으며, AD의 자격증명 및 사용자를 기반으로 클라우드 플랫폼 자체에 대한 접근을 연동할 수 있다. 또한 이러한 클라우드 서비스는 일반적으로 (완전히는 아니더라도) OpenLDAP, Samba, Apache Directory와 같은 Microsoft AD 대신 사용할 수 있는 **LDAP(Lightweight Directory Access Protocol)**를 지원한다는 점도 언급해야 한다.

DNS(Domain Name System)는 AD와 유사한 패턴을 따르며, 배포 모델에 기초한 다양한 수준의 클라우드 네이티브 특성을 가진다. 최고 수준의 가용성과 확장성을 위해 AWS Route53, Azure DNS,

Google Cloud DNS와 같은 주요 클라우드 서비스를 사용한다(이 책의 뒷부분에서 설명). 이러한 내부 서비스가 지원하는 호스팅 영역(공개 및 비공개)은 단위 비용당 최고 성능을 제공한다. AD 및 DNS 외에도 AV, IPS, IDS 및 로깅과 같은 다른 중앙 집중식 서비스가 있다. 이 주제는 6장 '보안 및 신뢰성'에서 더 자세히 다룬다.

기업에서 사용할 수 있는 핵심 서비스 외에도, 대부분 대규모 애플리케이션 스택에는 스택을 통해 크고 복잡한 트래픽 흐름을 관리하는 데 도움이 되는 미들웨어 또는 큐가 필요하다. 짐작했겠지만, 아키텍트가 배포할 수 있는 주요 패턴 두 가지가 있다. 첫 번째는 클라우드의 가상 머신에 배포된 자체 큐 시스템을 관리하는 것이다. 클라우드 사용자는 고가용성을 보장하기 위해 다중 AZ 배포 구성 등 큐 배포의 운영 측면을 관리해야 한다(Dell Boomi 또는 Mulesoft 제품).

두 번째 옵션은 클라우드 플랫폼에서 제공하는 큐 또는 메시지 버스 서비스를 사용하는 것이다. 차별점 없는 번거로운 업무는 CSP에 의해 관리된다. 아키텍트 또는 사용자는 그 서비스를 구성하고 소비하는 것이 전부다. 고려할 수 있는 주요 서비스로는 AWS **SQS(Simple Queue Service)**, Amazon MQ, Amazon **Simple Notification Service(SNS)**, Azure Storage Queues와 Service Bus Queues, GCP Task Queue가 있다.

클라우드 기반 큐 서비스는 중복 인프라에 상주하며 최소한 한 번 전달을 보장하고, 일부는 **선입선출(First In First Out, FIFO)**을 지원한다. 확장 가능한 서비스 기능을 통해 메시지 큐가 많은 생산자와 소비자에게 동시에 아주 많은 접근을 제공한다. 이런 특징은 메시지 큐를 분리된 서비스 지향 아키텍처(SOA)의 중심에 설 수 있는 이상적인 후보로 만든다.

모니터링

클라우드 네이티브 애플리케이션에 있어, 모니터링은 신체의 신경계와 같다. 이 기능이 없으면 자동 확장 그룹의 확장 및 축소, 인프라 성능 최적화 및 최종 사용자 경험에 대한 신호가 불가능하다. 피드백을 극대화하고, 지능형 자동화를 도우며, IT 소유자에게 어디에서 노력과 비용을 집중할지 알리기 위해 스택의 모든 레벨에서 모니터링을 적용해야 한다. 모든 아키텍트와 엔지니어가 명심해야 할 격언은 다음과 같다. "측정할 수 없다면 관리할 수도 없다(If you can't measure it, you can't manage it)".

클라우드 네이티브 환경에서 모니터링은 기본으로 다음 4개 영역을 다뤄야 한다.

- **인프라 모니터링**: 스택 안에서 사용되는 호스트, 네트워크, 데이터베이스 및 기타 핵심 클라우드 서비스의 성능에 대한 수집 및 보고(클라우드 서비스에도 장애가 있거나 중단될 수 있으므로 그 서비스의 성능 및 상태를 모니터링해야 함을 기억한다).

- **애플리케이션 모니터링**: 애플리케이션 런타임을 지원하는 로컬 리소스 사용 및 클라우드 네이티브 애플리케이션 고유의 애플리케이션 성능에 대한 수집 및 보고(예를 들면, 쿼리 반환 시간).

- **실시간 사용자 모니터링**: 웹 사이트 또는 클라이언트와의 모든 사용자 상호 작용의 수집 및 보고. 시스템이 결함을 보이거나 서비스 저하를 경험하기 시작할 때 종종 이것은 '탄광의 카나리아[10]'가 된다.

- **로그 모니터링**: 모든 호스트와 애플리케이션, 보안 장치에서 생성된 로그를 중앙에서 관리되고 확장 가능한 저장소로 수집 및 보고.

 클라우드 네이티브 아키텍처 모범 사례: 모든 모니터링 사용 사례에 대해 가능할 때마다 과거 기록을 유지하는 것이 바람직하다. 흥미롭고 새로운 사용 패턴은 이러한 과거 데이터세트에서 나오는데, 이러한 패턴은 문제가 있거나 실적이 저조한 서비스 구성 요소를 사전에 확장하거나 식별할 시기를 알려준다.

앞서 언급한 네 가지 사용 사례 모두에서 클라우드는 기본적으로 로그 생성과 처리, 저장을 지원한다. AWS Cloudwatch 및 CloudTrail, Azure Monitor, Google Cloud Stackdriver Monitoring, IBM Monitoring and Analytics 모두 이러한 플랫폼에서 제공되는 기본 서비스의 예다.

다음 그림은 하이브리드 환경(클라우드 및 온프레미스)에서 접하는 로그의 서로 다른 출처를 나타낸다.

---

10 (옮긴이) 탄광의 카나리아: 19세기 유럽의 탄광에서 광산 근로자들이 무색무취의 일산화탄소와 같은 유독가스를 확인하기 위해 유독가스에 민감한 카나리아를 갱도에 넣어 카나리아가 울음을 멈추거나 횃대에서 떨어지면 유독가스가 있는 것으로 판단하고 갱도를 탈출해 생명을 지킨 데서 유래한 표현으로, 닥쳐올 위험을 미리 알리거나 경고하는 상황이나 수단을 의미한다.

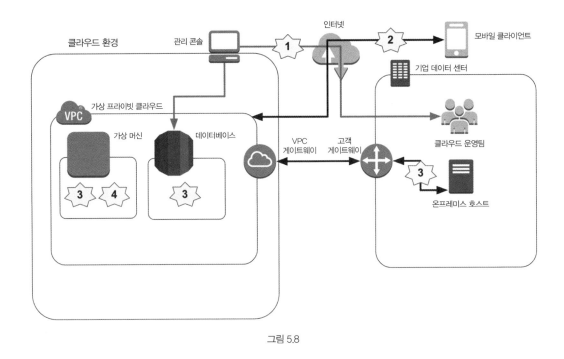

그림 5.8

소스는 다음과 같다.

- **소스 1**: IT팀 및 머신에 의해 환경 설정 및 구성을 변경하기 위해 만들어진 API 호출 로깅.

- **소스 2**: 웹 클라이언트의 모바일 및 데스크톱에서 생성된 최종 사용자 로그.

- **소스 3**: 클라우드 및 온프레미스 자원에 의해 생성된 인프라 성능 로그.

- **소스 4**: 스택의 전반적인 상태에 적절해 보이고 구체적인 애플리케이션이 생성한 사용자 정의 로그.

대부분의 경우, 네이티브 클라우드 서비스, 클라우드 컴퓨팅 자원에 배포해 관리하는 타사 제품, 이 둘의 조합까지 선택할 수 있는 솔루션 변형이 몇 가지 있다. 기업에서 인기 있는(때로는 비싸지만) 옵션으로는 스플렁크, 수모 로직(Sumo Logic), 로글리(Loggly), 다이너트레이스(Dynatrace)가 있다. 이러한 타사 솔루션은 네 가지 사용 사례 모두에서 생성된 대량의 데이터를 수집하고 저장, 분석하는 광범위한 기능을 제공한다. 표준 API는 기본적으로 데이터 소스를 만들어 제품에 공급하기 위해 이용된다.

이 공간에 진입해 더 많은 특징과 기능을 지속해서 제공하는 CSP는 플랫폼의 다른 서비스와 기본으로 통합되는 자체 로깅 및 모니터링 서비스를 시작했다. 이것의 예는 AWS CloudTrail과 Cloudwatch다.

이러한 서비스는 플랫폼에서 기본적으로 로깅 기능을 제공하는 성숙한 턴키 서비스를 제공하는 데 도움이 된다. 이 둘은 모두 AWS가 제공하는 다른 서비스와 쉽게 통합되므로 사용자에게 가치가 높아진다.

AWS CloudTrail은 각각의 고유한 계정 상호 작용을 기록해 AWS 환경의 통제, 규정 준수, 운영, 위험 감사를 지원한다. CloudTrail은 기반이 되는 모든 계정 이벤트(사용자 또는 머신에서 시작된 구성 변경)는 API를 통해 수행된다는 사실을 활용한다. 이러한 API 요청은 CloudTrail을 통해 수집되고 저장되고 모니터링된다. 이를 통해 운영 및 보안팀은 **누가, 언제, 무엇을** 변경했는지에 대한 360° 보기를 제공한다. AWS CloudWatch는 사용자가 플랫폼 또는 애플리케이션 레벨에서 사용자 정의 생성 소스로부터 지표를 수집하고 추적할 수 있는 보완적인 서비스다. 또한 CloudWatch를 통해 사용자는 사용자 정의 대시보드를 구축할 수 있으므로 운영팀에 대한 관련 지표를 집계하고 훨씬 더 간단하게 보고할 수 있다. 마지막으로 CloudWatch를 사용하면 특정 자원 조건(예를 들면, CPU 사용량이 많거나 DB 읽기 용량이 부족한 경우)이 충족될 때 자동으로 이벤트(예를 들면 SMS 또는 이메일 알림 전송)를 트리거할 수 있는 경보를 설정할 수 있다.

다음 스크린 숏은 AWS CloudWatch로 만든 사용자 정의 대시보드의 예다.

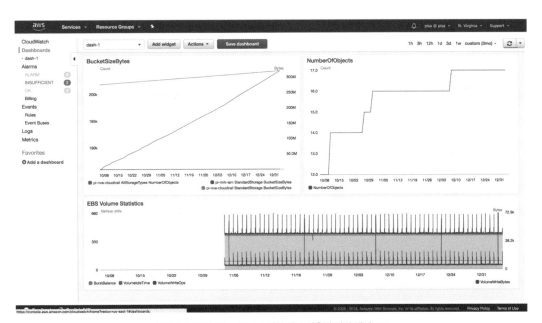

그림 5.9 AWS CloudWatch에서 만든 사용자 정의 대시보드

이 스크린 숏의 각 그래프는 플랫폼의 다른 서비스에서 수집한 수많은 지표를 나타낼 수 있는 사용자 정의 위젯이다. 사용자 정의 지표 또한 서비스에 의해 수집되고 모니터링될 수 있다.

AWS 이외의 CSP도 지속해서 확장되는 특징과 풍부한 기능을 갖춘 유사한 서비스를 제공한다. 이것은 업계에서 눈에 띄는 주제로서 CSP가 서비스 및 기능을 확장하면서 CSP에 의해 타사 파트너(third-party partners, 3PP) 오퍼링이 지속해서 침해되고 있다는 점에 주목할 필요가 있다. 이러한 경쟁이 치열한 환경에서 전체 산업이 더 빨리 추진되기 때문에 이러한 밀고 당기기는 클라우드 소비자들에게 호재가 된다.

클라우드 네이티브 아키텍처 모범 사례: 각각 하나의 애플리케이션 스택 또는 관련 운영 그룹에 대한 통찰력을 제공하는 여러 개의 대시보드를 구축한다. 이 일대일 관계를 통해 하나의 독립적인 스택에 대한 모든 관련 데이터를 빠르고 쉽게 볼 수 있으므로 문제 해결과 성능 튜닝을 훨씬 더 간단하게 할 수 있다. 이것은 또한 보고를 단순화하는 데도 사용할 수 있다.

그림 5.8을 바탕으로 이제 다음 그림과 같이 특정 사용 사례에 맞게 서비스를 구체화할 수 있다.

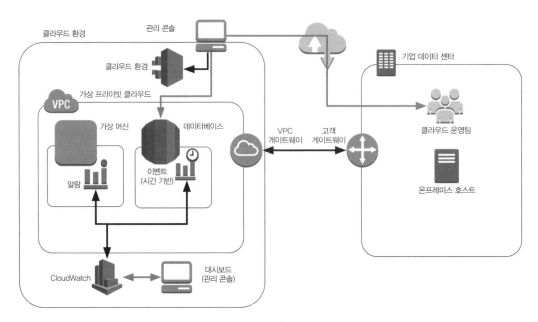

그림 5.10

AWS CloudTrail은 클라우드 환경에 대해 이루어지는 모든 API 호출에 대한 감사 추적 기능을 제공한다. 이를 통해 소유자는 누가 어떤 자원으로 어떤 작업을 수행하는지를 완벽하게 파악할 수 있다. Amazon CloudWatch는 기본 지표 수집 및 보고 기능을 제공한다. 이러한 사용자 정의 대시보드는 온프레미스 호스트 및 시스템의 로그를 수집하고 보고할 수도 있다.

CloudWatch 및 CloudTrail과 같은 서비스를 인스턴스화한 다음, 지원하는 사용 환경과 애플리케이션을 기반으로 사용자 정의 대시보드를 만드는 것이 클라우드 네이티브 환경과 애플리케이션을 설정하는 데 있어 중요한 첫 번째 단계다.

코드형 인프라

클라우드는 본질적으로 클라우드 사용자와 프로비저닝하고 소비하는 자원을 크게 구분한다. 따라서 성능이 좋지 않거나 실패한 장치의 문제를 물리적으로 해결할 수 있는 가능성이 제거된다. 이를 위해서는 자원에 접근해서 상호 작용하여 수행된 모든 기능을 디지털화해야 한다. 이것이 분명히 유일한 이유는 아니지만, 클라우드의 초기에 선도적인 디자인 필수 사항이었다. CSP는 처음부터 API를 사용해 플랫폼을 구축했다. 각 서비스 및 기능은 정의된 API 집합을 통해 프로그래밍 방식으로 활용, 구성, 소비, 또는 상호 작용할 수 있다. 구문과 설명, **명령행 인터페이스(Command-Line Interfaces, CLIs)**, 사용 예제는 각 CSP가 게시하고 유지 관리하며 모든 사람이 면밀히 조사하고 활용할 수 있도록 무료로 이용할수 있다.

소프트웨어 정의 구성이 뿌리를 내렸을 때, 전체 IT 환경이나 스택을 코드를 통해 표현하는 것이 가능해졌다. **코드형 인프라(Infrastructure as Code, IaC)**의 개념이 거기서 탄생했다. 개발자가 애플리케이션을 공동 작업, 테스트 및 배포하는 데 사용한 것과 동일한 개념, 방식 및 도구가 인프라(컴퓨팅 자원, 데이터베이스, 네트워크 등)에 적용될 수 있었다. 인프라 아키텍트가 개발자처럼 시스템을 반복적으로 빠르게 진화할 수 있도록 했기 때문에 이러한 개발이 일반적으로 IT 시스템의 급속한 발전에 가장 큰 공헌 중 하나라고 해도 과언이 아니다.

고가용성과 확장성, 복원력을 가진 애플리케이션을 설정하려면 클라우드 아키텍트가 오늘날 소프트웨어 개발의 핵심에 있는 여러 가지 원칙을 채택하는 것이 중요하다. 8장 '클라우드 네이티브 운영'에서 더 자세히 다루겠지만, **IaC(Infrastructure as Code)**를 처리해 얻는 진화적인 접근 방식은 높은 스택 성숙도(고가용성, 확장성, 복원력을 보여주는)를 달성할 수 있는 요인이다. 클라우드 네이티브 애플리케이션이 처음부터 성숙하고 복원력이 있다고 가정하지 말아야 한다. 매일같이 새로운 효율성과 장애 조치를 구축해야 한다. 이 진화적 접근이 성공을 달성하는 핵심이다(종종 업계 용어로 '클라우드 여정'이라고 함).

 클라우드 네이티브 아키텍처 모범 사례: 하나의 큰 단일 IaC 스택을 구축하는 대신 일련의 IaC 스택을 관리한다. 일반적인 접근 방식은 핵심 네트워크 구성과 자원을 하나의 스택으로 분리하는 것이다(일반적으로 이 스택은 시간에 따른 변화가 거의 없고 모든 애플리케이션에서 공통으로 사용되는 자원이므로 자체 전용 스택이 필요하다). 애플리케이션을 자체 스택 또는 여러 스택으로 분리한다. 애플리케이션 간 공유 자원은 단일 애플리케이션의 스택에 거의 포함되지 않아야 한다. 즉, 두 팀 간의 실수를 피하기 위해 별도의 스택에서 관리한다.

그림 5.6을 바탕으로, 다음 그림과 같이 전체 클라우드 네트워크 인프라를 코드 템플릿(이를 네트워크 스택이라고 함)으로 정의할 수 있다.

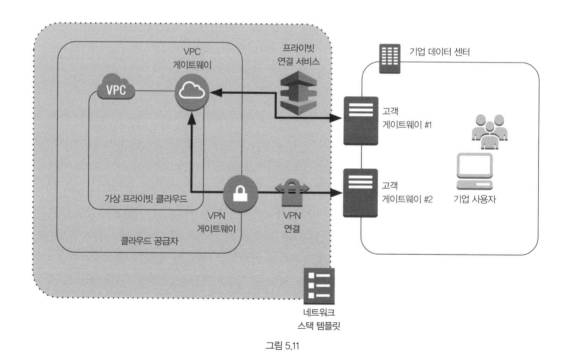

그림 5.11

회색 점선 안의 모든 것은 네트워크 스택 템플릿 내의 코드로 정의된다. 네트워크 스택에 필요한 변경 사항은 여기에 포함된 코드를 변경해 관리할 수 있다.

그림 5.4를 보면, IaC를 사용해 애플리케이션을 관리하는 한 가지 접근 방식을 알 수 있다. 웹 서버 구성과 자동 확장 그룹, 탄력적 로드밸런서는 웹 스택 템플릿에서 정의되고 관리된다. 데이터베이스 구성 및 자원은 다음 그림과 같이 데이터베이스 스택 템플릿에서 관리된다.

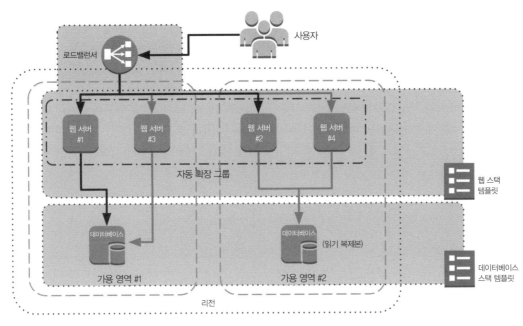

그림 5.12

여기에 사용할 기본 클라우드 서비스와 타사 옵션이 있다. AWS CloudFormation, **Azure Resource Manager(ARM)**, GCP Deployment Manager는 기본 CSP 서비스의 예다. 코드는 흔히 **JSON(Python Object Notation)** 또는 원래 **Yet Another Markup Language**라고 불렸던 **Yaml Ain't Markup Language(YAML)**로 작성된다.

인기 있는 타사 도구는 해시코프(HashiCorp)의 테라폼(Terraform)이다. 테라폼은 모든 주요 클라우드 및 온프레미스에서 작동하므로 사용자가 하이브리드 인프라 환경에서 통합된 IaC 환경을 만들 수 있다. 테라폼은 terraform 형식이라는 창의적 이름을 가진 구성(또는 템플릿이라고도 함)에 대한 자체 형식을 지원하지만, JSON도 지원된다. 엄격한 IaC는 아니지만, 베이그런트(Vagrant), 앤서블(Ansible), 셰프(Chef), 퍼펫(Puppet)과 같은 구성 관리를 수행하는 많은 도구가 있다.

예를 들어, AWS의 성숙한 배포는 셰프와 같은 구성 관리 도구와 함께 CloudFormation을 활용해 자동화하고 배포 오류를 줄인다.

불변 배포

불변이란 시간이 지남에 따라 변경되지 않거나 변경할 수 없는 것을 의미한다. 불변 배포는 일단 애플리케이션 스택이 배포되고 구성되면 그 상태가 고정되는 접근 방식이다. 필요한 수정 사항이 있으면, 전체 애플리케이션 스택 또는 스택 요소가 다시 배포된다.

클라우드 VM은 본질적으로 온프레미스 머신보다 더 안정적이거나 내구성이 있지는 않다. 그 가장 큰 장점은 '표준화'돼 있고 '교체가 쉽다'는 것이다. 복잡한 레고 건물을 짓고 있다고 상상해 보자. 노란색 4×2 조각 하나가 부서졌을 때 그 조각을 수리할 때까지 기다리지 않을 것이다. 그러니 계속해서 건물을 만들 수 있다. 레고 통에서 똑같은 벽돌을 찾아 건물을 계속 지으면 된다. 클라우드 자원도 이와 유사한 방식으로 처리하는 것이 적절하다. 더 간결하고 무자비하게 표현하면, 흔히 말하는 "애완동물 말고 소처럼 자원을 다뤄라"라는 격언이 제격이다. 목초지를 건강한 소에게 제공하기 위해 성능이 떨어지는 소를 도살할 준비를 해야 한다.

레고 비유를 계속한자면, 완성된 전체 구조(예: 성)를 불변으로 취급함으로써 몇 가지 이점을 얻을 수 있다. 성에 대한 변경 사항(예: 도개교를 추가하는 것)은 앞으로 건설할 두 번째 성에서 건축되고 테스트될 것이다. 첫 번째 성은 테스트가 끝나고 업데이트된 도개교로 새로운 성을 승격시킬 준비가 될 때까지 정상적으로 작동한다.

이러한 방식으로 애플리케이션 스택을 처리하는 것은 가능한 최저 수준에서 전체 시스템을 교체함으로써 몇 가지 이점이 발생한다.

- 가장 낮은 수준에서 시스템을 교체하면 모든 배치 단계를 자동화할 수 있다.

- 정상적인 이전 스택은 새로운 스택이 테스트되고 준비될 때까지 계속 실행되기 때문에 이전 버전으로 쉽게 되돌아 갈 수 있다. 이는 현재 스택에 원하는 변경 사항이 업데이트되는 롤링 업데이트와는 다르다. 뭔가 잘못되면, 모든 변경 사항을 되돌릴 수 있기를 바라며 업데이트를 롤백해야 한다. 롤링 업데이트 및 롤백의 각 단계에서 시스템이 정지된다. 이것은 불변 배포에 불필요하다.

- 자동화를 장려함으로써 모든 변경 사항은 스크립트로 존재해야 한다. 어떤 서버도 특별하지 않고 언제라도 폐기되거나 다시 시작될 수 있기 때문에 수동 변경을 계속하는 팀에게는 호된 교훈이 따를 것이다.

- 모든 것을 스크립팅한다는 것은 몇 줄의 코드를 변경해 개발과 테스트를 위한 유사 운영 시스템을 매우 쉽게 구축할 수 있다는 것을 의미한다.

- 가장 중요한 점은 운영 스택을 위험하게 하지 않고 새로운 인프라를 독립적으로 테스트할 수 있다는 것이다. 핵심 업무 애플리케이션의 경우, 수익을 만들어내는 시스템이 영향을 받지 않도록 보장하는 것이 가장 중요하다.

배포를 불변으로 처리하는 것은 단지 구성 변경이 아니라 조직에서 발생해야 하는 사고 방식과 문화적 변화다. 그것은 클라우드가 제공하는 새로운 기능, 특히 IaC(그것이 AWS CloudFormation이든, Azure ARM 또는 테라폼이든 상관없이)로 인해 하나의 옵션이 된다.

더 많은 자동화를 제공하고 배포 부담을 덜어주는 데 도움이 되는 또 다른 클라우드 도구도 사용할 수 있다. AWS Elastic Beanstalk과 같은 클라우드 서비스는 배포의 운영 부담을 관리하므로 사용자가 애플리케이션의 코드 개발을 구축하고 담당하고 소유하는 데 집중할 수 있다. 사용자는 간단히 코드를 서비스에 업로드하고 Elastic Beanstalk이 나머지를 처리한다(사용자가 제공한 몇 가지 구성 파라미터 사용). Elastic Beanstalk과 같은 서비스는 배포의 핵심으로 불변성을 가지므로 원래의 1.0 스택과 함께 새로운 2.0 스택을 프로비저닝할 수 있다. 테스트를 수행하고 2.0 버전에서 더 많은 사용자 트래픽을 천천히 받아들일 수 있다. 운영 환경에서 2.0 스택을 사용할 수 있다는 확신이 들면 컷오버(cutover)[11]를 완료할 수 있다. 새 스택에 오류가 발생하면 원래 환경으로 신속하게 되돌릴 수 있다. 이것은 간단히 로드밸런서 설정을 변경해 트래픽을 이전 스택에서 새 스택으로(또는 그 반대로) 바꿈으로써 수행할 수 있다.

또한, 엄격한 구성을 강화하고 변경되지 않도록 유지하는 데 도움이 되는 클라우드 서비스가 있다. AWS Config 및 Config Rules와 같은 서비스는 시간 경과에 따른 구성 변경 사항을 추적해 사용자가 자원 변경 사항 및 상태를 모니터링할 수 있게 한다. 이러한 지표는 API를 통해 자체 알림/개선 시스템에 제공되거나 Config Rules을 사용해 자원이 변경된 방식에 따라 특정 작업을 자동으로 적용할 수 있다.

불변성은 클라우드 네이티브 성숙도로의 여정에서 채택하는 핵심 설계 패러다임이다. 가장 낮은 자원 수준에서 배치 변경을 관리함으로써 자동화를 장려하고 애플리케이션의 가용성을 높인다.

자체 치유 인프라

확장성 및 가용성과 관련하여 클라우드 네이티브 애플리케이션에 채택할 또 다른 중요한 패러다임은 자체 치유 인프라다. 자체 치유 인프라는 알려지거나 일반적인 결함에 자동으로 대응하는 본질적으로 영리한 배포다. 결함에 따라 아키텍처는 본질적으로 복원력이 있으며 오류를 수정하기 위한 적절한 조치를 취한다.

---

11 (옮긴이) 컷오버: 기존에 운영되던 서비스나 시스템을 중단하고 새로 개발된 서비스나 시스템으로 운영을 전환하는 것을 의미한다.

자체 치유 측면은 애플리케이션, 시스템, 하드웨어 수준에서 적용할 수 있다. 클라우드는 '하드웨어 자체 치유'에 대해 완전히 책임져 왔다. 기술적으로 그런 것은 존재하지 않는데, 왜냐하면 인간의 상호 작용 없이 고장 난 하드디스크나 불이 붙은 CPU를 수리하거나 불에 탄 메모리를 교체할 방법을 아직 찾지 못했기 때문이다. 그러나 클라우드 소비자로서 현재 상황은 이상적인 미래를 모방한다. CSP는 배후에 인력을 배치해 고장 난 하드웨어 자원을 빠르고 신속하게 수리하고 교체한다. 엄격한 정의에 따르면, 인간 개입이 여전히 필요하기 때문에 자체 치유적 물리적 인프라에 가까이 가지 못하고 있다. 그러나 클라우드 소비자로서 우리는 물리적 계층과 완전히 분리돼 있으므로 걱정할 필요가 없다.

시스템 및 애플리케이션 수준에서 자체 치유 인프라와 클라우드 네이티브 애플리케이션을 구축하는 데 도움이 되는 다양한 방법을 제공한다. 다음과 같이 몇 가지 예가 주어지며, 이 장의 뒷부분에서 사용할 도구를 다룰 것이다.

- **자동 확장 그룹**은 자체 치유 시스템의 완벽한 예다. 일반적으로 ASG와 확장성을 연관시키는 반면, ASG는 비정상적인 VM을 폐기하고 다시 프로비저닝하도록 조정될 수 있다. 이 기능을 사용하려면 사용자 정의 상태 지표나 상태 확인을 모니터링 시스템에 보내야 한다. 애플리케이션을 상태 비저장 상태로 설계하는 것이 중요하다. ASG 내에서 세션이 한 VM을 통해 다른 VM으로 전달될 수 있기 때문에 상태 비저장으로 앱을 설계하는 것이 중요하다.

- 클라우드 플랫폼에서 사용할 수 있는 **DNS 상태 확인**을 통해 사용자는 특정 자원의 상태, 기본 모니터링 서비스의 상태 및 기타 상태 검사를 모니터링하고 이에 따라 조치를 취할 수 있다. 그런 다음 스택의 상태에 따라 지능적이고 자동으로 트래픽을 재지정할 수 있다.

- **인스턴스 (VM) 자동 복구**는 기반 하드웨어 결함이 있을 때 비정상적인 인스턴스를 자동으로 복구하기 위해 AWS와 같은 CSP가 제공하는 기능이다. 네트워크 연결성 손실, 시스템 전원 손실, 물리적 호스트의 소프트웨어 문제 또는 네트워크 도달 가능성에 영향을 미치는 물리적 호스트의 하드웨어 문제가 있는 경우, AWS는 인스턴스를 복제하고 사용자에게 알린다.

- **데이터베이스 장애 조치 또는 클러스터** 기능은 주요 CSP에서 관리형 DB 서비스를 통해 사용할 수 있다. AWS RDS(Relational Database Service)와 같은 서비스는 사용자에게 다중 AZ 배포를 제공할 수 있는 기능을 제공한다. MSSQL을 위한 SQL Server 미러링(Mirroring), Oracle, PostgreSQL, MySQL, MariaDB를 위한 다중 AZ 배포, Aurora라는 Amazon의 독점적인 DB 엔진을 위한 클러스터링의 사용은 고가용성 DB 스택 구성 요소를 지원한다. 장애가 발생하면 DB 서비스는 자동으로 동기화된 대기 복제본으로 장애 조치를 취한다.

핵심 신조

클라우드 네이티브 애플리케이션은 확장성 있고 가용성이 있어야 한다. 이 기준을 달성하려면 클라우드에서 회복력 있는 시스템이 이 장에서 소개된 개념을 사용해야 한다. 클라우드 네이티브 애플리케이션을 구축하기 위해 준수해야 할 핵심 신조를 다음과 같이 요약했다.

- 컴퓨팅은 분산되고 애플리케이션은 상태 비저장이 된다.
  - 다중 영역 및 지역에 걸쳐 배포한다. 하이퍼 클라우드 제공자의 규모를 십분 활용하고 다중 영역 또는 다중 리전으로 시스템을 구축한다.
  - 상태 저장 애플리케이션은 머신의 각 세션에 대한 데이터를 유지하고 세션이 활성화돼 있는 동안 그 데이터를 사용한다. 그러나 상태 비저장 애플리케이션은 서버/호스트에 세션 상태 데이터를 보관하지 않는다. 대신, 세션 데이터는 클라이언트에 저장되고 필요에 따라 서버로 전달된다. 이를 통해 필요에 따라 컴퓨팅 자원을 서로 바꿔 사용할 수 있다(예를 들면, ASG가 그룹의 컴퓨팅 자원의 수를 확장하거나 축소하는 경우).

- 스토리지는 로컬이 아니며 분산되어 있다.
  - 설계상 데이터에 중복성을 제공하는 클라우드 스토리지 서비스를 활용한다. Simple Storage Service(S3) 및 Elastic Block Store(EBS)와 같은 AWS의 서비스는 자동으로 다중 AZ 및 다중 하드디스크에 데이터를 복제한다.
  - 레디스(Redis)와 맴캐시드(Memcached) 같은 분산 캐싱 솔루션을 활용하는 것은 상태 비저장 애플리케이션 아키텍처를 지원하는 데 도움이 된다. 이는 탄력적인 웹 및 앱 계층의 공통 데이터 및 객체를 공통 데이터 저장소로 오프로드한다.
  - 데이터를 분산하고 하드웨어 또는 노드 장애를 허용하는 데이터베이스 솔루션을 사용한다. 다중 AZ 데이터베이스 배포 또는 AWS DynamoDB와 완전 관리형 NoSQL DB 서비스는 내재된 중복성과 복원력을 제공한다.

- 물리적으로 중복된 네트워크 연결을 만든다.
  - 네트워크 연결이 끊어지고 장애 조치 계획이 없는 경우 가장 발전된 애플리케이션조차도 실패할 수 있다. 기존 데이터 센터 또는 네트워크 교환기에서 클라우드로 중복 네트워크 연결을 설계한다. 이는 극단적인 실패 상황에서 도움을 주는 기본 아키텍처 결정이다. 이 사고방식은 온프레미스의 네트워크 하드웨어에도 적용된다. 같은 네트워크 장비에서 프라이빗 링크와 이중화된 VPN 연결을 종료하지 않는다. 적어도 물리적으로 분리된 두 개의 자원을 갖는다.

- 광범위하고 철저하게 모니터링한다.
  - 지능적이고 철저하며 지속적인 모니터링 없이는 확장성 있고 가용성 높은 시스템을 구축할 수 없다. 스택의 모든 레벨을 모니터링함으로써 자체 치유 인프라를 활성화하고 일반적인 장애 유형을 찾기 위해 자동화를 구축할 수 있다. 게다가 시간이 지남에 따라 시스템이 작동하는 방식에 대한 과거 이력을 만들면 예상 트래픽 증가에 앞서 지능적으로 확장하고 시스템 성능 병목 현상을 해결할 수 있는 패턴이 나타난다.

- IaC를 사용한다.

    - 스택을 코드로 표현함으로써 애자일 소프트웨어 개발 방법론의 모든 이점을 IT 시스템의 구축 및 관리에 적용할 수 있다. 이는 클라우드 네이티브 애플리케이션을 구축하는 데 있어 중요한 점인데, 이 기능이 없으면 이 장에서 소개한 몇 가지 개념이 불가능하기 때문이다.

- 모든 배포는 불변이다.

    - 시스템에 대한 변경을 가능한 최저 수준으로 채택하는 정책을 시행한다. 업데이트를 적용하거나 애플리케이션을 패치해야 하는 경우, 새 이미지를 기반으로 업데이트된 새 VM을 배포하거나 업데이트된 애플리케이션과 함께 새 컨테이너를 시작한다. 이는 기술적인 것만큼이나 조직에게는 문화적인 변화다.

- 가능한 경우 자체 치유 인프라를 설계하고 구현한다.

    - 자원을 배치하고 스스로 복구하는 시스템을 구축해 운영 오버 헤드를 줄인다. 클라우드에서도 장애를 예상하고 예측한다. CSP 서비스와 가상 시스템은 하드웨어 또는 네트워크 장애에 영향을 받지 않는 게 아니며, 100% 가동 시간도 기대할 수 없다. 이를 고려하여 여러 지리적 영역에 배포해 분산시킨다.

- 배치 안티 패턴이 자동으로 보고되고 방지된다.

    - IaC를 처리하고 불변 배포를 채택함으로써 스택에 대한 모든 변경 사항을 모니터링하고 검사할 수 있다. 변경을 방지하기 위해 구성 검사 및 규칙을 환경에 구축한다. 코드 검사를 파이프라인에 구축해 규칙을 준수하지 않는 시스템이 배치되기 전에 플래그를 지정한다. 이에 대해서는 8장 '클라우드 네이티브 운영'에서 자세히 다룬다.

- 운영 제어판(Operational Control Pane)을 만들고 유지 관리한다.

    - 애플리케이션과 시스템에 맞춰진 사용자 정의 대시보드를 생성한다. 내장된 클라우드 로깅 서비스와 사용자 지정 지표를 결합해 중요한 데이터를 하나의 뷰로 집계한다. 또한, 지표가 정상적인 동작을 초과하면 플래그를 지정하거나 관리자에게 알리는 규칙을 만든다.

- 확장성 대 탄력성 – 차이점을 파악하고 적절하게 설계한다.

    클라우드가 제공하는 확장성으로 인해 사용자는 거의 무한대의 용량으로 애플리케이션을 확장할 수 있다. 애플리케이션의 확장성 요구 사항은 사용자의 기반 위치, 세계적인 야망, 필요한 특정 자원 유형에 따라 다르다. 탄력성은 시스템에 설계하고 구축해야 하는 아키텍처적인 특징이다. 즉, 사용자의 요구에 맞게 시스템을 확장하고 축소할 수 있다는 것을 의미한다. 이로 인해 성능 및 비용 최적화가 이루어진다.

서비스 지향 아키텍처와 마이크로서비스

선도적인 CSP를 위한 클라우드 개발의 기원은 모놀리식 시스템을 관리하는 고통에서 기인한다. 각 기업(Amazon.com 소매 사이트, Google.com의 웹 색인화)이 엄청난 성장을 경험하면서 전통적인 IT 시스템은 확장 속도를 따라갈 수 없었고 필요한 혁신을 가능하게 하는 발전 속도로 진화할 수도 없었다. 이것은 사실이며 AWS와 GCP 모두 대외적으로 잘 문서화돼 있다. 내부 시스템이 이러한 서비스(초기에 제품 개발팀에게만 제공되던)를 중심으로 성숙해감에 따라 Amazon은 유틸리티 기반 과금 시스템을 통해 외부 고객에게 이러한 서비스를 제공하기 위한 단계를 밟았다.

많은 기업과 아키텍트는 이제 완전히 분리된 환경을 **서비스 지향 아키텍처(Service-Oriented Architecture, SOA)**라고 부르며, 이 분리 프로세스에서 장점을 본다. 여기서는 SOA를 '가장 낮은 수준의 애플리케이션 기능을 제공하는 개별 구성 시스템이 독립적으로 실행되고 API를 통해서만 다른 시스템과 상호 작용하는 디지털 환경'으로 정의한다. 실제로 이는 각 서비스가 독립적으로 배포되고 관리된다는 것을 의미한다(이상적으로 IaC에서 관리하는 스택). 서비스는 다른 서비스에 의존할 수 있지만, 이러한 데이터 교환은 API를 통해 수행된다.

SOA와 마이크로서비스는 확장성 및 가용성에 대해서 CNMM의 성숙도 마지막 단계에 있다. 애플리케이션 또는 IT 환경을 분리하려면 수년간의 작업과 기술 훈련이 필요하다.

클라우드 네이티브 도구

확장성 및 가용성이 있는 시스템의 아키텍처를 설계하기 위한 전략을 확실하게 이해했으므로 이 절에서는 이러한 전략을 구현하는 데 도움이 되는 도구와 제품, 오픈 소스 프로젝트를 소개한다. 이 도구는 CNMM의 자동화 및 애플리케이션 중심 설계 축을 따라 더 성숙한 시스템을 설계하는 데 도움이 된다.

시미안 아미 (Simian Army)

시미안 아미는 넷플릭스가 깃허브에서 오픈 소스 프로젝트로 사용할 수 있게 만든 도구 모음이다. 이 '군대(Army)'는 카오스 멍키(Chaos Monkey)와 재니터 멍키(Janitor Monkey)에서 컨포미티 멍키(Conformity Monkey)에 이르기까지 다양한 원숭이들(여러 다른 도구)로 구성된다. 각 원숭이는 하위 시스템을 가동 중지하거나 활용도가 낮은 자원이나 미리 정의된 규칙(예: 태깅)을 준수하지 않는 자원을 제거하는 등의 특정한 목적으로 구분돼 있다. 시미안 아미 도구를 사용하는 것은 시미안 아미의 공격 결과를 처리하지 못했을 때 엔지니어와 관리자가 경고를 받고 시스템을 고칠 준비가 된 '게임데이 (gameday)와 같은 상황'을 테스트하는 좋은 방법이다. 넷플릭스는 근무 시간 동안 지속해서 실행되는 이러한 도구를 갖추고 있어 엔지니어가 끊임없이 설계 효율성을 테스트할 수 있다. 하위 시스템이 이 도구에 의해 중지되면 애플리케이션의 자체 치유 측면은 처벌 테스트를 받게 된다.

시미안 아미는 깃허브의 https://github.com/Netflix/SimianArmy에 있다.

도커 (Docker)

도커는 모든 의존성 및 필수 라이브러리가 있는 애플리케이션을 독립형 모듈로 패키징할 수 있는 소프트웨어 컨테이너 플랫폼이다. 이는 아키텍처 설계 중심을 호스트/VM에서 컨테이너화된 애플리케이션으로 이동시킨다. 컨테이너는 애플리케이션과 기본 OS 간의 비호환성 또는 버전 충돌의 위험을 제거하는 데 도움이 된다. 게다가 컨테이너는 도커를 실행하는 모든 머신에서 쉽게 마이그레이션할 수 있다.

클라우드 네이티브 애플리케이션과 관련하여 컨테이너는 런타임용 애플리케이션을 패키징하는 효과적인 방법이며, 버전 관리에 뛰어나고 배치 운용에 효율적이다. 도커는 이 분야에서 선도적인 솔루션이며, **커뮤니티 버전(Community Edition, CE)**은 무료로 사용할 수 있다.

도커 외에도 도커의 사용을 극대화하고 클라우드 네이티브 시스템을 만드는 데 도움이 되는 몇 가지 주목할 만한 오픈 소스 프로젝트가 있다.

- Infrakit은 인프라 조정을 위한 도구다. 이는 불변 아키텍처 접근법을 강조하고 자동화 및 관리 프로세스를 작은 구성 요소로 분해한다. Infrakit은 상위 수준의 컨테이너 조정 시스템에 대한 인프라 지원을 제공하고 인프라를 자체 치유한다. 스웜, 쿠버네티스, 테라폼, 베이그런트와 같은 다른 인기 있는 도구 및 프로젝트에 대한 많은 플러그인을 제공하며 AWS, 구글, VMWare 환경을 지원한다(https://github.com/docker/swarmkit).

- **도커 스웜(킷)**은 도커 엔진 1.12 이상을 위한 클러스터 관리 및 조정 도구다. 이 도구는 도커 컨테이너 배포로 서비스 조정, 로드밸런싱, 서비스 검색, 내장 인증 순환을 지원할 수 있다. 독립형 도커 스웜도 사용할 수 있지만, 스웜킷이 인기를 끌면서 적극적인 개발이 중단된 것으로 보인다(https://github.com/docker/swarmkit).

- Portainer는 도커 환경을 위한 가벼운 관리 UI다. 도커 엔진에서 실행될 수 있는 단일 컨테이너에서 간편하게 사용하고 실행할 수 있다. 운영 제어판을 만들 때 환경 및 시스템에 대한 마스터 뷰를 함께 만드는 데 있어 Portainer와 같은 UI가 반드시 필요하다(자세한 내용은 https://github.com/portainer/portainer와 https://portainer.io/를 참조한다).

쿠버네티스 (Kubernetes)

2010년대 중반, 도커의 인기와 성공이 확대되면서 구글은 컨테이너화의 추세를 인식하고 그 채택에 크게 기여했다. 구글은 쿠버네티스를 처음부터 도커 컨테이너를 조정하기 위해 설계했고, 보그(Borg)라는 내부 시스템 인프라 조정 시스템을 기반으로 했다. 쿠버네티스는 스토리지 시스템 마운트, 애플리케이션 상태 확인, 애플리케이션 인스턴스 복제, 자동 확장, 업데이트 롤아웃, 로드밸런싱, 자원 모니터링, 애플리케이션 디버깅을 지원하는 강력한 오픈 소스 도구다. 2016년에 쿠버네티스는 클라우드 네이티브 컴퓨팅 재단(Cloud Native Compute Foundation)에 기증되어 무료로 사용할 수 있고, 활동적인 커뮤니티(https://kubernetes.io/)의 지원을 받는다.

테라폼 (Terraform)

해시코프의 테라폼은 IaC를 작성, 변경, 버전 관리하는 데 인기 있는 도구다. 테라폼은 AWS CloudFormation 또는 Azure ARM과 같은 기본 클라우드 플랫폼 서비스와 달리, CSP 및 온프레미스 데이터 센터에서 작동한다. 이는 하이브리드 환경에서 인프라 자원을 처리할 때 뚜렷한 이점을 제공한다(https://github.com/hashicorp/terraform).

OpenFaaS (Function as a Service)

앞서 언급한 몇 가지 도구(도커, 도커 스웜, 쿠버네티스)를 결합한 OpenFaaS는 서버리스 함수를 쉽게 만들 수 있는 오픈 소스 프로젝트다. 이 프레임워크는 함수 및 수집된 지표를 지원하는 API 게이트웨이의 배포를 자동화하는 데 도움을 준다. 이 게이트웨이는 수요에 따라 확장되며, 모니터링 목적으로 UI를 사용할 수 있다(https://github.com/openfaas/faas).

엔보이 (Envoy)

원래 Lyft에서 개발된 엔보이는 클라우드 네이티브 애플리케이션을 위해 설계된 오픈 소스 에지 및 서비스 프락시다. 프락시 서비스는 성숙한 설계가 최상의 확장성과 가용성을 제공하는 서비스 지향 아키텍처를 채택하는 데 있어 핵심이다(https://www.envoyproxy.io/).

링커디 (Linkerd)

클라우드 네이티브 컴퓨팅 재단에서 지원하는 또 다른 오픈 소스 프로젝트인 링커디는 인기 있는 서비스 매시 프로젝트다. 모든 서비스 간 통신에 서비스 검색, 로드밸런싱, 장애 처리, 스마트 라우팅을 투명하게 추가해 SOA 아키텍처를 확장할 수 있게 설계됐다(https://linkerd.io/).

집킨 (Zipkin)

집킨은 "대퍼(Dapper), 대규모 분산 시스템 추적 인프라"라는 구글 연구 논문을 바탕으로 논문에서 기술한 것을 동작할 수 있게 구현한 오픈 소스 프로젝트다. 집킨은 아키텍트가 비동기적으로 스팬 데이터를 수집하고 UI를 통해 이 데이터를 조정함으로써 마이크로서비스 아키텍처 내에서 문제를 해결하고 지연 시간을 최적화할 수 있도록 돕는다(https://zipkin.io/).

앤서블 (Ansible)

인기 있는 오픈 소스 구성 관리 및 조정 플랫폼인 앤서블은 레드햇(RedHat)의 소프트웨어 제품의 일부다. 이 제품은 노드와 제어 노드 간의 에이전트 없는 통신에 의존한다. 애플리케이션 인프라 스택을 자동화하고 배포하기 위한 플레이북을 지원한다(https://www.ansible.com/).

아파치 메소스 (Apache Mesos)

메소스는 본질적으로 애플리케이션에 단일 VM 또는 물리적인 머신을 넘어 확장할 수 있는 기능을 제공하는 클러스터 관리자다. 메소스를 사용하면 공유 자원 풀 전체에 분산 시스템을 쉽게 구축할 수 있다. 메소스는 분산 시스템에 필요한 공통 기능(예를 들면, 장애 감지, 작업 배포, 작업 시작, 작업 모니터링, 작업 종료, 작업 정리)을 제공함으로써 빅데이터 하둡(Hadoop) 배포를 지원하는 인기 있는 선택사항이 됐다. 메소스는 UC 버클리의 AMPLab에서 제작됐으며 2013년 아파치 재단의 최상위 프로젝트가 됐다 (http://mesos.apache.org/).

솔트스택 (Saltstack)

또 다른 오픈 소스 구성 관리 및 조정 프로젝트인 솔트스택 프로젝트는 클라우드 네이티브 배포를 대규모로 관리하기 위한 옵션이다. 리눅스 기반 OS 배포의 사용이 배포의 대부분을 차지하는 경우 솔트스택의 사용을 고려한다. 이것은 토마스 해치(Thomas S Hatch)에 의해 작성됐으며 2011년에 처음으로 출시됐다(https://github.com/saltstack/salt).

베이그런트 (Vagrant)

해시코프가 소유한 오픈 소스 프로젝트인 베이그런트는 사용자에게 가상 환경을 구성하는 일관된 방법을 제공한다. 베이그런트는 자동화 소프트웨어와 함께 사용될 때 모든 가상 환경에서 확장성 및 이식성을 보장한다. 베이그런트의 첫 번째 출시는 2010년에 미첼 하시모토(Mitchell Hashimoto)와 존 벤더(John Bender)가 작성했다(https://www.vagrantup.com/).

오픈스택 (OpenStack) 프로젝트

오픈스택은 오늘날의 선도적인 CSP에서 볼 수 있는 모든 서비스를 모방한 소규모 오픈 소스 프로젝트를 구현하는 상위 오픈 소스 프로젝트다. 오픈스택 프로젝트는 컴퓨팅, 스토리지, 네트워킹에서 데이터 및 분석, 보안, 애플리케이션 서비스에 이르기까지 다양하다.

컴퓨팅:

- Nova – 컴퓨팅 서비스: https://wiki.openstack.org/wiki/Nova
- Glance – 이미지 서비스: https://wiki.openstack.org/wiki/Glance
- Ironic – 베어 메탈 프로비저닝 서비스: https://wiki.openstack.org/wiki/Ironic
- Magnum – 컨테이너 조정 엔진 프로비저닝: https://wiki.openstack.org/wiki/Magnum
- Storlets – 컴퓨팅 가능한 객체 스토어: https://wiki.openstack.org/wiki/Storlets
- Zun – 컨테이너 서비스: https://wiki.openstack.org/wiki/Zun

스토리지, 백업, 복구:

- Swift – 객체 스토어: https://wiki.openstack.org/wiki/Swift
- Cinder – 블록 스토리지: https://wiki.openstack.org/wiki/Cinder
- Manila – 공유 파일시스템: https://wiki.openstack.org/wiki/Manila
- Karbor – 서비스형 애플리케이션 데이터 보호: https://wiki.openstack.org/wiki/Karbor
- Freezer – 백업, 복원, 재해 복구: https://wiki.openstack.org/ wiki/Freezer

네트워크 및 컨텐트 전달:

- Neutron – 네트워킹: https://docs.openstack.org/neutron/latest/
- Designate – DNS 서비스: https://wiki.openstack.org/wiki/Designate
- DragonFlow – Neutron 플러그인: https://wiki.openstack.org/wiki/Dragonflow

- Kuryr – 컨테이너 플러그인: https://wiki.openstack.org/wiki/Kuryr

- Octavia – 로드밸런서: https://wiki.openstack.org/wiki/Octavia

- Tacker – NFV 조정: https://wiki.openstack.org/wiki/Tacker

- Tricircle – 복수 리전 배포를 위한 네트워킹 자동화: https://wiki.openstack.org/wiki/Tricircle

데이터 및 분석:

- Trove – 서비스형 데이터베이스: https://wiki.openstack.org/wiki/Trove

- Sahara – 빅데이터 처리 프레임워크 프로비저닝: https://wiki.openstack.org/wiki/Sahara

- Searchlight – 인덱싱 및 검색: https://wiki.openstack.org/wiki/ Searchlight

보안, 자격증명, 규정 준수:

- Keystone – 자격증명 서비스: https://wiki.openstack.org/wiki/Keystone

- Barbican – 키 관리: https://wiki.openstack.org/wiki/Barbican

- Congress – 통제: https://wiki.openstack.org/wiki/Congress

- Mistral – 워크플로 서비스: https://wiki.openstack.org/wiki/Mistral

관리 도구:

- Horizon – 대시보드: https://wiki.openstack.org/wiki/Horizon

- Openstack Client – 명령행 클라이언트: https://www.openstack.org/ software/releases/ocata/ components/openstack-client-(cli)

- Rally – 벤치마크 서비스: https://rally.readthedocs.io/en/latest/

- Senlin – 클러스터링 서비스: https://wiki.openstack.org/wiki/Senlin

- Vitrage – 문제 원인 분석 서비스: https://wiki.openstack.org/wiki/ Vitrage

- Watcher – 최적화 서비스: https://wiki.openstack.org/wiki/Watcher

배포 도구:

- Chef Openstack – OpenStack을 위한 Chef 쿡북: https://wiki.openstack.org/wiki/Chef

- Kolla – 컨테이너 배포: https://wiki.openstack.org/wiki/Kolla

- OpenStack Charms – OpenStack을 위한 Juju Charms: https://docs.openstack.org/ charm-guide/ latest/

- OpenStack-Ansible – OpenStack을 위한 Ansible 플레이북: https://wiki.openstack.org/wiki/ OpenStackAnsible

- OpenStack – OpenStack을 위한 Puppet 모듈: https://docs.openstack.org/puppet-openstack-guide/latest/

- Tripleo – 배포 서비스: https://wiki.openstack.org/wiki/TripleO

애플리케이션 서비스:

- Heat – 조정: https://wiki.openstack.org/wiki/Heat

- Zaqar – 메시징 서비스: https://wiki.openstack.org/wiki/Zaqar

- Murano – 애플리케이션 카탈로그: https://wiki.openstack.org/wiki/Murano

- Solum – 소프트웨어 개발 생명 주기 자동화: https://wiki.openstack. org/wiki/Solum

모니터링 및 측정:

- Ceilometer – 측정 및 데이터 수집 서비스: https://wiki.openstack. org/wiki/Telemetry

- Cloudkitty – 과금 및 차지백(chargebacks): https://wiki.openstack.org/wiki/ CloudKitty

- Monasca – 모니터링: https://wiki.openstack.org/wiki/Monasca

- AODH – 알림 서비스: https://docs.openstack.org/aodh/latest/

- Panko – 이벤트, 메타데이터 인덱싱 서비스: https://docs.openstack.org/panko/latest/

이 외에도 사용할 수 있는 더 많은 도구(오픈 소스와 상용)가 있으며, 현재 육성 중인 많은 프로젝트가 있다. 이 목록을 정해진 불변의 도구 목록으로 봐서는 안 되며, 이 책을 쓰는 시점에 가장 인기 있는 도구의 목록으로 여기면 될 것이다. 여기에서 중요한 점은 자동화와 자유가 핵심이라는 것이다. 8장 '클라우드 네이티브 운영'에서 클라우드 네이티브 작업을 위한 도구 선택 및 관리에 대해 자세히 알아본다.

요약

이 장에서는 하이퍼 클라우드의 규모와 조직화된 컴퓨팅의 집합이 IT 소비자에게 어떤 의미인지를 소개했다. 이러한 클라우드 플랫폼의 글로벌 규모와 일관성, 도달 범위는 확장성과 가용성 있는 시스템을 고려할 필요가 있는 방향으로 변화했다.

또한 상시 가용(always-on) 아키텍처의 개념과 이러한 시스템을 구성하는 주요 아키텍처 요소를 소개했다. 네트워크 이중화, 중복된 핵심 서비스, 광범위한 모니터링, IaC, 불변 배포는 모든 클라우드 네이티브 시스템으로 아키텍처를 설계하는 데 있어 중요한 요소다.

이 상시 가용 접근 방식을 기반으로 자체 치유 인프라라는 개념을 도입했다. 대규모 클라우드 네이티브 배포의 경우, 시스템 복구 및 치유를 자동화하는 것이 핵심 기능이다. 이를 통해 시스템을 자체적으로 복구할 수 있지만, 더 중요한 것은 시스템 개선에 들어가는 인적 자원의 중요한 시간을 확보해 시스템을 개선하고 진화 아키텍처를 허용한다는 점이다.

아울러 현재 아키텍트와 IT 전문가가 사용할 수 있는 가장 인기 있는 도구 몇 가지를 소개하면서 이 장을 마무리했다. 이 도구는 구성 관리, 자동화, 모니터링, 테스트, 마이크로서비스 매시 관리와 같은 모든 사용 사례를 다룬다.

다음 장에서는 클라우드 아키텍처의 보안에 대해 설명한다.

보안과
신뢰성

보안은 흔히 기업의 의사결정자들 대부분이 새로운 기술을 채택하기로 결정할 때 고려하는 첫 번째 기준이 된다. 안전하게 배포하고 나서 보호하고 보안 위협에 대해 대응하는 것은 성공을 위해 가장 중요한 요소다. 이것은 컴퓨터 시스템이 등장한 이래로 항상 사실이었고 가까운 미래에도 다르지 않을 것이다. 전반적인 IT 시스템 보안은 고객 데이터가 노출되거나 유출되거나 잘못 관리된 것으로 인한 업무 손실의 위험으로 인해 악화된다. 보안 사건 때문에 도산한 회사의 사례가 '지난 10년간만' 해도 수십 건이 있었다.

한때 지배적이었던 거대 인터넷 검색 기업인 야후(Yahoo)는 버라이즌(Verizon)과의 인수전에서 공격의 희생자였다고 발표했다. 이 해킹은 2014년 5억 명이나 되는 사용자의 실명과 이메일 주소, 생년월일, 전화 번호를 노출시켰다. 몇 달 후 야후는 10억 개의 계정과 암호를 손상시킨 보안 이벤트를 또 다시 발표했다. 이 사건들은 버라이즌의 야후 인수 가격을 약 3억 5천만 달러로 떨어뜨렸다.

야후와 유사한 예는 수십 가지가 있는데, 그 예에서 나타난 부적절한 관리와 불충분한 대응, 잘못된 아키텍처 결정은 기업에 한결같이 나쁜 결과를 초래했다. 2014년에 이베이(eBay)는 1억4천5백만 명의 사용자 계정을 침해 당했고, 2008년에 하트랜드 결제 시스템(Heartland Payment Systems)은 1억4천4백만 명 사용자의 신용카드를 도난 당했으며, 2013년에는 타깃(Target)이 1억1천만 명 고객의 신용/직불카드와 연락처 정보를 도난 당했고, 그 밖에도 여러 기업이 불명예를 안았다. 각각의 보안 침해로 인해 기업은 수백만 달러의 벌금을 지불하고 소비자의 신뢰를 깨뜨리며 헤아릴 수 없을 만큼 엄청난 양의 사업 수익 손실을 입는다.

보안이 모든 IT 시스템의 중요한 요소라는 것은 누구나 알고 있는데, 그렇다면 왜 그리고 어떻게 이 기업들이 실패한 것일까? 그들은 확실히 보안에 필요한 자원이나 인력, 의지가 부족하지는 않았다. 이 질문에 대한 답은 클라우드 네이티브 보안 방법론으로 이어진다.

클라우드 이전 세계에서는 IT 자산을 중앙에서 관리하는 온프레미스에 보관했다. 최상의 상황에서 이러한 데이터 센터에 대한 물리적 접근이 통제되고 모니터링됐다(종종 느슨하게 시행이 시작됐을 것이다). 최악의 경우 물리적 자산의 추적과 감시가 허술한 상태로 컴퓨팅 자원이 여러 곳에 분산됐다. 하드웨어가 일관되지 않고 접근 제어가 불량하며 오버헤드 관리가 불충분하면 보안 태세가 약해질 수 있다.

보안에 대한 일반적인 접근 방식은 이러한 자원을 딱딱한 외피(외부 보호막)로 보호하는 것이다. 이 보안 경계를 유지하는 것은 IT 분야 전체를 보호하는 것이나 다름없었다. 일단 내부에서 발생할 수 있는 위협이나, 위협이 이 보안 경계를 뚫고 침투했을 때 어떻게 할지는 무시한다. 이 외피는 종종 모든 트래픽을 모니터링할 수 있는 중요한 네트워크 교차로에 배치된 방화벽이다. 침입 탐지 시스템/침입 보호 시스템(Intrusion Detection Systems, IDS/Intrusion Protection Systems, IPS)은 유사한 방식으로 배치된다. 일단 위협이 보안 네트워크 교환점을 우회할 수 있게 되면 방화벽 뒤에서 실행되는 전체 스택이 공격 면이 된다. 공격자가 보호된 에지(edge) 내에서 취약점을 악용하는 것을 막을 수 있는 것은 거의 없다. 게다가 보호막 안에서 발생하는 위협으로부터 보호되는 것도 거의 없다.

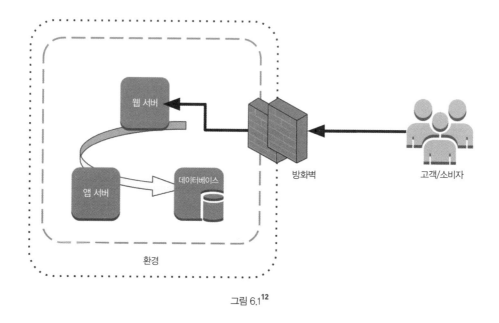

그림 6.1[12]

---

12 (옮긴이) 내부 시스템과의 접점에 방화벽을 위치시켜 내부 시스템에 대한 외부로의 접근이나 위협을 차단하지만, 해당 방화벽을 뚫고 웹 서버에 접근이 가능하다면 다른 내부 시스템(앱 서버, 데이터베이스 등)은 무방비로 공격에 노출된다. 각 내부 시스템 간에 보안이 추가적으로 요구된다.

이런 케케묵은 보안 태세는 구태의연한 보안 운영 및 조직 모델과 종종 함께 나타난다. 보안팀은 여러 다른 관리자에게 보고하고 개발팀이나 인프라팀과는 별도의 목표에 맞춰 조정된다. 보안팀은 대개 최종 사업 목표(시장 점유율 확대, 매출 증대, 인프라 비용 감소 등)에 부합하지 않으며, 개발 및 혁신의 억제 요인으로 인식되고 운영된다.

이러한 인식이 현실과 다르지 않은 경우가 많지만, 그것은 보안 엔지니어들의 잘못이 아니다. 보안 엔지니어가 개발자 및 인프라 아키텍트와 어떻게 협력하는지에 대한 조직 모델이 이러한 마찰을 일으킨다. 같은 목표를 향해 협력하는 파트너로 비춰지지 않고, 적대적 제로섬 관계가 일상이 된다. 아키텍트와 개발자들이 보안 기술자들로 인해 스프린트 프로세스의 민첩성이 떨어지게 된다고 불평하는 것은 유행이 됐다. 개발자들의 '빠른 실패와 혁신' 정신이 보안 조직의 '통제 변경과 검토' 정신과 부딪힌다.

클라우드 네이티브 세계에서의 보안

보안을 방해물이 아닌 개발의 **원동력**으로 삼기 위해 팀을 재정비하고 나아갈 방향을 재조정할 수 있다면 어떨까? 퍼블릭 클라우드 플랫폼은 다음과 같은 여러 가지 방법으로 이러한 진화를 허용한다.

- 보안 제품/서비스를 플랫폼에서 기본으로 제공하고 확장.
- 기본 보안 기능을 API로 노출.
- 핵심 IT 서비스(네트워크, ID 및 접근 관리, 암호화, DLP 등)에 보안 기능 통합.
- 또한 다음과 같은 몇 가지 선천적인 이점이 있다.
  - 클라우드 제공자와 고객 보안팀이 보안 책임을 함께 맡는 공유 책임 모델
  - 클라우드 제공자가 제공하는 대규모의 심층적 보안 경험
  - 지속적으로 서비스에 통합되는 업데이트 및 기능

개별 하이퍼클라우드 제공자는 수천 명에 달하는 세계적인 수준의 보안 전문가 팀을 가지고 있다. 그들의 일은 매일같이 존재하는 무수한 위협에 맞서 싸워서 클라우드 소비자들이 이러한 위협을 성공적으로 피할 수 있도록 하는 것이다. 시간이 지남에 따라 클라우드 제공자들은 그들이 제공하는 서비스 측면에서 지속해서 스택을 상향시켰다. 예를 들면, 먼저 **자격 증명 및 접근 관리(Identity and Access Management, IAM)**, 방화벽, **웹 애플리케이션 방화벽(Web Application Firewall, WAF)**을 시작으로, 그다음 Amazon Inspector나 Azure Security Center 같은 에이전트 기반 OS 보안, 그리고 Amazon Macie와 같은 **데이터 손실 방지(Data Loss Prevention, DLP)**로 이어졌다.

모든 계층에서의 보안

데이터 센터나 클라우드 환경에서 사용할 수 있는 방화벽 및 VPN 어플라이언스의 옵션에는 부족함이 없다. 이들을 선택하는 데 있어 중요한 요소는 반드시 보안 제품이어야 하는 게 아니라, 특정 배치와 사용 가능한 기능(접근 제어, 인증, 권한 부여 기능 포함)이다. 네트워크 보안에만 의존하지 않고 애플리케이션 계층으로 이들을 구축하도록 하는 것이 중요하다. 애플리케이션 수준의 보안 구현은 접근 제어를 확장 가능하고 이식성이 있으며 변경할 수 없게 만든다. 그렇게 되면 접근을 수동으로 제공하지 않고 애플리케이션 또는 (마이크로)서비스의 실제 자격 증명에 기초해 통제할 수 있다.

이 책에서의 정의에 따르면, 클라우드 네이티브 애플리케이션은 안전한 애플리케이션이다. 논리적으로 확장해 보면 안전한 시스템은 신뢰할 수 있는 시스템이어야 한다. 애플리케이션 코드는 패키징돼서 여러 클라우드 리전에 걸쳐 배포되고, 다양한 컨테이너에서 실행되며, 많은 클라이언트나 여러 애플리케이션과 통신한다(자세한 내용은 5장 '확장성 및 가용성' 참고). 이런 환경이 보안을 개별 마이크로서비스에 녹여 넣는 것을 더 중요하게 만든다. 애플리케이션이 현재 여러 지리적 영역에 분산돼 있다는 단순한 사실(계속해서 확장하고 축소하면서)에서 더 자동화되고 세밀한 보안 접근 방식이 필요하다는 것을 알 수 있다.

대부분 기업 역사에서 보안이 적용된 코드를 작성하는 것은 비즈니스 로직보다 덜 흥미롭고 덜 중요했다. 보안 관련 업무가 개발 주기의 마지막 단계까지 남아서 제품의 보안 기능에 주요한 타협을 초래하기 일쑤였다. 많은 요청을 지원하기 위해 확장하고 여러 다른 지역에 걸쳐 실행하며 스스로 프로비저닝할 수 있는 클라우드 네이티브 솔루션을 구축하려고 한다면 최고의 아키텍트라면 보안을 그 아키텍처의 핵심 구성 요소 중 하나로 고려해야 한다.

마지막 순간에 해결책을 끼워 넣는 대신 처음부터 보안을 설계의 일부로 만들고자 한다면 안전한 클라우드 네이티브 스택의 몇 가지 기본 특징을 살펴보자.

- **규정 준수**: 자동화를 통해 시스템 규정 준수 및 감사 추적을 유지한다. 규정 준수 리포트(예를 들면, GxP, FFIEC 등)에 사용할 수 있는 변경 로그를 생성하고 구축한다. 무단 배포 패턴을 방지하기 위한 규칙을 배포한다.

- **암호화**: 민감한 데이터는 네트워크를 통해 이동할 때나 스토리지에 저장됐을 때 암호화해야 한다. IPSec, SSL/TLS와 같은 프로토콜은 여러 네트워크 상의 안전한 데이터 흐름에 필수적이다.

- **확장성과 가용성을 갖는 암호화 자원**: 암호화 기능을 수행하기 위해 단일 암호화 자원에 의존하지 않는다. 이러한 자원은 모든 클라우드 네이티브 패턴과 마찬가지로 널리 퍼져서 분산돼야 한다. 이것은 더 큰 성능을 낼 뿐만 아니라 단일 장애점을 제거한다.

- **데이터 손실 방지(DLP):** 개인식별정보(Personally Identifiable Information, PII) 또는 민감한 데이터가 로그 또는 기타 허가되지 않은 대상에 기록되지 않도록 한다. 로그는 비교적 안전하지 못하며 종종 평문으로 정보를 갖고 있다. 로그 스트림은 종종 침입자들에게 공격하기 가장 손쉬운 대상이다.

- **안전한 자격 증명 및 엔드포인트:** 서비스 자격 증명 및 소스/대상 엔드포인트를 메모리 외부에 보관한다. 최소한의 권한을 가지고 기본 토큰화 서비스를 이용해 영향 범위를 최소로 유지한다. 운영자에 대한 자격 증명을 작성할 때 분리되고 구체적인 정책으로 IAM 규칙을 생성한다. 계속해서 사용량을 검토하고 모니터링한다.

- **캐싱:** 클라우드 네이티브 애플리케이션은 여러 인스턴스 간에 확장되고 축소된다. 애플리케이션은 상태 비저장 설계를 지원하기 위해 외부 캐시(예: Memcached 및 Redis)를 활용해야 한다. 앱은 요청 실행 시간 동안 필요 이상으로 오래 메모리에 정보를 저장해서는 안 된다. 결과적으로, 단일 머신 장애의 경우 요청은 애플리케이션 서버 그룹의 다른 서버로 쉽게 넘어갈 수 있다.

클라우드 보안 서비스

앞 장에서 논의했듯이, 클라우드 환경에서 구축하면 얻을 수 있는 이점 중 하나는 클라우드 네이티브 개발자들이 클라우드 환경에 쉽게 통합되는 수십 개의 서비스에 접근할 수 있다는 것이다. 사용자가 활용할 수 있고 활용해야 하는 플랫폼에는 많은 특징이 있기 때문에 보안에 관해서는 이것이 특히 중요하다. 현재 서비스 및 기능 목록은 다음에 요약돼 있다.

네트워크 방화벽

보안 그룹(Security Groups, SGs)과 네트워크 접근 제어 목록(Network Access Control Lists, NACLs)은 클라우드 네트워크 평면에서 가상 머신의 방화벽 역할을 한다. SG는 인스턴스의 **네트워크 인터페이스(Network Interface, NI)**에서 작동하며 일반적으로 더 유연하고 일상적인 배치에 유용하다. SG는 즉시 수정될 수 있고, 규칙은 그룹에 포함된 모든 NI에 적용된다. SG는 기본으로 들어오는 모든 트래픽을 제한하며(동일한 SG에 포함된 다른 인스턴스의 트래픽은 허용) 모든 아웃바운드 트래픽을 허용한다. NACL은 유사하지만 전체 서브넷에 적용되며 기본으로 모든 트래픽을 허용한다.

SG와 NACL을 비교한 자세한 표는 다음과 같다.

SGs	NACLs
인스턴스 수준에서 작동(방어의 첫 번째 계층)	인스턴스 수준에서 작동(방어의 두 번째 계층)
허용 규칙만 지원	허용 규칙과 거부 규칙을 모두 지원
상태 저장: 규칙에 관계없이 요청 트래픽이 허용됐다면 응답 트래픽이 자동으로 허용됨	상태 비저장: 응답 트래픽을 허용하려면 명시적으로 응답 트래픽을 허용하는 규칙을 지정해야 함
트래픽을 허용할지 말지를 결정하기 전에 모든 규칙을 평가	트래픽을 허용할지 말지를 결정할 때 규칙을 순서대로 처리
인스턴스를 시작할 때 보안 그룹을 지정하거나 나중에 인스턴스에 보안 그룹을 지정하는 경우에만 인스턴스에 적용	연결된 서브넷에 있는 모든 인스턴스에 자동으로 적용(방어의 백업 계층이므로 올바른 SG를 지정하는 사람에게 의존할 필요가 없음)

다음 그림에서 보듯이 보안 그룹은 전송 계층 통신(계층 4)을 위해 유사한 포트를 사용하는 인스턴스 그룹에 적용되는 반면, NACL은 두 개의 큰 서브넷 마스크 사이의 연결을 배제할 때 사용해야 한다.

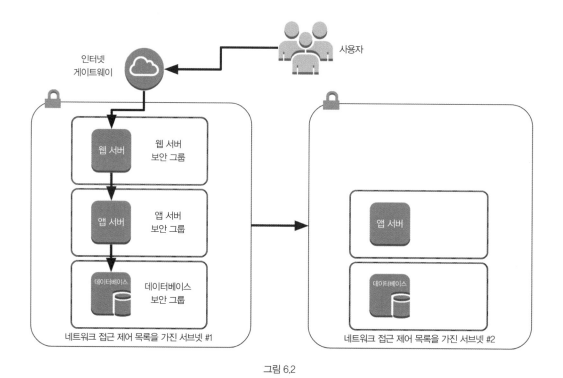

그림 6.2

이 예에서는 (인터넷을 통해) 사용자들이 서브넷 #1에는 접속하고 서브넷 #2에는 접속하지 않기를 바란다. NACL은 서브넷 수준에서 규칙을 적용하는 것이 최선일 때 사용하는 반면, 특정 애플리케이션 포트는 보안 그룹 계층에 설정해야 한다.

배포에서 SG와 NACL을 활용하는 방법을 결정할 때 설계 단계에서 다음 요소를 고려한다.

- 네트워크 평면 전체적으로 내 서브넷 패턴은 어떻게 생겼는가?
  - 예: 인터넷으로부터 직접 접근이 필요 없는 애플리케이션을 격리하려면 프라이빗 및 퍼블릭 서브넷이 필요하다.

- 같은 용도의 서버들이 특정 서브넷으로 그룹화돼 있는가?
  - 예: 웹 티어, 앱 티어, DB 티어 서브넷

- 어떤 VM 클러스터나 서브넷이 프라이빗 네트워크 평면 밖에서 연결되지 않고 어떤 것들이 연결되는가?
  - 심지어 완전히 구분되지 않은 네트워크 평면에서도 특정 VM의 트래픽 패턴이 비슷해지면 그에 따라 그룹화할 수 있다.

- 내 애플리케이션이 어떤 포트와 프로토콜을 사용하는가?
  - 애플리케이션의 공통 트래픽 패턴을 이해하면 적절한 방화벽 규칙을 만드는 데 도움이 될 것이다.

- 퍼블릭 네트워크 공간에는 어떤 대상(애플리케이션, 서버 등)이 있는가?
  - 어떤 애플리케이션이 패치/업데이트를 얻기 위해 퍼블릭 도메인에 있는 어떤 위치로 접속해야 하는지 이해한다.

이 질문에 대답하면 보안 및 네트워크 엔지니어는 클라우드 환경을 위한 확장 가능하고 안전한 방화벽 형태를 구현할 수 있는 기반을 더 잘 마련할 수 있다.

로그와 모니터링

클라우드 플랫폼에는 몇 가지 유형의 기본 로그가 존재하므로 사용자가 감사와 모니터링을 위한 다양하고 특화된 로그 스트림을 생성할 수 있다. 크고 성장하는 서비스임에도 불구하고, 주로 애플리케이션 로깅 영역에 여전히 격차가 존재한다. 여기서는 오픈 소스나 타사 솔루션으로 이러한 격차를 해소하는 방법을 다룰 것이다.

네트워크 로그

네트워크 로그는 클라우드 사용자가 자신의 프라이빗 클라우드 네트워크 평면 내에서 네트워크 트래픽을 볼 수 있게 해준다. AWS VPC flow logs, Azure flow logging, GCP Stackdriver logging은 모두 각각의 클라우드 플랫폼에서 실행되며 네트워크 로깅 및 분석 툴을 제공하는 기본 서비스다.

이러한 흐름 로그는 다음을 포함한 풍부한 정보를 담고 있다(이에 국한되지는 않음).

- 소스 및 대상 IPv4 및 IPv6 주소

- 소스 및 대상 포트

- IANA 프로토콜 번호

- 패킷 수

- 바이트 크기

- 수집 범위 시작 및 종료 시간

- 작업/상태(트래픽이 방화벽 규칙에 의해 차단됐는지 또는 차단되지 않았는지)

- 계정 ID

- 인터페이스 ID (트래픽이 흘러가는 가상 네트워크 인터페이스 ID)

이러한 로그는 네이티브 클라우드 서비스에서는 유지되지만, 클라우드 사용자가 수많은 다른 로그 소스를 하나의 중앙 저장소로 수집하고 정리할 수 있도록 다른 스토리지로 내보낼 수 있다.

감사 로그

감사 추적 로그를 사용하면 클라우드 환경 내에서 관리되는 모든 관리/논리 이벤트를 수집해 저장할 수 있다. AWS CloudTrail, Azure control management logs, GCP Cloud Audit Logging은 모두 사용자가 클라우드 환경과 어떻게 상호 작용하는지를 파악하기 위한 관리적인 감사 추적을 제공하는 기본 서비스다.

검증된 환경(GxP, HIPAA)을 구축하거나 확장 가능하고 지속 가능한 기업 클라우드 환경을 유지하기 위해서는 클라우드 환경과 상호 작용하고 있을 수 있는 수백 명 사용자의 행동을 추적할 수 있는 것이 무엇보다 중요하다. 기본 감사 로그는 이 기능을 활성화한다.

모든 클라우드 제공자의 서비스는 확장 가능한 API 위에 구축되기 때문에 클라우드 환경과의 모든 상호 작용은 API 호출(GUI를 사용해 변경한 내용까지)로 만들어진다. 이러한 API 호출이 생성하는 로그는 다음과 같은 풍부한 정보를 포함한다(이에 국한되지는 않음).

- 이벤트 형태와 이름, 시간, 소스

- 액세스 키 ID

- 계정 ID

- 사용자명

- 리전

- 소스 IP 주소

- 요청 파라미터

- 응답 요소

이들 로그는 클라우드 스토리지 또는 해당 클라우드 서비스 자체 내에 저장되지만, 중앙 집중화를 위해 내보내져 다른 로그와 함께 수집될 수 있으므로 사용자가 여러 계정의 로그를 전체적인 시야로 볼 수 있다.

모니터링 도구

모니터링 도구는 클라우드 사용자에게 시간이 지남에 따라 클라우드 환경의 지표와 동작을 볼 수 있는 대시보드를 제공한다. 이들 서비스를 다른 클라우드 서비스와 매끄럽게 통합되는 네이티브 클라우드 인프라 모니터링 도구로 생각해 보자. AWS CloudWatch, Azure Monitor, GCP Stackdriver 모니터링은 모두 각각의 클라우드 플랫폼에서 실행되며 유사한 수준의 기능을 제공하는 기본 서비스다.

이 서비스들은 그 초기 개발 단계에 먼저 다른 클라우드 서비스와 통합됐다. 시간이 지나고 더 많은 기능이 추가됨에 따라 이 서비스들이 이제 사용자 정의 지표의 수집을 지원하게 되어 클라우드 사용자가 구성한 애플리케이션 지표를 모니터링 서비스로 제공할 수 있게 됐다. 하나의 유리창, 즉 통합된 뷰를 활용해 완전한 스택 모니터링 솔루션을 갖추는 것이 항상 보안 운영팀과 관리 운영팀의 목표여야 한다.

이러한 서비스에 대해 언급해야 할 몇 가지 중요한 특징은 다음과 같다.

- 1분 단위의 상세 모니터링

- 모니터링 지표의 특정 임곗값을 설정하고 임곗값에 도달하면 알람 발생

- 알람에 기반한 동작 자동화

- 그래프와 통계를 사용하여 사용자 정의 대시보드 구축

다른 모니터링 솔루션과 달리, 클라우드 모니터링 서비스는 '항상 가동되어' 성능과 가용성에 있어서 뚜렷한 이점을 제공한다(분산 실행되고 클라우드 제공자에 의해 관리되기 때문이다). 이러한 서비스는 다른 클라우드 서비스와 통합되어 상호운용성을 높인다. 로그 파일은 암호화되어 가장 일반적인 공격 패턴 중 하나를 완화시킬 수 있다.

구성 관리

클라우드 환경 내에서의 모든 관리 작업은 API 호출이기 때문에(GUI를 통하든 CLI를 통 하든 간에) 구성 상태와 변경 사항 추적이 달성할 수 있는 목표가 된다. AWS Config와 같은 서비스를 통해 사용자는 구축 패턴을 모니터링하고 구성 상태를 유지하며 클라우드 자원에 대한 변경을 시간 경과에 따라 모니터링할 수 있다.

이러한 기능의 보안적인 이점은 아무리 강조해도 지나치지 않다. VM상에서 소프트웨어 구성뿐만 아니라 클라우드 자원의 목록을 생성하는 기능으로 사용자는 안심하고 보안 상태를 유지하고 구성 간 차이를 추적할 수 있다. 변경 사항이 발생하면 관리자에게 알려주는 알림 메커니즘을 발생시킬 수 있다. 부차적인 이점은 클라우드 환경의 규정 준수를 감사하고 평가할 수 있는 능력이다.

자격 증명 및 접근 관리

클라우드 환경의 보안과 관련해 아마도 가장 기본적이고 중요한 서비스는 **IAM(Identity and Access Management)**일 것이며, 클라우드 사용자는 IAM을 통해 클라우드 서비스를 확장 가능하고 안전한 방식으로 관리, 변경, 운용, 사용하기 위한 권한을 사용자와 머신, 기타 서비스에 제공할 수 있다. 모든 주요 클라우드 제공자는 AD 및 기타 LDAP 자격 증명 솔루션과 통합되는 강력한 IAM 서비스를 가지고 있다.

IAM 서비스의 기본 구성 요소는 다음과 같은 핵심 개념으로 나눌 수 있다.

- **사용자(Users)**: 클라우드 환경과 상호 작용하는 데 사용되는 사람이나 서비스를 나타내기 위해 생성된 개체. 사용자는 이름으로 정의되며 클라우드 접근 자격 증명 집합(비밀 및 액세스 키)을 보유한다.

- **역할(Roles)**: 개인이나 머신, 서비스에 필요할 수 있는 접근 패턴 유형을 나타내는 개체. 역할은 사용자와 유사하지만 역할에 포함된 권한을 필요로 하는 사용자나 다른 어떤 것(예: 다른 클라우드 서비스)도 그 역할을 맡을 수 있다.

- **정책(Policies)**: 정책은 클라우드 서비스나 자원, 객체에 대한 접근을 명시적으로 또는 암시적으로 승인/거부하는 코드(code)다. 정책은 역할 또는 사용자가 클라우드 환경에서 수행할 수 있는 권한을 부여하거나 제한하기 위해 역할 또는 사용자에게 연결된다.

- **임시 보안 자격 증명(Temporary security credentials)**: IAM 서비스에 의해 인증/연동된 IAM 사용자에게 임시적이고 제한된 권한 자격 증명을 부여하는 서비스.

비슷한 맥락으로, 클라우드 제공자는 모바일 애플리케이션에서 사용자를 인증하고 인가할 수 있는 강력한 서비스를 개발했다(authN 및 authZ로 알려져 있음). AWS의 Cognito, Azure Mobile App Service, GCP Firebase 등이 이러한 서비스의 예다. 이를 통해 개발자는 확장 가능하고 가용성이 높은 authN/authZ 서비스를 모바일 앱에 통합할 수 있으며, 이 앱은 백엔드의 클라우드 환경에 원활하게 통합될 수 있다.

암호화 서비스 및 모듈

하이퍼클라우드(Hyperclouds)는 암호키를 생성하고 관리하는 완전 관리형 서비스를 제공한다. 이러한 키는 다른 클라우드 서비스를 통해 수집되고 저장된 데이터를 암호화하는 데 사용되거나 애플리케이션 레벨에 저장된 데이터를 암호화하는 데 이용될 수 있다. 키의 물리적 보안, 하드웨어 유지보수, 가용성을 서비스로 관리하므로, 사용자가 키를 이용하는 데 집중해 데이터를 적절하게 보호할 수 있게 한다. AWS는 **KMS(Key Management Service)**, Azure Key Vault, GCP Key Management Service를 제공한다.

키는 미국 국립표준기술연구소(United States National Institute of Standards, US NIST)가 확립한 고급 암호화 표준 256비트(Advanced Encryption Standards 256 bit, AES-256) 사양에 따라 생성된다. 이들은 연방 정보처리 표준 간행물 140-2(Federal Information Processing Standards Publication 140-2, FIPS 140-2)와 같은 고급 표준을 준수해 고도의 암호화 보안이 요구되는 민감한 정보가 이러한 클라우드 네이티브 서비스로 암호화될 수 있게 한다. 이러한 서비스의 사용은 클라우드에서 확장 가능하고 규정을 준수하는 아키텍처를 달성하기 위한 핵심이며, 자세한 내용은 이 장 후반부에서 다룰 것이다.

웹 애플리케이션 방화벽

웹 애플리케이션 방화벽(Web Application Firewall, WAF) 기능을 턴키(turnkey) 방식으로 제공하는 클라우드 네이티브 서비스가 존재한다. 이러한 서비스를 통해 IP 주소, HTTP 헤더 및 본문, 또는 사용자 정의 URI를 포함하는 조건에 따라 웹 트래픽을 필터링할 수 있는 규칙을 만들 수 있다. 이러한 서비스는 배포한 사용자 정의 또는 타사 웹 애플리케이션에 있는 취약성을 악용하기 위한 공격을 막을 수 있는 확장 가능하고 가용성이 높은 보호 기능을 쉽게 배포할 수 있게 해준다. 이러한 서비스를 통해 SQL 주입 및 교차 사이트 스크립팅과 같은 일반적인 공격을 완화할 수 있는 규칙을 간단하게 만들 수 있다. 또한 GeoIP에 근거해 차단하는 규칙도 구성해 세계의 이미 알려진 문제 지점(예를 들어, 중국이나 러시아)에서의 접근을 제한할 수도 있다.

사용자가 구성할 수 있는 사용자 정의 규칙 집합 외에도 관리형 규칙 집합을 기본 WAF 서비스를 통해 사용할 수 있다. 이러한 관리형 규칙 집합은 클라우드 보안팀이 발견한 새로운 CVE 및 위협에 맞춰 매일 업데이트된다. 이를 통해 보안팀은 클라우드 제공 업체의 글로벌 전문 보안팀으로 확장된다.

AWS WAF와 Azure WAF는 기본적으로 해당 플랫폼에서 이러한 기능을 제공한다. AWS WAF는 API를 통해 완벽하게 지원돼 완전한 데브섹옵스(DevSecOps) 프로세스에 통합될 수 있는 새로운 가능성을 열어준다.

규정 준수

규정 준수는 전체 보안의 파생물이다. 규정을 준수하는 환경은 주어진 데이터세트 또는 환경의 사용, 유지보수 및 운영을 관리하는 모범 사례를 준수하기 때문에 일반적으로 안전한 환경이다. 규정 준수를 달성하기 위해 관리자는 규정 준수를 인증하는 타사 감사 기관에게 문서와 감사 추적을 제공하고 운영 컨트롤을 보여줄 필요가 있다. 클라우드 환경에서 보안을 위해 클라우드 제공자와 클라우드 소비자 간의 업무를 분리한다는 것은 두 조직이 함께 협력해 규정 준수를 달성할 필요가 있다는 것을 의미한다. 클라우드 제공자는 보안 모델의 클라우드 제공자가 책임지는 부분에 대한 규정 준수 보고서에 접근하고 생성하기 위한 자동화된 도구를 제공함으로써 이를 수행한다. AWS Artifact, 마이크로소프트 Trust Center, 구글 Cloud Compliance 페이지는 서로 다른 규정 준수 증명서의 사본을 보고 내려받기 위한, 접근하기 쉬운 포털을 제공한다. 여기에는 ISO 27001 보안 관리 표준, ISO 27017 클라우드 지정 컨트롤, PCI DSS 지불 카드 산업 데이터 보안 표준, SOC 1 감사 제어 보고서, SOC 2 규정 준수 컨트롤 보고서, SOC 3 일반 컨트롤 보고서, 무기 규정의 ITAR 국제 트래픽, 다양한 국가별 개인 사생활 보호법,

FFIEC 연방 금융 기관 검사 위원회, CSA 클라우드 보안 동맹 통제, CJIS 범죄 정의 정보 서비스 등의 대규모 규정 준수 보고서 목록이 포함된다.

자동화된 보안 평가와 DLP

클라우드 서비스는 전통적인 인프라형 서비스 스택을 한층 더 끌어올리고 있으며, 고객이 배포한 코드의 보안을 구축하고 평가하는 데 도움이 되는 더 많은 도구를 제공하고 있다. 이러한 서비스는 배포 전과 도중에 애플리케이션에서 보안 모범 사례에서 벗어난 것이 있는지 확인하는 데 도움을 준다. 이러한 서비스를 데브옵스 프로세스에 통합해 배포 파이프라인을 이동하면서 평가 보고를 자동화할 수 있다. AWS Inspector, Azure Security Center Qualys cloud agents, Cloud Security Scanner는 앞서 언급한 기능 중 일부 또는 전부를 제공한다.

더 나아가, 클라우드 서비스는 또한 사용자에게 클라우드 환경에 저장된 중요한 데이터를 발견, 분류, 보호할 수 있는 기능을 기본으로 제공한다. 이러한 서비스는 머신러닝을 활용해 사람의 개입없이 이러한 분류를 대규모로 처리할 수 있다. 클라우드 환경을 지속해서 모니터링함으로써 관리자는 업무상 중요한 데이터(PII, PHI, API 키, 비밀키 등)를 자동으로 검출하고 알림을 기반으로 적절한 조치가 취해지도록 할 수 있다. AWS의 Macie, Azure Information Protection, Google Cloud Data Loss Prevention API는 사용자가 환경 내에서 민감한 데이터를 발견하고 수정할 수 있도록 해준다.

클라우드 네이티브 보안 패턴

이제 클라우드에서 사용할 수 있는 기본 보안 도구에 대해 폭넓게 이해했으므로 일반적인 배포 설계와 구축 방법에 대한 몇 가지 예를 살펴볼 수 있다. 각 사용 사례가 모든 보안 도구를 활용하지 않으며 여러 다른 보안 패턴과 정확하게 일치하지 않는다는 것을 인식하는 것이 중요하다. 여기서는 다양한 문제에 대한 여러 다른 접근방식을 제시하고 독자들에게 다양한 해결책을 선택하고 결합할 수 있는 능력을 제공하는 것을 목표로 한다.

첫 번째 예로, 3계층 웹 애플리케이션을 살펴보자.

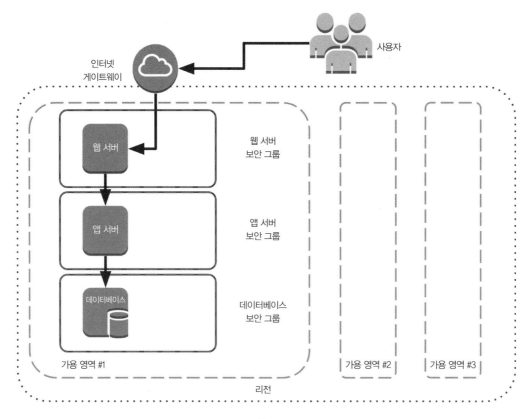

그림 6.3

보안 그룹은 3계층 웹 애플리케이션에 대한 이전 그림과 같이 스택 내의 계층을 분리하는 데 사용돼야 한다. 각 계층에는 공격 벡터를 최소화하는 고유한 규칙을 갖는 자체 보안 그룹이 있다.

첫 번째 보안 패턴 예제에서는 기본 3계층 웹 애플리케이션을 사용한다. 이 패턴을 구성하는 3계층은 웹, 애플리케이션, 데이터베이스다. 인터넷에서 사용자 경로는 애플리케이션 또는 DB 계층과 직접 연결하거나 접속하지 않는다. DB 계층은 웹 계층과 접속하지 않는다. 이러한 네트워크 패턴을 감안해 다음과 같이 보안 그룹 규칙을 작성해야 한다.

보안 그룹	방향	프로토콜	포트	대상	설명
Web 계층 SG	인바운드	TCP	22, 80, 443	0.0.0.0/0	SSH, HTTP, HTTPS
App 계층 SG	인바운드	TCP	22, 389	〈사내 네트워크〉	SSH, LDAP
	아웃바운드	TCP	2049	10.0.0.0/8	NFS
DB 계층 SG	인바운드	TCP	1433, 1521, 3306, 5432, 5439	App 계층 SG	기본 포트: Microsoft SQL, Oracle DB, MySQL/Aurora, Redshift, PostgreSQL

위에서는 3계층 웹 애플리케이션의 각 계층에 해당하는 세 가지 다른 보안 그룹에 대한 구성을 예로 들었다.

각 계층에 대해 세 개의 개별 보안 그룹을 사용해 보안 그룹의 기능을 사용하면서 각 인스턴스 그룹에 대해 가장 작은 공격면을 만들 수 있다. 각 보안 그룹을 구성하고 스택이 동작하는지 확인한 후, 이 장의 앞부분에서 설명한 추가적인 보안 방법과 접근 방식을 적용해야 한다. 이런 구성이 원래 아키텍처를 벗어나지 않도록 하는 것은 안전한 환경을 유지하는 데 필수적이다.

여기서 서비스 구성 관리가 이루어진다. 사용자 정의 스크립팅(각 CSP에서 이용할 수 있는 API의 활용)이나 AWS Config와 같은 서비스를 활용함으로써 구성이 설정 범위를 벗어나 변경될 때 변경 사항을 감지하고 이에 따라 조치할 수 있다. 이는 수십 명의 개인이 운영 환경과 유사한 환경에서 운영할 때 매우 중요하다. 정책에 위배되는 변화가 발생할 것을 예상하고, 이를 탐지하고 완화할 수 있는 도구를 갖춰야 한다.

만약 3계층 웹 앱의 예를 더 개선한다면, 몇 가지 고급 기능을 갖춘 단순한 WAF 루프 계층을 둘 수 있다. 봇넷(botnets)을 검출하고, 그 IP를 포착하고, 그 IP를 WAF의 규칙에 자동 추가하는 URL 허니팟(honeypot)을 구축할 수 있다.

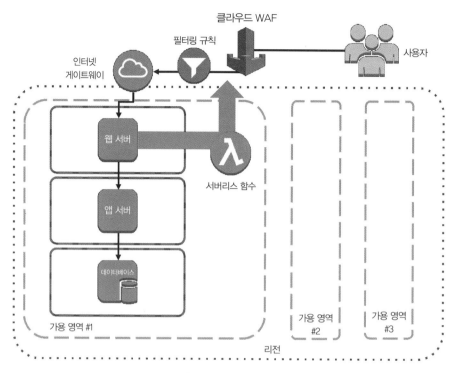

그림 6.4 WAF와 다른 구성요소

이 그림에서 알 수 있듯이, 웹 애플리케이션 방화벽(Web Application Firewalls)은 보안을 강화하는 클라우드 네이티브 방법이다. 클라우드 공급자의 WAF 서비스는 API 기반이며, 이를 통해 자동화된 허니팟 시나리오와 같은 프로그래밍 방식의 루프를 구축할 수 있다.

이는 일반 사용자에게는 보이지 않는 숨겨진 URL을 퍼블릭 사이트에 추가해 동작하지만, 봇이 사용하는 스크래핑(scraping) 과정에서 적발될 것이다. 일단 봇에 의해 숨겨진 URL(허니팟)이 탐색되면 함수는 웹 로그에서 봇의 IP를 선택하고 WAF 규칙에 추가해 특정 IP를 블랙리스트에 올릴 수 있다. AWS에서는 Lambda라는 서버리스 함수 서비스를 사용할 수 있으며, 이와 같은 서버리스 서비스는 이 패턴을 쉽게 지원할 수 있다.

두 번째 예로, 기업 환경의 또 다른 예를 살펴보자.

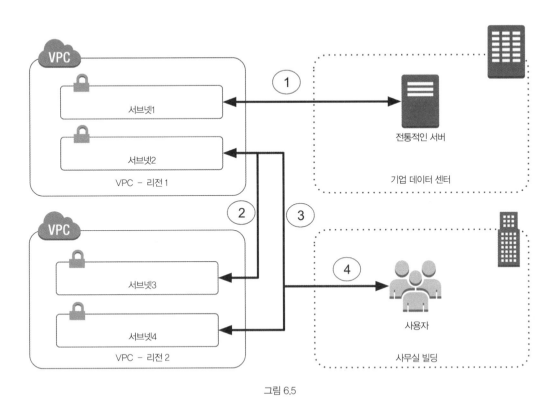

그림 6.5

기업 IT 환경은 일반적으로 위 그림의 네트워크 배치와 같이 여러 사무실 위치와 지역 클라우드 환경에 걸쳐 분산돼 있다. 클라우드 네이티브 보안 접근 방식에서는 취약점을 완화하기 위해 여러 계층에서 세밀한 접근 방식을 사용해야 한다.

기업 환경은 일반적으로 복수의 사이트와 클라우드 제공자에 전체적으로 분산된다. 이는 사업 위험 최소화, 영향 범위의 감소, 온프레미스에 유지해야 하는 워크로드(원자로 제어 애플리케이션 등), 위성 사무소 지원 워크로드 등을 목적으로 한다. 이로 인해 대규모 공격면이 생성되며 여러 네트워크 상호교환 위치에 보안 컨트롤이 필요해진다.

여기서 살펴볼 수 있는 첫 번째 도구는 ISP와 CSP가 제공하는 사이트 간 VPN과 프라이빗 광섬유 연결(예: AWS Direct Connect)로, 모든 IT 베테랑에게 친숙한 도구다. 두 번째는 **네트워크 액세스 제어 목록(Network Access Control Lists, NACLs)**을 사용해 모든 비표준 네트워크 경로를 방지하는 것이다. 예를 들어, 이전 그림에는 두 개의 클라우드 리전에 여러 개의 서로 다른 서브넷과 두 개의 기업 위치가 있다. 서브넷 2에서 업무용 생산성 애플리케이션을 실행하는 경우 NACL을 사용해 제한적으로 사무실 사용자의 CIDR 범위의 패킷만 허용할 수 있다. 서브넷 2에 DB도 있다고 가정해 보자. 리전 2에서 실행 중인 애플리케이션 서버와 DB가 같이 동작하도록 서브넷 3 및 4에 대한 연결을 허용하는 규칙을 추가할 수 있다.

또한, 서브넷 1에서 실행되는 **개인 식별 정보(Personal Identifiable Information, PII)** 데이터를 사용하는 **고성능 컴퓨팅(High Performance Compute, HPC)** 클러스터가 네트워크 경로 1을 사용하는 온프레미스 서버와만 통신할 수 있게 제한할 수 있다. NACL을 사용하면 서로 다른 기업 사이트 간의 연결에 대한 높은 수준의 제어를 제공할 수 있다.

각 VPC를 개별적으로 보면, 트래픽이 들어오고 나가는 유형을 이해해야 한다. 이는 정상적인 트래픽의 기준선, 승인되지 않은 경로에서 부적절한 패킷을 포착할 수 있는 기능, 그리고 애플리케이션의 잘못된 동작에 따라 애플리케이션을 디버깅하는 도구를 제공한다. CSP는 소스/대상 IP, 패킷 크기, 시간 및 VPC를 출입하는 패킷에 대한 기타 지표를 포함하는 로그를 수집하고 생성하는 AWS VPC Flow Logs 등의 서비스를 가지고 있다. 이러한 로그는 SIEM 도구에 수집되어 승인되지 않거나 비정상적인 동작을 모니터링할 수 있다.

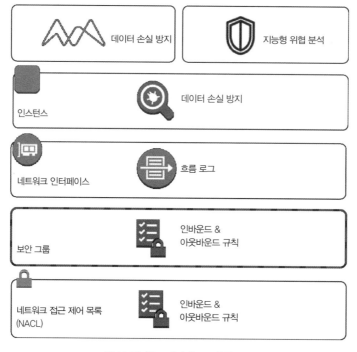

그림 6.6 클라우드 네이티브 보안 워크플로

클라우드 네이티브 보안 접근법은 스택의 모든 계층에서 보안 서비스를 계층화하는 것을 포함한다. 이런 계층화된 보안 서비스는 맨 아래 네트워크 계층에서부터 한 인스턴스의 OS 내 네트워크 인터페이스까지 환경 전반에 걸쳐 저장된 데이터에 대해, 그리고 마지막으로 전체 환경 내의 사용자 행동에 대해 실행된다.

보호해야 할 광범위한 네트워크 외에도, 우리의 환경과 상호 작용할 수백 또는 수천 명의 사용자를 다루는 방법을 고려해야 한다. 어떻게 하면 그들이 안전하고 책임감을 가지고 일하며 실수로 키 입력을 잘못하는 위험을 줄이면서 생산성을 높일 수 있을까?

자격 증명

클라우드 네이티브 자격 증명 관리 시스템은 다음과 같은 세 가지 원칙을 목표로 한다.

- **조직 내 개인의 생산성을 높여** 일상적 업무를 수행할 수 있게 한다. 여기서 말하는 개인에는 DB 관리자, 보안 담당자, 개발자가 포함된다.

- **환경 내 자동화된 작업을 수행하는 머신을 사용할 수 있게 한다.** 환경이 커질수록 이러한 함수나 애플리케이션, 머신이 점점 더 중요해진다.

- **사용자/소비자가 여러분의 퍼블릭 서비스에 안전하게 연결될 수 있게 한다.** 여기에는 고객의 자격 증명을 보호하고 인증하는 것도 포함된다.

CSP에는 클라우드 환경에서 할 수 있는 것을 지시하는 사용자 지정 정책을 만들 수 있는 잘 개발된 IAM 서비스(예: AWS IAM)가 있다. 이러한 정책은 그룹에 연결할 수 있으며, 여러 정책에 대한 가장 제한적인 해석을 하나의 관리적인 정책으로 통합한다. 클라우드 환경 내에서 작업하는 각 개인에 대해 콘솔 접근을 위한 고유한 로그인 정보와 클라우드 환경에 대한 API 호출을 위한 고유한 액세스키와 비밀키를 갖는 사용자를 만들 수 있다. 사용자가 클라우드 환경에 행하는 개별 상호 작용은 사용자가 속한 그룹에 첨부된 정책에서 허용되는 것으로 제한된다.

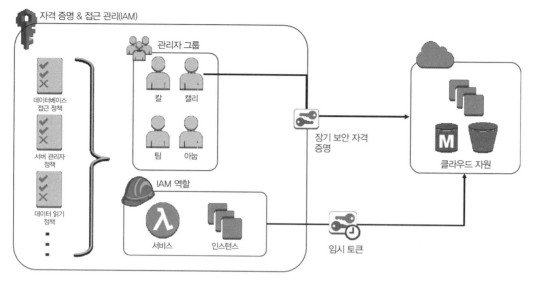

그림 6.7 자격 증명 및 접근 관리

정책은 역할과 그룹 모두에 사용할 수 있다. 모범 사례는 아니지만, 특정 사용자에게 붙일 수도 있다. 서비스 및 인스턴스에 할당된 역할은 클라우드 환경의 다른 서비스에 암묵적으로 접근할 수 있는 권한을 제공하므로 자동화 패턴이 가능하다.

여러 클라우드 계정 및 기타 SaaS 플랫폼을 다루는 경우, 직원에게 SSO(Single Sign On) 솔루션을 제공하는 것이 가장 좋다. 이를 통해 여러 클라우드 환경(예를 들면, 애저, AWS, GCP, 세일즈포스 등) 전반에 걸친 사용자 프로필을 보다 쉽고 안전하게 전환할 수 있다. 여러 공급 업체를 통해 IT 자산이 확산되면서 발생하는 주요 인적 오류 중 하나는 사용자가 여러 개의 로그인(대개 동일한 CSP 환경)을 관리하는 것으로, 이는 재앙을 초래할 수 있다(또는 잘못된 프로필로 로그인할 때 재앙과도 같은 어려움을 겪을 수 있다).

클라우드 네이티브 환경에서 강조하는 것은 항상 자동화 엔지니어링이다. 모든 IT 상점은 머신이 작업을 수행할 수 있도록 하는 데 중점을 두고 사용자가 더 많은 머신을 구축할 수 있는 시간을 확보하게 해야 한다. 이런 선순환을 안전하게 유지하려면 머신을 사용할 수 있는 메커니즘이 필요하고 그것이 악의적인 행위자에 의해 악용되는 것을 제한해야 한다. 클라우드 서비스를 활용하는 애플리케이션은 유사한 메커니즘을 사용할 것이므로 이 논의는 IT 환경 관리 도구에만 국한되지 않고 프로그래밍 방식으로 클라우드와 상호 작용하는 모든 애플리케이션에 적용된다는 점에 유의한다.

첫 번째 옵션은 **역할**을 사용하는 것이다. 역할은 특정 정책(그룹/사용자를 위해 만든 것과 동일한 정책)을 사용해 서비스 및 인스턴스에 부여된다. 이러한 역할은 CSP에 의해 처리되는 기능(임시 키 발급)을 역할이 첨부된 개체에 중개한다. 키는 API를 호출할 때 프로그래밍 방식으로 인스턴스 및 서비스에 제공된다.

애플리케이션의 경우, 코드에 기밀을 내장하는 것은 위험한 취약점이다. 대신, API 호출을 위해 시간 제한이 있는 자격 증명을 생성하고 공유하는 토큰 서비스를 이용하는 두 번째 옵션을 활용할 수 있다. 이 키는 정해진 시간이 끝날 때 만료되며, 이때가 되면 애플리케이션은 토큰 서비스에 새로운 요청을 해야 한다. **AWS Security Token Service(STS)**는 애플리케이션에서 기밀의 사용을 달성하는 데 매우 유용한 도구다.

모바일 보안

웹은 점점 더 모바일이 주도하고 있고 대부분 웹 트래픽은 모바일 장치에서 나오고 있으며 모바일 앱이 개발 환경을 지배하고 있다. 클라우드 네이티브 보안 접근 방식은 이러한 앱에서 생성된 데이터의 보안과 클라우드 시스템과 최종 사용자 간의 안전한 데이터 흐름을 고려해야 한다.

과거에는 모바일 개발자가 사용자 정의 코드 구현을 통해, 또는 라이선스별이나 사용자별 가격 모델을 통해 구입한 타사 도구를 통해 이런 키를 관리했다. 이는 개발팀의 오버헤드를 증가시킬 뿐만 아니라 새로운 취약점을 처리하기 위해 이 코드를 유지 관리하고 업데이트해야 한다는 것을 의미한다. CSP는 애플리케이션 내에서 이러한 기능을 위한 백엔드 인프라를 관리하는 대신 효과적으로 확장 가능한 방식으로 이를 수행할 수 있는 기본 서비스를 제공한다.

AWS Cognito와 같은 서비스는 개발자와 아키텍트가 이러한 여러 가지 문제를 해결하도록 돕는다. 이것은 앱과 상호 작용할 사용자 및 그룹을 정의하는 것으로 시작한다. 고유한 사용자를 식별하는 데 필요한 속성을 사용자 정의하고 지정할 수 있다. 암호 복잡성, 길이, 특수 문자 및 사례 조건의 사용은 기본 보안 수준을 보장하도록 쉽게 설정할 수 있다. 이 서비스는 이메일 및 SMS를 통한 MFA를 지원하며, 그에 따라 이 서비스가 SMS 메시징 인프라도 관리한다.

또한, 이러한 클라우드 네이티브 서비스를 통해 애플리케이션 클라이언트 통합이 간단해진다. OAuth 2.0 표준을 지원하는 AWS Cognito와 같은 서비스는 최종 사용자에게 액세스 토큰을 발급해 애플리케이션 프런트엔드를 지원하는 보호된 자원에 접근할 수 있게 한다.

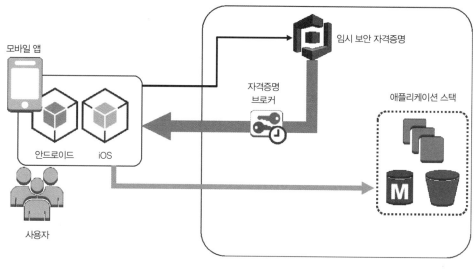

그림 6.8 클라이언트 통합

클라우드 서비스를 사용해 구축된 클라우드 네이티브 모바일 애플리케이션 자격 증명 관리 시스템은 확장 가능하고 안전한 서비스를 준비하는 번거로운 작업을 줄이는 데 도움을 준다. 이러한 서비스는 애플리케이션에서 사용하는 자원에 대한 접근을 위임하기 위해 OAuth 2.0과 같은 공통 표준을 사용한다.

데브섹옵스 (DevSecOps)

이 업계에서 점차 인기를 얻고 있는 용어는 개발, 보안, 운영의 융합인 데브섹옵스(DevSecOps)다. 데브옵스 실천이 기술 실천을 통해서 더 보편화되고 수용되면서 보안은 데브옵스가 주장하는 애자일 주도 실천에서 배제됐다.

데브섹옵스는 데브옵스와 동일한 애자일 사고방식인 '빌드하면 소유한다(build it and own it)'를 보안에 적용해 이를 지속적인 통합 배포의 개념으로 끌어들인다. 이것은 궁극적으로 특정 자원 집합 또는 소규모 팀이 보안을 소유한다는 믿음이다. 또한 이것은 도구와 플랫폼, 사고 방식의 절정이며 모든 사람이 보안을 책임지고 개발/배포/운영 수명주기의 모든 단계에서 훌륭한 보안 실천을 구현해야 한다는 생각이다.

클라우드 네이티브 접근 방식을 구성하는 데브섹옵스에 대한 주요 지침이 있는데, 이는 데브섹옵스 선언문에서 완벽하게 설명하고 있다.

항상 '아니오'라고 말하기보다 **참여하기**

두려움과 불확실성, 의심보다는 **데이터 및 보안 과학**

보안 전용 요구사항보다는 **열린 공헌과 협업**

필수적인 보안 컨트롤과 문서 작업보다는 **API로 사용할 수 있는 보안 서비스**

고무 도장(통과/실패)보다는 **비즈니스 주도 보안 점수**

스캔과 이론적인 취약점에 의존하기보다는 **레드 및 블루팀의 취약점 테스팅**

사건을 알고 난 후 대응하기 보다는 **24x7 사전 보안 모니터링**

혼자 정보를 유지하기보다는 **위협 정보를 공유**

클립 보드 및 체크리스트보다는 **규정 준수 작업**

5장 '확장성 및 가용성'에서 다룬 주제와 유사하게, 보안은 모든 것을 코드로 정의함으로써 이점을 얻는 데, 이를 **코드형 보안(Security as Code, SaC)**이라고 한다. 이는 동일한 IaC 접근방식을 취해 보안 집행 및 운영에 적용하는 것을 의미한다. 접근 제어와 방화벽, 보안 그룹은 템플릿 및 레시피 내에서 정의할 수 있다. 이러한 템플릿은 환경을 만들기 위한 출발점으로 조직 전체에 공유돼야 한다. 그것들은 또한 승인된 패턴으로부터 차이점을 추적하기 위한 참조점으로 사용될 수 있다.

클라우드 네이티브 보안 도구

이제 안전하고 신뢰할 수 있는 클라우드 네이티브 솔루션 구축에 대한 접근 방식과 전략을 확실히 이해했으므로 이 절에서는 지원 도구와 제품, 오픈 소스 프로젝트를 소개하겠다. 이러한 도구는 이 장에서 논의된 최종 목표를 보다 쉽게 달성할 수 있게 도와주지만, 비용이 발생한다는 점에 유의해야 한다. 당연히 클라우드 사용량에 맞게 조정된 이러한 기능을 자체 개발하는 것이 가장 좋지만, 제때 개발하기 어렵다는 것이 자명하다.

Okta

Okta는 점점 더 많은 자격 증명 관련 서비스를 갖고 있지만, 사용자가 다수의 이질적인 계정(IaaS, PaaS, Saas)에 대한 로그인 이름과 비밀번호를 관리할 수 있는 단일 서명 서비스로 가장 잘 알려져 있다. 이것은 훨씬 더 효율적인 로그인 경험을 제공하고, 사용자(특히 관리자)가 한 클라우드 계정 내에서 여러 사용자/역할을 관리할 수 있게 도와준다(https://www.okta.com/).

Centrify

Centrify는 클라우드 환경과 통합되는 또 다른 인기 있는 자격 증명 및 접근 관리 도구다. 이것은 AD와의 통합을 지원하고 자동화된 계정 프로비저닝을 지원한다. 이는 수십 또는 수 백 개의 클라우드 계정을 관리하는 대기업을 위해 대규모로 안전하게 운영하는 데 큰 도움을 준다(https://www.centrify.com/).

Dome9

이 장에서 논의한 내용을 대규모로 배포할 때 문제 해결에 있어서 실제 구성 상태를 시각화하고 이해하는 것이 어려울 수 있다. Dome9은 보안 그룹과 NACL, 인스턴스의 상세한 도표를 작성해 이 문제를 해결하는 데 도움을 준다. 또한 Dome9은 데브옵스 워크 플로에 통합되어 안티 패턴에 대한 IaC 템플릿 (예: cloudformation)을 스캔하고 플래그를 지정할 수 있다(https://dome9.com/).

Evident

Evident는 다양한 클라우드 제공자에게 다양한 제품을 제공한다. ESP(Evident Security Platform)를 통해 사용자는 여러 계정에 걸쳐 있는 전체 클라우드 환경을 통합적으로 볼 수 있으며 안내된 사고 대응을 통해 위험을 찾을 수 있다. 또한 ESP는 AWS Config와 같은 기본 클라우드 서비스와 통합되어 시간 경과에 따른 상태의 차이를 감지하는 데 도움을 준다(https://evident.io/).

요약

이 장에서는 보안이 클라우드 네이티브 환경에 어떻게 적용돼야 하는지에 대해 논의했다. 보안 적용에 관한 이전 프로세스는 대부분 구식이며, 새로운 접근법이 필요하다. 모든 계층에 보안을 적용하는 사고 방식과 안전한 클라우드 네이티브 스택을 구성하는 필수적인 기능에 대해 논의했다. 그러한 기능들은 규정을 준수하고, 확장 가능하고 가용성 있는 암호화 자원을 통해 암호화되며, DLP 기술을 활용해 자동으로 데이터 노출을 방지하고, 캐싱을 사용해 사용자 데이터가 애플리케이션 메모리에 기록되는 것을 방지하며, 마지막으로 안전한 자격 증명과 엔드포인트를 확보해 사용자가 스택과 안전하게 상호 작용할 수 있도록 한다.

또한 오늘날 CSP에 존재하는 많은 클라우드 보안 서비스를 소개했다. 여기에는 보안 그룹, NACL, 데이터 손실 방지, 자격 증명 및 접근 관리, 로그 생성 및 수집, 모니터링, 구성 관리, 암호화 서비스 및 모듈, 웹 애플리케이션 방화벽 및 자동화된 보안 평가 도구가 포함된다.

이러한 모든 서비스는 안전한 클라우드 네이티브 스택을 구축하기 위해 서로 협력해야 한다. IAM 관리 및 방화벽 구성에서 모바일 보안 관리에 이르기까지 다양한 상황에서 이러한 서비스를 적용하는 방법에 대한 몇 가지 새로운 예를 다뤘다.

마지막으로, 현재의 보안 접근 방식과 이 장에서 논의된 더 많은 클라우드 네이티브 접근 방식 간의 격차를 해소하는 데 사용할 수 있는 몇 가지 타사 도구를 소개했다.

07

비용
최적화

이 장에서는 클라우드 플랫폼의 고유한 비용의 이점을 구성하고 전달하는 방법을 배운다. 현재 사용할 수 있는 클라우드 비용 모델에 대해 확실하게 이해하고 이를 최적화하는 방법을 살펴보면서 이 장을 마무리한다. 이러한 모델은 비즈니스에 따라 다르게 볼 수 있기 때문에 특정 비즈니스 리더에게 흥미로울 수 있는 모델을 다룬다.

일단 클라우드의 가격 모델을 확실하게 이해할 수 있다면 클라우드 채택을 위한 경제적인 비즈니스 사례를 만들 수 있을 것이다. 몇 가지 예를 통해 클라우드가 제공할 수 있는 고유한 비용 이점과 유연성을 보여주겠다. 마지막으로 클라우드 고유의 방식으로 비용을 모니터링하고 제어 및 최적화하는 데 사용할 수 있는 일반적인 도구 세트 및 서비스에 대해 살펴본다.

시작하기에 앞서, '제품이나 서비스를 시장에 도입할 때 발생하는 지출'을 비용으로 정의한다. 가격은 '제품 또는 서비스에 대해 비용 주체(소비자 또는 비즈니스)가 지불하는 금액의 합'으로 정의한다. 마지막으로, 기회 비용은 '비용 주체(소비자 또는 비즈니스)가 얻을 수 있었지만 다른 조치를 취하기 위해 포기한 이익'으로 정의한다. 달리 말하면, 기회 비용은 결정이 내려졌을 때 다른 대안을 의미한다.

클라우드의 이전 상황

기존 시스템, 즉 온–프레미스 시스템 인프라를 먼저 점검해야 클라우드에 최적화된 애플리케이션을 구축하는 데 필요한 비용을 논의할 수 있다. 기업이 IT 인프라를 확충하거나 확장해야 할 필요가 있다고 판단할 때 다음과 같은 여러 가지 조치가 고려돼야 한다.

- **물리적 공간:** 기존 데이터 센터에서 공간을 찾거나 데이터 센터 확충을 위한 새로운 공간을 구입/임대한다.

- **전력:** 이 항목은 쉽게 간과될 수 있다. 대규모 서버를 배치하려면 대용량의 전력선이 필요한데, 신설되는 데이터 센터의 위치에 없거나 현재 지역에서 사용할 수 없을 수 있다. 또한 종종 정전이나 재해 발생 시에도 중요한 작업을 계속 수행할 수 있도록 인입 전력 이중화와 백업 발전기가 필요하다.

- **물리적 보안:** 기업 IT 자원의 배포 위치 결정 시 가장 중요한 것은 데이터 센터를 안전하게 운영할 수 있는 하드웨어에 대한 물리적 보안 설정이다. 이를 위해 키/배지(badged) 액세스 포인트, 보안 직원, 카메라, 보안 장비가 필요하다.

- **네트워크 연결:** 선택한 사이트 위치에 따라 광대역 네트워크 연결이 불가능하거나 정상 상태의 데이터 센터 기능을 지원하기에 네트워크의 대역폭이 충분하지 않을 수 있다. 대부분의 경우 데이터 센터에서는 네트워크 장애 조치 시나리오를 지원하기 위해 물리적으로 중복 네트워크 연결이 필요하다. 이를 위해서는 **인터넷 서비스 제공 업체(ISP)** 측에서 다른 라인을 신규로 추가 매설해야 수도 있다(최악의 시나리오에서는 단일 네트워크 케이블을 묻기 위해 지역 및 지방 정부 당국의 허가가 필요할 수도 있다).

- **냉각:** 컴퓨팅 장비에서 많은 열이 발생하므로 최적의 성능을 유지하기 위해 특정 온도 범위 내에서 작동할 수 있도록 관리해야 한다. (추운 기후 환경에 구축된) 최신 데이터 센터는 수동 냉각 시스템을 갖추고 있지만, 대다수의 데이터 센터는 컴퓨터에서 나오는 열을 이동시키고 차가운 공기를 끌어 들이기 위해서 대량의 공기 흐름을 위한 설비를 설치해야 한다.

- **물리적 하드웨어:** 앞서 언급한 모든 사항을 처리한 후에는 데이터 센터에 비즈니스 가치를 부여하게 되는 실제 컴퓨팅, 스토리지, 네트워크 장비들을 주문, 선적, 수령해 랙에 장착 및 연결하고 테스트를 거쳐 온라인 상태로 만들게 된다. 이러한 작업을 수행하기 위해서는 랙당 수십 시간의 데이터 센터 운영 리소스가 필요하다.

- **운영 인력:** 앞서 언급한 사항들을 처리하는 동안 해당 회사는 이전에 언급된 모든 항목에 대한 설계, 주문, 설치, 테스트, 운영을 위해 다수의 직원을 고용하고 교육시키고 보상해야 한다.

데이터 센터의 증축을 몇 달 또는 몇 년 전부터 계획하는 것은 놀라운 일이 아니다. 이를 위한 팀과 자원을 모아서 건설과 서비스 준비를 완료하려면 대규모 자본 투자가 필요하다.

클라우드 비용 관점

클라우드의 등장은 앞에서 언급한 각 요소에 의한 한계를 거의 제거했다. 이제 클라우드 제공 업체는 그들의 고객을 위해 차별점 없는(차별화되지 않은) 번거로운 일을 완벽하게 관리한다. 그들은 데이터 센터를 수용할 수 있는 실제 물리적인 공간을 구입하고 수백만 대의 장비를 운영하기 위한 네트워크와 전기,

냉각 시스템을 설치했다. 그들은 직원이 시스템에 대한 물리적 또는 논리적 액세스를 하지 못하도록 보장하기 위해 물리적인 인프라의 보안 관리, 백그라운드 검사와 분리된 직무를 수행하도록 강제한다. 또한 최첨단의 냉각 시스템을 설계하고 배치하고 대규모의 데이터 센터를 유지 관리하기 위한 전문적인 운영에 특화된 엔지니어들을 보유하고 있다. 클라우드 공급자의 규모에 대한 자세한 내용은 5장 '확장성 및 가용성'을 참조하기 바란다.

이러한 모든 점에서 CSP는 규모의 경제를 통해 비용을 통합하고 절감한다. AWS나 애저(Azure)와 같은 회사는 리소스를 확보하고 비용을 절감하며 보안 강화 등을 통해 다른 기업보다 더 안전한 시스템을 설계하는 데 더 많은 시간을 할애할 수 있다. 냉각의 경우, CSP는 시중에 나와 있는 다른 어떤 기업보다 친환경적이고 효율적인 냉각 시스템을 개발하는 데 더 훌륭한 기술적 노하우를 적용할 수 있다. 예를 들어, 구글(Google)은 해수를 사용해 핀란드의 데이터 센터를 냉각시킴으로써 현지 담수 공급원 및 현지 발전에 대한 스트레스를 줄이고 효율성을 높였다. 자세한 내용은 다음 링크를 참조하기 바란다: https://www.wired.com/2012/01/google-finland/.

클라우드 도입의 가시적인 이점과는 별개로 다음과 같은 몇 가지 유형 또는 무형의 비용 효과(기회 비용)가 있다.

- **복잡성 감소**: 클라우드를 도입하면 비즈니스의 IT 인프라를 관리하기 위해 구분이 모호한 어려운 업무 부담이 제거된다. 클라우드 제공 업체가 공급 업체와 사전에 체결된 대량 라이선스 계약을 가지고 있기 때문에 긴 라이선스 가격 협상 기간이 없어진다. 또 다른 경우로, CSP는 플랫폼에서 사용할 수 있는 제삼자 소프트웨어 마켓플레이스를 컴퓨팅 리소스의 비용에 포함시켜 제공한다. 마지막으로, 클라우드는 이전에는 비즈니스의 복잡성을 관리하는 데 투입됐던 인적 자원을 고객의 비즈니스에서 필요로 하는 더 중요한 작업에 투입할 수 있는 역량을 제공한다. 이렇게 복잡성을 줄이면 직간접적으로 비즈니스 비용을 절약할 수 있다.

- **탄력적인 용량**: 클라우드를 도입하면 기업에서 필요로 하는 IT 인프라를 즉시 확장하거나 축소할 수 있는 전례 없는 능력을 갖게 된다. 이러한 탄력성 덕분에 기업들은 실험에 실패하고도 빠르게 성공할 수 있고 계약을 확장하거나 계절적 비즈니스 요구사항 또는 일일 사용자 변동에 따라 변경할 수 있다. 기업들은 더이상 수요를 미리 예측하고 그에 따라 연간 계획을 세울 필요가 없다. 클라우드 사용을 통해 자신들의 비즈니스 추세를 반영해 현재 비즈니스를 관리하고 확장할 수 있다.

- **시장의 속도 향상**: 기업이 시장 지배력 확보를 위한 경쟁에서 성공하기 위해서는 민첩성이 필요하다. IT 프로젝트 지원을 바탕으로 제품을 보다 신속하게 설계하고 개발하고 시험하고 출시할 수 있는 능력은 기업의 성패를 좌우할 수 있는 중요 요소다. 클라우드 네이티브 아키텍처를 채택하는 것은 회사가 제품의 개발 반복 속도를 높이는 핵심 요소다.

- **글로벌 도달 범위**: 하이퍼스케일 클라우드 제공 업체에는 모든 고객이 사용할 수 있는 데이터 센터의 글로벌 네트워크가 있다. 어떤 규모의 고객이라도 글로벌 네트워크를 활용해 몇 분 안에 제품 또는 서비스를 전 세계로 확장할 수 있다. 이를 통해 시장 진출 시간을 크게 줄이고 기업들은 새로운 시장에 쉽게 접근할 수 있다.

- **운영 효율성 향상**: 주요 CSP들은 각자의 기본 운영 제어 및 검사에 소요되는 시간을 줄이기 위한 도구를 제공한다. 그리고 이 도구들은 많은 기능을 자동화하는 것에 도움을 준다. 자동화를 통해 가용한 인력, 자본, 시간 등과 같은 자원을 확보하고 이를 통해 회사가 차별화된 제품을 만드는 데 사용할 수 있다. 비슷한 맥락에서 조직 내의 인력은 이제 정말 가치 있고 어려운 문제를 해결하는 것에 시간을 할애할 수 있게 되므로 그들의 업무 만족도가 높아진다.

- **향상된 보안**: CSP가 공유 보안 모델(6장 '보안과 신뢰성' 참조)을 관리하므로 고객은 자신들의 리소스를 보안 모델의 전체 영역이 아닌 일부 영역에 집중할 수 있다. 플랫폼에 최적화된 보안 도구를 제공함으로써 CSP는 공유 책임 모델 중 고객 측 책임 영역에서의 보안 기능을 확대하고 자동화할 수 있게 한다. 이는 고객의 조직 구성과 운영 방식에 큰 영향을 줘서 그들의 보안을 강화하고 더 많은 애플리케이션의 보안에 집중할 수 있는 리소스를 확보할 수 있게 한다.

이러한 유형 또는 무형의 비용상 이점은 IT 부서가 있는 모든 조직에게 큰 도움이 된다. 이는 2013년부터 시작된 대기업들의 클라우드 도입이 증가하고 있는 것으로도 잘 설명된다. 대규모의 전환을 통해 클라우드는 많은 장점을 가지며 클라우드 도입이 가지는 단점이 거의 없음을 증명했다. 유일한 예외 사항은 기업이 최근에 IT 인프라를 위한 자본을 투자했고 이에 대한 수익이 실현되지 않은 경우일 것이다(예: 회사 X가 지난 달 오픈한 신규 데이터 센터에 5천만 달러를 투자한 경우). X라는 회사가 신규 데이터 센터를 포기하고 그에 상응하는 비용을 회복할 수 있는 방법을 찾지 못한다면 산술적으로는 다음 갱신 주기(컴퓨터와 관련 하드웨어의 다음 교체 주기까지 소요되는 시간을 의미한다)까지는 클라우드를 도입하기 어려울 것이다.

클라우드 경제학

많은 기업에서 중앙 IT 조직은 인프라를 관리하고 **LOB(Line of Business, 기간 업무 시스템)**와 차지백 모델(Chargeback Model)로 알려진 자체 비용 관리 모델을 통해 합산된 IT 서비스 비용을 청구한다. 중요한 점은 차지백 가격이 동일 스택의 경우에도 클라우드 가격과 대부분 일치하지 않는다는 점을 인식하는 것이다. 중앙 IT 조직이 이러한 가격 책정 작업을 할 때 시설 비용, 보안, 냉각, 용수, 전기 가격을 고려하는 경우는 매우 드물다.

클라우드 스택의 가격은 지불 비용에 자본 지출(건물 및 장비), 운영 비용(전기, 냉각, 물), 직원 배치, 라이선스(가상화 소프트웨어, ISV/타사 도구 비용 등), 설비, 간접비, 기회 비용이 합산된 비용과 비교해야 한다. 이를 총 소유 비용(TCO)이라고 한다. AWS(https://awstcocalculator.com/) 또는 Azure(https://www.tco.microsoft.com/)에는 사용자가 노동, 전기, 스토리지, 설비 등과 같은 몇 가지 가정을 바탕으로 합리적인 수치적 근거를 통한 TCO를 예상할 수 있는 계산기가 있다.

이러한 TCO 분석 도구를 사용하면 현재 온프레미스상의 배포와 이에 상응하는 CSP 플랫폼 환경 간의 비용 유형을 가시적으로 비교하는 데 도움이 된다. 하지만 이것은 클라우드 플랫폼을 도입함으로써 얻을 수 있는 무형의 기회 비용 등을 설명해 주지는 않는다.

클라우드 서비스의 순수한 가격을 확인하려면 토론의 대상을 다른 도구 세트로 전환해야 한다. 주요 CSP에는 각각의 가격 계산 도구가 있다. CSP 플랫폼에서 주어진 아키텍처의 가격을 매우 정확하게 산정할 수 있다(단 데이터 사용, 코드 실행, GB 스토리지 등에 대한 가정이 정확할 경우를 전제로 한다). AWS 월 비용 계산기(https://calculator.s3.amazonaws.com/index.html)나 마이크로소프트 Azure 가격 계산기(https://azure.microsoft.com/en-us/pricing/calculator/), 구글 클라우드 가격 계산기(https://cloud.google.com/products/ calculator/)는 모두 온라인에서 무료로 사용할 수 있다.

자본 비용과 운영 비용의 비교

클라우드를 위한 비즈니스 사례를 구축할 때 고위 임원진에 대한 가장 설득력 있는 논거 중 하나는 IT 지출을 자본 비용(CapEx)에서 운영 비용(OpEx)으로 전환할 수 있다는 것이다. 자본 비용은 사업체가 토지나 건물, 장비와 같은 고정 자산을 취득하거나 유지하는 데 소비한 비용으로 정의된다. 운영 비용은 비즈니스/시스템 운영이나 서비스/제품의 제공에 대한 지속적인 지출로 정의된다.

리더가 운영 비용(OpEx) 모델로 전환할 수 있는 모범적인 비즈니스 사례는 다음과 같이 열거할 수 있다.

- **소규모의 반복적인 비용 지출 대비 대규모의 선행 투자**: 이 장의 앞부분에서 언급한 바와 같이 컴퓨팅 성능을 지속해서 제공할 수 있도록 온라인 상태로 유지할 수 있는 데이터 센터를 구축하려면 많은 시간과 리소스를 필요로 한다. 데이터 센터 구축에 소요되는 시간 및 리소스 할당과 관련된 비용은 매우 크다. 운영 비용 모델에서는 기업이 대규모 선행 투자 없이도 동일한 최종 결과를 얻을 수 있다.

- **세제 혜택**: 운영 비용은 자본 비용과 다르게 취급된다. 일반적으로 기업은 발생 연도에 영업 비용을 탕감할 수 있다. 다른 관점으로 보면 이러한 지출은 기업의 과세 대상 수익에서 완전히 차감될 수 있다는 것이다. 이에 반해 자본 비용은 일반적으로 정부의 세무당국(예: 미국의 IRS[국세청])이 정한 일정에 따라 더 천천히 공제된다. 이러한 일정은 일반

적으로 3년에서 5년 사이의 범위에서 적용되며, 이에 따라 자본 비용의 지출이 기업의 세금 지출 대상에서 공제될 수 있다.

- **투명성 향상**: 클라우드는 비용 투명성을 크게 향상시킴으로써 비즈니스 리더가 투자 결정을 정당화하고 결론을 도출할 수 있도록 한다. 클라우드 네이티브 환경에서는 명확한 시장 테스트를 통해 IT 비용의 지출을 늘리거나 줄일 수 있다(예: X용량의 스토리지와 컴퓨팅 시간 자원에 대해 Y 달러를 지불해 온라인 매출에서 Z% 증가를 달성).

- **자본의 감가상각**: 이전에 언급한 세제 혜택과 마찬가지로 기업은 클라우드 기반의 운영 비용 모델을 채택함으로써 선행 비용에 대한 자본 감가상각을 피할 수 있다. 자본 감가상각이란 회사가 소유한 자산의 가치가 점진적으로 감소하는 것을 의미한다. IT 업계에서는 항상 시간이 지날수록 더 좋은 성능의 서버, 저장 장치, 네트워크 구성요소들이 출시되어 구형 장비의 가치를 떨어뜨리기 때문에 가치의 하락을 피할 수 없다.

- **성장의 용이성**: 클라우드 리소스의 내재된 탄력성으로 인해 운영 비용 모델은 자연스럽게 비즈니스의 성장이나 축소와 일치하는 지출을 허용하는 반면, 고정 자본의 투자는 비즈니스가 축소될 경우에는 유휴 상태가 유지되고 이와 반대로 성장하게 되면 비즈니스 역량의 한계 상황을 초래할 수 있다.

- **어떠한 약속이나 구속이 없음**: 비즈니스 리더가 기술 서비스나 제품을 구매할 때 우려하는 것은 회사가 특정 제품이나 서비스만을 사용하도록 하는 계약일 것이다. 이러한 잠금 정책(Lock-in)은 독점적인 서비스 계약이나 다른 제품과 함께 동작하기 위한 시스템 변경에 대한 장벽이 너무 높은 기술 이식성에 대한 제한의 형태가 될 수 있다. 클라우드 서비스를 사용하는 것에 대해 불필요한 선불 결제 또는 기간 기반 계약이 없기 때문에 이러한 제약 사항들은 대부분 클라우드에 의해 제거될 수 있다(기간 기반 할인 계약은 CSP에서 별도 제공됨). 플랫폼 사용에 대해 최소 비용을 지불하고자 한다면 CSP가 제공하는 계약을 통해 일반적으로 3~5년 계약 기간 동안 지속적인 할인 혜택을 받을 수 있다. 그러나 이는 필수적인 것은 아니므로 회사는 제한없이 플랫폼에서 소비량을 늘리거나 줄이고, 혹은 모두 제거할 수 있다.

비용 모니터링

CSP 플랫폼은 본질적으로 비용 투명성을 갖도록 만들어졌다. 고객이 플랫폼에서 무언가를 만들기 시작할 때까지 숨겨져 있는 수수료나 서비스 요금은 없다. 모든 가격 책정은 빅 3의 사이트에 게시되는 형태로 유지되거나 갱신되고, 아키텍처의 가격 결정에 관심이 있는 누구나 쉽게 이용할 수 있다. 앞서 언급한 바와 같이 CSP는 가격 계산기를 사용해 잠재 고객이 클라우드 환경을 구축하기 이전에 가격을 책정하는 것을 도와준다. 이러한 추세는 AWS가 초기 클라우드 서비스를 출시하면서 처음으로 정착됐으며 현재까지도 그대로 유지되고 있다.

이와 유사한 맥락에서 일단 클라우드에 시스템이 구축되면 각 CSP는 서비스 소비와 그 관련 비용을 모니터링, 드릴다운, 탐색하는 것에 도움이 되는 기본 서비스를 제공한다. AWS의 **청구와 비용 관리 (Billing & Cost Management) 대시 보드**는 이러한 클라우드 고유 기능의 완벽한 예다. AWS Cost Explorer와 같은 기능을 통해 사용자는 매월 청구서를 드릴 다운하고 과거 지출을 살펴보거나 향후 지출을 예측할 수 있다. 예산을 통해 사용자는 비용이나 사용량이 설정 한도를 초과하면 경고 또는 경보를 울릴 수 있는 사용자 정의 예산을 설정할 수 있다. 이러한 도구를 사용하면 클라우드 관리자가 클라우드 서비스를 통해 발생하는 사용량과 비용에 대해 확신을 가지고 사용 정책을 수립할 수 있다.

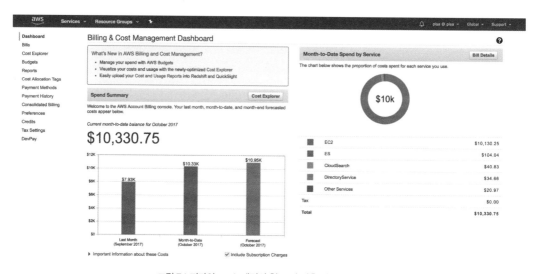

그림 7.1 저자의 AWS 계정의 청구 및 비용 관리 대시 보드

단순한 대시보드를 통해 매우 쉽게 지난 달과 이번 달 그리고 다음 달의 예상 비용을 확인할 수 있다.

화면의 오른쪽에서 사용 중인 서비스가 얼마만큼의 비용을 발생시키고 있는지 확인할 수 있다.

클라우드 네이티브 아키텍처 모범 사례: 모든 클라우드 관리자는 가장 먼저 MFA 설정과 루트 자격 증명을 보호해야 한다. 이후 두 번째 작업으로 자신이 선택한 클라우드 플랫폼에 대한 비용 탐색기 대시보드와 서비스에 익숙해져야 한다.

태깅은 클라우드 환경에서 기업이 프로비저닝할 수천 또는 수백만 개의 리소스를 탐색할 수 있도록 하는 핵심 기능이다. 태깅은 비용 센터, 프로그램, 사용자, 사업 분야, 목적에 따라 리소스를 할당할 수 있는 기반이 되는 방법이다. 태깅을 하지 않고 대규모 조직 전반에 걸쳐 클라우드 환경을 적절하게 유지 관리하는 것은 거의 불가능하다. 다음 절에서 비용 관리와 관련된 태그 지정에 대한 모범 사례를 다룰 것이다.

역사적으로 IT 예산은 선행 투자가 필요한 자본 비용 모델로 집행돼 왔다. 클라우드 환경에서는 소비자가 운영 비용의 지출을 좀 더 효율적으로 관리할 수 있는 운영 비용 모델로 전환됐다. 이 진화의 다음 단계는 기업 내 IT 환경의 일부 또는 전체 IT 비용에 대한 지출을 엄격하게 하거나 유연하게 제한할 수 있는 능력이다. 이러한 예산의 집행은 소비량이 지정된 임곗값을 초과하면 관리자에게 경고하는 알림 서비스나 API를 통해 플랫폼에 기본으로 적용된다.

AWS버짓(AWS Budgets, `https://aws.amazon.com/aws-cost-management/aws-budgets/`), Azure 스펜딩 버짓(Azure Spending Budgets, `https://docs.microsoft.com/en-us/partner-center/set-an-azure-spending-budget-for-your-customers`), GCP 버짓(GCP Budgets, `https://cloud.google.com/ billing/docs/how-to/budgets`)에서 지출 예산을 관리하고 제한하는 클라우드의 고유한 방법에 관한 예를 살펴볼 수 있다. 이는 특정 그룹의 활동과 지출이 리더십 팀 또는 예산 소유자에게 즉시 알려지지 않을 수 있는 대규모 조직의 경우 매우 중요한 기능이다.

> **클라우드 기본 아키텍처 모범 사례**: 전체 조직의 여러 그룹에 연결된 각 클라우드 계정에 대한 예산을 설정한다. 이러한 예산은 향후 재검토되고 수정될 수 있다. 아마도 더 중요한 것은 특정 상황에서도 업무가 진행될 수 있도록 유연하게 예산에 대한 제한을 설정한다는 데 있을 것이다. 팀에 백지수표를 줘서 자원을 무한히 사용할 수 있게 하는 것은 모범 사례가 될 수 없다. 팀에 예산 한도가 부여되면 고정관념을 깨고 기존의 틀에서 벗어나도록 강제하여 운영 방식을 개선하고 시스템 설계에 관한 보다 독창적인 사고를 유도할 수 있다.

예산 임곗값은 비용이 한도를 초과하거나 특정 서비스나 기능의 사용이 설정된 제한을 초과하거나 선불 리소스(예: AWS EC2의 예약 인스턴스) 사용이 설정된 제한을 초과할 경우 관리자에게 경고하도록 설정할 수 있다. 이러한 예산은 매월, 분기별, 또는 매년과 같이 서로 다른 기간에 맞춰 조정할 수 있으므로 관리자는 조직 전체에서 제약 조건을 적용하는 방법을 유연하게 선택할 수 있다. 원하는 경우 일정 비율의 예산에 도달하면 알림을 표시하도록 설정할 수도 있다.

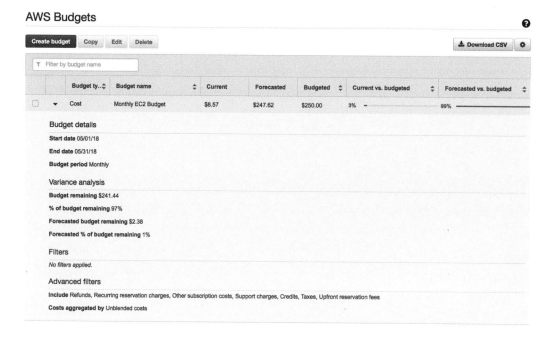

그림 7.2 예산설정과 모니터링 1

예산을 설정하는 것은 클라우드 비용을 모니터링할 수 있는 효과적인 방법이다. 설정된 지출액에 근접하거나 초과하면 시스템에서 자동으로 알려준다. 다음은 이러한 설정을 보여준다.

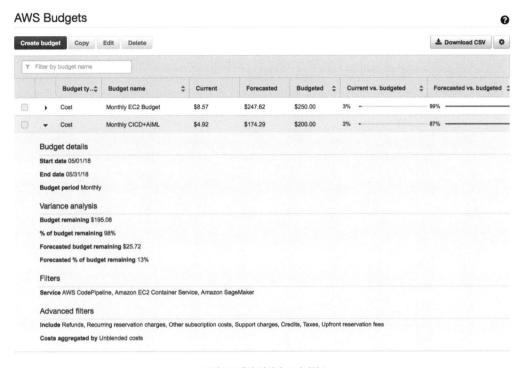

그림 7.3 예산 설정과 모니터링 2

요금 청구 알람이 전자 메일 알림을 트리거하도록 구성할 수 있다. 이를 통해 과다 지출을 최소화하고 클라우드 환경 비용을 최적화 상태로 유지할 수 있다. 다음 스크린 숏은 알림 설정을 보여준다.

그림 7.4 알림 설정 정보

또한 서로 다른 여러 클라우드 플랫폼에서 작동해 비용을 집계하여 표시하고 예측하는 타사 도구도 있다. 이 도구는 이 장의 마지막 부분에 있는 클라우드 네이티브 도구에서 소개할 예정이다.

이전 장에서 설명한 배포와 관리에 대한 모범 사례를 고려할 때 바뀌지 않는 고정된 아키텍처에는 고유한 방식이 필요하다. 각 배포는 스택 전체나 모듈화된 구성 요소를 복제하므로 배포하기 전에 가격을 산정할 수 있다. AWS Cloudformation을 사용하면 스택을 배포하기 전에 최종 확인 페이지에서 **예상 비용** 옆의 **비용** 링크를 사용해 해당 스택의 월간 비용을 확인할 수 있다. 이런 과정을 통해 사용자는 미리 채워져 있는 AWS 월 비용 계산기로 이동할 수 있다.

그림 7.5 클라우드 포메이션 최종 확인

배포를 코드 형태로 표현된 스택으로 관리할 때 AWS에 배포된 CloudFormation 스택의 경우 각 스택을 배포하기 전에 가격을 책정할 수 있다.

다음 스크린 숏은 이전 스크린 숏에서 볼 수 있었던 샘플 CloudFormation 템플릿 배포에서 생성된 AWS 월 비용 계산기의 예상 비용의 예다.

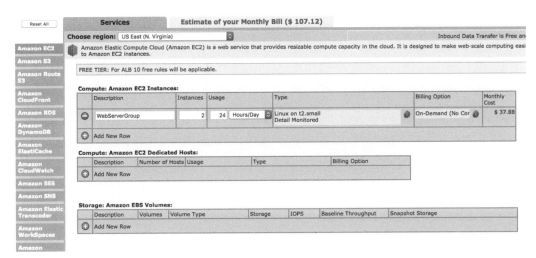

그림 7.6 생성된 AWS 월 비용 계산기의 예상 비용 예

태깅의 모범 사례

대기업 또는 소규모 스타트업에게 태깅은 비용 투명성을 확보하기 위해 수행해야 할 가장 중요한 일일 활동이다. CSP는 요금 청구를 투명하게 보고하고 표시할 수 있지만, 사용자가 핵심 업무 기능에 대해 비용을 할당하거나 추적할 수 없다면 이러한 요금 청구는 기업 고객이나 최종 사용자에게 아무런 의미가 없을 것이다.

태깅은 모든 주요 CSP에서 지원하는 기본 기능이며 사용자 맞춤 설정을 지원한다. 각 기업과 조직, 소비자들은 그들의 고유한 내부 프로세스와 용어를 가지고 있기 때문에 태그 지정 전략을 각각의 사용 환경에 적합하게 개발하는 것이 중요하다.

 클라우드 네이티브 아키텍처 모범 사례: 태그가 처음부터 지정되지 않으면 태깅 작업은 매우 빠른 속도로 시스템 운영에 부담을 주고 유지 관리하기가 불가능해진다. 개발 주기가 짧은 경우라면 불과 2주 이내에 전체 환경의 태그가 해제되어 통제할 수 없는 상황을 초래할 수 있다. 클라우드 고유의 비용 최적화 환경에서는 태그가 지정되지 않은 리소스를 자동으로 검색하고 심지어 자동으로 삭제하도록 할 수도 있다. 이렇게 하면 매우 빠르게 팀들이 태깅을 중요한 활동으로 취급하도록 강제하게 된다.

태그의 자동 관리 실행은 여러 가지 방법으로 수행할 수 있다. 명령 줄 인터페이스를 사용해 각 서비스(예: AWS EC2, EBS 등)에 대해 태그 없는 자원 목록을 생성할 수 있다. AWS Tag Editor와 같은 CSP가 제공하는 전용 도구를 사용해 수동으로 태그 없는 자원을 찾을 수 있다. 클라우드에 최적화된 방안으로는 AWS Config 규칙과 같은 클라우드 전용 서비스에서 필요로 하는 태그 규칙을 작성하고 자동으로 검사를 수행하도록 하는 것이다. 구성 규칙은 필요에 따라 지정한 태그가 있는지 클라우드 환경을 지속해서 점검한다. 규칙에 어긋나는 경우가 감지되면 수동 또는 자동으로 개입해 작업을 수행한다.

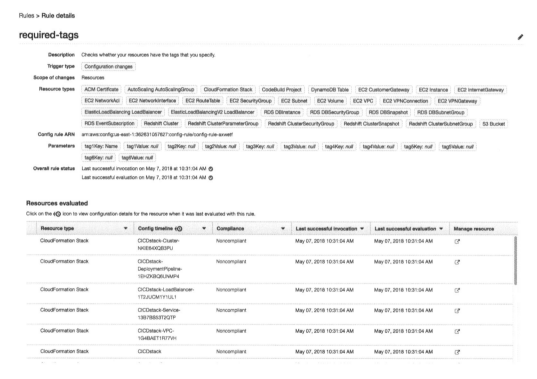

그림 7.7 AWS Config 규칙

이 스크린 숏은 AWS Config 규칙에서 태그가 지정되지 않은 자원을 자동으로 탐지하고 보고를 허용하는 방법을 보여준다.

다음 스크린 숏은 자동 감지보다 번거롭지만(특히 수천 개의 리소스가 사용되고 소비되는 대기업 환경에서라면 더욱 그렇다), AWS Tag Editor를 사용해 태그가 없는 리소스를 수동으로 검색하는 방법을 보여준다.

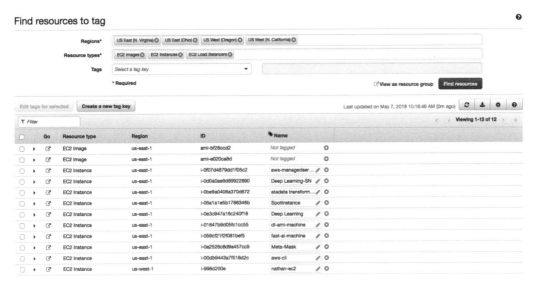

그림 7.8 AWS 태그 에디터

완전히 성숙한 클라우드 환경에서는 모든 배포를 배포 파이프 라인을 사용해 코드 형태로 관리한다. 이러한 파이프라인에서는 게이트를 사용해 템플릿의 적절한 태깅을 관리해야 한다. 제대로 작성된 템플릿이라면 배포 시 태그가 템플릿의 모든 리소스에 잘 적용돼야 한다. 태그 지정의 핵심은 자동화다. 최상위 구성인 스택 템플릿에서 태그를 지정함으로써 태그 지정을 위한 수동 개입을 최소화하고 태그의 정확성을 높일 수 있다.

비용 최적화

지금까지 클라우드 환경에서 비용을 수집하고 추적하고 확인하는 방법을 살펴봤다. 이제 이러한 비용을 어떻게 최적화할 수 있을지 알아보자. 비용 최적화의 의미에는 뚜렷한 두 개의 진영이 있다. 하나는 사용량의 합을 최소한으로 줄이는 것이고 다른 하나는 잘 쓸 수 있다면 최대한 사용할 수 있도록 하는 것이다. 두 개의 진영은 기술적으로는 모두 옳다고 할 수 있다. 하지만 어떤 IT 조직도 무제한의 예산을 갖고 있지 않으므로 정해진 예산 내에서 비용을 최소화하기 위해 노력한다. 그러나 오늘날의 선도적인 조직에서는 IT 지출을 바라보는 시각에 변화가 있다. 그들은 비즈니스 이익을 극대화하기 위한 노력과 기술 투자를 비즈니스 성과에 연결하려고 한다. 이것이 바로 기술 비용을 최대화하거나 최적화한다는 의미다. 첫 번째 질문에는 기술적인 결정이 필요하다. 두 번째는 기술적인 실험, 인내, 비즈니스 통찰력이 필요하다.

컴퓨팅 용량 최적화

일반적으로 클라우드 환경에서 가장 큰 비용 절감은 컴퓨팅 리소스에 대한 적절한 크기 조정 과정으로 실현된다. 일반적으로 컴퓨팅 용량이 비용을 결정하는 데 있어 가장 큰 요인이기 때문에 가장 큰 비용 절감 효과를 기대할 수 있다. **알맞은 크기의 조절**은 해당 애플리케이션에 가장 적합한 용량의 가상 컴퓨터를 선택하는 작업을 의미한다(여기서 용량이란 시스템에 할당된 CPU 및 메모리의 양을 가리킨다).

이 문제는 온프레미스에서 클라우드 환경으로 마이그레이션을 막 완료한 환경에서 심각하게 나타난다. 일반적으로 온프레미스 환경에서의 리소스 크기 조정 프로세스는 반드시 검토가 필요한 많은 팀들의 승인을 거치면서 추가 지연이 발생한다. 그로 인해 클라우드에서 과대 용량이 산정된 시스템이 동급 VM으로 선정되고 이 VM으로 서버를 이전한다.

 클라우드 네이티브 아키텍처 모범 사례: 성공적인 마이그레이션 또는 클라우드 네이티브 애플리케이션의 성공적인 배포 후에 각 컴퓨팅 리소스에 대한 기준 리소스 사용률을 수집한다. 이 데이터를 사용해 VM을 필요한 성능 수준으로 적절히 조정한다.

애플리케이션이 클러스터 형태로 실행될 수 있고 상태 비 저장 형태인 경우 작은 인스턴스를 더 많이 사용하는 것이 좋다. 이렇게 할 수 있다면 요구 사항에 잘 부합하도록 클러스터를 확장할 수 있어 더 향상된 비용과 성능 최적화가 가능하다. AWS와 애저는 어떤 사용 목적에도 적합하도록 다양한 VM 크기를 선택할 수 있다. GCP는 사용자가 사용 가능한 크기 조정을 설정할 수 있는 사용자 정의 컴퓨터 유형을 제공한다. 이를 통해 시스템 자원을 애플리케이션의 요구사항에 맞출 수 있는 다양한 제어 방법을 제공한다.

스토리지 최적화

일반적으로 컴퓨팅 용량 비용 다음으로는 스토리지 저장 비용이 클라우드 비용의 많은 부분을 차지한다. 이러한 스토리지 비용에는 각 VM에 연결된 가상 디스크의 볼륨을 비롯해 애플리케이션 아티팩트와 사진/비디오, 문서를 호스팅하는 객체 저장 서비스, 데이터 아카이브 서비스 사용량과 이러한 데이터를 백업하는 백업 서비스 등이 포함된다.

모든 형태의 데이터 스토리지에서 중요한 점은 가능한 한 자동화된 수명주기 정책을 설정하는 것이다. 데이터나 백업은 규정 준수를 위해 아카이브에 저장되거나 삭제될 때까지 자연스럽게 이러한 수명주기 정책에 따라 관리돼야 한다. 규정 준수를 위해 장기간 보관이 필요한 데이터 저장소나 객체를 지정하는 데 태그를 지정해 사용해야 한다. 이러한 작업을 수행하는 사용자를 돕기 위해 제공되는 클라우드 네이티브 서비스가 있지만, 이를 사용하지 않는 경우라도 스크립트를 사용해 반드시 이를 관리해야 한다.

AWS Simple Storage Service(S3)는 객체를 저장하는 데 매우 유용하다. S3는 사용자가 스탠다드 IA(Infrequent Access)나 One Zone-IA, Glacier(장기 보관을 위한 콜드 스토리지)와 같은 S3 표준 서비스로부터 저렴하고 성능이 낮은 서비스로의 전환을 지정할 수 있는 수명주기 정책을 지원한다. 이세 가지 타깃 전환 서비스의 경우 모두 표준 S3 서비스보다 저렴하다. 객체를 X일 후에 영구적으로 삭제되도록 설정할 수도 있다. 버킷 아래의 모든 폴더 또는 객체에 적용되는 버킷 레벨의 관리 정책을 설정할 수도 있다.

AWS EBS의 데이터 수명주기 관리자는 수백 또는 수천 개의 볼륨 레벨의 백업을 관리하는 고유한 솔루션을 제공한다. 큰 규모의 기업의 경우 일반적으로 데이터의 수명주기를 관리하기 위해 정보를 요청하고 수집해 오래되거나 만료된 스냅 숏을 삭제하는 자동화된 도구를 구축하고 운영한다. 하지만 여전히 이러한 작업은 여간 성가신 일이 아닐 수 없다. 사용자는 AWS의 이러한 서비스를 통해 수명 주기 관리가 기본으로 수행되도록 구축할 수 있다.

서버리스 효과

클라우드 환경에서 서버리스 아키텍처는 비용 문제를 해결하는 방법에 있어 온프레미스에서와는 확연하게 다른 고유한 도전 과제다. 클라우드에서의 효과적인 비용 최적화 노력의 대부분은 코드의 실행 시간이나 요구되는 실행 횟수를 줄이기 위한 효과적인 코드를 작성하는 데 들어간다. AWS Lambda와 같은 서버리스 코드 실행 서비스의 가격 모델에서 확인할 수 있듯이 실행 횟수와 실행 시간, 그리고 코드를 실행하는 컨테이너에 할당된 메모리에 따라 요금이 부과된다(https://s3.amazonaws.com/lambda-tools/pricing-calculator.html). 람다의 실행 횟수에 따른 사용 메모리 양을 AWS CloudWatch에서 추적해 메모리 크기를 최적화할 수 있다.

AWS Kinesis 및 Athena와 같은 여러 '서버리스' 클라우드 서비스는 Athena의 경우 스캔된 데이터의 TB 단위, Kinesis의 경우 샤드 시간[1]과 페이로드 단위와 같이 유사한 데이터 기반 가격 책정 모델을 따른다. 이러한 서비스는 자체 관리 컴퓨팅 노드에서 설치되고 운영되는 유사한 서비스(예: Apache Kafka나 Presto)보다 대부분 저렴하다.

---

1 (옮긴이) 샤드 시간(shard hour): 샤드란 Amazon Kinesis 데이터 스트림의 기본 처리량 단위이며 스트림 내에서 필요한 샤드의 수를 필요한 처리량을 토대로 지정한다. 각각의 샤드에 대해 시간 단위로 사용료가 부과된다.

클라우드 네이티브 도구

비용 최적화를 위한 클라우드 네이티브 도구 중 상당수는 해당 플랫폼에서 기본으로 사용할 수 있다. 그러나 다음 두 가지 요소는 기업이 비용을 최적화하기 위해 별도의 서비스를 사용하는 요인이 될 수 있다.

- 제삼자가 추론하는 비용 최적화 영역의 독립성
- 두 개 이상의 클라우드 환경(멀티 클라우드 아키텍처)에서 작업할 수 있는 기능

이런 영역은 이들 회사에서 제공하는 많은 기능이 CSP 각각의 플랫폼에서 기본으로 제공됨에 따라 압박을 느끼고 있다. 클라우드 환경에서는 비용 최적화를 제공하는 많은 도구가 관리와 운영 자동화의 형태로 전환될 수밖에 없다.

Cloudability

비용 투명성에 중점을 둔 마지막 독립적 도구 중 하나는 사용자가 클라우드 환경에서 수집한 상세 항목을 기반으로 상세 예산이나 일일 보고서를 제공하는 Cloudability다. 이는 즉시 사용할 수 있으며 주요 CSP와 통합된다.

AWS Trusted Advisor

AWS의 이 서비스는 AWS의 클라우드 사용자에게 제공하는 여러 유용한 가치 때문에 이 책의 여러 장에서 등장할 수 있다. Trusted Advisor는 비용 최적화, 보안 위험, 성능 최적화, 내결함성 권장 사항을 자동화된 형태로 제공한다. 이것은 비용을 최소화하기 위해 리소스가 유휴 상태이거나 사용되지 않은 경우, 인스턴스의 크기가 적절하지 않은 경우 등 여러 가지 검사 항목 중에서 비용을 절감할 수 있는 점검 사항을 사용자에게 알린다.

Azure Cost Management

Cloudyn을 인수함으로써 강화된 Azure Cost Management는 애저 환경에서 사용량과 지출을 추적할 수 있는 효과적인 방법이다. 이는 인스턴스의 알맞은 크기 조정에 대한 권장 사항을 제공하고 유휴 자원을 식별한다.

요약

이번 장에서는 현재 기업이 자체 데이터 센터를 관리하는 비용 구조를 학습하고 정의했다. 또한 클라우드를 도입하는 경우의 비용 이점을 이해하고 측정하는 것에 도움이 되는 공통 용어 세트를 수립했다.

아울러 어떻게 클라우드 경제학이 고객에게 커다란 이점과 절약 효과를 가져다주고 가격 모델이 자본 비용에서 운영 비용으로 전환되는가에 대해 알아봤다. 이러한 비용 구조의 변환은 레거시 시스템과 네이티브 클라우드의 주요한 차이점이 된다.

마지막으로 상세 비용 분석과 추적을 가능하게 하는 태깅 전략을 수립했다. 이러한 전략은 아키텍처 최적화에 도움을 준다.

다음 장에서는 운영 우수성에 대해 설명한다.

08

클라우드 네이티브 운영

이전 장에서는 클라우드 네이티브 아키텍처가 이전의 IT 시스템 구축 패턴과 차별화되고 다른 점이 무엇인가에 대해 배웠다. 개인적으로는 클라우드 네이티브가 특정 시스템의 핵심 기술 구성 요소와 관련된 아키텍처를 결정하는 것에만 엄격하게 제한되지 않는다고 생각한다. 가장 큰 이점을 얻으려면 클라우드 기술 도입과 함께 운영 또한 진화해야 한다. 클라우드 기술 기반의 조직이 없다면 대부분의 클라우드의 장점이 낭비될 것이다.

이 장에서는 클라우드 네이티브한 환경을 설계하고 구축, 유지 관리할 수 있는 효과적인 조직을 구축하는 방법에 대해 학습할 것이다. 이는 **클라우드 네이티브 개발(Cloud Native Development, CND)**의 모든 잠재력을 실현하기 위해 모은 프로세스와 인력, 도구의 조합이다.

이 장을 마칠 때쯤이면 다음 내용을 알게 될 것이다.

- 어떻게 클라우드가 일반 기술 전문가가 수행해야 할 작업의 변화를 주도했는가?

- 성공적인 클라우드 네이티브 조직은 어떤 모습인가?

- 클라우드 네이티브 모범 사례를 강화하는 메커니즘은 어떻게 구축할까?

- 일반적인 도구 및 프로세스의 형태는 무엇인가?

- 빌더에게 권한을 줄 수 있는 조직을 구축하는 방법은 무엇인가?

- 클라우드 문화란 무엇이며 왜 중요한가?

클라우드 이전의 상황

항상 그렇듯이, 한 걸음 떨어진 관점에서 시작해 보는 것이 좋겠다. IT 환경과 조직을 클라우드 네이티브한 형태로 재구성하기 시작했든, 아직 클라우드로의 전환 여정을 시작하지 않았든 상관없이 대부분 조직이 현재 IT 시스템을 설계하고 구축, 실행하기 위해 어떻게 구성됐는지 이해할 필요가 있다.

예를 들어 고객 기반으로 주택, 생명 보험, 자동차 보험과 같은 여러 가지 상품을 제공하는 보험 회사를 생각해 보자. 기업 내부적으로 정책 개발자, 현장 영업팀, 통계 전문가, 인사, 프로그래머, 마케팅, 보험 계리인 등 제품 지원을 돕는 여러 팀이 있다. 각 팀은 이메일 서버, 통계 모델을 실행하는 클러스터, 고객 정보를 저장하는 데이터베이스나 일반 고객 서비스를 위한 인터넷 웹사이트 등 IT 팀의 서비스를 사용한다.

IT 팀은 기술 도메인 역량에 따라 여러 그룹으로 구분된다. 네트워크, 보안, 데이터베이스, 운영 등의 그룹은 오래된 조직 모델에서 볼 수 있는 전형적인 팀이다. 그리고 이 팀들은 코드를 작성하는 것에 전체 역량이 집중된 개발팀과는 완전히 분리돼 있다.

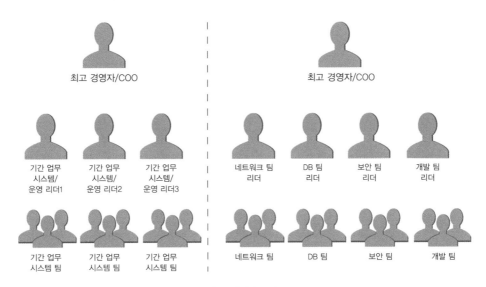

그림 8.1 회사의 조직구조

앞의 다이어그램은 제품을 개발하는 전형적인 회사의 조직 구조를 보여준다. 기술 도메인 전문가와 제품 또는 서비스 소유자 간에는 엄격한 구분이 있다.

이러한 상황에서의 근본적인 문제는 이들 조직이 서로 대립하고 있다는 것이다. CEO의 관점으로 보면 다이어그램 왼편은 더 많은 사업 기회와 고객을 확보하고 매출을 극대화하려고 노력하고 있는 조직이다. 다이어그램의 오른쪽은 전형적인 CEO 입장에서 보면 지속해서 최소화해야 할 대상인 비용 사용 부서로 간주하게 된다.

이러한 사고 방식은 개인의 행동, 기업 문화, 지도자의 신념과 이 두 그룹 간의 협업 방식에 깊이 뿌리 박혀 있다. IT 팀은 LOB 팀을 비현실적인 기능의 시스템을 아주 적은 비용과 매우 짧은 시간에 구축하라는 비현실적인 요구를 하는 외부 기업처럼 간주한다. 한편, LOB 팀은 IT 팀이 조직의 핵심 목표를 함께 추구하지 못하고 그들이 원하는 고객 문제를 해결하는 것에 도움이 되지 못한다고 판단한다. 이는 IT 부서가 비즈니스 목표를 이해하려고 하지 않으며 모든 요청에 대해 비타협적으로 대응하는 것처럼 보이게 한다.

이러한 현상은 각 도메인이 유사한 사고방식을 가진 사람들로 구성된 팀 내에서 작동하기 때문에 IT 측면에 있어서는 더욱더 복합적이다. 보안 전문가는 주로 다른 보안 전문가와 함께 일하고 배치된다. 네트워크와 DB, 운영, 아키텍처 전문가들 또한 마찬가지다. 이것은 하향식 관점에서 보면 상식적 구성으로 받아들일 수 있지만, 이 모델은 마치 소리가 반향실 안에서 쉽게 울리는 것처럼 팀 내부에서 다루는 동일한 아이디어가 전문 분야의 외부 전문가에게 의미 있는 방식으로 검증되거나 테스트되지 않은 상태로 서로에게 쉽게 전달되도록 만든다. 이러한 도메인 접근법 모델은 유연하지 못할 뿐만 아니라 다루기가 어렵다. 이에 대한 어떤 변화나 도전은 결국 고위 지도부나 검토 위원회와 같은 곳에서 예외 사항을 만들지 않으려고 하거나 예외 처리를 위한 긴 프로세스를 거치는 등의 상황을 마주하게 될 것이며, 이는 문제의 본질보다는 '이것이 우리가 상황 X를 처리하는 방법'이라는 절차적인 문제로 귀결된다. 또한 이런 인적 자원의 사일로화(siloing)[1]는 개인에게도 나쁜 영향을 미친다. 사일로화 된 조직에 속한 개인은 일반적으로 기업의 다른 기술 팀과 단절되고 분리돼 지식을 배우고 확장할 수 있는 기회가 제한된다.

보안, 네트워크 등 각 팀의 리더들은 그들의 리소스를 보호하고 조직 내에서 그들의 역할을 확고히 하기 위해 영역을 구분했다. 각 리더들은 그들의 팀원들이 다른 팀과 협업하는 방법에 대해 제약 사항과 가드레일, 프로세스를 적용하려고 노력했다. 또한 리더들은 다른 팀이 그들의 팀원들을 활용할 수 있는 시기와 방법에 대한 규칙을 정하고 리더의 승인이 필요한 분야를 규정했다. 각 팀의 리더들은 팀원이 작업할 수 있는 속도를 제어하려고 할 뿐만 아니라 결과적으로 다른 팀이 장애물 없이 신속하게 개발할 수 있는 능력을 제한하게 된다.

---

1 (옮긴이) 사일로란 주로 곡식을 저장하는 굴뚝 모양의 저장 탑을 일컫는 말로, 여기서는 조직에서 다른 부서와 교류하거나 의사소통하기 어려운 형태를 의미한다.

여러 기술팀의 다양한 리소스가 필요한 작업의 경우, 혼합된 공동 팀을 구성하기 전에 각 팀의 리더가 검토하고 의견을 제시하고 약속하고 감독해야 하는 등의 엄격한 검토 프로세스가 존재했다. 흔히 이러한 공동 팀은 이전에 논의한 많은 장애물에 부딪히게 된다. 일반적으로 팀 리더가 실질적인 의사결정을 내리기 전에 지속해서 상황을 고려해야 했고 이러한 노력이 보고 체계의 형태로 이행됐다. 이러한 구조는 자체적으로 의사결정을 내리고 반복적으로 제품을 발전시킬 수 있는 독립적이고 자율적인 팀과 대조를 이룬다.

이러한 조직 구조와 정신의 정점은 **변경 승인 위원회(Change Approval Board, CAB)**다. CAB는 하나의 변경이 수많은 관련 문제를 발생시킬 수 있는 모놀리식 시스템에 대한 변경을 제어해야 한다는 필요성에서 개발됐다. 사소한 구성 조정이라 할지라도 그것이 전체 시스템에서 여러 관련 문제를 야기할 수 있고, 이는 결국 수익 창출의 메인 시스템이 손상되고 심각도 1등급의 이벤트가 수십 건 발생할 수 있는 원인이 될 수 있기 때문이다.

CAB는 시스템이 공유 하드웨어 자원에서 실행되고 시스템 내의 서비스가 밀접하게 결합돼 있으며 시스템 출력 비율 이외의 시스템 전반의 성능에 대한 가시성이 거의 없던 시기의 필요성에 따라 생성됐다. 기술이 진화하고 시스템 아키텍처가 발전했음에도 CAB는 여전히 주요 기관으로 남아 있다. 애초에 CAB를 필요로 했던 기술 제한이 더이상 존재하지 않음에도 불구하고 CAB는 여전히 많은 기업의 IT 조직에 널리 퍼져 있다.

CAB와 함께 **CMDB(Change Management Database)**와 구성 관리 데이터베이스가 생성됐다. 이들 시스템의 목적은 다음과 같다.

- 모놀리식 시스템에 대한 계획된 변경 사항 제어와 추적

- 시스템의 현재 상태 추적

이 두 시스템 모두 필요해서 생성됐지만, 클라우드 네이티브 환경에서는 더이상 사용되지 않는다. 이는 CMDB에 저장된 정보를 관련성 있게 유지하는 데 필요한 수동 프로세스 때문이다. 이러한 데이터 저장소가 사용자에게 유용하려면 고차원의 정보가 지속해서 저장돼야 한다. 그러나 사용자가 정보를 거의 저장하지 않는 경우가 종종 있는데, 이 경우에는 '시스템을 유지하고 관리할 필요가 있는가?'라는 실용성에 대한 의심을 받게 한다. 저장된 데이터는 정기적으로 업데이트하고 유지 관리돼야 한다. 그렇지 않으면 오래된 데이터가 되어 모든 관련성을 잃게 되기 때문이다. 관련성을 유지하려면 조직은 상당한 양의 유지 보수를 위한 리소스가 필요하다. 이러한 유지와 관리에는 많은 시간과 노력을 필요로 하는데, 이 때문

에 실제 필요한 제품을 개발하고 만들기 위한 자원을 사용하게 되어 정작 필요한 제품의 개발 시간을 지연시킬 수도 있다. 이 장의 뒷부분에서 CMDB의 후계자를 소개하겠지만, 이런 새로운 서비스들은 요구되는 자동화와 지속성, 관련성 유지 상태를 충족시킨다.

이메일은 CAB, CMDB와 함께 프로젝트 관리와 진행에 있어 가장 중요한 촉진제로 등장했다. 각 도메인 팀은 이메일을 활용해 의사결정에 이르기까지 작성된 서면 추적 경로가 있는지 확인한다. 팀은 모든 것에 이메일을 사용한다. 5분간의 대면 대화로 간단하게 결정을 내릴 수 있는 것도 이메일을 사용한다. 이메일은 어떻게 결정을 내렸는지 이해하는 데 중요한 상황별 기록을 생성하지만, 팀이 가능한 한 빨리 결정을 내릴 수 있게 해주지는 않는다. 동일한 5분간의 직접 대화에서 논의될 수 있는 내용도 이메일을 사용하는 경우 이메일에 응답하는 빈도에 따라서 하루 또는 그 이상 걸릴 수도 있다.

클라우드 네이티브로의 길

이전 장에서는 마이크로서비스로 구성된, 분리된 형태의 고가용성 아키텍처를 통해 모놀리식 시스템을 분해했다. 이러한 서비스는 시스템의 다른 구성 요소와 독립적으로 관리되고 발전될 수 있게 구축됐다. 이러한 마이크로서비스를 뒷받침하는 기술 서비스가 빠르게 진행됐지만, 이러한 시스템을 구축한 조직은 여전히 모놀리식 상태였다.

열정적이면서도 꾸준한 실험을 통해 아마존과 같은 회사는 팀을 마이크로 팀으로 분리시키는 것이야말로 격리된 마이크로서비스로 구동되는 시스템을 구축하는 가장 좋은 방법이라는 것을 발견했다. 이러한 팀은 작고 격리돼 있으며 자율적으로 작동하는 마이크로서비스 아키텍처 그 자체가 된다. 아마존은 이러한 팀을 '피자 두 판 팀(Two-Pizza Team)'이라고 부른다. 팀의 크기가 피자 두 판으로 팀원 전체가 한 끼 식사를 할 수 있는 규모이기 때문이다. 여기서는 이것을 CND 팀이라고 부를 것이다.

각 CND 팀은 서비스를 설계, 구축, 제공, 운영하는 데 필요한 모든 재능과 기술을 갖춘 소유자로 구성된다. 이들은 자신들의 특정 마이크로서비스의 전체 수명 주기를 관리할 수 있는 자율적인 조직 단위다. 그들은 특정 도구나 프레임워크가 허용 가능한지, 또는 새로운 변경 사항을 운영 시스템에 적용할 수 있는지를 결정할 때 다른 서비스 소유자의 승인이나 담당 부사장의 승인을 받을 필요가 없다.

마이크로서비스를 위한 CND팀의 기본 원칙은 두 가지다.

1. 모든 것이 API 중심이어야 하며 일단 API가 외부 서비스에 게시되면 그것을 절대 변경하지 않기 위해 모든 노력을 기울여야 한다. 'API는 영원하다.'

2. 각 팀은 설계에서 실행까지 서비스를 소유한다. 최소한의 인적 관리로 실행되는 안정적인 제품을 구축하기 위해 각 팀에 인센티브를 제공한다.

이 두 가지 원칙은 팀이 시스템 환경 전반에 걸쳐 다른 서비스들과 잘 어울리는 안정적인 마이크로서비스를 생성하는 자연스러운 동기를 부여한다. 팀은 운영 팀(데브옵스라는 용어의 근원)이기 때문에 울타리 너머 버그가 있거나 오류가 발생하기 쉬운 코드를 다른 운영 팀에 푸시할 수 없다. 팀원은 모두가 동의한 일정에 따라 호출기 응답 업무와 같은 이벤트 대응 업무를 교대로 처리해야 하므로 제대로 실행되지 않은 빌드나 잘못된 설계의 고통을 모두 느낄 수 있도록 해야 한다. 팀 구성원은 밤을 세워 심각도 1등급의 티켓 요청사항을 수정하거나 시스템을 다시 설계하는 고통을 겪게 되므로 다음에 발생할 수 있는 반복 상황에 대응할 수 있는 HA와 취약성을 개선한 시스템을 설계하는 경향이 더 강해질 것이다.

이것은 근본적으로 팀을 비슷한 숙련도를 갖춘 개인으로 이루어진 하나의 동일한 스킬 세트 그룹이 아니라 하나의 완전한 작업을 완료하는 데 필요한 모든 기술을 갖춘 팀으로 변화시킨다. 팀들은 해당 그룹의 목적을 완성시키는 데 필요한 다방면의 기술을 도입하고 인재를 고용한다. 또한 모든 팀 구성원은 보다 안정적인 시스템을 구축하는 데 필요한 작업 기술을 개발한다. 각각의 CND 팀은 프런트엔드와 백엔드 개발자, 데이터베이스 전문가, 보안 전문가, 운영 전문가로 구성되며, 이들은 모두 서로 보다 안정적인 서비스를 구축하도록 돕는다.

마이크로서비스를 관리하는 각 CND 팀은 소규모이기 때문에 리소스와 리소스 간의 의사소통 경로의 수를 관리할 수 있다. 이러한 팀들은 의사결정을 위해 많은 양의 컨텍스트를 제공하지 않고도 신속하게 의사결정을 내릴 수 있다. 즉, 이메일을 제쳐 놓고, 예를 들자면 '슬랙'과 같은 채팅 애플리케이션을 사용해 팀과 관련된 토론을 지속해서 추적할 수 있다. 이러한 채팅 매체를 통해 팀은 신속하게 의사소통을 하고 의견을 수렴할 수 있다. 팀과 관련된 여러 도메인과 관련된 대화방을 별도의 #채널을 사용하는 대화방으로 분할한다.

CND팀은 설계부터 배포까지 가능한 한 신속하게 반복 가능한 프로세스를 구축하는 것에 중점을 둔다. 이는 클라우드 네이티브 팀이 아닌 곳에서 수행되는 많은 수작업을 파이프라인을 구축해 자동화하는 것을 의미한다. 이 장의 뒷부분에서 이것과 관련된 도구와 전략에 대해 다룰 것이다. 프로세스 조정을 통해 운영 시스템에 대한 소규모 배포의 양을 극대화해야 한다.

클라우드 네이티브 세계에서는 상당히 정적인 형태의 물리적 하드웨어를 모니터링하도록 설계된 CMDB는 실패로 끝날 것이다. 한 시간 내에 수백 가지 변경이 발생할 수 있으므로 변경과 구성 관리가 보다 동적으로 수행돼야 한다. 여기에서 추진되는 변화는 다음을 기반으로 하는 지속적인 식별 (Continuous Discovery)서비스다.

- 코드형 인프라와 머신 이미지

- 소스 코드를 저장하는 코드 저장소

- 더 빠른 배포를 주도하는 게이트 프로세스 단계가 있는 파이프 라인(필요한 경우 수작업)

- 변경, 요청 승인, 중단을 팀에 알릴 수 있는 API 통합 기능이 있는 팀 채팅 애플리케이션

- 구성 내역을 표시하고 규정 준수를 평가하는 규칙을 개발할 수 있는 AWS Config와 같은 기본 클라우드 구성 관리 서비스

클라우드 네이티브 작업의 거버넌스 또한 더욱 역동적이다. AWS Config 같은 서비스와 이벤트의 자동화된 코드 트리거를 함께 사용하면 자동화된 거버넌스 탐지, 적용 및 보고 기능을 만들 수 있다.

클라우드 네이티브 개발팀

클라우드 기술을 비즈니스의 원동력으로 최대한 활용하려면 팀을 자율적인 조직으로 재구성해야 하며 이를 CND 팀이라고 한다. CND 원칙은 다음과 같다.

- 해당 서비스에 대한 완전한 소유권을 갖는다.

- 그룹 내에서 합의를 신속하게 도출할 수 있도록 의사결정을 간소화한다.

- 그룹 구성원 모두가 이벤트 대응 업무를 수행함으로써 운영 책임을 교대로 수행한다.

- 영구적인 API를 게시하고 유지 관리한다.

- API는 다른 서비스와 인터페이스할 수 있는 유일한 방법이다.

- 올바른 도구는 작업을 완료할 수 있게 하는 도구다(팀에서 자율적으로 서비스에 적합한 언어, 프레임워크, 플랫폼, 엔진 등을 결정).

- 새로운 기능보다 자동화가 더 중요하다(자동화는 장기적으로 더 많은 기능을 더 빠르게 출시할 수 있게 한다).

팀이 발전하는 속도를 극대화하려면 설계에 대한 완전한 소유권을 확보하고 의사결정 프로세스를 수립해야 한다. CND 팀은 자원이나 고위 경영진에게 의존해 결정을 내려서는 안 된다. 그런 상황이 발생하면 리더가 내려야 할 결정에 대해 그 결정이 왜 필요한지 설명해야 하는 상황을 만들게 되어 큰 지연이 초래된다.

팀은 의사결정 과정을 간소화하기 위한 방법이나 어떤 설계에 대한 결정이 더 큰 규모의 팀 토론을 필요로 하는지를 스스로 결정할 수 있다. 직원의 강점과 약점을 토대로 공감대 형성을 위한 그들 나름대로의 방법론을 선택할 수도 있을 것이다. 공감대 형성 외에도, 그들은 자신들의 서비스에 대한 운영 감독을 어떻게 처리할지 스스로 결정할 수 있다. 이벤트 처리 의무가 언제, 누구에게 있는지에 대한 합의를 이끌어내는 것 또한 이러한 합의를 구축하는 메커니즘을 이용한다.

각 서비스가 다른 팀이 관리하는 다른 서비스나 시스템에 의존하는 경향이 있다면 혹자는 어쩌면 CND 팀의 효과에 대해 의구심을 가질 수도 있다. 그러나 '외부 서비스와의 모든 상호 작용은 API를 기반으로 해야 한다'는 황금률을 따르는 한 이것은 문제가 되지 않는다. API는 영원히 게시되고 유지 관리된다. 이러한 원칙은 외부에서 구축된 시스템이 변경되지 않고 고정된 형태의 프로그램 인터페이스를 기반으로 기본 서비스와 통합될 수 있다는 것을 보장한다. 결과적으로 보면 이런 원칙이 있다고 해서 기본 시스템이 변경에 대한 면역력을 갖게 된다는 의미는 아니다. 사실 DB 엔진 또는 프레임워크와 같은 기본 시스템을 교체할 수 있기 때문에 변화의 속도가 더 빨라질 수도 있지만, 이 경우에도 서로 다른 서비스를 함께 묶어주는 접착제 역할을 하는 프로그램 인터페이스는 변경되지 않는다. API를 변경하면 팀이 해당 변경에 따른 연쇄 효과를 모두 추적해야 하기 때문에 이러한 원칙이 꼭 필요할 수밖에 없다. 한 팀이 가능한 모든 변경 사항을 포착하고 주어진 변경에 따른 연쇄 효과를 모두 평가해야 한다면 다른 서비스와 분리되는 것은 절대적으로 불가능할 것이다.

피자 두 판 팀(Two-Pizza Team)

대규모 조직의 근본적인 문제는 합의를 도출하는 것에 있다. 기술 시스템을 구축하는 방법에 대한 상호 의존적인 특성 때문에 대부분 프로젝트를 진행하기 위해서는 합의가 필요하다. 시스템은 일반적으로 규모가 크고 여러 팀에 연관돼 있기 때문에 한 팀이 시스템의 일부를 변경하면 예상치 못하게 다른 팀에서 소유하거나 유지 관리하는 상위 또는 하위 시스템에 대한 상향 또는 하향 연쇄 효과가 있을 수 있다. 다음은 몇 가지 예시다.

- **상향 연쇄 효과:** 업데이트된 하위 시스템이 너무 빠르게 작동해 새로운 데이터를 가져오기 위한 데이터 피드가 압박을 받는 경우.

- **하향 연쇄 효과:** 업데이트된 하위 시스템이 너무 빠르게 데이터를 생성해 하위 처리 단계 소비자 프로세스가 피드를 처리할 수 있는 능력을 능가하는 경우.

분리된 시스템과 SOA(Service Oriented Architecture)가 광범위하게 채택됨에 따라 기술적 관점의 문제를 해결하고는 있지만, 조직은 여전히 이 새로운 현실에 적응하지 못하고 있다. 분리된 시스템을 가지고 있다면 조직 구성 단위를 분리하는 것은 어떨까? 피자 두 판 규모의 팀을 만들어보자. 호랑이 팀, 개발자 팀, 빌드 실행 팀, 블랙 운영 팀과 같은 다양한 조직에서 여러 가지 다른 기능을 각각 수행한다. 이 책의 목적에 맞게 여기서는 그것들을 CND 팀이라고 부를 것이다.

이 팀들은 시스템을 구축하고 운영, 유지 관리한다. 그렇다면 왜 피자 두 판 팀으로 불리게 됐을까? 팀이 식사를 할 때 최대 2개의 피자로 해결해야 할 수 있어야 하는데, 이는 하나의 팀이 8–12명 이상으로 구성될 수 없다는 것을 의미한다. 이 한도는 어디에서 비롯된 것일까? 근본적으로 의사결정을 내리고 합의에 도달하는 것은 큰 그룹일수록 어려워진다. 이는 n명의 개발자 간 요구되는 통신 경로 수가 증가하는 것에서 기인한다. n이 증가함에 따라 통신 경로의 수는 기하 급수적으로 증가하게 된다.

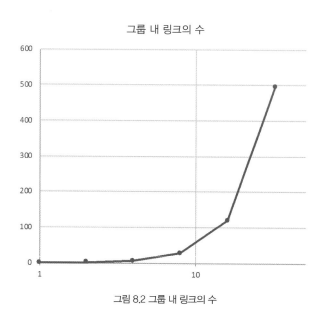

그림 8.2 그룹 내 링크의 수

팀이 10명을 초과하면 개인 간 필요한 연결의 수가 기하급수적으로 증가한다. 그러한 경향은 팀원이 증가할수록 눈에 띄게 두드러진다. 반대로 말하면, **소규모 팀일수록 훨씬 더 신속하게 합의에 도달할 수 있다**는 것이다. 이것이 바로 피자 두 판이라는 제한의 기원이다.

클라우드 관리형 서비스 제공자

엔터프라이즈 조직은 종종 클라우드 환경의 운영 관리를 위해 관리형 서비스 제공자와 파트너 관계를 맺는다. CSP가 초기에는 물리적인 장치 관리로부터 시작해 분리 없이 움직이기 힘든 형태이기 때문에 컨테이너를 위한 가상 컴퓨터 클러스터 스택 또는 HA 구조로 배포된 데이터베이스와 같은 CSP가 제공하는 관리 환경으로 이전하지 못하는 워크로드를 관리해야 하는 추세가 상당 기간 지속됐다.

이 MSP(관리형 서비스 제공자)는 광범위한 서비스에 대한 환경 관리를 제공하며, 이는 한편으로는 고객에게 더 큰 책임을 부여하고 다른 한편으로는 거의 모든 환경 관리를 MSP가 수행한다. MSP는 일반적으로 빌더를 위한 도구와 프레임워크 옵션을 줄이는 형태로 이러한 서비스를 제공한다. MSP는 특정 배포 파이프라인을 사용하는 것을 요구할 수 있다. 이들은 예를 들면 메소스피어(Mesosphere)를 통한 쿠버네티스(Kubernetes)와 같은 컨테이너 오케스트레이션 도구의 사용을 강제하거나 모든 변경 요청을 젠데스크(Zendesk)와 같은 도구를 통해 수행하는 것을 의무적으로 적용하고 옥타(Okta)를 통해 ID 및 액세스를 관리할 수 있다.

MSP는 복잡한 도구를 합리적으로 사용하는 환경을 만들고 운영 부담을 줄이는 데 도움을 주기 때문에 **클라우드 네이티브 성숙도 모델(Cloud Native Maturity Model, CNMM)**에 따라 진정한 클라우드 네이티브 아키텍처로 가는 디딤돌이 될 것으로 믿고 있다.

MSP는 기술 소유자가 직접 변경을 관리하고 시스템을 발전시켜야 하는 책임을 대신해준다. 하지만 변화의 과정에 대해 신중하게 생각하지 않고 변경 그 자체만을 목적으로 한다면 클라우드 네이티브 아키텍처는 달성하기 매우 어려울 수 있다. 항상 큰 방향성에 대한 고민이 필요하다.

CNMM 축–3상의 성숙한 조직은 클라우드 네이티브 구축 및 발전 방식을 갖고 있으며 그것이 바로 이 '클라우드 네이티브 아키텍처'를 생성하는 시스템이다. 단순히 하나만 잘 한다고 해서 성숙도 모델의 끝에 도달하는 것은 아니다. 이는 이러한 유형의 시스템을 관리하고 구축하기 위한 조직적, 문화적 변화가 요구되는 프로세스를 의미한다.

코드형 인프라 운영

애플리케이션용 코드를 개발할 때와 마찬가지로 IaC(Infra as a Code, 코드형 인프라)용 코드를 관리하고 배포하는 프로세스는 개발자가 애플리케이션 코드를 관리하는 방법과 유사하다.

IaC는 CND 팀이 자신의 IaC를 깃허브나 CodeCommit, BitBucket과 같은 저장소에 저장하는 것부터 시작한다. 일단 저장소에 코드가 저장되면 코드를 테스트하고 분기하고 개발하고 병합하고 포크할 수 있다. 이를 통해 더 큰 규모의 팀은 서로의 작업에 방해받지 않고 지속해서 작업하고 독립적인 스택을 개발할 수 있다.

다음과 같이 코드 개발 프로세스의 모든 측면을 다루는 네이티브 클라우드 서비스가 있다.

그림 8.3 코드개발 프로세스

AWS 플랫폼에서 앞의 각 단계의 프로세스와 관련 있는 서비스는 다음과 같다.

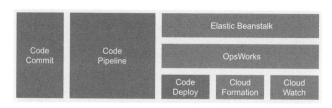

그림 8.4 AWS Code관련 서비스

AWS 코딩 서비스에 대한 보다 심층적인 예는 9장 '아마존 웹서비스'에서 제공한다.

IaC는 이클립스와 같은 일반적인 IDE에 대해 CSP에서 사용할 수 있는 SDK를 사용해 유효성을 검사할 수 있다. 또한 스텔리전트(Stelligent)의 cfn-nag와 같은 도구를 사용해 배포 전에 코드에서 안티 패턴을 자동으로 검출할 수 있다. 해당 프로젝트는 다음 링크에서 액세스할 수 있다: `https://githubcom/stelligent/cfn_nag`.

Cfn-nag는 커밋 단계에서 사용할 수 있다. 즉, IaC 개발자는 배포 전에 빠른 피드백을 받을 수 있다. 이 것은 파이프라인에 삽입될 수도 있으며 중대한 결함이 발견되면 종료 코드를 표시할 수 있다.

Amazon Code Pipeline과 같은 서비스는 사용자에게 쉽고 빠르게 관리되는 지속적인 통합과 지속적인 전달 서비스(Continuous Integration and Continuous Delivery Service)를 제공한다. Code Pipeline은 코드 저장소에 대한 새로운 커밋이 있을 때마다 또는 코드가 활성화될 때마다 코드를 작성하고 테스트하고 배포한다. 배포는 AWS CodeDeploy에 의해 처리되며 플랫폼에서 사용할 수 있는 EC2, AWS Lambda, 심지어 사내 구축 가상 시스템과 같은 대상을 계산하고 소프트웨어 배포를 자동화한다.

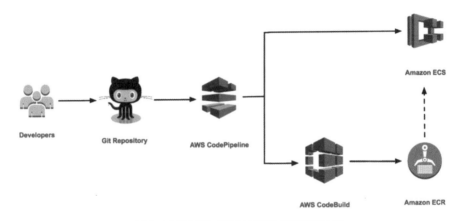

그림 8.5 AWS에서의 클라우드 네이티브 방식의 배포 예

코드 개발을 위한 성숙한 클라우드 네이티브 접근 방식은 앞의 다이어그램과 같다. 개발자는 Git에 코드 저장소를 만든다. 코드가 검토되면 AWS CodePipeline이 테스트를 거쳐 AWS CodeBuild로 푸시하는데, CodeBuild는 소스 코드를 컴파일하고 테스트를 수행해 소프트웨어 패키지를 제공하고 Amazon **Elastic Container Registry(ECR)**에 배포한다. 그런 다음 ECR은 Amazon **Elastic Container Service(ECS)**에 배포된 컨테이너 기반 애플리케이션의 사본을 유지, 관리한다.

배포 파이프 라인이 커밋/푸시에서 배포까지의 프로세스를 완료하고 나면 배포 프로세스를 모니터링하고 추적할 수 있도록 구성하는 것이 클라우드 운영 작업에서 가장 중요하다. 특정 앱이나 서비스, 마이크로서비스와 관련된 맞춤 로그와 측정 항목을 생성하는 것이 장기적인 안정성 유지의 핵심 요소다.

- 애플리케이션의 경우: 대기열에 있는 사용자 기반 작업이 활성 상태인 사용자 요청 수명 시간

- 서비스의 경우: 소셜 네트워크 애플리케이션 사용자의 친구 수 조회를 위한 API 기반 서비스 요청

- 마이크로서비스의 경우: 엔터프라이즈 환경 전체에서 컨테이너 오케스트레이션 마이크로서비스에 대한 컨테이너 요청 수

클라우드 네이티브 도구

클라우드 고유 작업을 위한 도구는 다양한 영역을 포괄할 수 있으며 다음에 소개하는 도구 목록은 아직 완성된 것이 아니다. 이 목록에는 단순히 저자들이 프로젝트에서 사용했거나 접했던 가장 중요하고 중심적인 역할을 했던 도구 중 일부를 반영했다.

슬랙

대부분 개발자에게 슬랙 이외의 이메일이나 다른 채팅 기반 서비스를 사용한다는 것은 대단히 어려운 일이 됐다. 슬랙은 의사결정과 진행상황 공유, 시스템 운영을 위한 통합 커뮤니케이션 플랫폼을 만들기 위해 인간 CND 팀과 봇을 통합해 팀이 커뮤니케이션하는 방식의 변화를 이뤄냈다(https://slack.com/).

스텔리전트cfn-nag

cfn-nag(https://github.com/stelligent/cfn_nag) 도구는 불안정한 인프라를 만들 수 있는 AWS CloudFormation 템플릿의 패턴을 찾는다. 대략적으로 말하면, 다음과 같은 것을 찾는다.

- 너무 광범위한 IAM 규칙(와일드 카드)

- 너무 광범위한 보안 그룹 규칙(와일드 카드)

- 활성화되지 않은 로그 액세스

- 암호화 미설정

깃허브

깃허브는 코드를 호스트 및 검토하고 프로젝트를 관리하고 소프트웨어를 빌드할 수 있는 개발 플랫폼이다. 2,800만 명이 넘는 개발자가 참여하고 있으며 코드 호스팅을 위한 가장 유명한 개발 플랫폼이다(https://github.com/).

요약

이 장에서는 레거시 조직이 시스템을 만들기 위해 직원을 투입하는 방법에 대한 본질적인 약점에 대해 논의했다. 이러한 약점들은 클라우드 기술이 기업에 큰 원동력이 됨에 따라 점점 더 분명해지고 뚜렷해 졌다. 그다음, 개발 및 배포, 유지 관리를 위한 새로운 모델인 CND 팀을 소개했다.

CND팀은 시스템을 완전히 소유하고 중심적인 역할을 수행함으로써 민첩성과 자율성, 집중력을 갖출 수 있고 그 때문에 성숙된 클라우드 네이티브 아키텍처를 구축하는 데 핵심적인 역할을 한다. 그들은 다른 시스템과 팀에 통지된 API 또는 SLA를 유지하는 한 CAB 또는 감독관의 압박으로부터 자유롭다.

또한 관리형 클라우드 서비스 공급자의 사용과 클라우드 MSP가 클라우드 성숙도를 높이는 디딤돌이 될 수 있는 방법에 대해 살펴봤다. 게다가 클라우드 네이티브한 핵심 작업들은 코드형 인프라(IaC)로 구축 된다. IaC를 사용해 시스템을 구축하고 테스트, 배포, 유지 관리하는 방법에 대한 사례를 소개했다. 마지 막으로 클라우드 네이티브 작업을 가능하게 해주는, 오늘날 시장에서 인기 있는 클라우드 고유 도구들을 살펴봤다.

다음 장에서는 아마존 웹 서비스(AWS)의 차별화된 고유 기능에 대해 살펴볼 것이다.

09

아마존
웹 서비스

아마존 웹 서비스(AWS)는 클라우드 컴퓨팅 분야의 선구자다. 클라우드 컴퓨팅이라는 용어조차 정립되지 않았던 2006년부터 IT 인프라 서비스를 제공하기 시작했다. AWS가 초기에 시작한 몇 가지 서비스로는 Amazon Simple Queue Service(SQS), Amazon Simple Storage Service(S3), Amazon Elastic Compute Cloud(EC2)가 있으며, 이후로도 끊임없이 발전해왔다. 오늘날 AWS는 18개 지역[1], 130개 이상의 서비스를 제공하고 있는 가장 진보하고 성숙한 퍼블릭 클라우드 공급자 중 하나이며, 향후 더 많은 서비스를 출시한다는 계획을 발표했다. AWS는 시간이 지날수록 IaaS나 PaaS, SaaS의 일반적인 정의를 넘나드는 새로운 기술과 솔루션 영역을 다각화했다. 이 장에서는 여러 AWS 서비스를 활용해 성숙한 클라우드 기본 환경 구현에 도움을 줄 수 있는 차별화 요소와 새로운 아키텍처 패턴에 대해 설명한다. 다음은 이 장에서 배울 몇 가지 구체적인 주제다.

- CI/CD, 서버리스, 컨테이너, 마이크로서비스 개념을 중심으로 한 AWS의 클라우드 네이티브 서비스와 더 강화된 차별화 요소를 제공하는 다음과 같은 서비스를 살펴본다.
  - AWS CodeCommit
  - AWS CodePipeline
  - AWS CodeBuild
  - AWS CodeDeploy
  - Amazon Elastic Container Service

---

1 (옮긴이) 2019년 6월 현재 21개 지역

- AWS Lambda

- Amazon API Gateway

- AWS 클라우드 네이티브 애플리케이션 아키텍처의 관리와 모니터링 기능

- 모놀리식 애플리케이션 아키텍처를 AWS 네이티브 아키텍처로 이동시키기 위한 패턴

- CI/CD, 서버리스, 마이크로서비스 애플리케이션 아키텍처에 대한 샘플 참조 아키텍처와 코드 조각

최신 AWS 공지 사항과 서비스 출시 소식을 지속해서 업데이트하려면 다음 리소스에 가입하기 바란다.
- AWS의 새 소식(https://aws.amazon.com/new)
- AWS 블로그(https://aws.amazon.com/blogs/aws)

AWS의 클라우드 네이티브 서비스 (CNMM 축-1)

먼저 AWS가 제공하는 핵심 서비스를 살펴보자. 이 서비스들은 클라우드 네이티브 방식으로 애플리케이션을 만드는 것과 관련이 있다.

소개

AWS는 Amazon EC2(클라우드의 가상 서버), Amazon EBS(EC2의 블록 스토리지), Amazon S3(클라우드 기반 오브젝트 스토리지), Amazon VPC(가상화된 네트워크를 사용하는 격리된 클라우드 리소스)와 같은 인프라 기능과 관련된 핵심 구성 요소를 포함하는 매우 풍부한 서비스 포트폴리오를 제공한다. 이러한 서비스는 현재까지 이미 여러 해 동안 서비스돼 왔으며 엔터프라이즈 규모의 구축 수준에서도 상당히 성숙된 서비스다. 이러한 서비스에는 규모와는 별도로 최종 고객이 특정 비즈니스 요구 사항에 따라 구성을 선택하고 결정할 수 있는 충분한 옵션을 제공하는 매우 다양한 기능 구성을 가지고 있다. 예를 들어, Amazon EC2는 50가지 이상[2]의 서로 다른 유형의 인스턴스를 제공해 다양한 작업 부하나 사용 목적을 충족시킬 수 있다. 경우에 따라 고객이 **고성능 컴퓨팅(HPC)** 워크로드를 호스트해야 하는 경우 '컴퓨팅 최적화' 인스턴스를 사용할 수 있는 옵션을 선택할 수 있다. 또한 스토리지 지연이 적은 높은 IOPS를 필요로 하는 NoSQL 데이터베이스가 있다면 '스토리지 최적화' 인스턴스가 유용할 것이다.

---

2 (옮긴이) 2019년 6월 현재 70가지 이상의 인스턴스를 제공한다.

실제로 AWS는 매년 더 큰 메모리 용량을 갖춘 더 새롭고 빠른 프로세서로 업데이트함으로써 새로운 인
스턴스 유형을 추가해 왔다. 따라서 고객은 일반적인 데이터 센터 조달이나 업그레이드 주기에 대해 걱
정할 필요없이 AWS를 사용해 최신의 대형 컴퓨팅 환경 구성을 보다 쉽게 할 수 있다. 마찬가지로 스토
리지나 네트워킹 측면에서 Amazon EBS, Amazon S3, Amazon VPC는 필요한 경우 유연성을 제공
할 수 있는 여러 가지 구성 옵션을 제공한다.

클라우드가 제공하는 가장 큰 이점 중 하나는 탄력성과 민첩성이다. 이는 기본적으로 애플리케이션의 요
구에 따라 인프라를 확대하거나 축소할 수 있음을 의미한다. 이는 리소스의 활용도가 너무 낮거나 예측
하기 어려운 최고점에 이르게 되는 경우 기존의 인프라가 그에 알맞게 축소되거나 확장되지 못하기 때문
에 모든 것이 최댓값을 고려해 프로비저닝돼야 하는 기존 데이터 센터에서의 접근 방식과는 사뭇 다르
다. 이러한 인프라의 특성은 AWS가 제공하는 Auto Scaling과 같은 혁신적인 클라우드 서비스가 등장
하면서 급격한 변화를 맞게 된다. Auto Scaling은 CPU 사용률의 증가나 사용자 지정 애플리케이션 모
니터링 메트릭과 같은 특정 애플리케이션의 동작에 따라 컴퓨팅 리소스 집합 크기를 자동으로 변경할 수
있다. 확장과 축소를 위한 트리거 외에도 시간별, 일별 또는 주별 사용량 변동과 같이 시간 기반 사용 패
턴에 따라 컴퓨팅 용량을 자동 조정할 수도 있다. AWS는 컴퓨팅 리소스의 Auto Scaling과 매우 유사
하게 볼륨이 사용되는 동안 볼륨 크기를 늘리거나 성능을 조정하거나 볼륨 유형을 변경할 수 있는 탄력
적인 EBS 볼륨을 제공한다. 이러한 유형의 서비스와 기능은 클라우드의 차별화 요소이며 사실상 웹 스
케일 애플리케이션의 구축을 위한 새로운 표준이 됐다. 그러나 이러한 Auto Scaling 기능 중 일부를
사용하려면 애플리케이션도 아키텍처 측면에서 준비돼 있어야 한다. 예를 들어, 웹 서버 그룹에 Auto
Scaling 기능을 사용해 웹 사이트의 처리 용량을 증가시키기 위해서 애플리케이션 관점에서는 모든 웹
서버의 세션 상태 정보가 로컬에 저장되지 않도록 처리하는 것이 핵심적인 변경 사항 중 하나가 된다. 동
시에 이러한 정보는 사용자의 세션 중단에 대해 걱정할 필요 없이 웹 서버 그룹을 원활하게 확장 또는 축
소하기 위해 Amazon ElastiCache와 같은 외부의 캐시나 Amazon DynamoDB와 같은 데이터베이
스에 저장돼야 한다.

다음은 다양한 핵심 서비스를 사용해 자동 확장 가능한 웹 애플리케이션을 위해 AWS에서 발행한 샘플
아키텍처다.

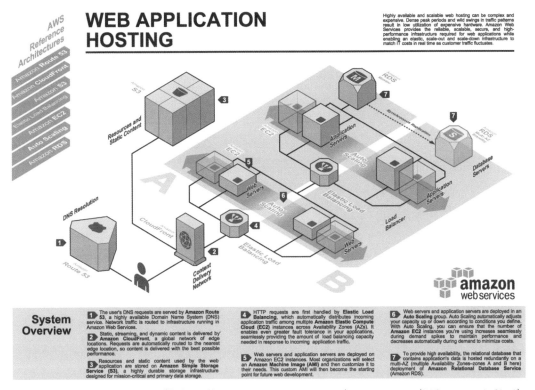

그림 9.1 웹 애플리케이션 호스팅 구성 (출처: http://media.amazonwebservices.com/architecturecenter/AWS_ac_ra_web_01.pdf)

AWS는 앞의 다이어그램에서 언급한 것과 같은 핵심 구성 요소를 바탕으로 AWS의 최종 사용자가 기반 인프라에 대해 너무 많은 걱정을 하지 않고도 애플리케이션의 배치를 쉽게 시작할 수 있도록 하는 다양한 상위 레벨의 관리 서비스를 제공한다. 예를 들어 Amazon RDS는 MySQL, PostgreSQL, 오라클, MS SQL, 마리아DB에 대해서 관리되는 형태로 제공되는 관계형 데이터베이스 서비스다. Amazon RDS는 하드웨어의 프로비저닝, 데이터베이스의 설정, 패치, 백업과 같은 시간 소모적인 관리 작업을 자동화하면서 관계형 데이터베이스를 설정하고 운영할 수 있는 유연성을 제공한다. 따라서 이 서비스를 사용하면 특정 데이터베이스 관리자 수준의 기술 없이도 데이터베이스 배포를 신속하게 시작할 수 있다. 이 외에도 AWS는 PaaS 범주의 상위 수준 서비스와 같은 AWS Elastic Beanstalk(웹 앱 실행과 관리)과 Amazon OpsWorks(셰프[Chef]를 사용한 운영 작업 자동화)와 같은 많은 서비스를 제공한다.

이러한 서비스를 사용하면 기본 인프라를 기반으로 애플리케이션을 설치하지 않고도 AWS에서 애플리케이션을 신속하게 실행할 수 있다. Amazon OpsWorks를 사용하면 사용자 정의 셰프 레시피를 이용해 특정 애플리케이션의 설치/실행 절차를 자동화할 수 있는 기능이 제공되며 이와 함께 인프라에 대한 추가적인 컨트롤 세트를 얻을 수도 있다.

AWS는 앞서 언급한 서비스 외에도 Amazon EMR(관리형 하둡 프레임워크), Amazon Kinesis(실시간 스트리밍 데이터 수집 작업), Amazon Lex(음성 및 텍스트 채팅봇 구축), Amazon Rekognition(이미지 검색과 분석), Amazon Polly(텍스트를 자연스러운 음성으로 전환) 등과 같은 빅데이터, 분석, AI 영역에서 PaaS 서비스를 제공한다. 이러한 유형의 서비스를 사용하면 개발자나 데이터 설계자가 기본 인프라 관리 측면보다 비즈니스 논리에 더 집중해 애플리케이션을 조금 더 쉽게 만들 수 있다.

지난 몇 년 동안 AWS는 완전히 새로운 유형의 서비스를 SaaS에 더 가깝게 제공한다는 측면에서 좀 더 적극적으로 움직였다. 거기에는 Amazon Chime(관리형 화상 통화, 채팅 서비스), Amazon WorkDocs(기업용 저장, 공유 서비스), Amazon Connect(관리형 콜센터 서비스)와 같은 비즈니스 생산성 범주에 속하는 주요 서비스들이 있다. 이는 AWS에서도 상당히 새로운 영역이지만 생태계와 함께 이러한 서비스가 성숙함에 따라 최종 사용자가 인프라나 플랫폼 관점뿐만 아니라 생산성 소프트웨어를 활용하는 종량제 모델로서도 클라우드를 볼 수 있는 새로운 가능성을 창출할 수 있을 것이다.

AWS 플랫폼 – 차별화 요소

1장 '클라우드 네이티브 아키텍처 소개'에서 언급했듯이 CNMM은 성숙도 모델로서 인프라 구성 요소 등과 같은 클라우드의 핵심 빌딩 블록만 사용하는 경우에는 클라우드 기반이지만, 실질적으로 모든 클라우드의 이점을 얻기 위해 해당 스택에서 조금 더 추상화된 서비스를 사용하는 다른 사용자보다 성숙도가 낮을 수 있다. 따라서 이 개념을 바탕으로 보면 AWS 클라우드의 강력한 기능을 활용해야 하는 경우 다음 섹션에서 설명하는 몇 가지 영역에 중점을 둬야 한다.

KRADL 서비스

이전 섹션에서도 언급했듯이 AWS는 다양한 사용 사례와 비즈니스 문제를 설계하는 데 도움이 되는 많은 혁신적인 서비스를 가지고 있다. 그러나 AWS 차별화 요소가 될 만한 서비스는 거의 언급되지 않았다. AWS의 제품과 같이 확장성 또는 풍부한 기능과 강력한 성능을 갖춘 서비스를 만들 수 없다면 자체 기능을 구현하는 대신 이러한 AWS의 서비스를 활용하는 것을 적극 권장한다.

이러한 서비스를 통틀어 **KRADL**이라고 부르며, 각 문자가 나타내는 서비스는 다음과 같다.

- K: Amazon Kinesis
- R: Amazon Redshift

- **A**: Amazon Aurora

- **D**: Amazon DynamoDB

- **L**: AWS Lambda

AWS의 이러한 서비스 정의를 토대로 앞의 사항들을 조금 더 자세히 살펴보자.

- **Amazon Kinesis**: Amazon Kinesis를 사용하면 실시간 스트리밍 데이터를 쉽게 수집, 처리하고 분석할 수 있으므로 적시에 통찰력을 얻고 새로운 정보에 신속하게 대응할 수 있다. 데이터베이스와 데이터 레이크, 데이터 웨어하우스에 애플리케이션 로그, 웹 사이트 클릭 스트림, IoT 원격 데이터 등의 실시간 데이터를 수집하거나 이 데이터를 사용해 실시간 애플리케이션을 직접 구축하는 데 Amazon Kinesis를 사용할 수 있다. 데이터의 처리가 시작되기 전에 모든 데이터가 수집될 때까지 기다리지 않고 도착한 데이터를 즉각적으로 처리하고 분석해 실시간으로 응답할 수 있도록 구성하는 경우에도 Amazon Kinesis의 사용이 도움이 될 수 있다. 자세한 내용은 다음 링크에서 확인할 수 있다: https://aws.amazon.com/kinesis/.

- **Amazon Redshift**: Amazon Redshift는 표준 SQL과 기존 **비즈니스 인텔리전스(BI)** 도구를 사용해 모든 데이터를 간단하고 비용 효율적으로 분석할 수 있는 빠르고 완전하게 관리되는 데이터 웨어하우스다. 정교한 쿼리 최적화, 고성능 로컬 디스크의 기둥형 스토리지, 대용량 병렬 쿼리 실행을 사용해 페타 바이트 단위의 구조화된 데이터에 대해 복잡한 분석 쿼리를 실행할 수 있다. 자세한 내용은 다음 링크에서 확인할 수 있다: https://aws.amazon.com/redshift/.

- **Amazon Aurora**: Amazon Aurora는 고성능 데이터베이스의 속도와 가용성을 오픈 소스 데이터베이스의 단순성, 비용 효율성과 결합한 MySQL과 PostgreSQL 호환 관계형 데이터베이스 엔진이다. 상업용 데이터베이스의 10분의 1의 비용[3]으로 보안, 가용성, 신뢰성을 갖춘 관계형 데이터베이스를 구축할 수 있으며 MySQL보다 최대 5배 우수한 성능을 제공한다. Amazon Aurora는 데이터를 안전하게 보호하는 완전 분산, 자체 복구 스토리지 시스템을 기반으로 하는 관리형 데이터베이스 서비스다. 자세한 내용은 다음 링크에서 확인할 수 있다: https://aws.amazon.com/rds/aurora/.

- **Amazon DynamoDB**: Amazon DynamoDB는 모든 규모에서 일관된 한 자릿수의 밀리 초 응답 시간을 필요로 하는 모든 애플리케이션에 대해 빠른 성능과 유연함을 제공하는 NoSQL 데이터베이스 서비스다. 완전히 관리되는 클라우드 데이터베이스이며 문서와 키–값 저장소 모델을 모두 지원한다. 유연한 데이터 모델, 안정적인 성능과 처리 용량의 자동 조정 기능은 모바일, 웹, 게임, 광고 기술, IoT와 기타 여러 애플리케이션에 매우 적합하다. 자세한 내용은 다음 링크에서 확인할 수 있다: https://aws.amazon.com/dynamodb/.

---

3 (옮긴이) 비용은 상황에 따라 다를 수 있음.

- **AWS Lambda**: AWS Lambda를 사용하면 서버를 프로비저닝하거나 관리하지 않고도 코드를 실행할 수 있다. 비용은 유저가 소비하는 컴퓨팅 시간에 대해서만 지불한다. 유저의 코드가 실행되고 있지 않을 때는 무료다. AWS Lambda를 사용하면 사실상 모든 유형의 애플리케이션이나 백엔드 서비스용 코드를 실행할 수 있으며 이 모든 것을 관리하지 않아도 된다. 코드를 업로드하면 AWS Lambda가 고가용성으로 코드를 실행하고 확장하는 데 필요한 모든 것을 처리한다. 다른 AWS 서비스에서 자동으로 트리거하거나 웹이나 모바일 앱에서 직접 호출하도록 코드를 설정할 수도 있다. 자세한 내용은 다음 링크에서 확인할 수 있다: https://aws.amazon.com/lambda/.

앞에서 언급한 서비스 대부분은 AWS의 독점적 서비스이기 때문에 최종 사용자는 록인(lock-in)에 대한 두려움을 의식하게 된다. 그러나 실상은 고객들이 이미 온프레미스 환경에서도 데이터베이스 또는 ERP와 같이 스스로 벗어나기 어려운 너무나 많은 다양한 패키지 애플리케이션을 사용하고 있다는 것이다. 따라서 이런 동일한 논리를 클라우드 네이티브 서비스에 적용해 본다면 온프레미스에서의 환경일 때보다 록인(lock-in)에 대한 필요 이상의 우려를 갖고 있다고 볼 수 있다. 실제로, Amazon Aurora, Amazon Redshift와 같은 서비스를 더 깊이 있게 살펴보면 동일한 PostgreSQL/SQL 인터페이스가 제공되므로 필요하다면 애플리케이션을 다른 플랫폼에 쉽게 다시 연결할 수 있는 서비스의 마이그레이션에 대한 메커니즘이 생성된다. 이것의 또 다른 관점은 만약 고객이 스스로 유사한 서비스를 만들기를 원한다면 AWS가 하는 것처럼 새로운 기능을 만들 뿐만 아니라 성공적으로 작동시킬 때까지 상당한 시간과 노력이 필요할 것이라는 것이다. 결국, 언제나 고객은 그들의 핵심 사업에 집중하기 위해 이러한 AWS의 더 상위 레벨의 추상화된 서비스를 소비하는 것이 오히려 유리하다.

또 다른 관점으로 KRADL 서비스를 바라보면, KRADL 서비스는 다른 클라우드 제공 업체에 비해 AWS 플랫폼에서 매우 독보적이라는 것이다. 그중 일부는 다른 클라우드 제공 업체가 유사한 서비스를 제공하지만, 이미 AWS는 이러한 많은 기능을 업계 최초로 서비스하기 시작한 이후로도 정기적으로 새로운 기능을 꾸준히 개선해 왔기 때문에 가장 성숙한 서비스 제공 능력을 보유하고 있다.

AWS의 클라우드 네이티브 서비스에 대한 분석과 관련해 AWS 컨설팅 파트너인 2ndWatch의 흥미로운 인포그래픽을 살펴보기 바란다(http://2ndwatch.com/wp-content/uploads/2017/05/Cloud-Native-Services.pdf).

AWS 네이티브 보안 서비스

퍼블릭 클라우드의 모든 고객에게 핵심적인 측면 중 하나는 작업 부하와 더불어 기업 관리 정책에 따라 올바른 보안 상태를 유지하는 것이다. 때로는 1:1로 매핑되는 유형의 비교가 아니기 때문에 온프레미스 환경에서 클라우드로 각종 통제를 매핑하는 것이 어려울 수 있다. 그러나 최근 AWS는 보안 영역에서 특히 많은 새로운 서비스의 혁신을 이루었으며 이 서비스들은 온프레미스에서의 통제와 네이티브 AWS 기능 간의 차이를 줄이는 것을 목표로 하고 있다.

AWS는 클라우드 기반의 사용자와 그룹을 관리하고 다양한 AWS 리소스에 대한 액세스 권한을 관리할 수 있도록 오랫동안 IAM(Amazon Identity and Access Management) 서비스를 사용해왔다. 이 서비스를 사용하면 예를 들어 특정 IP 주소 범위에서만 허용되는 특정 API의 호출에 대한 제한을 적용하는 것처럼 세분화된 액세스 제어를 제공하거나 기업 디렉터리와의 통합 액세스를 허용해 페더레이션 액세스를 허용할 수도 있고 MFA(다단계 인증)만 허용하는 서비스를 활성화할 수도 있다.

현재 IAM은 AWS 환경에서 작업을 수행하기 위해 반드시 필요한 서비스다. 이외에도 종종 누락되기는 하지만 모든 유형의 환경에서 매우 유용하게 사용되는 몇 가지 다른 클라우드 네이티브 서비스로 다음과 같은 것들이 있다.

- **AWS KMS(Key Management Service)**: AWS KMS는 데이터를 암호화하는 데 사용되는 암호화 키를 손쉽게 만들고 제어할 수 있게 해주는 관리형 서비스이며 요구 조건에 따라서는 Cloud HSM(하드웨어 보안 모듈)을 사용해 고객의 암호화 키를 보호할 수도 있다. AWS KMS는 여러 다른 AWS 서비스와 통합되어 저장하는 데이터를 안전하게 보호할 수 있다. 자세한 내용은 다음 링크에서 확인할 수 있다: https://aws.amazon.com/kms/.

- **AWS CloudTrail**: AWS CloudTrail은 AWS 계정의 거버넌스, 규정 준수, 운영, 위험 감사를 가능하게 하는 서비스다. CloudTrail을 사용하면 AWS 인프라에서 API 호출과 관련된 이벤트를 기록하고 지속해서 모니터링하고 유지할 수 있다. CloudTrail은 AWS Mangement Console, AWS SDK, 명령줄 도구나 기타 AWS 서비스를 통해 작성된 API 호출을 포함해 계정에 대한 AWS API 호출 기록을 제공한다. 자세한 내용은 다음 링크에서 확인할 수 있다: https://aws.amazon.com/Cloudtrail/.

위 두 가지 서비스는 완벽하게 관리되고 다양한 다른 AWS 서비스와 통합되며 사용하기가 매우 쉽다. 실제로 이러한 유형의 사용하기 쉽고 필요에 따라 구성할 수 있는 서비스를 통해 모든 스타트업 고객이 얻는 통제 수준은 AWS 플랫폼을 사용하는 모든 엔터프라이즈 고객과 동일하다. 이것은 모든 서비스와 기능을 모든 사람이 사용할 수 있도록 하는 클라우드 서비스 이전의 진정한 기술 민주화의 힘이며 AWS 클라우드 플랫폼은 혁신과 새로운 애플리케이션 모델을 위한 공정한 경쟁의 장이 될 것이다.

이러한 클라우드 네이티브 서비스의 결과로 고객은 필수 기능의 구현을 위해 값 비싼 키 관리 장비를 조달하고 별도의 사용자 정의 소프트웨어 패키지를 구입하거나 구축할 필요가 없어졌다. 하지만 이러한 서비스 중 일부는 클라우드 기반 환경에만 국한되므로 온프레미스 인프라 구성 요소가 포함된 하이브리드 환경이 있는 경우에는 이러한 서비스를 사용해 단일 환경으로 모든 것을 관리하거나 모니터링할 수 있도록 만드는 것이 조금 더 어려워진다.

이러한 서비스가 기능적인 관점에서 제공하는 핵심 기능 외에도, 고급 아키텍처 패턴을 사용해 자가 학습이나 자체 적응 보안 모델을 만들 수도 있다. 예를 들어 계정에 대해 CloudTrail 로깅을 사용하도록 설정한 경우 서비스가 Amazon S3 버킷에서 제공하는 API 작업 로그를 기반으로 AWS 계정 리소스의 예기치 않은 동작이나 악의적인 사용을 발견하면 동적으로 특정 작업을 수행하도록 선택할 수 있다. 이런 활용 사례를 조율하기 위해 AWS Lambda는 특정 조건을 감지하고 반응하는 사용자 정의 로직을 정의할 수 있는 매우 편리한 기능을 제공할 수 있다. 이것은 머신러닝이나 딥 러닝과 같은 진보된 기술로 인해 더 발전된 기능을 수행할 수 있다. 특정 조건에만 반응하는 대신 실제로 스스로 학습하고 훈련하는 모델을 만들고 어떤 조건이 발생하기 전에 미리 처리할 수도 있을 것이다. 물론 이러한 유형의 자체 적응형 보안 시스템을 만들려면 추가적인 노력과 더 많은 전문 지식이 필요하지만 현재 클라우드가 제공하는 서비스와 빌딩 블록 유형을 사용하면 분명 이러한 방향으로 이동하는 것이 불가능한 것만은 아니다.

AWS KMS와 AWS CloudTrail 외에도 AWS는 특정 사용 사례를 해결하는 데 도움이 되는 여러 가지 새로운 보안 서비스를 제공한다.

- **Amazon Inspector**: Amazon Inspector는 AWS에 배포된 애플리케이션의 보안과 규정 준수를 개선하는 데 도움이 되는 자동화된 보안 평가 서비스다. Amazon Inspector는 애플리케이션 취약점이나 모범 사례와의 차이를 자동으로 평가한다. Amazon Inspector는 평가를 수행한 후 심각도에 따라 우선 순위가 지정된 보안 결과 목록을 생성한다. 이러한 결과는 Amazon Inspector 콘솔 또는 API를 통해 직접 검토하거나 세부 평가 보고서의 일부로도 검토할 수도 있다. 자세한 내용은 다음 링크에서 확인할 수 있다: https://aws.amazon.com/inspector/.

- **AWS Certificate Manager**: AWS Certificate Manager는 AWS 서비스에 사용할 SSL(Secure Sockets Layer)/TLS(Transport Layer Security) 인증서를 쉽게 프로비저닝, 관리, 배포할 수 있게 해주는 서비스다. SSL/TLS 인증서는 네트워크 통신을 보호하고 인터넷을 통해 웹 사이트의 신원을 확인하는 데 사용된다. AWS Certificate Manager는 SSL/TLS 인증서를 구매, 업로드, 갱신하는 데 소요되는 수작업 시간을 줄여주므로 시간이 많이 소요되는 프로세스를 단축시킨다.

- **AWS WAF**: AWS WAF는 애플리케이션의 가용성이나 보안 손상, 과도한 자원 소비에 영향을 줄 수 있는 일반적인 웹 공격으로부터 웹 애플리케이션을 보호하는 웹 애플리케이션 방화벽이다. AWS WAF는 사용자 정의 웹 보안 규칙을 정의해 웹 애플리케이션을 허용하거나 차단할 트래픽을 제어할 수 있다. AWS WAF를 사용해 SQL 인젝션이나 크로스 사이트 스크립팅과 같은 일반적인 공격 패턴을 차단하기 위한 사용자 정의 규칙을 만들거나 특정 애플리케이션을 위해 설계된 규칙을 만들 수 있다. 자세한 내용은 다음 링크에서 확인할 수 있다: https://aws.amazon.com/waf/.

- **AWS Shield**: AWS Shield는 AWS에서 실행되는 웹 애플리케이션을 보호하는 관리형 DDoS 보호 서비스다. AWS Shield는 애플리케이션 다운 타임이나 대기 시간을 최소화하는 상시 감지와 인라인 자동 완화 기능을 제공하므로

DDoS 보호의 혜택을 받기 위해 AWS 서포트를 별도로 이용할 필요가 없다. 자세한 내용은 다음 링크에서 확인할 수 있다: https://aws.amazon.com/shield/.

- **Amazon GuardDuty:** Amazon GuardDuty는 AWS 계정과 작업 부하를 지속해서 모니터링하고 보호할 수 있는, 보다 정교하고 사용하기 쉬운 방법을 제공하는 관리형 위협 탐지 서비스다. 자세한 내용은 다음 링크에서 확인할 수 있다: https://aws.amazon.com/guardduty/.

- **Amazon Macie:** Amazon Macie는 중요한 데이터를 발견, 분류, 보호하는 머신러닝 기반의 보안 서비스다. 자세한 내용은 다음 링크에서 확인할 수 있다: https://aws.amazon.com/macie/.

앞서 언급한 모든 클라우드 네이티브 서비스의 가장 큰 이점은 라이선스 구입, 복잡한 구성 등에 대해 걱정할 필요 없이 언제든지 사용할 수 있다는 것이다. 그러나 이러한 서비스는 비교 가능한 기능을 갖춘 엔터프라이즈 ISV 소프트웨어 패키지의 일부와 비교할 때 여전히 새롭기 때문에 더 복잡한 사용 사례나 보다 깊이 있는 특성 또는 기능에 대한 여러 요구 사항을 완전히 충족시키지 못할 수도 있다. 이러한 시나리오의 경우 AWS는 AWS 마켓 플레이스를 제공한다. 여기서는 여러 ISV 파트너가 제공하는 AWS 환경에서 빠르고 쉽게 배포할 수 있는 클라우드 최적화 소프트웨어 패키지를 사용할 수 있다. 따라서 기능 설정 요구 사항은 물론 사용 사례에 따라 항상 AWS 클라우드 기반 서비스를 먼저 평가한 다음 필요에 따라 다른 ISV 솔루션을 검토하는 것이 좋다.

머신러닝과 인공 지능

지난 수년 동안 AWS는 머신러닝과 인공 지능 영역에서 제공하는 서비스를 완전히 다른 수준으로 가져가겠다는 진지한 약속을 해왔다. 2017년에 개최된 연례 개발자 콘퍼런스(AWS re:Invent)에서 AWS는 ML/AI 제품의 서비스 제공에 대해 대규모 발표를 했고 그 이후로 많은 인기를 얻고 있다. 다음은 AWS의 ML/AI 포트폴리오 관점에서 핵심적인 일부 서비스다.

- **Amazon SageMaker:** 데이터 사이언티스트나 개발자는 고성능 머신러닝 알고리즘, 광범위한 프레임워크 지원, 원클릭 교육, 튜닝, 추론을 통해 머신러닝 모델을 빠르고 쉽게 구축, 교육, 배포할 수 있다. Amazon SageMaker는 기존의 머신러닝 워크플로에서 모든 기능을 사용할 수 있도록 모듈식 아키텍처를 갖추고 있다. 자세한 내용은 다음 링크를 참조하기 바란다: https://aws.amazon.com/sagemaker/.

- **Amazon Rekognition:** 애플리케이션에 강력한 시각적 분석을 쉽게 추가할 수 있게 해주는 서비스다. Rekognition 이미지를 사용하면 수백만 개의 이미지를 검색, 확인, 구성할 수 있는 강력한 애플리케이션을 쉽게 만들 수 있다. Rekognition 비디오를 사용하면 저장돼 있거나 라이브 스트림으로 들어오는 비디오에서 모션 기반 컨텍스트를 추출하고 이를 분석하는 데 도움이 된다. 자세한 내용은 다음 링크를 참조하기 바란다: https://aws.amazon.com/rekognition/.

- **Amazon Lex**: 음성과 텍스트를 사용해 대화식 인터페이스를 구축하는 서비스다. Alexa와 동일한 대화식 엔진으로 구동되는 Amazon Lex는 고품질 음성 인식과 언어 이해 기능을 제공하므로 새로운 애플리케이션이나 기존 애플리케이션에 정교하고 자연스러운 언어 채팅 봇을 추가할 수 있다. 자세한 내용은 다음 링크를 참조하기 바란다: https://aws.amazon.com/lex/.

- **Amazon Polly**: 텍스트를 실제와 같은 음성으로 바꾸는 서비스다. 기존 애플리케이션을 최고의 기능으로 말하게 하고 모바일 앱과 자동차, 가전제품에 이르기까지 완전히 새로운 카테고리의 음성 사용 가능 제품에 대한 기회를 창출한다. 자세한 내용은 다음 링크를 참조하기 바란다: https://aws.amazon.com/polly/.

이러한 서비스 외에도 AWS는 아파치 MXNet, 텐서플로(TensorFlow), 파이토치(PyTorch), 마이크로소프트 Cognitive Toolkit(CNTK), 카페(Caffe), 카페2(Caffe2), 씨아노(Theano), 토치(Torch), 글루온(Gluon), 케라스(Keras) 등을 비롯한 데이터 사이언티스트나 개발자가 정기적으로 사용하는 널리 사용되는 머신러닝 프레임워크와 라이브러리를 지원한다. 모두 AMI(Amazon Machine Image)로 제공되므로 몇 번의 클릭만으로 쉽게 시작할 수 있다. GPU 컴퓨팅 인스턴스와 FPGA(Field Programmable Gate Array)를 사용하는 인스턴스로 구성된 이 클러스터는 복잡한 알고리즘과 모델을 훨씬 빠르고 쉽게 처리할 수 있게 만들며 이런 전체적인 플랫폼이 어떤 종류의 ML/AI 사용 사례라도 포괄적으로 처리할 수 있도록 보장한다.

객체 스토리지 (S3, Glacier 생태계)

AWS는 블록 스토리지, 파일 스토리지, 객체 스토리지, 아카이브 스토리지와 같은 다양한 유형의 스토리지 서비스를 제공한다. 이러한 서비스는 모두 서로 독립적이며 개별적으로 사용할 수 있지만, 다양한 사용 사례에서 고객은 여러 서비스를 함께 사용해 다양한 스토리지 계층화 옵션을 제공한다. 예를 들어 Amazon EBS는 로컬 데이터의 저장과 처리를 위해 Amazon EC2 인스턴스에 연결된 블록 스토리지다. 여러 EC2 인스턴스 간에 파일 공유로 데이터를 공유해야 할 필요가 있을 때 NFS v4.1 인터페이스를 사용해 동일한 EFS 공유를 여러 EC2 인스턴스 간에 연결할 수 있기 때문에 Amazon EFS가 유용하다.

데이터를 장기간에 걸쳐 더 오래 백업해야 하는 경우에는 원시 데이터뿐만 아니라 EBS 볼륨 스냅숏까지도 여러 가용 영역에 중복 저장되는 Amazon S3가 등장한다. 장기 보관을 위해 Amazon S3에서 Amazon Glacier로 데이터를 이동할 수도 있다. 따라서 이러한 메커니즘을 사용하면 여러 스토리지 서비스를 사용해 데이터 관리의 전체 수명 주기를 관리할 수 있다.

Amazon EBS 이외에도 **AMI(Amazon Machine Image)**를 사용해 Amazon EC2 인스턴스를 생성할 수 있으며 이는 기본적으로 Amazon S3에 저장된다. 마찬가지로 Amazon CloudTrail 로그나 Amazon Clodwatch Logs와 같은 로그 또한 Amazon S3에 유지된다. AWS Snowball, AWS DMS(Database Migration Service), AWS SMS(Server Migration Service)와 같은 AWS 마이그레이션 서비스들도 모두 Amazon S3와 통합돼 있다. 마찬가지로 Amazon EMR, Amazon Redshift, Amazon Athena와 관련된 모든 빅 데이터 아키텍처에서 Amazon S3는 전체 시스템의 주요 구성 요소다. 데이터는 수명 주기 동안 여러 가지 형태로 변형되어 다양한 분석 문제에 대한 소스나 대상으로 사용된다. 마찬가지로 다른 많은 AWS 서비스의 경우에도 객체들을 저장하거나 백업하는 용도로 Amazon S3를 사용한다.

이렇게 다양한 모든 시나리오에서 Amazon S3는 AWS의 클라우드 네이티브 배포에 반드시 포함돼야 하는 핵심 AWS 서비스 중 하나다. 실제로 Amazon S3는 다양한 다른 AWS 서비스 간의 통합과는 별개로 다양한 애플리케이션이 필요로 하는 유연성을 제공할 수 있는 기본적인 특성을 가지고 있다. 예를 들어 Amazon S3에는 다양한 스토리지 클래스가 있으므로 객체에 대한 액세스 패턴과 내구성, 가용성 요구 사항 등에 따라 다음과 같은 다양한 옵션을 사용할 수 있다.

스토리지 클래스	내구성 (설계 기준)	가용성 (설계 기준)	사용 사례
스탠다드	99.999999999%	99.99%	성능에 민감한 유스케이스나 빈번하게 접근하는 데이터에 이상적
스탠다드_IA	99.999999999%	99.9%	오래 보관이 필요하지만 자주 액세스하지 않는 데이터(예: 백업 빈도가 줄어든 오래된 데이터)에 최적화돼 있지만 사용이 필요한 경우에는 여전히 높은 성능을 요구
Reduced Redundancy Storage (RRS)[4]	99.99%	99.99%	스탠다드 스토리지 클래스보다 낮은 중복성으로 저장되는 중요도가 떨어지는 재생성 가능한 데이터를 위한 스토리지

또한 Amazon S3에는 서버 측 또는 클라이언트 측 암호화와 같은 다양한 암호화 옵션과 기록 유지를 위한 객체 버전 관리 기능, 객체 삭제에 대한 MFA 보호와 같은 여러 보안 관련 기능이 있다.

Amazon S3는 풍부한 ISV 파트너 에코 시스템을 보유하고 있다. 그들은 Amazon S3 API와 직접 통합됐거나 여러 사용 유형에서 알 수 있듯이 S3를 소스 또는 대상으로 사용한다. 여러 아마존의 스토리지 솔

---

4 (옮긴이) 2019년 현재 유사한 사용 목적으로 S3 원 존-IA 신규 서비스 제공. 참고: https://aws.amazon.com/ko/s3/storage-classes/.

루션 파트너, 즉 ISV가 자신들의 솔루션의 일부로 Amazon S3와 AWS의 다른 스토리지 서비스를 지원하는 것을 이해하기 위해서는 https://aws.amazon.com/backup-recovery/partner-solutions/에서 여러 아마존의 스토리지 파트너 솔루션을 살펴보기 바란다.

앞서 언급된 사항을 근거로 생각해 보면 Amazon S3는 분명히 많은 아키텍처의 핵심 서비스이며 어떤 클라우드 네이티브 배포 환경에서도 무시할 수 없고 무시해서도 안 되는 서비스다. 여러 사용자에게 적용될 수 있는 일부 클라우드 네이티브 사용 사례는 다음과 같다.

- **웹 애플리케이션:** Amazon S3는 비디오, 이미지, HTML 페이지, CSS 및 기타 클라이언트 측 스크립트와 같은 정적 콘텐츠용 스토리지로 사용할 수 있다. 따라서 완전히 정적인 웹 사이트가 있으면 웹 서버가 필요 없다. 그냥 Amazon S3를 사용하면 된다! 글로벌한 사용자 환경에서 자주 액세스하는 콘텐츠를 사용자와 가까운 위치에서 캐시하고 싶다면 Amazon CloudFront와 함께 Amazon S3를 사용하면 훌륭한 조합이 될 수 있다.

- **로그 저장소:** 종단 간 시스템의 경우 다양한 애플리케이션과 인프라 구성 요소에 의해 생성되는 다양한 로그가 있다. 이들은 로컬 디스크에 저장되고 유지되는 상태로 엘라스틱 서치(Elasticsearch), 로그스태시(Logstash), 키바나(Kibana)(ELK)와 같은 솔루션으로 분석될 수도 있을 것이다. 하지만 규모의 측면에서 본다면 다수의 고객은 다양한 소스의 로그 데이터를 S3로 전송해 로그 저장소로 Amazon S3를 사용한다. 다양한 소스의 로그 데이터는 플루언트디[Fluentd](https://www.fluentd.org/)와 같은 오픈 소스 옵션을 사용해 S3로 스트리밍할 수 있을 것이다. CloudWatch Logs나 Amazon Kinesis 등과 같은 AWS 서비스를 사용하거나 AWS 마켓 플레이스에 있는 스모로직(Sumologic)과 같은 상업용 ISV 서비스를 이용해 데이터를 S3로 스트리밍하거나 저장할 수도 있을 것이다. 로그를 스트리밍하거나 분석하는 솔루션의 종류와 상관없이 Amazon S3는 모든 유형의 로그 저장에 적합한 후보가 될 것이다. 실제로 로그가 오래되면 수명주기 정책을 사용해 제거하거나 비용이 저렴한 저장소(Amazon S3-IA 또는 Amazon Glacier)로 전환할 수도 있다.

- **데이터 레이크:** Amazon S3는 데이터 처리 파이프라인 전체 과정에서 사전 처리나 처리 완료, 중간 처리 단계의 데이터를 저장할 수 있는 매우 확장 성이 뛰어난 데이터 레이크를 만드는 데 사용할 수 있는 훌륭한 서비스다. AWS에는 참조 아키텍처와 자동화된 배포 모듈이 있으며 이 시나리오에서 Amazon S3를 중앙 서비스로 사용하는 방법을 보여준다. http://docs.aws.amazon.com/solutions/latest/data-lake-solution/welcome.html에서 해당 내용을 읽을 수 있다.

- **이벤트 중심 아키텍처:** 오늘날에는 API를 사용하는 느슨하게 결합된 아키텍처가 일반적인 패턴이다. API와 함께 간단한 API 호출로 일련의 백엔드 프로세스의 워크플로를 트리거할 수 있는 이벤트 기반 아키텍처의 패러다임이 등장했다. 여기에는 이러한 유형의 아키텍처 패턴과 연관된 여러 구성 요소가 있지만 저장소 관점에서 볼 때 Amazon S3는 몇 가지 사용 사례의 중추적인 구성 요소가 될 수 있다.

– 미디어 처리 파이프 라인을 시작하기 위한 API/이벤트 중심 아키텍처가 있다고 가정하면 모든 원시 미디어 전처리 객체를 Amazon S3에 저장할 수 있다. 마찬가지로 Amazon CloudFront를 사용해 전달할 수 있도록 최종 비디오/오디오/이미지 출력을 사후 처리해 S3에 저장할 수도 있다.

– Amazon S3를 스토리지와 트리거 메커니즘의 형태로 사용해 다양한 서비스 간 조정이 가능하다. 예를 들어 버킷-A에서 객체 처리를 시작하는 서비스-A가 있다고 가정해 보자. 작업이 끝나면 버킷-B에 객체를 기록한다. 기록이 끝나면 AWS Lambda 함수에서 처리할 수 있는 s3:ObjectCreated:* 이벤트 알림을 전송하고 이를 통해 워크플로의 다음 단계를 트리거할 수 있다. 따라서 조정 메커니즘으로 S3를 기반으로 하는 느슨하게 연결된 파이프라인을 계속해서 만들 수 있다.

▪ **일괄 처리:** AWS는 AWS Batch라는 일괄 컴퓨팅 사용 사례에 대한 서비스를 시작했다. 이 서비스를 여러 사용 사례에 사용할 수 있겠지만, 대용량 데이터/분석 유형에서의 사용 사례가 가장 보편적일 것이다. 결과적으로 보면 Amazon S3는 개체를 규모에 맞게 저장하고 처리할 수 있는 핵심 서비스다. 예를 들어 AWS 웹 사이트의 다음 다이어그램은 재무 서비스 업계의 일괄 컴퓨팅 사용 사례를 보여준다. 여기에는 보고서를 작성하고 시장 성과를 확인하기 위해 하루의 마지막에 다양한 소스의 데이터가 수집된다. 따라서 Amazon S3는 다양한 처리 계층을 위한 일종의 마스터 스토리지가 되는 것이다.

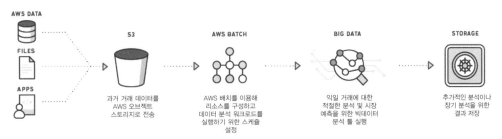

그림 9.2 프로세싱 계층 (출처: https://aws.amazon.com/batch/use-cases/#financial-services)

애플리케이션 중심 설계 (CNMM 축-2)

이전 섹션에서는 AWS에서 제공하는 주요 클라우드 네이티브 서비스 중 일부를 살펴봤다. 이번 섹션에서는 AWS 기본 아키텍처를 만드는 방법에 대한 CNMM의 두 번째 축을 살펴보겠다. 다양한 아키텍처와 접근 방법이 있지만 여기서는 서버리스와 마이크로서비스의 두 가지 핵심 패턴에 초점을 맞출 것이다. 실제로 서버리스 패턴을 만드는 데 도움이 되는 서비스는 시스템에서 더 작은 단일 기능을 수행하는 세분화된 서비스를 생성하는 것에도 적용될 수 있기 때문에 이 두 가지 패턴은 서로 관련돼 있다. 그럼, 다음 섹션에서 서버가 없는 마이크로서비스를 만드는 방법에 대해 더 자세히 살펴보자.

서버리스 마이크로서비스

서버리스 마이크로서비스를 둘러싼 핵심 개념은 다음 다이어그램에 있는 3단계 파이프라인이다.

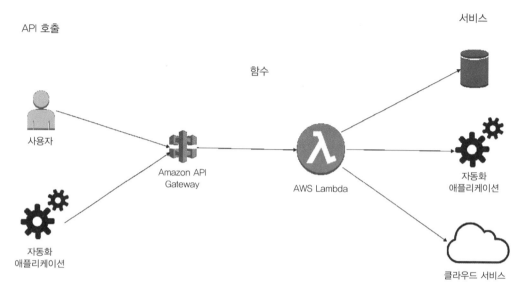

그림 9.3 3단계 파이프라인

각 단계에 대해 자세히 논의해 보자.

API 호출

마이크로서비스는 다음의 두 가지 방법으로 호출할 수 있다.

- 웹 기반 포털(또는 CLI 명령)과 직접 상호 작용하는 최종 사용자

- 통합 운영되는 워크플로 체인에서 이 서비스를 호출하는 자동화된 애플리케이션이나 다른 마이크로서비스

또한 스크립트 이벤트 메커니즘을 사용해 API를 호출하는 데 사용할 수 있는 일부 시스템 이벤트에 의해 API가 호출될 수도 있다.

함수

일단 API가 호출 계층에 의해 호출되면 Amazon API Gateway에서 수신하게 되며 이어 AWS Lambda에서 실행되는 백엔드 서비스를 호출할 수 있다. 이 경우 API Gateway는 호출되는 백엔드 서비스에 대한 트래픽 관리, 권한 부여와 액세스 제어, 유효성 검사, 변환과 모니터링을 수행할 수 있다.

AWS Lamda는 서버가 없는 컴퓨팅 환경으로 사용자는 각종 코드(Node.js, Python, Java 또는 C #)를 업로드하고 트리거를 정의하며 나머지는 Lambda 서비스에서 처리한다. 따라서 앞의 샘플 아키텍처와 마찬가지로 API Gateway는 비즈니스 로직을 실행하기 위해 Lambda 함수를 호출하게 된다. 해당 비즈니스 로직 내에서 모든 유형의 조치를 수행할 수 있으며 이는 다음 절에서 자세히 설명한다.

서비스

AWS Lambda 함수 내에서 어떤 백엔드 작업도 수행할 수 있지만, 대부분 고객이 수행하는 가장 일반적인 작업은 다음과 같다.

- AWS Lambda 함수 내에서 변환, 로컬 스크립트 실행 등에 대한 데이터 처리가 포함되는 전체 처리를 수행할 수 있으며, 결과는 장기 지속성을 위해 별도의 데이터 저장소에 저장된다. 이 시나리오에서 많은 고객을 위한 완벽한 선택은 Amazon DynamoDB다. 이는 관리할 호스트 없이 서버리스 아키텍처를 다시 확장하고 API/SDK를 사용해 AWS Lambda와 통합하기 쉽다.

- 동일한 환경 내에서 제삼자 서비스 또는 다른 마이크로서비스와 상호 작용하기 위해 많은 고객이 AWS Lambda를 사용해 다른 서비스를 호출한다. 이러한 호출은 사용 사례에 따라 동기식 또는 비동기식으로 처리될 수 있다.

- 또 다른 가능성은 다른 클라우드 서비스와 통합해 다른 작업을 수행하는 것이다. 예를 들어, API를 사용해 LAMP 스택 생성을 트리거하기를 원한다면 Lambda 코드에서 CloudFormation을 호출해 새 LAMP 스택 환경을 불러오면 된다.

이런 사례들은 AWS에서 서버가 없는 마이크로서비스를 만드는 방법에 대한 몇 가지 예일 뿐이고, 일반적으로는 무한한 가능성을 갖고 있다고 할 수 있다.

서버리스 마이크로서비스 – 샘플 둘러보기

AWS에서의 서버리스 마이크로서비스의 기초를 다뤘으니, 이제 여러 AWS 서비스를 사용하는 샘플 애플리케이션으로 실습을 해보자.

그럼, 어떤 장소의 기상 정보를 검색하기 위한 실제 마이크로서비스를 만들어 보자. 이를 위해 다음과 같은 아키텍처 구성 요소를 사용할 것이다.

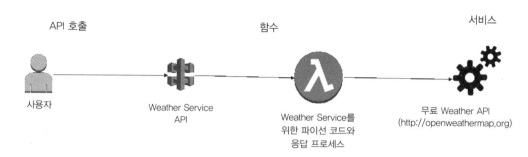

그림 9.4 아키텍처 구성 요소

AWS Lambda 함수 생성과 설정

AWS 콘솔에 로그인하고 **컴퓨트(Compute)** 서비스 아래에서 **Lambda**를 선택한다.

그런 다음, 다음 지침에 따라 Lambda 함수를 생성한다.

1. **함수 생성(Create a function)** 버튼을 클릭한다.

2. **블루프린트(Blueprint)** 옵션을 선택하고 microservice-http-endpoint-python3 블루프린트를 선택한다.

3. **구성 옵션(Configuration Option)**을 클릭하고 다음 값을 지정한다. 다음 값은 이 마이크로서비스에 대한 Amazon API Gateway 엔드포인트를 구성하는 데 사용된다

   1. **API 이름**을 `Serverless Weather Service`로 설정한다.

   2. **배포 단계**를 prod로 설정한다.

   3. **보안**의 경우 Open으로 설정한다. 이 옵션을 사용하면 자격 증명 없이 API에 액세스할 수 있다. (프로덕션 워크로드의 경우 항상 AWS IAM 또는 Open with access key 옵션을 사용해 API 보안을 사용하는 것이 권장된다).

4. **생성 기능에서 다음 값을 지정한다.**

   1. 기본 **정보** 섹션:

      1) 함수 이름을 입력한다(예: `WeatherServiceFunction`).

      2) **런타임** 목록에서 **파이썬 3.6**을 선택한다.

      3) **설명**에는 cloud-native - Serverless Weather Service를 사용한다.

2. Lambda 함수 코드:

1) **코드 입력 유형** 필드에서 .zip **파일 업로드** 옵션을 선택한다. 샘플 파이썬 코드 ZIP 파일인 Cloudnative-weather-service.zip을 https://github.com/PacktPublishing/Cloud-Native-Architectures 위치에서 가져와서 업로드한다.

3. Lambda 함수 핸들러와 역할:

1) 핸들러의 경우, 값을 lambda_function.lambda_handler로 지정한다.

2) **역할**에 대해 **템플릿에서 새 역할 작성** 옵션을 선택한다.

3) **역할 이름**에 WeatherServiceLambdaRole을 지정한다.

4) **정책 템플릿** 옵션에서 드롭 다운 값으로 Simple Microservice Permissions를 선택한다.

4. 태그:

1) **Key**를 Name으로 **Value**는 Serverless Weather Microservice로 지정한다.

2) 고급 설정:

- **메모리** 선택을 128MB로 설정한다.

- **Timeout** 값을 0분 30초로 설정한다.

- 나머지 설정은 기본값으로 둔다.

5. 위 설정을 완료한 후 최종 화면에서 설정을 검토하고 Create function을 누른다. 몇 분만에 Lambda 함수가 생성되고 다음과 같이 함수 목록에서 Lambda 함수를 확인할 수 있다.

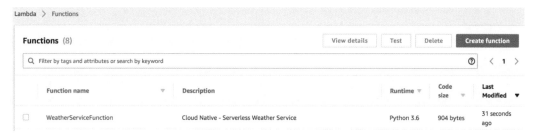

그림 9.5 Lambda 함수의 생성

로직과 관련해서는, 이 함수는 Lambda 코드 내에서 다음과 같은 세 가지 일을 하는 간단한 코드다.

- 수신된 요청에서 zip 및 appid 매개변수를 검색한다.

- zip 및 appid 매개변수를 입력으로 사용해 OpenWeatherMap의 API에서 GET 작업을 호출한다.

- 응답을 수신하고 이를 API Gateway로 다시 전송해 최종 사용자에게 반환한다.

코드는 다음과 같다.

```python
import boto3
import json
from urllib.request import Request, urlopen
from urllib.error import URLError, HTTPError

print('Loading function')

def respond(err, res=None):
return {
'statusCode': '400' if err else '200',
'body': err if err else res,
'headers': {
'Content-Type': 'application/json',
},
    }

def lambda_handler(event, context):
    '''Demonstrates a simple HTTP endpoint using API Gateway. You have full access to the request and
response payload, including headers andstatus code.'''
print("Received event: " + json.dumps(event, indent=2))

zip = event['queryStringParameters']['zip']
print('ZIP -->' + zip)
appid = event['queryStringParameters']['appid']
print('Appid -->>' + appid)
baseUrl = 'http://api.openweathermap.org/data/2.5/weather'
completeUrl = baseUrl + '?zip=' + zip + '&appid=' + appid
print('Request URL--> ' + completeUrl)

req = Request(completeUrl)
try:
    apiresponse = urlopen(completeUrl)
except HTTPError as e:
    print('The server couldn\'t fulfill the request.')
    print('Error code: ', e.code)
    errorResponse = '{Error:The server couldn\'t fulfill the request: ' + e.reason +'}'
```

```
    return respond(errorResponse, e.code)
except URLError as e:
    print('We failed to reach a server.')
    print('Reason: ', e.reason)
    errorResponse = '{Error:We failed to reach a server: ' + e.reason+'}'
    return respond(e, e.code)
else:
    headers = apiresponse.info()
    print('DATE :', headers['date'])
    print('HEADERS :')
    print('---------')
    print(headers)
    print('DATA :')
    print('---------') decodedresponse = apiresponse.read().decode('utf-8')
    print(decodedresponse)
    return respond(None, decodedresponse)
```

Amazon API Gateway존 구성

앞의 단계를 수행한 후 AWS 콘솔에서 Amazon API Gateway 서비스로 이동해 다음과 같은 API가 이미 만들어져 있는지 확인한다.

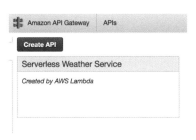

그림 9.6 Amazon API Gateway

이제 필요에 맞게 이 API를 구성해 보겠다.

1. API의 이름인 Serverless Weather Service를 클릭해 구성을 자세히 살펴본다.

2. 왼쪽에서 리소스 옵션을 선택한 다음, 오른쪽에서 리소스를 확장해 /WeatherServiceFunction/ANY를 표시하면 다음과 같이 세부 정보를 볼 수 있다.

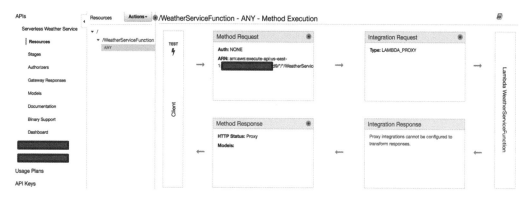

그림 9.7 리소스 옵션 화면

3. Method Request를 클릭하고 URL Query String Parameters 옵션을 확장한다. 그 아래 **쿼리 문자열 추가** 버튼을 사용해 다음 매개변수를 추가한다.

   1. 이름을 zip으로 설정하고 Required 확인란을 선택한다.

   2. 다른 매개변수를 추가하고 appid에 이름을 설정하고 Required 확인란을 선택한다.

4. 위의 창에서 Request Validator 옵션을 선택하고 해당 값을 Validate body, query string parameters, headers로 설정한다.

5. 위의 설정을 완료하면 Method Execution 화면이 다음과 같이 표시된다.

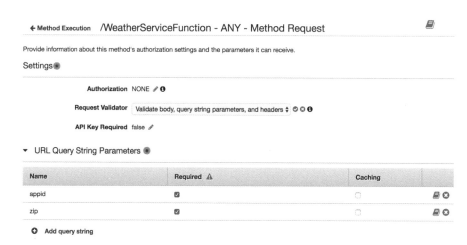

그림 9.8 Method Execution 화면

Weather Service 계정 설정하기

최신 기상 정보를 얻기 위해 예제의 마이크로서비스는 제삼자 날씨 정보 제공 서비스인 OpenWeather Map(https://openweathermap.org)에서 API를 호출할 것이다. 따라서 URL로 이동해 새로운 무료 계정을 만들어야 한다. 계정을 만들었으면 계정 설정으로 이동해 다음 옵션에서 API 키를 기록해둬야 한다.

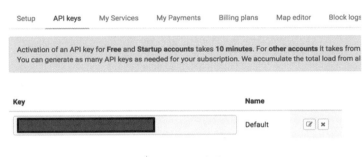

그림 9.9 API 키 탭

이 키는 OpenWeatherMap 서비스에 대한 API 호출을 인증하는 데 사용된다.

서비스 테스트

이제 필요한 모든 부분을 설정했으므로 Amazon API Console로 돌아가서 서비스를 테스트해 보자. 이를 위해 다음 단계를 따른다.

1. Resources 옵션에서 /WeatherServiceFunction/ANY 파일을 열고 Test 옵션을 클릭한다.

2. 이 때 Method 옵션에서 Get을 선택한다.

3. 쿼리 문자열의 경우 현재 날씨를 쿼리할 도시의 우편 번호와 OpenWeatherMap의 API 키라는 두 개의 입력이 필요하다. 이렇게 하려면 zip = << zip-value >> & appid = << app-id >>와 같은 쿼리 문자열을 만들어야 한다. 여기에서 이 탤릭체로 표시된 값을 실제 입력으로 바꾸고 zip = 10001 & appid = abcdefgh9876543qwerty와 같은 문자열을 작성한다.

4. 화면 하단의 Test 버튼을 눌러 API 및 Lambda 함수를 호출한다.

5. 테스트가 성공적이면 Status: 200 응답이 표시되고 응답 본문에는 JSON 형식의 날씨 정보가 다음과 같이 표시된다.

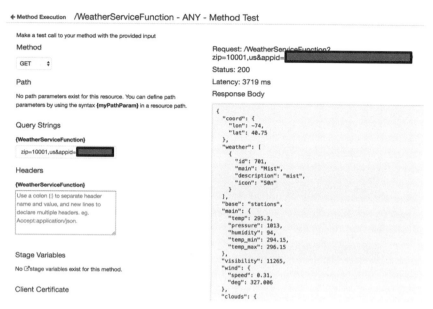

그림 9.10 메소드 테스트

테스트 실행에 오류가 있는 경우 화면의 아래쪽에 있는 로그를 확인해 문제를 디버그한다.

API 배포

API를 성공적으로 테스트한 후에는 해당 환경에서 활성화될 수 있도록 API를 배포해야 한다. 이를 위해 다음과 같이 API 구성 화면의 **Actions** 드롭 다운 메뉴에서 **Deploy API** 옵션을 선택한다.

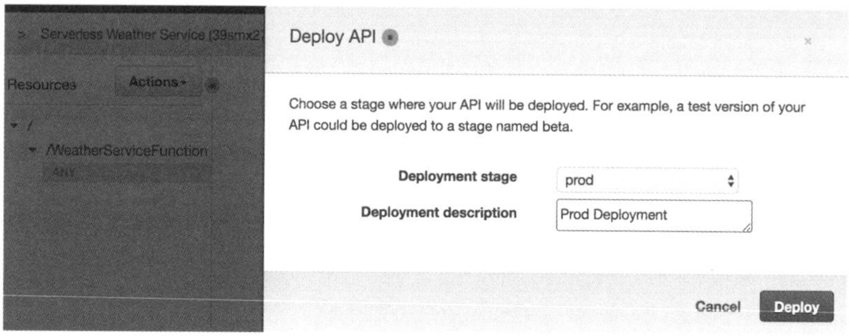

그림 9.11 API 배포

API가 배포되면 왼쪽에 있는 **Stages** 옵션으로 이동해 다음 단계에서 **prod** 단계를 선택하고 그 아래에서 HTTP 메소드를 **가져올** 수 있다.

그림 9.12 스테이지 옵션

배포된 API의 URL을 복사하고 다음과 같이 zip 및 appid 매개변수를 URL의 일부로 입력하면 액세스가 가능하다.

```
https://asdfgh.execute-api.us-east-1.amazonaws.com/prod/WeatherServiceFunct ion?zip=10001,us&appid=q
wertyasdfg98765zxcv
```

 참고: 강조 표시된 텍스트를 테스트 환경의 고유 값으로 대체한다.

배포된 API의 테스트 과정을 더 쉽게 만들려면 다음의 깃허브 링크에서 제공되는 샘플 HTML 페이지를 사용한다: https://github.com/PacktPublishing/Cloud-Native-Architectures.

1. HTML 페이지를 다운로드하고 소스를 편집해 28번 라인의 API 엔드포인트를 업데이트하고 작업을 저장한다.

```
<form method="get" action="https://<<updated-endpoint>>>/Prod/weatherservice">
```

2. 브라우저에서 웹 페이지를 열고 필요한 필드 값을 입력한 다음 **날씨 가져오기**(Get Weather) 버튼을 클릭해 해당 위치의 날씨를 검색한다.

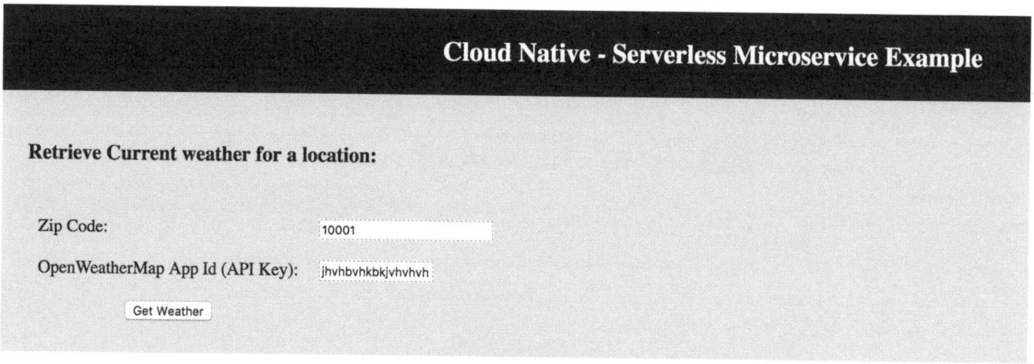

Cloud Native - Serverless Microservice Example

Retrieve Current weather for a location:

Zip Code: 10001

OpenWeatherMap App Id (API Key):   jhvhbvhkbkjvhvhvh

Get Weather

그림 9.13 날씨 검색

AWS SAM을 사용한 서버리스 마이크로서비스 자동화

이전 섹션에서 배웠던 것처럼 AWS 콘솔에서 간단한 서버리스 마이크로서비스를 만드는 것은 매우 쉽다. 그러나 자동화된 스크립트 방식을 사용해 동일한 작업을 수행해야 하는 경우 이를 달성할 수 있는 다른 메커니즘이 있다. AWS 환경에서 가장 많이 사용되는 방법 중 하나는 AWS CloudFormation을 사용하는 것이다. AWS CloudFormation에서는 애플리케이션을 실행하는 데 필요한 AWS 리소스와 관련 종속성이나 런타임 매개변수를 설명하는 템플릿을 직접 만들 수 있다. 템플릿을 다이어그램으로 시각화하고 드래그 앤 드롭 인터페이스를 사용해 템플릿을 편집하거나 AWS 명령줄 인터페이스 또는 API를 사용해 인프라 구성 요소를 관리할 수도 있다. CloudFormation에서 수행되는 모든 작업은 JSON 또는 YAML 형식의 텍스트 파일을 사용하므로 결과적으로 인프라로 코드를 효과적으로 관리할 수 있다.

AWS CloudFormation을 사용하면 서버리스 마이크로서비스를 구성할 수 있는 AWS Lambda, API Gateway를 비롯한 여러 가지 다양한 서비스를 만들고 업데이트할 수 있다. 지금은 이렇게 자동화하는 것이 쉽지만, 때로는 단순한 애플리케이션을 사용하기 위해 오랜 시간 동안 정교한 CloudFormation을 작성하는 것보다는 조금 다른 메커니즘을 사용하는 것이 좋다. 같은 이유로 아마존은 AWS CloudFormation이 기본으로 지원하는 AWS **SAM(Serverless Application Model)**을 만들었으며 서버리스 애플리케이션에 필요한 Amazon API Gateway API, AWS Lambda 함수, Amazon DynamoDB 테이블을 정의하는 간단한 방법을 제공한다.

AWS SAM은 CloudFormation에 비해 코드나 구성이 훨씬 적기 때문에 서버리스 애플리케이션을 신속하게 만들 수 있는 강력한 방법이 될 수 있다. SAM을 사용해 애플리케이션을 생성하려면 주로 다음 세 가지가 필요하다.

- 리소스 구성(Lambda 함수, API Gateway, DynamoDB 테이블)을 포함하는 SAM YAML 템플릿

- AWS Lambda 함수 코드 .zip 파일

- 스웨거(Swagger) 형식의 API Gateway의 API 정의

 AWS SAM에 대한 자세한 내용은 다음 깃허브 저장소에서 확인할 수 있다: https://github.com/awslabs/ serverless-application-model/.

이제 AWS SAM을 사용해 동일한 날씨 서버리스 마이크로서비스 예제를 만들기 위한 단계와 코드 스니 핏을 살펴보자.

SAM YAML 템플릿

다음은 Weather Service 예제의 SAM YAML 템플릿이다. 크게 세 가지 구성 요소로 이루어져 있는 것을 확인할 수 있다.

- 상세한 설정을 위한 스웨거 파일을 가리키는 API Gateway 정의.

- .zip 파일, 핸들러 이름, 런타임 환경을 코딩하는 링크가 있는 AWS Lambda 함수 설정. 이 Lambda 함수를 API Gateway 인스턴스와 연결하기 위해 Lambda 함수에 대한 트리거로 사용될 REST API 메서드와 URI 경로에 대한 세부 정보도 제공한다.

- 마지막 섹션은 출력을 중심으로 하며 이는 기본적으로 SAM에서 전체 스택을 생성하면 나오는 API 엔드 포인트의 URI다.

```yaml
AWSTemplateFormatVersion: '2010-09-09'
Transform: AWS::Serverless-2016-10-31
Description: A simple cloud-native Microservice sample, including an AWS SAM template with API
defined in an external Swagger file along with Lambda integrations and CORS configurations

Resources:
ApiGatewayApi:
Type: AWS::Serverless::Api
Properties:
DefinitionUri: ./cloud-native-api-swagger.yaml
StageName: Prod
```

```
Variables:
# NOTE: Before using this template, replace the <<region>> and <<account>> fields
# in Lambda integration URI in the swagger file to region and accountId
# you are deploying to
LambdaFunctionName: !Ref LambdaFunction

LambdaFunction:
Type: AWS::Serverless::Function
Properties:
CodeUri: ./Cloudnative-weather-service.zip
Handler: lambda_function.lambda_handler
Runtime: python3.6
Events:
ProxyApiRoot:
Type: Api
Properties:
RestApiId: !Ref ApiGatewayApi
Path: /weatherservice
Method: get
        ProxyApiGreedy:
            Type: Api
Properties:
RestApiId: !Ref ApiGatewayApi
Path: /weatherservice
Method: options
```

앞 코드의 출력 결과는 다음과 같다.

```
ApiUrl:
  Description: URL of your API endpoint
  Value: !Join
    - ''
- - https://
- !Ref ApiGatewayApi
- '.execute-api.'
- !Ref 'AWS::Region'
- '.amazonaws.com/Prod'
- '/weatherservice'
```

API 정의 스웨거 파일

패키지형 애플리케이션, 클라우드 서비스, 사용자 지정 애플리케이션과 기기를 포함해 API는 요즘 어디에서나 사용된다. 그러나 모든 사람이 API 인터페이스를 정의하고 선언하기 위해 자기만의 표준과 메커니즘을 사용한다면 서로 다른 애플리케이션을 통합하는 것은 악몽 그 자체가 될 것이다. 따라서 표준화 프로세스를 돕고 REST API 세계에 어떤 구조를 가져오기 위해서 OpenAPI 이니셔티브가 만들어졌다. 자세한 내용은 https://www.openapis.org/에서 확인할 수 있다.

스웨거(https://swagger.io/)는 **OAS(OpenAPI Specification)**와 호환되는 API를 만들기 위해 설계와 문서화부터 테스트와 배포에 이르기까지 전체 API 수명주기 동안 개발을 지원하는 다양한 도구를 제공한다.

AWS API Gateway는 YAML 기반의 스웨거 API 형식에서 API 정의를 가져오거나 내보내는 기능을 지원한다. AWS API Gateway와의 통합을 향상시키기 위해 스웨거 정의에 추가할 수 있는 요소가 있으며, 다음은 AWS API Gateway 고유의 구성 매개변수를 사용하는 표준 스웨거 요소가 모두 있는 서버리스 기상 마이크로서비스의 샘플 YAML이다.

사용자 환경에서 이 샘플을 사용하려면 다음 템플릿의 AWS 계정 설정에 따라 지역과 AWS 계정 ID 매개변수를 업데이트해야 한다.

```
swagger: "2.0"
info:
title: "Weather Service API"
basePath: "/prod"
schemes:
 - "https"
paths:
/weatherservice:
get:
produces:
     - "application/json"
parameters:
     - name: "appid"
in: "query"
required: true
type: "string"
```

```
      - name: "zip"
        in: "query"
        required: true
        type: "string"
responses:
200:
description: "200 response"
schema:
$ref: "#/definitions/Empty"
x-amazon-apigateway-request-validator: "Validate body, query string parameters,\
\ and headers"
x-amazon-apigateway-integration:
responses:
  default:
statusCode: "200"
            uri: arn:aws:apigateway:us-east-1:lambda:path/2015-03-31/functions/
arn:aws:lambda:region:account-number:function:${stageVariables.LambdaFunctionName}/invocations
passthroughBehavior: "when_no_match"
httpMethod: "POST"
contentHandling: "CONVERT_TO_TEXT"
type: "aws_proxy"
options:
consumes:
- "application/json"
produces:
- "application/json"
responses:
        200:
description: "200 response"
schema:
$ref: "#/definitions/Empty"
headers:
Access-Control-Allow-Origin:
type: "string"
Access-Control-Allow-Methods:
type: "string"
Access-Control-Allow-Headers:
type: "string"
```

```
      x-amazon-apigateway-integration:
 responses:
   default:
statusCode: "200"
responseParameters:
method.response.header.Access-Control-Allow-Methods:
"'DELETE,GET,HEAD,OPTIONS,PATCH,POST,PUT'"
method.response.header.Access-Control-Allow-Headers:
"'Content-Type,Authorization,X-Amz-Date,X-Api-Key,X-Amz-Security-Token'"
method.response.header.Access-Control-Allow-Origin: "'*'"
requestTemplates:
application/json: "{\"statusCode\": 200}"
passthroughBehavior: "when_no_match"
type: "mock"
definitions:
Empty:
type: "object"
title: "Empty Schema"
x-amazon-apigateway-request-validators:
Validate body, query string parameters, and headers:
validateRequestParameters: true
validateRequestBody: true
```

AWS Lambda 코드

이 애플리케이션의 파이썬 기반 Lambda 코드는 이전 섹션과 동일하다. ZIP 파일은 https://github.com/PacktPublishing/Cloud-Native-Architectures 깃허브 위치에서 내려받을 수 있다.

AWS SAM 사용법

AWS SAM은 뒷단에서 AWS CloudFormation의 변경 세트 기능을 사용한다(http://docs.aws.amazon.com/AWSCloudFormation/latest/UserGuide/using-cfn-updating-stacks-changesets.html). SAM을 사용해 서버리스 기상 마이크로서비스 예제를 생성하려면 다음 단계를 수행한다.

1. SAM YAML 템플릿, API Gateway 스웨거 파일, AWS Lambda 코드 .zip 파일을 단일 디렉터리에 다운로드한다.

2. CloudNative-WeatherService와 같은 사용 가능한 이름으로 AWS 콘솔 또는 API에서 Amazon S3 버킷을 만든다.

3. 이제 Lambda 코드와 스웨거 API 파일 정의를 이전 단계에서 만든 S3 버킷에 업로드한 다음, S3 위치로 SAM YAML 파일을 업데이트해야 한다. 이를 위해 다음 AWS CLI 명령을 사용하면 이 모든 것을 자동으로 처리하고 후속 단계에서 사용할 수 있는 결과 SAM YAML 파일을 생성할 수 있다.

```
aws Cloudformation package \
--template-file ./Cloudnative-weather-microservice.yaml\
--s3-bucket CloudNative-WeatherService \
--output-template-file Cloudnative-weather-microservice-
packaged.yaml
```

 AWS CLI를 미리 설치하고 구성하지 못한 경우 http://docs.aws.amazon.com/cli/latest/userguide/installing.html 의 AWS 설명서를 참조한다.

4. 패키징 명령이 완료되면 다음 단계는 실제 배포하고 서비스를 시작하는 것이다. 이를 위해 다음 명령을 사용해 이전 단계에서 패키지된 YAML 파일과 생성하려고 하는 스택의 이름을 지정한다.

```
aws Cloudformation deploy \
--template-file ./Cloudnative-weather-microservice=-packaged.yaml\
--stack-name weather-service-stack \
--capabilities CAPABILITY_IAM
```

5. 앞의 명령이 성공적으로 완료되면 AWS CloudFormation 콘솔로 이동해 스택 상태를 확인할 수 있다. 완성된 CloudFormation 스택의 출력 탭에서 API Gateway의 Weather Service API 엔드 포인트 값과 함께 ApiURL이라는 매개 변수를 볼 수 있다. 이를 통해 API가 모두 설정되고 이전 섹션에서 설명한 절차를 사용해 API를 동일하게 테스트할 수 있다.

AWS에서의 자동화 (CNMM 축-3)

아마존은 계획에서 운영에 이르기까지 종단 간(End to End) 실행에 대한 전적인 책임을 지고 자급자족하는 소규모 팀을 보유하는 오랜 문화적 배경을 가졌다. 이 팀들은 민첩하며 소프트웨어 배포 주기의 모든 측면을 관리할 수 있도록 제품 관리, 개발자, QA 엔지니어, 인프라/툴링 엔지니어 등과 같은 서로 다른 역할을 맡은 담당자들로 구성되지만, 피자 두 판으로 충분히 한 끼의 식사를 할 수 있을 정도의 규모다.

그림 9.14 팀의 한 끼 식사가 피자 두 판으로 해결될 정도의 소규모 팀을 구성한다.

피자 두 판 팀에 담긴 전체 개념은 의사소통과 프로세스 측면에서 오버헤드를 피하기 위해 팀원들이 독립적이고 빠르게 움직이며 더 잘 협력할 수 있도록 만드는 것이다. 이것은 또한 팀이 운영 환경으로의 배포와 인프라 관리를 포함하는 완전한 릴리즈 라이프 사이클을 담당하는 데브옵스의 관점에서 이상적인 설정이다.

이 설정의 또 다른 이점은 각 팀이 REST/HTTP 기반의 간단한 API를 사용해 시스템의 다른 구성 요소와 통합되는 특정 비즈니스 기능을 담당한다는 것이다. 이는 기본적으로 마이크로서비스에 대한 핵심 개념으로, 민첩성과 느슨하게 연결된 구성 요소를 통해 전체 시스템의 탄력성과 확장성을 향상시킨다.

아마존에는 내부적으로 이러한 원칙을 따르는 여러 비즈니스와 팀이 있으며 이들 모두에게 **아폴로(Apollo)**라는 공통의 확장 가능한 소프트웨어 배포 플랫폼을 제공한다. 이 배포 서비스는 여러 해에 걸쳐 아마존 전체에서 수천 명의 개발자가 사용해왔으며 그에 따라 엔터프라이즈급 표준에 대해 반복 실행되고 더욱 견고하게 만들어졌다.

아폴로에 대한 자세한 내용을 알고 싶다면 아마존 CTO인 버너 보겔스(Werner Vogels)의 블로그 게시물을 참조하기 바란다:

http://www.allthingsdistributed.com/2014/11/apollo-amazon-deployment-engine.html.

이러한 내부 경험을 바탕으로 아마존은 AWS 기능 중 많은 부분을 만들어냈다. 간단한 API, SDK, CLI 지원부터 소스 코드 관리, 지속적인 통합과 지속적인 전달/배포를 지원하는 소프트웨어 파이프라인 관리에 대한 많은 것이 이미 갖춰진 서비스에 이르기까지 다양하다. 다음 섹션에서 이에 대해 더 많은 것을 탐구할 것이다.

코드형 인프라

클라우드의 핵심 이점 중 하나는 인프라 자동화와 모든 것을 코드처럼 처리하기 위해 제공되는 기능이다. AWS는 모든 서비스를 위한 REST API를 제공하고 있으며 자바, 닷넷, 파이썬, 안드로이드 및 iOS와 같은 다양하고 인기 있는 프로그래밍 언어에 대한 다양한 소프트웨어 개발 키트를 지원한다. AWS CloudFormation은 이러한 서비스 중에서도 가장 강력한 서비스에 속한다.

AWS CloudFormation은 개발자와 시스템 관리자에게 AWS 관련 리소스 모음을 손쉽게 생성하고 관리하고 질서있는 예측 가능한 방식으로 프로비저닝하고 업데이트할 수 있는 방법을 제공한다. 다음은 EBS 볼륨 하나와 탄력적 IP 주소가 있는 EC2 인스턴스를 만드는 단순 배포를 위한 CloudFormation Designer 샘플이다.

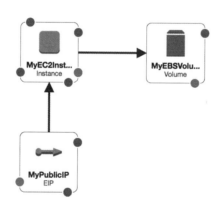

그림 9.15 CloudFormation Designer 샘플

이제 이 간단한 배포가 YAML CloudFormation 템플릿으로 바뀌면 다음과 같이 표시된다.

```
AWSTemplateFormatVersion: 2010-09-09
Resources:
MyEC2Instance:
Type: 'AWS::EC2::Instance'
Properties:
ImageId: ami-2f712546
InstanceType: t2.micro
Volumes:
  - VolumeId: !Ref EC2V7IM1
MyPublicIP:
```

```
Type: 'AWS::EC2::EIP'
Properties:
InstanceId: !Ref MyEC2Instance
EIPAssociation:
Type: 'AWS::EC2::EIPAssociation'
Properties:
AllocationId: !Ref EC2EIP567DU
InstanceId: !Ref EC2I41BQT
MyEBSVolume:
Type: 'AWS::EC2::Volume'
Properties:
      VolumeType: io1
      Iops: '200'
DeleteOnTermination: 'false'
VolumeSize: '20'
EC2VA2D4YR:
Type: 'AWS::EC2::VolumeAttachment'
Properties:
VolumeId: !Ref EC2V7IM1
InstanceId: !Ref EC2I41BQT
EC2VA20786:
    Type: 'AWS::EC2::VolumeAttachment'
Properties:
  InstanceId: !Ref MyEC2Instance
VolumeId: !Ref MyEBSVolume
```

이제 핵심 인프라 구성 요소가 다른 애플리케이션 코드처럼 스크립팅 방식으로 바뀌었으므로 코드 저장소에 체크인하고 커밋할 때 변경 사항을 추적하고 운영 환경에 배포하기 전에 검토할 수 있도록 관리하는 것이 매우 쉬워졌다. 이 전체 개념은 **코드형 인프라(Infrastructure-as-Code)**로 알려져 있으며 일상적인 자동화뿐만 아니라 모든 환경에서 보다 강력한 데브옵스 작업을 가능하게 한다.

AWS의 서비스 외에도 셰프(Chef), 퍼펫(Puppet), 앤서블(Ansible), 테라폼(Terraform)과 같은 널리 사용되는 제삼자 도구가 있으며, 이는 스크립트 기반의 코드와 같은 방식으로 인프라 구성 요소를 작동하는 데 도움이 된다.

Amazon EC2, AWS Elastic Beanstalk 애플리케이션을 위한 CI/CD

AWS는 AWS에서 애플리케이션의 지속적인 통합/지속적인 배포 파이프라인을 기본으로 생성할 수 있는 많은 서비스를 제공한다. 또한 젠킨스(Jenkins), 뱀부(Bamboo), 팀시티(TeamCity), 깃(Git)과 같이 AWS에서 독립적으로 설정하거나 AWS에서 제공하는 CI/CD 서비스와 통합할 수 있는 인기 있는 도구가 많다. 전체적으로 많은 옵션이 있으며 사용자는 자신의 필요에 따라 적합한 옵션을 선택할 수 있다.

기능	AWS 서비스	다른 도구들
소스 코드 저장소, 버전 제어, 브랜칭, 태깅 등	AWS CodeCommit	깃, SVN(Apache Subversion), 머큐리얼(Mercurial)
소스 코드 컴파일 및 배포 준비가 된 소프트웨어 패키지 생성	AWS CodeBuild	젠킨스, 클라우드 비즈(CloudBees), 솔라노CI(Solano CI), 팀시티
기능, 보안, 성능, 규정 준수를 다루는 자동화 테스트	직접적인 AWS 서비스는 없지만 AWS CodeBuild는 다양한 테스트 도구와 통합할 수 있다.	아피카(Apica), 블레이즈미터(Blazemeter), 런스코프(Runscope), 고스트 인스펙터(Ghost Inspector)
모든 인스턴스에 자동화된 코드 배포	AWS CodeDeploy	제비아랩스(XebiaLabs)

AWS는 앞에서 설명한 서비스 외에도, 별도로 개발 관련 API 구현에 도움되는 두 가지 다른 서비스도 제공한다.

AWS CodePipeline: 이 도구를 사용하면 소프트웨어 릴리즈 프로세스를 파이프라인 형태로 완전히 모델링하고 자동화할 수 있다. 파이프라인은 릴리즈 프로세스 워크플로를 정의하고 릴리즈 프로세스를 통해 새로운 코드 변경이 어떻게 진행되는지 설명한다. 파이프라인은 빌드, 테스트, 배포와 같은 일련의 단계로 구성되며 워크플로의 논리적 분할 역할을 한다.

다음은 샘플 CodePipeline 기반의 CI/CD 파이프라인이며 AWS CodeCommit, AWS CodeBuild, AWS Lambda, Amazon SNS, AWS CodeDeploy와 같은 다양한 서비스를 사용해 전체 프로세스를 조정한다. CodePipline은 AWS Lambda와 통합되므로 CI/CD 프로세스 요구 사항에 따라 작업과 워크플로를 사용자 정의할 수 있는 추가 옵션도 제공한다.

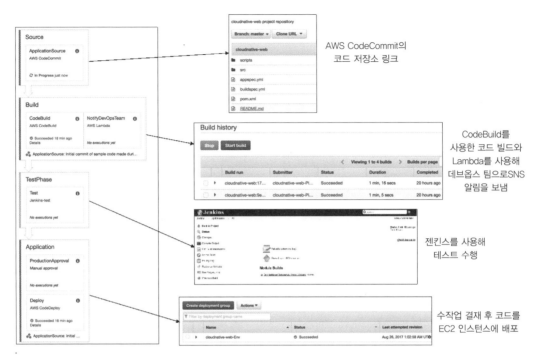

그림 9.16 CI/CD 파이프라인 기반의 샘플 CodePipeline

앞서 언급한 CI/CD 프로세스를 사용하면 동일한 EC2 인스턴스에 배포되는 코드를 현 상태 그대로 유지한 채 업데이트를 수행하거나 블루/그린 배포를 수행할 수 있는 새로운 인스턴스를 만들 수 있다(블루는 현재 환경을 의미하며 그린은 최신 코드로 변경된 새로운 환경을 의미한다). 블루/그린 배포 개념은 새로운 구성 또는 코드 릴리즈의 경우 업데이트를 수행하는 대신 인스턴스와 환경이 완전히 교체되는 '변경 불가 인프라'의 클라우드 우수 사례를 기반으로 한다. 이것은 많은 프로그래밍 구조에서 변경 불가 변수와 유사하다. 즉, 한 번 인스턴스화하고 결코 업데이트를 할 수 없는 상태를 유지하므로 변경 사항을 쉽고 일관되게 처리할 수 있다. 항상 새로운 변수 또는 인스턴스를 사용함으로써 충돌을 피할 수 있다는 장점이 있다.

블루/그린 배포를 수행할 때의 주요 이점은 다음과 같다.

- 기존 환경을 건드리지 않으므로 애플리케이션의 업데이트 위험 감소.

- 점차 새로운(그린) 환경으로 롤오버할 수 있으며 문제가 있는 경우 이전(블루) 환경으로 쉽게 롤백할 수 있음.

- 인프라를 코드 형태로 취급해 애플리케이션 배포 스크립트와 프로세스로 **블루/그린** 배포를 만드는 전체 과정을 구축.

다음은 AWS 코드 디플로이를 사용하는 **블루/그린** 배포 예제다. 자동으로 확장된 ELB(**블루** 환경)의 EC2 인스턴스 집합을 새로운 자동 확장 인스턴스 집합(**그린** 환경)으로 교체한다. 이 프로세스에 대한 자세한 내용은 다음 경로에서 확인할 수 있다: http://docs.aws.amazon.com/codedeploy/latest/userguide/ welcome.html#welcome-deployment-overview-blue-green.

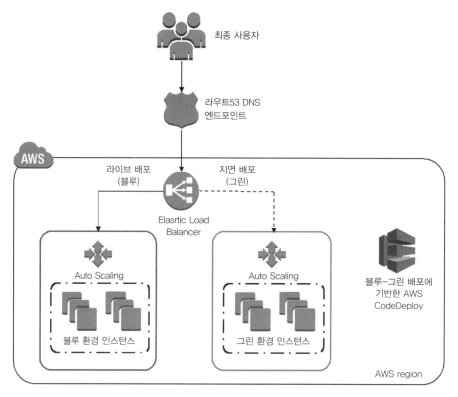

그림 9.17 블루/그린 배포의 예

다양한 AWS 데브옵스 환경을 지향하는 서비스를 신속하게 사용하고 통합하기 위해 AWS는 AWS CodeStar라는 또 다른 서비스를 제공한다. 이 서비스는 통합된 문제 추적 기능을 포함한 통일된 사용자 인터페이스와 프로젝트 관리 대시 보드를 제공하므로 소프트웨어 개발 활동을 한 곳에서 쉽게 관리할 수 있다. 또한 이 서비스는 Amazon EC2, AWS Elastic Beanstalk 및 AWS Lambda에 소프트웨어를 배포하고 다양한 데브옵스 서비스를 사용해 관리할 수 있는 다양한 샘플 애플리케이션 템플릿을 제공한다. 다음은 제공된 샘플 애플리케이션 중 하나에 대한 AWS CodeStar 대시보드의 스크린 숏이다.

그림 9.18 AWS 코드스타 대시보드

서버리스 애플리케이션을 위한 CI/CD

CI/CD 파이프라인을 관리하는 프로세스는 Amazon EC2의 애플리케이션 환경 관리에 대해 이전 섹션에서 설명한 프로세스와 매우 유사하다. 서버리스 애플리케이션에 대해 해당 프로세스의 자동화와 관련된 주요 단계는 다음과 같다.

그림 9.19 서버리스 애플리케이션에 대한 프로세스의 자동화 관련 주요 단계

Amazon ECS(도커 컨테이너)를 위한 CI/CD

컨테이너는 코드, 런타임, 시스템 도구, 시스템 라이브러리, 그리고 다양한 컴퓨팅 환경에 배포할 수 있는 설정 등 소프트웨어 실행에 필요한 모든 것을 포함하는 소프트웨어의 경량 독립 실행 패키지를 만들 수 있도록 함으로써 소프트웨어 패키지 측면에 혁신을 가져왔다. 컨테이너 플랫폼에는 여러 가지 유형이 있지만, 가장 널리 사용되는 컨테이너 플랫폼은 도커(Docker) 컨테이너다. 아마존에서는 Amazon **ECS(Amazon Elastic Container Service)**와 Amazon **EKS(Amazon Elastic Container Service for Kubernetes)**를 통해 대규모의 도커 컨테이너를 안정적으로 배포하고 관리할 수 있다. 그

리고 Amazon ECS와 Amazon EKS는 ELB(Elastic Load Balancing), EBS 볼륨, IAM 역할과 같은 다양한 다른 AWS 서비스와 통합되어 다양한 컨테이너 기반의 애플리케이션을 보다 쉽게 배포할 수 있다. Amazon ECS, Amazon EKS와 함께 AWS는 Amazon ECS 기반 환경에 도커 컨테이너 이미지를 저장, 관리, 배포하는 Amazon **ECR(Elastic Container Registry)**도 제공한다.

다음은 Amazon ECS에 다양한 애플리케이션 버전을 배포하기 위한 CI/CD 워크플로를 구축하기 위해 AWS 코드 파이프라인, AWS CodeBuild, AWS CloudFormation, Amazon ECR과 같은 서비스를 사용하는 고급 워크플로다.

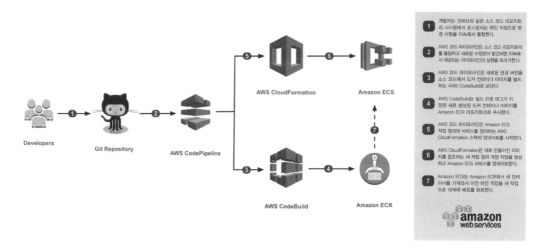

그림 9.20 다른 서비스들을 함께 사용하는 워크플로

보안 서비스를 위한 CI/CD – 데브섹옵스(DevSecOps)

이전 섹션에서 설명했듯이 AWS에는 여러 개의 클라우드 네이티브 AWS 서비스가 있고 대부분 SDK, API를 사용해 다른 애플리케이션과 프로세스를 쉽게 통합할 수 있다. 바로 직전에 논의한 또 다른 핵심 주제는 데브옵스인데, 데브옵스는 기본적으로 문화 철학과 습성, 도구들을 결합해 애플리케이션과 서비스를 빠른 속도로 배포할 수 있는 조직의 능력을 향상시킨다. 하지만 애플리케이션이 빠른 속도로 다양한 환경에 배포되고 있다하더라도 보안 조직의 정책 관련 검사가 해당 프로세스에 통합되지 않은 채 전달되어 일부 악의적인 목적의 악성 프로그램이 방치된다면 이것은 조직에 있어 악몽과 같을 것이다. 결과적으로 데브옵스에 보안을 적용하는 것이 필수적이며 이를 데브섹옵스 또는 섹데브옵스(SecDevOps)라고 부른다.

이를 달성하는 핵심적인 방법은 보안 구성 요소와 서비스역시 코드형 인프라 형태로 다루며 기존 데브옵스 작업과 통합하는 것이다. 예를 들어 조직의 기업 보안 팀이 모든 환경에 대해 VPC를 설정하는 방법, NACL 규칙을 적용하는 방법, IAM 사용자와 정책을 작성하는 방법에 대한 표준을 정의한 경우 이를 CloudFormation에 문서화해야 한다. 이와 같이 관리되는 CloudFormation 템플릿은 애플리케이션 팀이 참조하고 중첩된 CloudFormation 스택의 기능을 적용해 재사용한다. 이렇게 하면 보안팀은 책임 영역에 포함된 보안과 네트워킹 구성 요소를 만들고 업데이트하는 것에 중점을 둘 수 있고 애플리케이션 팀은 코드와 테스트 프로세스, 환경에 따른 서버 제품군 전반에 대한 배포에 중점을 맞출 수 있다.

인프라 프로비저닝 측면 외에도 다음 영역에 대한 테스트를 포함해 전체 소프트웨어 개발 파이프라인을 따라 보안 검사를 수행함으로써 관리 수준을 한 차원 높일 수 있다.

- 운영 환경에 배포하기 이전 단계에서 코드 분석 도구가 통합되고 보안 관련 식별 결과가 처리됐는지 확인하기
- 표준 애플리케이션 로깅과 별개로 AWS CloudTrail 로깅과 같은 서비스를 포함한 감사 로그 활성화하기
- 규정 준수에 민감한 작업 부하에 필요할 수 있는 바이러스/멀웨어 검사 또는 침투 테스트 등 다양한 형태의 보안 테스트 실행하기
- 데이터베이스를 포함한 기타 다양한 정적 구성과 이진 파일 검사, 신용 카드 번호, 주민등록번호, 건강 기록 등의 PHI/PII 데이터가 암호화되거나 난독화돼 있는지 확인하고 악용 가능성이 있는 경우 일반 텍스트 형태로 볼 수 없도록 처리하기

많은 고객은 또한 AWS Lambda를 사용해 선행 파이프라인의 여러 단계를 자동화하기 위해 사용자 정의 로직과 애플리케이션을 사용한다. 이러한 기능은 사전에 예방 차원에서 실행될 수 있을 뿐만 아니라 클라우드 와치 모니터링, 클라우드 와치 이벤트, SNS 알림과 같은 소스의 이벤트 트리거처럼 다양한 대응 수단을 통해 트리거될 수 있다.

효과적인 데브섹옵스 구현을 돕는 몇 가지 다른 서비스로는 AWS Config와 Amazon Inspector가 있다. Amazon Config를 사용하면 AWS 리소스의 구성을 평가하고 감사하는 데 도움이 된다. 아울러 Amazon Inspector를 사용하면 애플리케이션의 취약성이나 모범 사례와의 편차에 대해 자동으로 평가해 그것에 대한 기본 규칙과 프레임워크를 즉시 제공받을 수 있으며 사용자 정책과 AWS Lambda 기반의 정의를 함께 사용해 이를 강화할 수 있다.

모놀리식 애플리케이션 아키텍처를 AWS 기본 아키텍처로 이동시키는 패턴

이전 섹션에서는 다양한 AWS 서비스를 사용해 그린필드 클라우드 네이티브 애플리케이션을 만드는 여러 옵션에 대해 설명했다. 그 부분은 새로 시작하기 때문에 조금 쉬워서 솔루션을 설계할 때 다양한 클라우드 서비스를 사용할 수 있다. 그러나 온프레미스 환경에 대한 많은 기술적 부채가 있고AWS와 같은 클라우드 플랫폼으로 이전해 이를 줄이고자 한다면 더 많은 노력과 계획이 필요하다.

최근 몇 년 동안 AWS는 마이그레이션 서비스, 방법론, 메시징을 더욱 발전시켜 조직이 안정적으로 현재에 안주하는 것만을 생각하지 않고 AWS에서의 발전적인 구현 계획을 수립하기가 더 쉬워졌다. AWS로의 워크로드 마이그레이션에 대한 모든 시나리오를 다루는 **6R**의 방법론이 있다. AWS에서 이야기하는 6R은 리호스팅(Rehosting), 리플랫포밍(Replatforming), 리퍼체이싱(Repurchasing), 리팩터링(Refactoring) / 리아키텍처링(Re-Architecting), 리타이어(Retire), 리테인(Retain)이다.

다음은 이 방법론의 스냅숏이다.

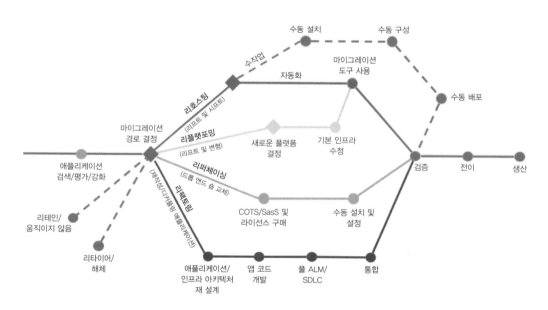

그림 9.21 AWS 마이그레이션 전략(출처: https://medium.com/aws-enterprise-collection/6-strategies-for-migrating-applications-to-the-Cloud-eb4e85c412b4)

AWS는 일관된 6R 방법론을 사용해 파트너 생태계를 개발하기 위해 MAP(Migration Acceleration Program)를 제공한다. 이 프로그램은 현재 전체 엔터프라이즈 세그먼트 마이그레이션 전략의 중추

역할을 하고 있다. 프로그램에 대한 자세한 내용은 https://aws.amazon.com/migration-acceleration-program/에서 확인할 수 있다.

이 외에도 AWS는 클라우드 전환 여정을 시작할 계획을 가진 모든 조직을 위한 전체론적 프레임워크를 갖추고 있으며 이를 AWS Cloud Adoption Framework(CAF)라고 부른다. 이는 모든 조직의 비즈니스와 기술 이해 당사자를 위한 6가지 관점을 포괄하는 상세한 프레임워크다.

- 비즈니스
- 인력
- 거버넌스
- 플랫폼
- 보안
- 운영

 AWS CAF에 대한 자세한 내용은 다음 링크에서 확인할 수 있다: https://aws.amazon.com/professional-services/CAF/.

요약

이 장에서는 앞에서 설명한 CNMM을 기반으로 AWS와 그 기능에 대해 중점적으로 설명했다. 여기서 우리는 클라우드 네이티브 아키텍처를 구축하고 해당 환경에서 애플리케이션을 효과적으로 운영하는 것과 관련된 핵심 AWS 기능을 이해하는 데 초점을 맞췄다. 그런 다음 다양한 핵심 AWS 서비스와 프레임워크를 활용한 서버리스 형태의 마이크로서비스 애플리케이션 예제를 좀 더 깊이 있게 살펴봤다. 마지막으로 데브옵스 및 데브섹옵스에 대한 원칙과 Amazon EC2, Amazon Elastic Beanstalk, AWS Lambda, Amazon Elastic Container Service에 이르기까지 다양한 애플리케이션 아키텍처로 변환된 개념을 알아봤다. 마지막으로, 애플리케이션을 AWS로 이동하기 위한 마이그레이션 패턴을 살펴보고 6R과 AWS CAF의 개념도 함께 살펴봤다.

다음 장에서는 마이크로소프트 Azure 클라우드 플랫폼의 기능과 AWS와의 비교 방법에 대해 중점적으로 알아보겠다.

10

마이크로소프트 애저

마이크로소프트 애저는 AWS와 비교해 시작점이 매우 달랐다. 원래 윈도우 애저 플랫폼으로 2009년에 서비스를 시작했다. 이 플랫폼은 개발자와 PaaS(Platform-as-a-Service) 구성 요소에 중점을 두고 시작했다. 처음 시작된 서비스 세트는 Windows Server AppFabric과 ASP.NET MVC2였다. 이는 개발자가 프레임워크와 클라우드 서비스를 사용해 애플리케이션을 구축하는 것을 돕기 위해 만들어진 서비스였다. 당시 유일한 인프라 구성 요소는 하이브리드 사용 사례를 지원하기 위한 윈도 서버 가상 머신이 있었지만, 전체적인 전략은 여전히 개발자 커뮤니티에 맞춰져 있었다. 이는 당시 일부 기본 애플리케이션 중심의 서비스와 함께 더 많은 인프라 구성 요소를 별도로 서비스하고 있었던 AWS와는 근본적으로 다른 접근이었다. 애저는 2014년까지 애플리케이션 측면에 대한 지속적인 추진을 이어갔지만 이후 본격적인 클라우드로의 전환을 모색하면서 IaaS로의 순조로운 진입을 위해 플랫폼 브랜드를 마이크로소프트 애저로 변경하는 등 모든 전략을 변경하기 시작했다.

 윈도우 애저의 출시를 알리는 첫 번째 블로그 게시물을 참조하기 바란다:
https://news.microsoft.com/2009/11/17/microsoft-cloud-services-vision-becomes-reality-with-launch-of-windows-azure-platform/.

마이크로소프트가 2012년 6월 애저 가상 머신을 출시(일반 공개는 2013년 4월)함으로써 클라우드 IaaS 시장에 진입한 이후, 애저는 글로벌 서비스뿐만 아니라 제공되는 서비스 측면에서도 크게 성장했다. 이 책을 쓰는 시점에 마이크로소프트 애저는 전 세계에 36개의 리전을 두고 있으며 가까운 미래에 6개 리전이 추가될 계획이다. 여기서 고려해야 할 한 가지 사실은 AWS와 마이크로소프트 애저가 말하는 '리전'이라는 용어가 각자 설명하는 의미에 있어 미묘한 차이가 있다는 것이다. AWS의 경우 리전을 구성하는 것은 **AZ(Availability Zones)** 클러스터인데, AZ는 그 자체로 하나 또는 그 이상의 데이터 센터로 구성될 수 있음을 의미한다. 반면 마이크로소프트 애저의 경우 리전은 데이터 센터가 있는 지리적 위치를 말한다. 마이크로소프트는 최근 AWS와 같은 AZ도 제공할 것이라고 발표했으나 아직 이 기능은 베타 버전 단계이므로 전 세계적으로 출시되기까지는 시간이 걸릴 전망이다. 따라서 마이크로소프트 애저에서 고가용성 배포를 찾는 사용자의 경우 가용성 세트(Availability Sets)라는 또 다른 옵션을 고려할 수 있을 것이다(자세한 내용은 다음 링크를 통해 확인할 수 있다: https://docs.microsoft.com/en-us/azure/virtual-machines/windows/manage-availability?toc=%2Fazure%2Fvirtual-machines%2Fwindows%2Ftoc.json#configure-multiple-virtual-machines-in-an-availability-set-for-redundancy).

마이크로소프트의 클라우드 비즈니스의 또 다른 중요한 측면은 마이크로소프트 애저 외에도 마이크로소프트 오피스 365 및 마이크로소프트 다이나믹 365 CRM과 관련된 서비스가 포함돼 있다는 점이다.

최신 마이크로소프트 애저 공지와 서비스 출시 뉴스를 지속해서 업데이트하려면 다음 리소스를 구독하기 바란다.
- 애저 업데이트 페이지: https://azure.microsoft.com/en-us/updates/
- 마이크로소프트 애저 블로그: https://azure.microsoft.com/en-us/blog/

이 장에서는 다음 주제를 다룰 것이다.

- 마이크로소프트 애저의 클라우드 고유 서비스와 장점, CI/CD, 서버리스, 컨테이너, 마이크로서비스 개념을 둘러싼 차별화된 서비스로 다음과 같은 서비스를 제공한다.

  - Azure functions

  - Visual Studio team services

  - Azure container service

  - Azure IoT

  - Azure machine learning studio

  - 오피스 365

- 클라우드 네이티브 데이터베이스 기능 이해

  - Azure Cosmos DB

- 마이크로소프트 애저 네이티브 애플리케이션 아키텍처를 위한 관리와 모니터링 기능

- 단일 구조의 애플리케이션 아키텍처를 마이크로소프트 애저 네이티브 아키텍처로 이동시키는 패턴

- CI/CD, 서버리스, 컨테이너, 마이크로서비스 애플리케이션 아키텍처에 대한 샘플 참조 아키텍처와 코드 조각

애저의 클라우드 네이티브 서비스 (CNMM 축-1)

1장 '클라우드 네이티브 아키텍처 소개'에서 설명한 바와 같이 클라우드 네이티브 아키텍처로의 진화에 있어 첫 번째이자 가장 중요한 측면은 클라우드 공급자의 서비스를 잘 이해하고 활용하는 것이다. 그리고 이는 차별화되는 핵심 인프라 계층을 만드는 데 많은 도움이 된다.

다양한 독립 분석가 보고서와 분석에 따르면 애저는 클라우드 서비스와 실행 능력 면에서 AWS에 근접한 유일한 클라우드 제공 업체다. 이에 걸맞게, 애저는 컴퓨팅, 스토리지, 네트워킹, 데이터베이스와 같은 핵심 요소뿐만 아니라 데이터/분석, AI/인지, IoT, 웹/모바일, 엔터프라이즈 통합 등의 분야에서 여러 가지 고급 서비스를 제공한다. 다음 섹션에서는 이러한 상위 레벨의 애플리케이션과 관리되는 서비스를 중점적으로 다루어 누구나 좀 더 클라우드 네이티브화되고 플랫폼의 모든 기능을 활용하는 데 도움이 될 수 있게 하겠다. 그럼 바로 살펴보자.

마이크로소프트 애저 플랫폼 – 차별화 요소

AWS에 관해 다룬 이전 장에서 아마존의 차별화된 서비스의 일부를 논의했는데, 매우 유사한 맥락으로 애저의 핵심 차별화 요소와 효과적인 클라우드 네이티브 애플리케이션 아키텍처를 구축하기 위해 권장되는 몇 가지 서비스를 살펴보기로 하자. 이러한 서비스 역시 고객들이 기본 기능을 자체적으로 관리하는 것에 대해 걱정할 필요 없이 핵심 비즈니스 논리에 집중할 수 있게 만들어주므로 애플리케이션을 개발하는 팀의 생산성을 크게 향상시킨다. 빈번하게 발생하는 용량 증설 불가 상황과 내결함성 문제에 대해 클라우드 제공 업체는 이미 수년간 전 세계 여러 나라의 다양한 고객들에게 해당 구성 요소의 운영 경험을 바탕으로 서비스를 제공하고 있다. 이렇게 클라우드 네이티브 전환을 더욱 가속화할 수 있는 몇 가지 주요 애저 서비스에 대해 살펴보자.

Azure IoT

마이크로소프트 애저에는 연결된 플랫폼과 솔루션을 구축하는 데 도움이 되는 일련의 서비스가 있다. 이 서비스는 우리가 장치 또는 사물로부터 대량의 데이터를 수집하고, 데이터를 필터링하기 위해 즉각적으

로 규칙을 적용하며, 실시간으로 분석하고 그 위에 다양한 유형의 뷰와 솔루션을 생성하기 위해 여러 형태의 데이터 저장소에 유지된다. 이러한 목적의 애저의 주요 서비스 중 하나가 마이크로소프트 Azure IoT Hub다. 이 서비스는 기기 간의 연결 및 관리, 연결된 장치 환경을 운영하는 데 사용할 수 있는 여러 기능을 갖추고 있다. 여러 가지 기능 중 특징이 될 만한 구체적인 기능 몇 가지를 소개하면 다음과 같다.

- **장치 등록, 인증, 권한 부여**: IoT 시나리오에서 가장 중요한 측면 중 하나는 장치가 적절히 프로비저닝되고 백엔드에 안전하게 연결되도록 하는 것이다. 이를 가능하게 하기 위해 Azure IoT는 포털과 API를 통해 옵션을 제공해 클라우드 내에서 개별 장치의 접속 엔드포인트를 제공하는 개별 장치를 만든다. 이 방법은 포털을 사용해 장치를 한 번에 하나씩 개별적으로 추가할 수 있으므로 제한된 장치가 있는 경우에 적합하다. 그러나 등록하려는 기기의 수가 수천 개라면 Azure IoT Hub는 한 번의 API 호출로 수천 개의 장치에 상태 변경을 대량 업로드하거나 삭제 또는 적용하는 데 사용할 수 있는 별도의 ImportDevicesAsync 메서드를 제공한다. 마찬가지로 등록된 장치 정보를 대량으로 내보내려면 ExportDevicesAsync 메서드가 도움이 될 것이다. 디바이스가 생성되면 엔드포인트와 별도로 대칭 X.509 키도 생성되므로 디바이스 인증에 도움이 된다. 이를 통해 정책 기반 액세스 제어와 TLS 기반 암호화와 같은 보안 통신 채널을 통해 장치를 안전하게 IoT 허브와 연결하고 정보를 교환할 수 있다. 다음은 이러한 제어에 대한 상위 레벨의 간략한 설명이다.

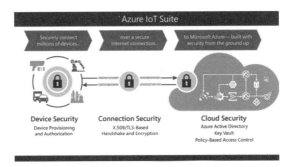

그림 10.1 Azure IoT 스위트 (출처: https://docs.microsoft.com/en-us/azure/iot-hub/iot-hub-security-ground-up)

- **통신 프로토콜**: 개별 장치마다 다른 유형의 프로토콜을 지원하며 이들 프로토콜의 통합을 지원한다. 그러나 대부분 IoT 시나리오에서 대부분의 장치는 MQTT, AMQ, HTTPS 프로토콜을 지원한다. 또한 Azure IoT Hub는 이러한 모든 프로토콜을 지원하므로 주요 구성 요구 사항 없이 대부분 장치를 기본적으로 쉽게 연결할 수 있다. 그러나 때때로 일부 장치에는 지원되는 프로토콜 세트에 포함되지 않는 다른 유형의 프로토콜과 통신 메커니즘이 있을 수 있다. 따라서 이러한 시나리오의 경우 고객이 깃허브에서 포크할 수 있는 마이크로소프트 Azure IoT Protocol Gateway가 있으며 변환 요구 사항에 따라 변경한 후 Azure VM 인스턴스에 배포해야 한다(https://github.com/Azure/azure-iot-protocol-gateway/blob/master/README.md). 이를 통해 다양한 장치를 더 쉽게 수용할 수 있고 다양한 장치를 연결하고 관리하는 데 Azure IoT Hub 서비스를 사용할 수 있다.

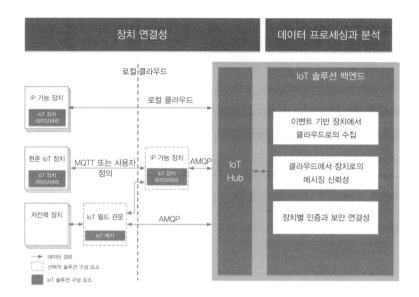

그림 10.2 Azure IOT 통신 프로토콜 (출처: https://docs.microsoft.com/en-us/azure/iot-hub/iot-hub-what-is-iot-hub)

- **장치 쌍**: 장치가 항상 백엔드 IoT 허브에 연결되는 것은 아니지만 백엔드 애플리케이션은 종종 장치의 마지막 알려진 상태를 쿼리하거나 IoT 허브를 사용해 장치가 백엔드에 연결되는 즉시 특정 상태를 설정하려고 하는 경우가 많으므로 이러한 장치 상태 동기화 관련 작업을 위해 Azure IoT Hub는 장치 쌍 기능을 제공한다. 이러한 장치 쌍은 태그(장치 메타데이터)와 속성(기대하고 보고된)이 있는 JSON 문서로, 원하는 애플리케이션 로직을 만들어 장치와 통신하고 업데이트할 수 있다.

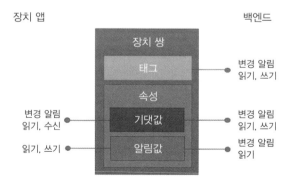

그림 10.3 Azure 장치 쌍 (참조: https://docs.microsoft.com/en-us/azure/iot-hub/iot-hub-node-node-twin-getstarted)

- **Azure IoT 에지:** 때때로 장치에서 클라우드로 데이터를 전송하는 대신 에지(Edge) 자체에서 분석이나 간단한 계산을 수행하는 것이 더 쉬운 경우가 있다. 이에 해당하는 일반적인 시나리오는 장치가 원격 위치에 있고 네트워크 연결이 불안정하거나 비용이 많이 드는 사용 사례일 것이다. 이러한 시나리오의 경우 에지 분석이 좀 더 적합하다. 이러한 측면을 가능하게 하기 위해 애저에는 IoT 에지라는 기능이 있다. 이 기능을 사용하면 애저에서 제공하는 여러 SDK(C, Node.js, 자바, 마이크로소프트 .NET, 파이썬)를 사용해 장치에 더 가까운 곳에서 코드와 로직을 실행할 수 있다. 이를 통해 일부 로직이 에지에서 실행 가능하고 더 복잡한 처리 데이터가 클라우드로 전송되는 매끄러운 하이브리드 클라우드 아키텍처가 가능해지며, 거기서 확장 가능한 처리를 지원하는 다양한 서비스가 제공된다.

Azure IoT Hub 외에도, 애저는 고객이 특정 요구 사항에 따라 클릭이나 규모에 따라 운영 레벨 아키텍처로 직접 배포할 수 있는 즉시 사용 가능한 산업별, 사용 사례별 솔루션을 제공한다. 이러한 솔루션은 배후 단에서 Azure IoT Hub, Azure Event Hub, Azure Stream Analytics, Azure Machine Learning, Azure Storage와 같은 여러 애저 서비스를 사용한다. 다른 클라우드 공급자는 연결된 장치와 IoT 사용 사례에 대한 핵심 빌딩 블록만 제공하는 반면, 애저는 즉시 사용 가능한 솔루션을 제공하며, 이것이 Azure IoT 서비스의 차별화 요소가 된다.

다음은 Azure IoT 스위트가 현재 제공하는 솔루션의 스냅숏이다.

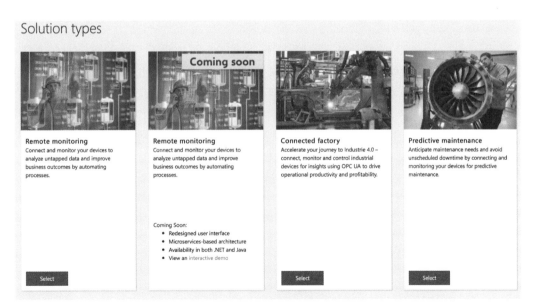

그림 10.4 Azure IoT 스위트가 제공하는 솔루션

Azure Cosmos DB

Azure Cosmos DB는 마이크로소프트의 전 세계적으로 분산된 다중 모델 데이터베이스다. Azure Cosmos DB를 사용하면 여러 애저 리전에서 탄력적이고 독립적으로 처리량과 스토리지를 확장할 수 있다. Azure Cosmos DB는 전 세계 어디에서나 99번째 백분위 수에서 한 자리 밀리 초의 지연 시간을 보장하고 성능을 미세 조정하기 위해 잘 정의된 다중 일관성 모델을 제공하며 멀티 호밍(multi-homing) 기능을 통해 고가용성을 보장한다(자세한 내용은 다음 링크에서 확인하기 바란다: https://azure.microsoft.com/en-us/services/cosmos-db/).

Azure Cosmos DB는 2017년 5월에 출시됐지만 실제로는 완전히 새로운 제품은 아니다. 실제로 2년 전에 시작된 이전의 Azure DocumentDB에서 많은 기능을 물려받았고 NoSQL 기반 아키텍처 패턴에 조금 더 중점을 뒀다. 그렇다고 해서 Azure Cosmos DB가 단순하게 Azure DocumentDB의 이름만 바꾼 서비스는 아니다. 실제로 이전에는 없던 여러 가지 새로운 기능을 도입했다. 새로운 Cosmos DB가 제공하는 세 가지 중요한 차별화 요소는 다음과 같다.

- **전 세계에 분산된 배포 모델**: 애저에는 여러 개의 리전이 있으며, 여러 리전에 걸쳐 있는 애플리케이션을 공유 데이터베이스로 배포하려는 경우 Cosmos DB는 이를 사용해 전역 배포 모델을 사용할 수 있다. 데이터베이스를 생성할 때 DB 인스턴스가 복제되는 리전을 선택하거나 데이터베이스가 활성 상태일 때도 DB 인스턴스를 복제할 수 있다. 요구 사항에 따라 '읽기'나 '쓰기', 또는 '읽기/쓰기' 영역을 정의할 수도 있다. 이와 함께, 각 지역에 대한 장애 조치 우선 순위를 정의해 대규모 지역 이벤트나 문제를 처리할 수 있다.

일부 사용 사례의 경우 데이터 주권, 개인 정보 보호, 국내 데이터 상주 규정 등으로 인한 데이터 제어 요구 사항을 충족하기 위해 데이터를 특정 위치 또는 지역으로 제한한 다음 애저 구독의 메타데이터를 사용해 제어되는 정책을 사용할 수 있다.

Azure Cosmos DB 계정에서 지역을 추가하거나 제거할 위치를 클릭하세요.
* 각 지역에서 계정의 처리량 및 스토리지에 따라 청구 가능합니다. 더 알아보기

WRITE REGION

East US

READ REGIONS

Central US

West Central US

Canada East

Canada Central

그림 10.5 Azure Cosmos DB 전역 배포 모델

- **다중 모델 API**: 이는 이전 버전의 Azure DocumentDB와 가장 큰 차이점 중 하나이며 현재 다양한 다른 모델을 지원하고 있다.

  - **그래프 데이터베이스**: 데이터에 여러 꼭지점과 에지가 있는 모델이다. 각 꼭지점은 사람이나 장치와 같은 데이터에서 고유한 객체를 정의하고 에지를 사용해 n개의 다른 정점에 연결될 수 있다. Azure Cosmos DB를 쿼리하려면 아파치 팅커팝(TinkerPop) 그래프 순회 언어나 그렘린(Gremlin), 아파치 스파크 그래프X(Apache Spark GraphX)와 같은 기타 TinkerPop 호환 그래프 시스템을 사용할 수 있다.

- **테이블**: 이는 애저 테이블 저장소를 기반으로 하며, 기본적으로 대량의 반 구조화된 데이터 집합을 저장하기 위한 NoSQL 키–값 접근 방식이다. Cosmos DB는 여기에 Azure Table Storage API 위에 글로벌 배포 기능을 추가 한다.

- **JSON 문서**: Cosmos DB는 기존 DocumentDB API나 최신 MongoDB API를 사용해 액세스할 수 있으며 데이터베이스에 JSON 문서를 저장하는 옵션도 제공한다.

- **SQL**: Cosmos DB는 기존 DocumentDB API를 사용해 일부 기본 SQL 함수도 지원한다. 그러나 이것은 Azure SQL 데이터베이스만큼 완전히 갖춰지지가 않아서 고급 SQL 작업이 필요한 경우 Cosmos DB가 적합하지 않을 수 있다.

- **일관성 모델**: 일반적으로 다른 클라우드 데이터베이스는 서로 다른 분리 노드와 지역에서 데이터를 복제하는 방법에 있어 제한된 옵션을 제공한다. 분산 컴퓨팅에서 가장 일반적인 옵션은 다음과 같다.

- **강력한 일관성**은 다른 복제본에서 커밋이 성공한 후에만 응답이 반환되므로 쓰기 후 읽은 경우 최신 값을 보장 한다.

- **최종 일관성**은 커밋 후 응답이 즉시 반환되나 쓰기 후 즉시 읽는 경우 오래된 값을 소유할 수 있는 시나리오로 이어질 수 있는 형태이며 여러 노드가 최종적으로는 데이터를 동기화한다.

그러나 Cosmos DB는 다음과 같이 강력한 일관성 모델과 최종 일관성 모델 사이에 있는 경계 교착성, 세션, 일관성 접두사와 같은 다양한 다른 일관성 모델을 도입함으로써 이러한 일관성 모델을 한 단계 끌어올렸다.

그림 10.6 Azure Cosmos DB의 일관성 모델

다음은 이러한 일관성 모델 설정을 보여주는 Azure Cosmos DB 포털의 스크린 숏이다.

STRONG	BOUNDED STALENESS	SESSION	CONSISTENT PREFIX	EVENTUAL

 Session consistency is most widely used consistency level both for single region as well as, globally distributed applications.

It provides write latencies, availability and read throughput comparable to that of eventual consistency but also provides the consistency guarantees that suit the needs of applications written to operate in the context of a user.

Click here, for more information on consistency levels.

그림 10.7 Azure Cosmos DB 일관성 모델 설정

이러한 모든 차별화 기능의 결과로, 전 세계에 분산된 애플리케이션 아키텍처를 위한 공유 데이터베이스, 원격 분석, 연결된 플랫폼/IoT를 위한 상태 정보 저장소와 서버리스 애플리케이션을 위한 백엔드 지속성과 같은 여러 클라우드 네이티브 시나리오에 Azure Cosmos DB가 적합한 선택이 될 수 있다.

Azure Machine Learning Studio

마이크로소프트는 처음에 Azure Machine Learning이라는 이름으로 서비스를 시작했으나 이후 Studio(Visual Workbench)를 사용해 전체 프로세스를 관리할 수 있는 핵심 기능 변화에 따라 Azure Machine Learning Studio로 변경했다. 이 서비스는 클라우드에서 예측 분석 솔루션을 작성, 테스트, 운영, 관리하는 데 사용할 수 있는 관리형 서비스다. 이 서비스의 핵심 가치는 머신러닝 실험을 생성하기 위해 함께 사용할 수 있는 여러 샘플 데이터세트와 분석 모듈을 제공함으로써 머신러닝 모델을 구축하기 위해 반드시 사용자 모두가 데이터 사이언티스트가 될 필요는 없다는 것이다. 실험을 시도하고 테스트하고 교육한 후에는 이를 사용해 실제 데이터에 대한 예측 분석을 생성하고 웹 서비스로 노출할 수 있다. 다음 다이어그램에서 이러한 핵심 개념을 간단히 요약했다.

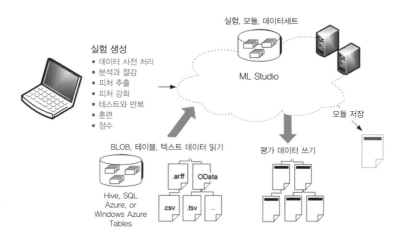

그림 10.8 Azure Machine Learning Studio의 개념 (출처: https://docs.microsoft.com/en-us/azure/machine-learning/studio/
what-is-ml-studio)

Azure Machine Learning Studio의 가장 큰 장점 중 하나는 다음과 같이 즉시 사용할 수 있는 여러 알
고리즘이 있다는 것이다.

- **이상 감지**: 신용 위험 예측이나 사기 행위 감지와 같이 드물거나 비정상적인 데이터 포인트를 식별하고 예측한다.

- **분류**: 새로운 정보가 속하는 범주를 식별한다. 단순한 예/아니오 또는 참/거짓 분류부터 소셜 미디어 게시물의 정서
  분석과 같은 복잡한 분류도 가능하다.

- **클러스터링**: 유사한 데이터 포인트를 고객 취향 예측 또는 특정 항목에 대한 관심 레벨과 같은 직관적 그룹으로 분리
  한다.

- **추천**: 사용자가 이전 사용자 상호 작용을 기반으로 항목을 선호할 가능성을 예측한다. 이는 온라인 쇼핑 포털에서 흔
  히 볼 수 있는 것으로 과거 인터넷 사용 기록을 기반으로 추가적인 제품 옵션이 제공된다.

- **회귀 분석**: 향후 몇 개월 동안 자동차 판매량 예측과 같은 변수 간의 관계를 추정해 미래를 예측한다.

- **통계 함수**: 열 값에 대한 수학 계산, 상관관계 계산, z 점수, 확률 점수 등.

- **텍스트 분석**: 구조화된 텍스트와 비정형 텍스트를 모두 사용해 입력 텍스트의 언어를 감지하고 n-gram 사전을 만
  들고 비정형 텍스트에서 사람이나 장소, 조직의 이름을 추출한다.

- **컴퓨터 비전**: 얼굴, 이미지 태깅, 색상 분석 등을 감지하는 이미지 처리와 이미지 인식 작업.

Azure Machine Learning 알고리즘에 대한 자세한 내용은 다음 링크에서 치트 시트를 참조하라: https://docs. microsoft.com/en-us/azure/machine-learning/studio/algorithm-cheat-sheets.

보다시피 이 서비스에는 이미 사용 가능한 여러 알고리즘이 있다. 그러나 개발자 또는 데이터 사이언티스트라면 때로는 일부 기능을 확장하거나 수정해야 하므로 R 또는 파이썬 스크립트 모듈과 주피터 노트북 사용할 수도 있다.

앞서 언급한 바와 같이 실행 측면에서 REST 웹 서비스를 사용해 머신러닝 워크플로를 외부 애플리케이션에 노출시킬 수 있다. 이 경우에는 실행 모델의 유형을 기반으로 한 다음과 같은 두 가지의 더 광범위한 옵션이 있다.

- RRS (Request Response Service): 상태 비저장 동기 실행

- BES (Batch Execution Service): 비동기 방식으로 일괄 처리

VSTS (Visual Studio Team Services)

이전 장에서 설명한 것처럼 AWS는 모든 조직에서 성공적인 데브옵스 구현을 수행할 수 있게 해주는 여러 가지 서비스를 제공한다. 마찬가지로 애저에는 개발자가 CI/CD 원칙과 프로세스를 활용해 애플리케이션을 구축하는 데 도움이 되는 일련의 서비스와 기능을 제공하는 데브옵스가 있다. 실제로 마이크로소프트는 이 분야에서 클라우드 기반 서비스를 받기 전에도 개발자와 팀이 양질의 제품을 제공하는 데 사용할 수 있는 TFS(Team Foundation Services)라는 온프레미스 플랫폼을 보유하고 있었다. 클라우드가 중심이 되어 감에 따라 클라우드에 대한 관심과 집중도가 높아지면서 마이크로소프트는 기존 TFS의 '클라우드 버전과 같은' VSTS(Visual Studio Team Services)라는 클라우드 기반 서비스를 시작했다. VSTS의 가장 큰 장점은 물론 관리되는 플랫폼이라는 것이다. 애저는 고객을 대신해 많은 노력을 기울여 플랫폼을 관리하고 이를 기반으로 고객은 적절한 공동 작업과 구현 사례를 통해 애플리케이션을 개발하는 고객의 핵심 비즈니스에 집중할 수 있다. 또한 TFS는 꽤 오랫동안 서비스해왔기 때문에 VSTS 또한 여러 내장 기능과 타사 통합 기능을 갖춘 풍부한 플랫폼이다.

 VSTS와 TFS의 차이점을 이해하려면 다음 링크를 참조하기 바란다: https://docs.microsoft.com/en-us/vsts/ user-guide/about-vsts-tfs.

여기서는 클라우드 네이티브 기능에 중점을 맞추고 있으므로 VSTS에 대해 자세히 알아보고 제공하는 주요 기능 중 일부에 대해 설명할 것이다.

- 첫 번째이자 가장 중요한 것은 코드의 관리, 즉 다양한 버전과 분기를 관리하는 기능이다. VSTS는 분산된 형태의 깃 또는 TFVC(Team Foundation Version Control)와 동일하게 중앙 집중식 클라이언트-서버 시스템을 포함한 두 가지 옵션을 제공한다. 깃 기반 저장소를 사용하기 위해 개발자는 비주얼 스튜디오나 이클립스, Xcode, IntelliJ를 포함한 다양한 IDE를 사용할 수 있다. TFVC의 경우에도 마찬가지로 비주얼 스튜디오나 이클립스, Xcode를 사용할 수 있다. VSTS 클라우드 기반 UI는 프로젝트의 코드 파일을 탐색하고 푸시/풀하거나 커밋 관련 세부 정보를 확인할 수 있는 다양한 옵션을 제공한다.

- 다른 중요한 측면은 성공적인 데브옵스 실행의 핵심인 지속적인 통합과 지속적인 배포 기능이다. 이를 위해서 VSTS는 빌드와 릴리즈 정의를 작성하고, 환경에 따라 달라질 수 있는 빌드 변수 라이브러리를 작성할 수 있다. 또한 윈도우나 우분투, RHEL과 같은 대상 인스턴스를 정의할 수 있는 배치 그룹 정의를 포함하는 다양한 기능을 사용한다.

- 데브옵스를 구현하기 위해 많은 팀에서 칸반(Kanban) 소프트웨어 개발 방법론인 스크럼 또한 사용한다. 따라서 이러한 프로세스를 코드 개발 사례와 통합하는 것이 중요하며, 프로젝트 대시 보드, 스프린트 백로그, 작업 대시 보드와 관련된 시각화를 제공해 좀 더 밀접한 계획과 협업을 가능하게 하는 것에도 VSTS가 도움이 된다. 이것은 프로젝트 관리자가 전반적인 상태를 평가하는 것은 물론이고, 제품 관리자가 스토리를 작성하고, 개발자가 작업과 버그 수정, 체크인을 각각의 스토리에 연결하고, QA 팀이 테스트 케이스를 작성하고 결과를 기록해 최종 결과를 제공하는 엔드 투 엔드 플랫폼을 제공할 수 있게 돕는다.

- 핵심 서비스 기능 외에 또 다른 주요 측면은 즉시 사용 가능하거나 사용하기 쉬운 방식으로 통합된 파트너 에코 시스템을 제공하는 것이다. 바로 비주얼 스튜디오 마켓플레이스가 이러한 기능을 제공한다. 작업 항목 시각화, 코드 검색, 느슨한 통합 등을 포함해 여러 가지 플러그인을 선택할 수 있다. 사용 가능한 소프트웨어와 통합에 대한 자세한 내용은 다음 링크를 참조하기 바란다: https://marketplace.visualstudio.com/vsts.

흥미롭게도 VSTS 마켓 플레이스에는 Amazon S3, AWS Elastic Beanstalk, AWS CodeDeploy, AWS Lambda, AWS CloudFormation과 같은 AWS 서비스를 관리하고 통합할 수 있는 플러그인(aws-vsts-tools)도 있다: https://marketplace.visualstudio.com/items?itemName=AmazonWebServices.aws-vsts-tools.

오피스 365

마이크로소프트가 여러 해 동안 보유한 가장 인기 있는 제품 중 하나는 마이크로소프트 오피스다. 클라우드가 등장하면서 마이크로소프트는 오피스 365의 산하에서 동일한 애플리케이션 집합에 대한 SaaS 서비스를 시작했다. 따라서 모든 가정, 비즈니스, 교육 사용자는 온라인으로 접속해 오피스 365를 구독할 수 있으며 원하는 브라우저에서 직접 이를 사용할 수 있다. 오피스 365가 지금은 마이크로소프트의 클라우드 기반 제품이지만, 기술적으로는 애저가 조금 더 인프라와 플랫폼 서비스를 지향하기 때문에 애저의 영향 범위에 속하지 않았다. 그러나 오피스 365는 마이크로소프트의 전체 클라우드 비즈니스와 많은 기업에게 중요한 요소인 동시에 클라우드로 전환할 때 그 전환 과정에서 마이그레이션해야 할 핵심 애플리케이션 중 하나로 간주되기 때문에 여전히 여기서 다루고 싶었다. 다음은 마이크로소프트가 오피스 365의 일부로 제공하는 애플리케이션이다.

그림 10.9 오피스 365가 제공하는 여러 가지 애플리케이션

앞에서 설명한 것처럼 애저와 오피스 365 간에는 밀접한 관계가 있으며, 통합의 주요 영역 중 하나는 인증이다. 이것이 의미하는 바는 오피스 365가 Azure AD를 사용해 사용자 ID를 관리한다는 것이다. 이 연결의 또 다른 이점은 고객이 사용자 ID로 액티브 디렉터리 온프레미스를 사용하는 경우 암호를 Azure AD와 동기화하고 SSO(Single Sign-On)를 설정할 수 있다는 것이다. 따라서 최종 사용자는 회사 ID 이외의 추가 자격 증명을 기억하지 않아도 되므로 일관된 경험을 통해 오피스 365에 로그인하기가 더 쉬워진다.

오피스 365가 중요한 또 다른 이유는 다른 클라우드 공급자와의 경쟁 구도 때문이다. 엔터프라이즈 도입 관점에서 보면 AWS는 Amazon Workdocs, Amazon Chime과 같은 일련의 비즈니스 애플리케이션을 제공하고 있고 마찬가지로 구글은 G 스위트를 보유하고 있지만 마이크로소프트는 이미 여러 해 동안 이 분야의 선두를 달리고 있다. MS 오피스는 사실상 협업과 생산성 플랫폼의 표준이었다. 따라서 이러한 이유로 인해 고객은 비즈니스 중단을 최소화하면서 오피스365를 보다 쉽게 마이그레이션하고 채택할 수 있었다.

애플리케이션 중심 설계 (CNMM 축-2)

이전 장에서 논의한 것처럼 서버리스와 마이크로서비스 기반 애플리케이션을 만드는 것은 클라우드 이전 시대의 디자인 패턴과 차별화되는 주요 클라우드 네이티브 방법이다. 이제 여러 주요 서비스를 사용해 마이크로소프트 애저 클라우드에서 이러한 애플리케이션을 설계하는 방법을 살펴보자.

서버리스 마이크로서비스

이 섹션에서는 마이크로소프트 애저에서 서버리스 마이크로서비스 애플리케이션을 생성할 것이다. 클라우드 제공 업체의 기능을 쉽게 비교하고 학습할 수 있도록 앞의 AWS에 관한 장에서 설명한 Weather Services 애플리케이션 생성과 동일한 예를 사용할 것이다. 다시 말해, 전체 애플리케이션은 세 가지 주요 부분으로 구성돼 있다.

- 애플리케이션을 호출하는 API 트리거
- Azure Functions으로 작성된 함수
- 일부 매개 변수를 전달하고 결과를 얻을 수 있는 외부 기상 서비스

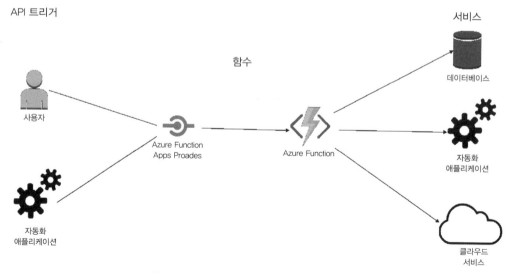

그림 10.10 Weather Service 애플리케이션의 주요 부분

서버리스 마이크로서비스 - 연습

앞에서 언급한 서비스를 만들려면 애저 포털에서 다음 단계를 수행한다.

1. 애저 패널의 왼쪽 상단에 있는 리소스 만들기 버튼을 클릭한 다음 Compute | Function App을 선택한다.

2. 다음 스크린 숏의 설정에 따라 **기능 앱(Function App)**을 만든다(일부 설정은 계정 및 기존 리소스에 따라 다를 수 있음).

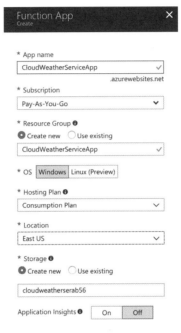

그림 10.11 Function App

3. Functions App이 만들어지면 Azure Functions 형태로 핵심 비즈니스 로직을 만들 차례다. 이를 위해 새 기능 앱을 펼친 후 Functions 옆의 + 단추를 클릭하고 다음과 같이 새 **HTTP 트리거** 기능을 생성한다.

그림 10.12 HTTP 트리거 기능 생성

4. 함수가 생성되면 인라인 코드를 편집하고 다음 파이썬 기반 로직을 사용한다.

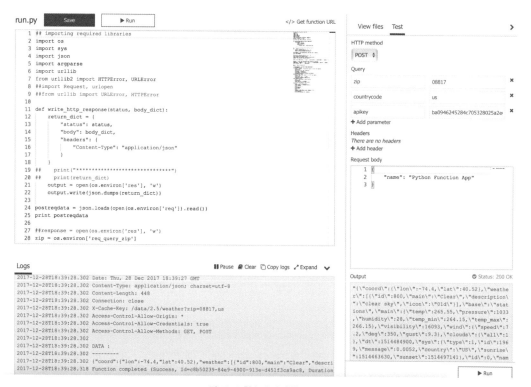

그림 10.13 함수의 파이썬 코드

```python
## importing required libraries
import os
import sys
import json
import argparse
import urllib
from urllib2 import HTTPError, URLError
## response construction and return
def write_http_response(status, body_dict):
        return_dict = {
        "status": status,
        "body": body_dict,
        "headers": {
            "Content-Type": "application/json"
        }
    }
    output = open(os.environ['res'], 'w')
    output.write(json.dumps(return_dict))


## extract input parameter values
zip = os.environ['req_query_zip']
countrycode = os.environ['req_query_countrycode']
apikey = os.environ['req_query_apikey']

print ("zip code value::" + zip + ", countrycode:" + countrycode + ", apikey::" + apikey)


## construct full URL to invoke OpenWeatherMap service with proper inputs baseUrl = 'http://
api.openweathermap.org/data/2.5/weather'
completeUrl = baseUrl + '?zip=' + zip + ',' + countrycode + '&appid=' + apikey
print('Request URL--> ' + completeUrl)


## Invoke OpenWeatherMap API and parse response with proper exception handling
try:
    apiresponse = urllib.urlopen(completeUrl)
except IOError as e:
    error = "IOError - The server couldn't fulfill the request."
    print(error)
    print("I/O error: {0}".format(e))
```

```
        errorcode = format(e[1])
        errorreason = format(e[2])
        write_http_response(errorcode, errorreason)
    except HTTPError as e:
        error = "The server couldn't fulfill the request."
        print(error)
        print('Error code: ', e.code)
        write_http_response(e.code, error)
    except URLError as e:
        error = "We failed to reach a server."
        print(error)
        print('Reason: ', e.reason)
        write_http_response(e.code, error)
    else:
        headers = apiresponse.info()
        print('DATE :', headers['date'])
        print('HEADERS :')
        print('---------')
        print(headers)
        print('DATA :')
        print('---------')
        response = apiresponse.read().decode('utf-8')
        print(response)
        write_http_response(200, response)
```

5. 함수를 저장하고 샘플 쿼리 매개 변수를 추가하고(앞의 스크린 숏 참조) 함수를 테스트한다. 모든 기능 실행 로그 및 결과를 보려면 기능 이름 아래 모니터 옵션으로 이동해 다음과 같이 세부 사항을 볼 수 있다.

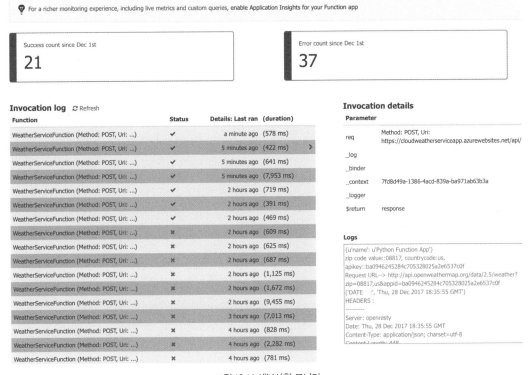

그림 10.14 세부사항 모니터

6. 포털에서 Azure Functions를 단위로 테스트한 후에는 함수 아래의 통합 옵션으로 이동해 다음과 같이 다른 설정과 별도로 HTTP GET 메서드가 활성화돼 있는지 확인한다.

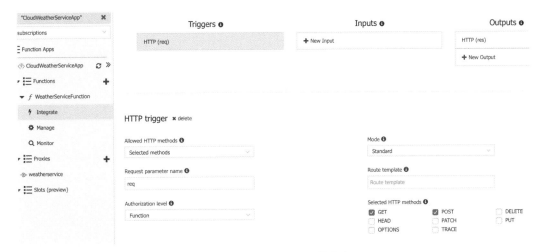

그림 10.15 Function App-통합 옵션

7. 이제 프락시를 사용해 외부 API 인터페이스를 만들 차례다. 그렇게 하려면 먼저 다음과 같이 함수 정의의 오른쪽 상단에서 애저 함수 URL을 검색해야 한다.

그림 10.16 Azure Functions 검색

8. API를 사용해 이 Azure 함수를 노출하려면 **프락시(Proxies)** 옵션에 대해 + 부호를 눌러 새 프락시를 만든다. 다음 스크린 숏과 같이 설정됐는지 확인한다. 백엔드 URL 필드에 이전 스크린 숏에서 복사한 애저 함수의 URL을 입력한다.

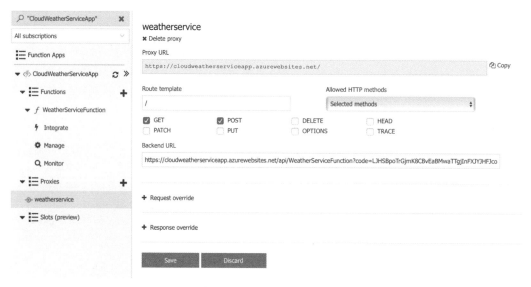

그림 10.17 Function App-프락시 옵션

이렇게 해서 이제 서버리스 마이크로서비스가 준비됐으며 웹 브라우저나 CLI를 사용해 테스트할 수 있다. 자세한 내용은 뒤에서 설명한다.

브라우저 기반 테스트

프락시 URL 필드에서 배치된 API의 URL을 복사한 후 다음과 같이 zip, countrycode, appid 매개 변수를 URL의 일부로 제공해 액세스를 시도할 수 있다.

```
https://asdfqwert.azurewebsites.net/?zip=10001&countrycode=us&apikey=qwertyasdfg98765zxcv
```

참고: 강조 표시된 텍스트를 환경의 특정 값으로 교체해야 한다.

명령 줄 기반 테스트

이를 위해 다음 명령을 실행해야 한다.

```
$ curl -X GET
'https://asdfqwert.azurewebsites.net/?zip=10001&countrycode=us&apikey=qwertyasdfg98765zxcv
"{"coord":{"lon":-74,"lat":40.75},"weather":[{"id":802,"main":"Clouds","description":"scattered
clouds","icon":"03d"}],"base":"stations","main":{"temp":266.73,"pressure":1024,"humidity":44,"temp_min":266.15,"temp_max":267.15},"visibility":16093,"wind":{"speed":3.1,"deg":320},"clouds":{"all":40},"dt":1514582100,"sys":{"type":1,"id":1969,"message":0.004,"country":"US","sunrise":1514549991,"sunset":1514583454},"id":0,"name":"New York","cod":200}"
```

애저에서의 자동화 (CNMM 축-3)

퍼블릭 클라우드의 전체 개념은 API, SDK, REST 웹 서비스를 사용해 클라우드 서비스를 쉽게 활용하고 통합할 수 있다는 전제를 기반으로 한다. 이 패러다임의 또 다른 계층은 클라우드 제공 업체가 개발한 고급 자동화와 오케스트레이션 서비스로, 사람의 개입이 최소화된 클라우드의 진정한 힘을 보다 쉽게 활용함으로써 자동 복구와 자동 확장이 가능한 애플리케이션을 구현할 수 있다. 이와는 별개로 개발자들은 이제 이전에는 의존해야 했던 별도의 운영 팀을 보유하는 것이 아니라 애플리케이션 환경의 전체 스택을 자체적으로 관리해야 할 책임이 따른다. 따라서 애플리케이션 개발 수명주기에 있어서 빠른 릴리즈, 출시 시간 단축과 같은 민첩성이 향상된다. 이전 장에서 설명한 것처럼 AWS는 AWS CloudFormation, AWS CodePipeline, AWS CodeBuild, AWS CodeDeploy와 같은 서비스를 제공해 이러한 관행과 문화를 가능하게 했다. 애저도 매우 유사한 방식으로 데브옵스, 자동화와 더불어 클라우드 네이티브 애플리케이션 개발 사례를 지원하는 서비스를 모두 갖추고 있다. 다음 섹션에서 이러한 개념에 대해 더 자세히 살펴볼 것이다.

코드형 인프라

이전 장에서도 논의했듯이 주요 클라우드 자동화 기술 중 하나는 코드로 인프라를 관리해 효과적인 데 브옵스 사례를 구현하는 것이다. AWS에서 AWS CloudFormation을 제공하는 것과 매우 유사한 방식 으로 애저에는 **Azure Resource Manager(ARM)** 템플릿이라는 서비스가 있다. 이 서비스를 사용해 사용자는 표준화되고 반복 가능한 JSON 기반 템플릿을 생성할 수 있으며, 이를 통해 전체 애플리케이 션 스택을 단일 구성으로 리소스 그룹에 프로비저닝할 수 있다. 애저 포털은 템플릿을 직접 작성/편집할 수 있는 인터페이스를 제공하며, 사용자가 IDE 기반 개발을 선호하는 경우 비주얼 스튜디오 코드의 확 장 기능을 제공해 ARM 템플릿을 쉽게 작성할 수 있다. 애저 포털의 시각적 편집기는 누락된 쉼표나 중 괄호 등과 같은 JSON 구문 오류를 감지하는 데 도움이 되지만, 내용의 의미에 대한 유효성 검사는 지원 되지 않는다. 템플릿을 완성한 후에는 애저 포털을 사용해 직접 배포하거나 CLI, PowerShell, SDK 등 을 사용해 애플리케이션 환경을 만들 수 있다. 템플릿 배포 단계에서 오류가 발생하면 ARM이 디버깅과 출력 세부 정보를 제공하는데, 이는 진행 상황을 평가하고 문제를 해결하는 데 유용하다. AWS 클라우드 포메이션과 달리 ARM 템플릿은 YAML을 지원하지 않는다. YAML은 사람이 읽기에 더 쉽고 일반적으 로 JSON보다 간결하다.

 비주얼 스튜디오 코드를 효과적으로 사용해 ARM 템플릿을 개발하려면 다음 블로그 게시물을 참조하기 바란다: https://blogs.msdn.microsoft.com/azuredev/2017/04/08/iac-on-azure-developing-arm-template-using-vscode-efficiently/.

Asure Resource Manager의 차별화된 기능 중 하나는 구독 관리 정책과 관련이 있으며 계정 소유자는 구독을 통해 리소스 공급자를 구성할 수 있다. 일부 리소스 공급자는 기본적으로 등록되어 있지만 대부 분의 경우 사용자는 다음과 같은 PowerShell 명령을 사용하여 리소스 공급자를 선택해야 한다.

```
Register-AzureRmResourceProvider -ProviderNamespace Microsoft.Batch
```

애저 팀에는 깃허브 리포지토리가 있으며 여기에는 ARM에 대한 수백 가지 샘플 템플릿이 호스팅된다. 따라서 LAMP 스택의 예를 들어보면 다음과 같이 애저 포털에서 ARM로 새 템플릿을 만드는 데 쉽게 사 용할 수 있다.

그림 10.18 깃허브: https://github.com/Azure/azure-quickstart-templates/

동일한 LAMP 스택 템플릿의 스니핏은 다음과 같으며 전체 템플릿은 다음 위치에서 확인할 수 있다: https://github.com/Azure/azure-quickstart-templates/tree/master/.

```
lamp-app:

{
    "$schema":
"https://schema.management.azure.com/schemas/2015-01-01/deploymentTemplate.
json#",
    "contentVersion": "1.0.0.0",
    "parameters": {
        "storageAccountNamePrefix": {
            "type": "string",
            "maxLength": 11,
            "metadata": {
                "description": "Name prefix of the Storage Account"
            }
        },
        "adminUsername": {
            "type": "string",
            "metadata": {
                "description": "User name for the Virtual Machine."
            }
        },
        ......
```

```
      ......
      ......
      ......
      {
          "type": "Microsoft.Compute/virtualMachines/extensions",
          "name": "[concat(variables('vmName'),'/newuserscript')]",
          "apiVersion": "2015-06-15",
          "location": "[resourceGroup().location]",
          "dependsOn": [
              "[concat('Microsoft.Compute/virtualMachines/',
                  variables('vmName'))]"
          ],
          "properties": {
              "publisher": "Microsoft.Azure.Extensions",
              "type": "CustomScript",
              "typeHandlerVersion": "2.0",
              "autoUpgradeMinorVersion": true,
              "settings": {
                  "fileUris": [
                      "https://raw.githubusercontent.com/Azure/azure-quickstart-templates/master/
lamp-app/install_lamp.sh"
                  ]
              },
              "protectedSettings": {
                  "commandToExecute": "[concat('sh install_lamp.sh ',
parameters('mySqlPassword'))]"
              }
          }
      }
    ]
}
```

AWS CloudFormation과 달리 ARM은 기본적으로 시각화 옵션을 제공하지 않지만, 온라인에서 사용할 수 있는 도구가 있다. 다음은 http://armviz.io/editor/4를 사용해 생성된 LAMP 스택 템플릿의 시각화 중 하나다.

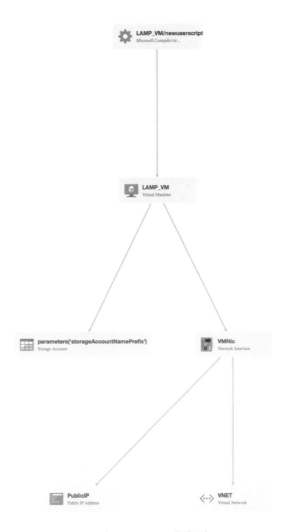

그림 10.19 LAMP 스택 템플릿

이제 앞에서 설명한 것처럼 ARM 템플릿에서 전체 스택을 쉽게 정의할 수 있지만, 여러 시스템이나 서비스에서 보다 정교하고 단계별(순차적 또는 병렬적) 오케스트레이션이 필요한 경우가 종종 발생할 수 있다. 때로는 깃허브의 코드 변경과 같은 일부 이벤트를 기반으로 해당 워크플로를 호출하려고 할 수도 있다. 따라서 이러한 광범위한 오케스트레이션 작업을 위해 애저에는 Azure Automation이라는 서비스가 있다. 이 서비스를 사용하면 비즈니스 로직을 정의하는 PowerShell 또는 파이썬 스크립트나 모듈을 직접 작성하는 텍스트 런북을 만들 수 있고 너무 많은 코드와의 직접 상호 작용을 원하지 않는 경우라면 그래픽 런북 모드를 선택할 수 있다. 게다가 후자에는 Azure 자동화 포털에 캔버스가 있으며, 여기에서 다양한 라이브러리 항목에서 다양한 개별 활동을 만들고 모든 활동에 대한 구성을 정의한 다음 서로 연결해 완전한 워크플로를 실행할 수 있다. 해당 워크플로를 실제로 배치하기 전에 워크플로 자체를 테스트하고 결과와 로깅 출력을 기반으로 워크플로를 디버그하거나 수정할 수도 있다.

다음은 자동화 실행 계정을 사용해 애저에 연결하고 애저 구독이나 리소스 그룹, 단일 이름의 V2 VM에서 모든 V2 VM을 시작하는 애저 자동화 갤러리에서 사용할 수 있는 샘플 그래픽 런북이다. 다음 스크린샷에서 볼 수 있듯이 왼쪽에는 워크플로를 수정하기 위해 중앙의 캔버스에 추가할 수 있는 PowerShell cmdlet, 기타 런북과 자격 증명, 변수, 연결, 인증서 등과 같은 자산이 있다. 오른쪽에는 각 활동에 대한 설정을 업데이트하고 필요한 비즈니스 로직에 따라 동작을 정의할 수 있는 구성 화면이 위치한다.

그림 10.20 샘플 그래픽 런북

서버리스 애플리케이션을 위한 CI/CD

이 장의 앞부분에서 설명한 것처럼 Azure Functions를 사용해 서버리스 애플리케이션을 쉽게 만들 수 있다. 포털에서 직접 Azure Functions를 쉽게 개발하고 배포할 수도 있지만, 이는 팀 공동 작업 관점에서는 효율적이지 않으며 데브옵스 방법론에 따라 지속적인 상태로 자동화할 수 있는 가능성도 제공하지 않는다. 따라서 이를 해결하기 위해 마이크로소프트는 특히 VSTS와 Azure Functions를 통합하기 위한 일련의 도구를 보유하고 있으며, 덕분에 전체 CI/CD 파이프 라인을 쉽게 조정할 수 있다. 비트버킷 (Bitbucket), 드롭박스(Dropbox), 원드라이브(OneDrive) 등과 같은 배포 소스 관점에서는 더 많은 옵션이 있지만 이번 섹션에서는 가장 일반적인 방법 중 하나인 VSTS에 대해 자세히 설명하겠다.

 Azure Functions용 비주얼 스튜디오 도구에 대한 자세한 내용을 보려면 다음의 링크를 참조하기 바란다: https://blogs.msdn.microsoft.com/webdev/2016/12/01/visual-studio-tools-for-azure-functions/.

동일한 Azure Functions를 다양한 유형의 환경에 효과적으로 배포하려면 핵심 로직을 환경별 구성 세부 정보와 구분하는 것이 무엇보다 중요하다. 이를 위해 비주얼 스튜디오에서 하나 이상의 함수에 핵심 비즈니스 로직이 있는 프로젝트의 Azure Functions 유형을 만들 수 있다. 환경별 구성 측면을 관리하기 위해 ARM 템플릿에 이러한 요소를 함께 엮을 수 있다. 또한 이는 자체 리소스 그룹에 특정 단계별 Azure Functions를 배포하는 것에 도움이 되고 이를 통해 CI/CD 프로세스를 의미 있게 구현하는 데 필요한 명확한 분리를 제공할 수 있다.

다음은 전체 프로세스를 설명하는 고급 아키텍처 다이어그램이다.

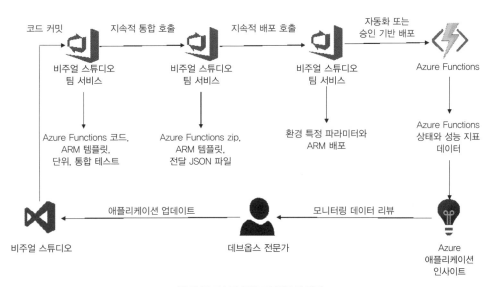

그림 10.21 지속적 통합 프로세스의 단계

이 다이어그램에서 보듯이, 지속적인 통합 프로세스 측면에서 대부분 프로젝트에 공통적인 세 가지 주요 단계가 있다. 다만 개별 요구 사항에 따라서는 별도로 맞춤화할 수도 있을 것이다.

1. 코드를 작성한다.

2. 단위 테스트를 실행하고 모든 것이 정상적인지 확인한다.

3. 해당 환경에 배포할 수 있는 솔루션 패키지를 만든다.

CI 프로세스가 완료되고 나면 지속적인 배포 단계로 넘어갈 차례다. 일반적으로 대부분 고객은 서로 다른 파이프라인, 개발, 테스트, UAT와 최종 프로덕션 단계를 가진다. 이러한 모든 작업은 비주얼 스튜디오 팀 서비스를 사용해 오케스트레이션할 수 있으며, 여기에서 환경별 구성이나 승인 프로세스가 포함된 배포 프로세스를 정의할 수 있다. Dev와 Test 같은 개발 환경의 경우 대부분 고객은 일반적으로 단위 테스트 결과를 기반으로 자동 배포 프로세스를 따르지만, UAT와 프로덕션과 같은 실제 운영 환경의 경우 개발 환경 테스트 결과를 기반으로 한 승인 절차에 따라 수동 승인 프로세스를 포함시켜 제어하는 것이 일반적이다. 데브옵스 루프를 완료하기 위해 최종 배포는 Azure Application Insights를 사용해 모니터링되는데, 이는 환경 전반에서 애플리케이션 기능을 향상시키기 위한 추가 수정과 애플리케이션 업데이트에 도움이 된다.

Azure container service(도커 컨테이너)용 CI/CD

마이크로소프트는 고객이 확장 가능한 오픈 소스 API 기반 컨테이너 배포 애플리케이션을 쉽게 배포할 수 있는 관리형 도커 컨테이너 서비스인 ACS(Azure Container Service)를 제공한다. ACS가 제공하는 가장 중요한 측면은 컨테이너의 오케스트레이션과 배치와 관련된 것이며, 최종 사용자는 애플리케이션을 수동으로 시작하고 확장하는 것에 대해 걱정할 필요 없이 핵심 애플리케이션에 집중할 수 있다. 오케스트레이션 측면에서 ACS는 다음 스크린 숏에 표시된 것처럼 도커, 스웜(Swarm), 쿠버네티스, 메소스피어 DC/OS와 같은 몇 가지 옵션을 제공한다.

그림 10.22 ACS 오케스트레이션 옵션

관리되는 컨테이너 플랫폼의 또 다른 중요한 측면은 애플리케이션 스택 또는 구성에 따라 다른 컨테이너 이미지의 마스터 복사본을 저장할 수 있는 컨테이너 레지스트리 기능일 것이다. 이를 위해 애저는 이미지를 태그하고 업로드할 수 있는 사설 레지스트리인 **ACR(Azure Container Registry)**을 제공한다.

 컨테이너 기반 애플리케이션은 종종 외부 데이터 볼륨의 데이터에 액세스하고 이를 유지해야 한다. 이 외부 데이터 저장소로 Azure Files를 사용할 수 있다. 자세한 내용은 다음 링크를 참조하기 바란다: https://docs.microsoft.com/en-us/azure/aks/azure-files.

Azure container service를 사용해 CI/CD 구현을 활성화하기 위한 단계는 이전 섹션에서 설명한 Azure Functions에 CI/CD를 활성화하는 방법에서 설명한 단계와 매우 유사하다. 높은 수준에서 이러한 구현을 가능하게 하는 핵심 단계와 흐름은 다음과 같다.

1. 애플리케이션 코드를 비주얼 스튜디오 팀 서비스 깃 리포지토리와 같은 코드 리포지토리에 저장한다. 핵심 애플리케이션 코드 외에도 도커 파일 또는 도커 컴포즈(Doker Compose)와 배포 파일이 포함될 수 있는데, 이는 도커 이미지를 작성하고 다양한 환경의 특정 요구 사항에 따라 배포를 가능하게 하는 데 필요할 것이다.

2. 코드 변경이 코드 리포지토리에 커밋될 때마다 VSTS에서 지속적인 통합 빌드 프로세스를 호출하고 새 도커 이미지를 만든 다음 Azure Container Registry에 저장한다.

3. 새 도커 이미지가 레지스트리에 릴리즈되면 VSTS를 사용해 새 릴리스를 호출하는데, 이는 Dev, Test, UAT를 거쳐 운영 환경으로 점진적으로 승격될 수 있다.

4. 이 릴리즈 프로세스는 AKS에서 지원하는 다양한 오케스트레이터와 통합되어 컨테이너 레지스트리에서 최신 도커 이미지를 가져와 실행 중인 인스턴스에 푸시해 최신 버전의 애플리케이션을 실행시킨다.

앞의 프로세스의 일부로, 쉽게 관리할 수 있는 VSTS 기반 CI/CD 파이프라인을 사용해 다른 시스템과 통합하거나 특정 유형의 테스트를 실행하는 것과 같은 여러 형태의 사용자 지정 작업을 수행할 수 있다.

 VSTS용 쿠버네티스 확장은 비주얼 스튜디오 마켓플레이스에서 이용 가능하다: https://marketplace.visualstudio.com/items?itemName=tsuyoshiushio.k8s-endpoint.

모놀리식 애플리케이션 아키텍처에서 애저 네이티브 아키텍처로 이동하기 위한 패턴

클라우드 마이그레이션에는 공통적인 패턴과 방법론이 있지만 모든 클라우드 공급자는 각각의 서비스와 전체 메시징을 통해 서로 다른 취향을 갖고 있다. 따라서 앞에서 설명한 것처럼 AWS에는 6R 마이그레이션 방법이 있지만 애저의 방법론은 매우 단순하다. https://azure.microsoft.com/en-us/migration/에 따르면 애저에서는 마이그레이션을 주로 다음 세 부분으로 분류하고 있다.

- **식별**: 이 단계에서는 온프레미스 환경에서 가상 머신과 데이터베이스, 애플리케이션의 현재 상태를 평가하고 마이그레이션 경로와 우선 순위를 평가한다.

- **이전**: 복제를 통해 비트 단위로 전송하는 데 도움이 되는 클라우드 네이티브 또는 타사 도구를 사용해 애플리케이션이나 데이터베이스, VM을 애저 클라우드로 이동하는 실제 프로세스다.

- **최적화**: 애플리케이션과 데이터가 애저 클라우드에 위치하면 더 나은 아키텍처와 더 많은 클라우드 기본 서비스를 활용해 비용, 성능, 보안, 관리를 더욱 세밀하게 조정할 수 있다. 또한 변화하는 애플리케이션 요구 사항과 새로운 클라우드 서비스에 따라 반복적이고 정기적으로 최적화를 수행해야 하므로 이 단계는 주기적으로 반복되는 경우가 많다.

앞의 세 단계에 대해 애저는 대안으로 권장하는 몇 가지 주요 파트너와 함께 클라우드 네이티브 서비스 세트를 보유하고 있다. 다음 표에 이러한 옵션 중 일부를 요약했다. 최신 정보는 다음 링크를 확인하는 것이 좋다: https://azure.microsoft.com/en-us/migrate/partners/.

단계	애저 네이티브 툴/서비스	파트너 툴/서비스
식별	Azure Migrate (VM 식별), Data Migration Assistant (database 식별)	Cloudamize, Movere, TSO Logic, CloudPhysics
이전	Azure Site Recovery(VM 마이그레이션), Azure Database Migration Service)(Database 마이그레이션)	Cloudendure, Velostrata
최적화	Cloudyn(현재는 마이크로소프트 소속)	N/A

앞에서 소개한 도구 외에도, 애저는 하이브리드 클라우드 컴퓨팅 측면에서 AWS와 다른 형태의 서비스 메시지를 표방한다. AWS는 그들의 클라우드 네이티브 서비스와 프라이빗 온프레미스 환경이라 할지라도 리소스를 잘 관리하기 위한 활용 또는 확장할 수 있는 방법에 조금 더 중점을 두고 이를 통해 프라이빗 컴퓨팅과 퍼블릭 클라우드 간의 격차를 해소하는 형태로 하이브리드 컴퓨팅 환경을 지원하는 데 기여

한다. 애저는 이와 관련해 하이브리드 환경이라는 영역에서 Azure Stack이라는 핵심 서비스를 사용해 하이브리드 클라우드를 활성화한다는 개념으로 한 단계 더 발전했다. 애저에서는 이 서비스를 다음과 같이 정의한다.

> *"Azure Stack은 애저의 확장으로, 클라우드 컴퓨팅의 민첩성과 빠른 혁신을 온프레미스 환경으로 가져온다. Azure Stack만이 조직의 데이터 센터에서 Azure 서비스를 제공하는 동시에 진정으로 일관된 하이브리드 클라우드 배포를 위해 적절한 양의 유연성과 제어의 균형을 유지할 수 있다."*
>
> *– 출처: https://azure.microsoft.com/en-us/overview/azure-stack/*

Azure Stack이 해결하려는 주요 사용 사례는 다음과 같다.

- 에지와 단절

- 다양한 규제를 충족하는 클라우드 애플리케이션

- 온프레미스 클라우드 애플리케이션 모델

이러한 부분이 애저 퍼블릭 클라우드나 Azure Stack에서 단일 관리 도구 세트와 데브옵스 프로세스를 사용해 하이브리드 클라우드 환경을 활성화해준다는 말이 설득력이 있어 보일 수 있지만, 몇 가지 주요 단점도 존재하며 이 접근법을 사용할 때 그것을 인지해야 한다. 여기서 가장 중요한 문제 중 하나는 Azure Stack이 사용자를 서버와 데이터 센터 관리 시대로 되돌리는 것이다. 그럴 경우 다시 랙을 풀고 Azure Stack 박스를 쌓고 냉각과 전력 관련 운영 측면을 관리해 작동 상태를 유지해야 한다. 따라서 최종적으로는 Azure Stack을 통해 컨테이너나 마이크로서비스, PaaS 환경을 로컬로 배포할 수 있게 해주지만 기본 인프라를 계속 관리해야 하기 때문에 진정한 '클라우드 네이티브' 유형의 아키텍처 패턴은 아니다.

요약

이 장에서는 앞에서 설명한 CNMM 모델에 이어 마이크로소프트 애저 클라우드 플랫폼을 중점적으로 다뤘다. 마이크로소프트 애저의 기본 사항으로 시작해 간략한 역사와 차별화된 서비스 및 제품에 대해 자세히 살펴봤다. 그런 다음 9장 '아마존 웹 서비스'에서 사용한 것과 동일한 샘플 서버리스 마이크로서비스 애플리케이션을 살펴보고 Azure Functions 및 프락시를 사용해 애저에 배포해봤다. 그리고 데브옵스와 CI/CD 패턴 등이 서버리스, 도커 컨테이너 기반 애플리케이션 모델과 어떤 관련이 있는지 중점적으로 살펴봤다. 마지막으로 애저 클라우드 마이그레이션 지침과 그것이 AWS의 메시징과 어떻게 다른지, 그리고 Azure Stack 관련 하이브리드 클라우드 측면을 살펴봤다.

다음 장에서는 구글 클라우드의 기능을 이해하고 AWS 및 애저와 비교하는 데 중점을 둘 것이다.

11

구글 클라우드
플랫폼

다양한 분석 보고서에 따르면, 퍼블릭 클라우드 제공 업체 중 세 번째로 중요한 업체는 **GCP(Google Cloud Platform)**를 서비스하는 구글이다. GCP의 기원은 구글이 개발자 커뮤니티에 집중하기 위해 Google App Engine을 시작함으로써 **PaaS(Platform as a Service)** 유형의 서비스 제공을 시도했던 2008년으로 거슬러 올라간다. 구글은 서서히 그리고 점진적으로 자신들이 제공하는 서비스 세트를 확장해 왔다. 2012년경에 이르러서는 서비스의 출시 속도와 지리적 확장 속도에 초점을 맞추기 시작해 점차 이 분야에서 지배적인 서비스 제공자의 하나가 되었다. 그 이후로 GCP는 컴퓨팅, 스토리지, 네트워킹, 데이터베이스와 같은 핵심 서비스에서 빅데이터, IoT, **인공지능(AI)**, API 플랫폼과 에코시스템 같은 여러 고급 애플리케이션에 이르기까지 다양한 서비스 영역으로 확장했다.

 최신 GCP 공지사항과 서비스 출시 뉴스를 지속해서 업데이트하려면 다음 GCP 블로그를 구독하기 바란다: https://cloud.google.com/blog/.

이 장에서는 다음 사항을 중점적으로 다룬다.

- 구글 클라우드 플랫폼의 CI/CD, 서버리스, 컨테이너, 마이크로서비스 개념과 같은 클라우드 네이티브 서비스의 강점과 그 차별화 요소를 다음과 같은 서비스와 함께 살펴본다.
    - Google Kubernetes Engine
    - Google Cloud Functions
    - Cloud AI

- GCP 네이티브 애플리케이션 아키텍처를 위한 관리와 모니터링 기능

- 단일 구조 애플리케이션 아키텍처를 구글 클라우드 플랫폼 네이티브 아키텍처로 이전하기 위한 패턴

- 클라우드 네이티브 애플리케이션 구축을 위한 API, SDK, 오픈 소스 프레임워크, 파트너 에코시스템 지원 사항

- CI/CD, 서버리스 마이크로서비스 애플리케이션 아키텍처를 위한 참조 아키텍처와 참조 코드

GCP의 클라우드 네이티브 서비스 (CNMM 축-1)

이전 장에서 논의했듯이, 먼저 구글 클라우드가 제공하는 클라우드 네이티브 서비스의 유형을 알아봄으로써 이들이 어떻게 최종 사용자를 지원하고 다양한 서비스와 플랫폼의 진정한 힘을 활용해 기업의 비즈니스에 이익을 줄 수 있는지 살펴보자.

소개

구글은 퍼블릭 클라우드 분야에 조금 늦게 진출했지만 실제로 지난 몇 년 동안 서비스 적용 범위를 넓히고 고객의 클라우드 도입 측면에서 빠르게 발전해왔다. 다양한 분석 보고서에 따르면, 전반적인 비전과 실행 능력을 바탕으로 클라우드 제공 업체 중 AWS와 MS Azure의 뒤를 이어 구글이 3위를 차지했으며 모든 종류의 클라우드 네이티브 애플리케이션 개발과 배포에 있어 유망한 후보로 자리매김하고 있다. 따라서 여기서는 해당 분야에서 제공하는 몇 가지 서비스와 이를 효과적으로 도입하는 데 도움이 되는 방법을 살펴보겠다.

구글 클라우드 플랫폼 - 차별화 요소

구글은 AI/ML, 애플리케이션 컨테이너화, 공동 작업 등의 분야에서 흥미로운 서비스를 많이 제공하고 있는데, 이번 장에서 이에 대해 중점적으로 다룰 것이다. 실제로 이러한 서비스 중 다수는 구글이 내부 사용이나 고객 비즈니스를 위해 만들어낸 결과이며, 현재 구글 클라우드 서비스로 제품화돼 제공되고 있다. 그래서 이번 장에서는 고객들에게 매우 인기 있는 몇 가지 핵심 개념을 좀 더 자세히 알아보겠다.

Cloud AI

구글은 인공지능과 머신러닝 분야에서 서비스를 제공하는 최초의 클라우드 제공 업체의 하나로서, 이와 연관된 산업 분야의 여러 서비스가 개발자에서부터 데이터 사이언티스트에 이르기까지 다양한 유형의

사용자에게 제공됐다. 앞서 말한 것처럼 이러한 서비스와 API 대부분은 구글의 내부 사용과 기존 제품의 서비스 제공으로부터 시작됐으며 이제 구글 클라우드의 많은 영역에서 API, 서비스의 형태로 열려 있다. 이런 서비스들은 다음과 같은 다양한 AI/ML 사용 사례를 다룬다.

- **이미지와 비디오 분석**: AI/ML으로의 여정을 시작하는 대부분 조직에 필요한 공통 요구 사항 중 하나는 이미지 및 비디오 스트림과 관련된 컨텍스트와 메타데이터를 분류하고 이해하는 것이다. 이미지 분석 영역에서 구글은 Cloud Vision API(https://cloud.google.com/vision/)를 제공한다. Cloud Vision API는 이미지를 수천 가지 범주로 분류하고 이미지 내에서 각각의 객체와 얼굴을 감지하고 이미지 안에 포함된 인쇄된 문서의 단어를 찾고 읽을 수 있도록 도와준다. 그 뿐만 아니라 특정 콘텐츠를 감지하거나 로고, 랜드마크를 식별하고, 심지어 유사한 이미지를 웹에서 검색할 수도 있다. 이와 유사하게 동영상 분석에 있어서도 구글은 카탈로그에 있는 모든 동영상 파일의 모든 순간을 검색하고 Google Cloud Storage에 저장된 동영상에 빠르게 주석을 달 수 있는 Cloud Video Intelligence(https://cloud.google.com/video-intelligence/) 서비스를 제공한다. 동영상 내에서 주요 항목을 식별하고 언제 그것들이 발생하는지 확인할 수 있도록 도와준다. 이 비디오 분석을 사용해서 최종 사용자에게 적합한 콘텐츠 추천 서비스를 제공할 수 있으며 콘텐츠에 따라 보다 적절하고 상황에 맞는 광고를 표시할 수도 있다.

- **음성 또는 텍스트 관련 AI 서비스**: 텍스트나 음성 분석뿐만 아니라 하나의 형태에서 다른 형태로의 변환에 있어서도 여러 관점에서 AI와 연관된 사항이 필요하다. 이와 같은 이유로 구글은 오디오를 텍스트로 변환하고 110개 이상의 언어와 변형을 인식해 오디오 콘텐츠를 녹음할 수 있는 Cloud Speech API(https://cloud.google.com/speech/)를 제공한다. 마찬가지로 텍스트를 음성으로 변환하기 위해 구글은 30여 개의 자연스러운 음성으로 합성할 수 있고 여러 가지 언어와 변형을 지원하는 Cloud Text-To-Speech API(https://cloud.google.com/text-to-speech/)를 제공한다. 이 외에도 구글은 텍스트에서 특정 언어를 감지하고 Cloud Translation API(https://cloud.google.com/translate/)를 사용해 텍스트를 어떤 언어에서 다른 언어로 변환하는 서비스도 제공한다. 구글이 이 분야에서 제공하는 또 다른 서비스로는 텍스트 문서나 뉴스 기사, 블로그 게시물 등에 언급된 사람, 장소, 이벤트와 같은 정보를 추출해 텍스트를 심층 분석하는 서비스인 Cloud Natural Language(https://cloud.google.com/natural-language/)를 제공한다. 이는 소셜 미디어 콘텐츠나 콜센터 형태의 고객과 나눈 대화 메시지에서 긍정적이거나 부정적 평가와 같은 감정과 의도를 이해하는 데 도움이 된다.

- **챗봇**: 오늘날 AI의 가장 일반적인 용도 중 하나는 웹 사이트와 모바일 애플리케이션, 메시징 플랫폼이나 IoT 장치를 위한 대화형 인터페이스나 챗봇을 만드는 것이다. 이 인터페이스는 사용자와 서비스 제공자 간에 자연스럽고 풍부한 표현을 통한 상호 작용이 가능하다. 이 챗봇은 대화의 의도와 맥락을 이해해 매우 효율적이고 정확한 응답을 제공할 수 있다. 이를 위해 구글은 DialogFlow Enterprise Edition(https://cloud.google.com/dialogflow-enterprise/)이라는 서비스를 제공한다. 이 서비스에는 여러 개의 기본 템플릿이 제공되며 20개 이상의 언어와 14개의 다른 플랫폼과의 통합을 지원해 최종 사용자에게 풍부한 경험을 제공한다.

- **맞춤형 머신러닝**: 대부분의 경우 데이터 사이언티스트와 같은 고급 사용자는 알고리즘과 ML 모델, 시스템이 결과를 생성하는 방식을 더 많이 제어하는 것을 선호한다. 이러한 시나리오의 경우 이전에 논의한 것과 같은 서비스는 그와 같은 수준의 심층적인 제어나 구성 가능성을 제공하지 않으므로 구글은 더 많은 옵션을 제공하는 Cloud AutoML(https://cloud.google.com/automl/)과 Cloud Machine Learning Engine(https://cloud.google.com/ml-engine/)과 같은 일련의 서비스들을 제공한다. 예를 들어 소매점에서 색상이나 모양, 디자인에 따라 다양한 드레스의 이미지를 분류하고자 하는 경우 Cloud AutoML을 사용해 사용자 정의 ML 모델을 학습하기 위해 일부 샘플 데이터를 제공할 수 있으며 이를 통해 실제 이미지에 대한 이미지 인식 모델을 생성할 수 있다. 마찬가지로 데이터 사이언티스트가 예측 분석을 수행하기 위해 자신의 사용자 지정 모델을 만들려는 경우 텐서플로(TensorFlow)와 같은 프레임워크를 클라우드 머신러닝 엔진과 같은 관리형 서비스와 함께 사용할 수 있다. 클라우드 머신러닝 엔진은 이미 다른 많은 구글 서비스와 통합돼 있으며 주피터 노트북과 같은 익숙한 인터페이스로 맞춤형 모델을 만들 수 있다. 클라우드 TPU(TensorFlow Processing Unit, https://cloud.google.com/tpu/)와 함께 제공되는 이 서비스는 최대 180테라플롭스(teraflops)의 성능을 제공해 최신 머신러닝 모델을 대규모로 훈련하고 실행할 수 있는 컴퓨팅 성능을 제공한다.

 구글 클라우드의 빅데이터 또는 머신러닝 관련 공지 사항을 최신 상태로 유지하려면 다음의 블로그를 구독하기 바란다: https://cloud.google.com/blog/big-data/.

Kubernetes Engine

지난 몇 년 간 개발자 커뮤니티는 도커와 같은 컨테이너를 사용해 코드, 런타임, 시스템 도구, 시스템 라이브러리, 설정 파일 같은 시스템을 실행하는 데 필요한 모든 것을 포함하는 경량의 독립형 이미지 형태로 애플리케이션을 배포해왔다. 현재는 대규모 컨테이너를 효과적으로 실행하기 위해 업무 부하나 손상된 노드의 자동 복구, 리소스 제한 설정(예: CPU와 RAM)에 따라 클러스터의 자동 확장과 같은 운영 측면에서 도움이 되는 통합 모니터링과 로깅 기능을 제공하는 오케스트레이션 엔진이 필요하다. 여기서 쿠버네티스(일반적으로 K8s로 통칭)가 등장하게 된다. 구글은 쿠버네티스의 원작자이자 창시자로서 이를 오픈 소스로 공개하고 CNCF(Cloud Native Computing Foundation)의 일부 영역으로 만들기 오래 전부터 쿠버네티스를 컨테이너 기반 제작 배포를 위해 내부적으로 사용해왔다.

 만화 보기를 좋아한다면 이 Kubernetes Engine과 관련된 만화를 꼭 읽어 보기를 바란다: https://cloud.google.com/kubernetes-engine/kubernetes-comic/.

쿠버네티스는 널리 사용되는 구글 서비스를 실행하는 원칙과 동일한 설계 원칙을 사용하며 애플리케이션 컨테이너에 대한 자동 관리, 모니터링, 생명 유지 프로브, 자동 확장과 축소, 롤링 업데이트 등과 같은 동일한 장점을 제공한다.

우리가 다음 스크린 숏에서 수행했던 것과 같이 Google Cloud console 또는 API/CLI를 사용해 빠르게 시작하고 첫 번째 클러스터를 배포할 수 있다. 또한 Google Cloud Shell을 사용해 샘플 애플리케이션을 배포해 클러스터 기능을 테스트할 수도 있다.

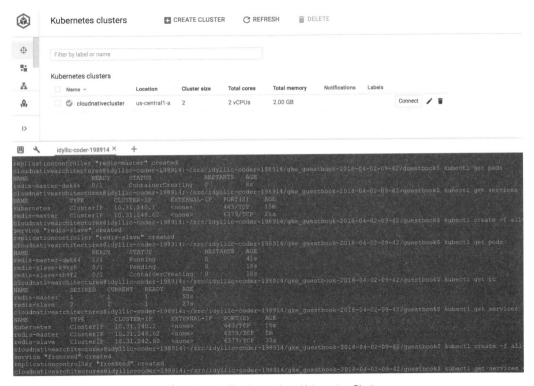

그림 11.1 Google Cloud console – Kubernetes Cluster

구글은 Kubernetes Engine 외에도 Container Builder(https://cloud.google.com/container-builder/) 서비스를 제공한다. 이 서비스를 사용하면 애플리케이션과 기타 아티팩트를 도커 컨테이너에 묶어 배포할 수 있다. 이 서비스는 소스 코드 리포지토리(예: 깃허브, Bitbucket, Google Cloud Source repositories)의 자동화된 트리거도 지원하므로 새로운 코드 체크인이 시작되는 즉시 시작할 수 있는 완전 자동화된 CI/CD 파이프라인을 만들 수 있다. 이 컨테이너 생태계와 관련된 또 다른 서비스로는 Container Registry(https://cloud.google.com/container-registry/)가 있다. 이는 개인 컨테이너 이미지를 저장하고 모든 시스템에서 VM 인스턴스 또는 사용자의 하드웨어 이미지를 푸시, 풀, 관리할 수 있도록 한다.

G Suite

구글은 오랫동안 독립 사용자를 위해 온라인 협업과 생산성 애플리케이션을 제공해 왔다. 그러나 구글은 엔터프라이즈 영역으로 확장하기 위해 클라우드 비즈니스에서 G Suite(https://gsuite.google.com/)를 출시했고 이후 여러 고객을 확보하기 시작했다.

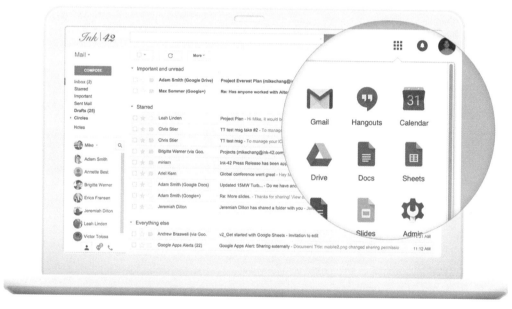

그림 11.2 구글 G Suite를 보여주는 이미지 (출처: https://gsuite.google.com/features/)

일반적으로 G Suite는 주로 다음과 같은 네 가지 범주로 서비스를 제공한다.

- **연결:** Gmail, 캘린더, Google+, HangOut과 같은 서비스 세트로 조직 전반에 걸쳐 더 나은 연결을 가능하게 한다.
- **생성:** 구글은 보다 효과적인 공동 작업을 위해 문서, 스프레드 시트, 양식, 슬라이드, 사이트, Jamboard와 같은 서비스를 제공해 사용자 간에 콘텐츠를 만들고 공유하는 목적으로 사용할 수 있게 한다.

- **접속**: 보안 클라우드 저장소를 사용해 파일과 비디오, 기타 미디어를 백업하고 공유하려는 경우가 많으므로 동일한 방법으로 Google Drive와 Cloud Search를 통해 편리하게 사용할 수 있게 한다.

- **제어**: 사용자 관리, 보안 정책, 백업과 보존, 모바일 장치 관리와 같은 엔터프라이즈 제어를 중앙에서 처리할 수 있도록 관리 영역에 최종 서비스 세트가 제공된다.

 G Suite는 공식 블로그를 통해 사용자에게 공지사항과 새로운 기능에 대한 최신 정보를 제공한다(https://gsuiteupdates.googleblog.com/).

애플리케이션 중심 설계 (CNMM 축-2)

구글 클라우드에서 흥미로운 몇 가지 클라우드 네이티브 서비스를 살펴봤으니 이제 클라우드 네이티브 애플리케이션 아키텍처와 그에 대한 모범 사례를 실제로 구축하는 다음 주제를 살펴보자.

서버리스 마이크로서비스

AWS 및 MS 애저에 대해서 이전 장에서 취한 접근 방식과 유사하게 몇 가지 구글 클라우드 서비스를 사용해 서버리스 마이크로서비스를 만드는 방법을 살펴볼 것이다. 실제로 본론에 들어가기 전에, 다음 다이어그램을 보면 구글이 서버리스 서비스 포트폴리오를 정의하는 방식이 흥미롭다는 것을 알 수 있다. App Engine을 포함한 일부 초기 서비스들이 Cloud Functions과 Cloud Machine Learning Engine을 포함한 최신 서비스들에 앞서 포함돼 있다. 자세한 내용은 구글 클라우드 포털의 백서와 콘텐츠를 참조하기 바란다.

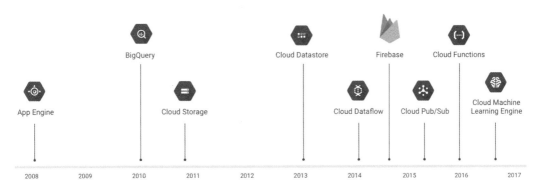

그림 11.3 이미지 출처: https://cloud.google.com/serverless/whitepaper/

실제 애플리케이션과 마찬가지로 서버리스 날씨 서비스 애플리케이션을 구축하면서 뒷단은 OpenWeatherMap API를 호출하는 동일한 샘플을 다시 사용할 것이다. 이전 장에서 했던 것처럼 구글 클라우드의 Cloud functions 기능을 사용하지만, 이 책을 쓰는 시점에는 Google Cloud Endpoints (관리형 API 서비스)를 사용할 수 없었기 때문에 두 서비스 사이에 직접적인 통합은 이루어지지는 않는다. 또한 Google Cloud Functions는 현재 자바스크립트만 지원하고 Node.js 런타임에서 실행되므로 이전에 작성된 함수의 비즈니스 로직을 자바스크립트로 변환해 이 샘플 사용 사례를 시연할 예정이다. 결과적으로 다음과 같은 참조 아키텍처를 사용해 샘플 애플리케이션을 구현할 것이다.

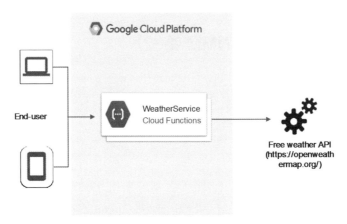

그림 11.4 구글 클라우드 플랫폼 참조 아키텍처

서버리스 마이크로서비스 – 샘플 연습

이전 장에서와 같이 Google Cloud Functions를 사용해 서버리스 마이크로서비스를 작성할 것이므로 다음 과정을 수행해 실제 예제를 만들어 본다.

1. Google Cloud Console로 이동해 다음과 같이 **Cloud Functions**를 찾는다.

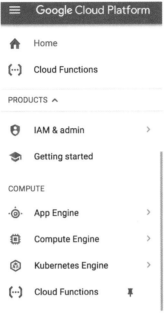

그림 11.5 Cloud Functions

2. Create Function 옵션을 클릭하고 다음과 같이 HTTP 트리거 함수 정의 프로세스를 시작한다.

그림 11.6 HTTP 트리거 함수 정의

3. index.js 섹션에서 다음 코드를 사용해 서버리스 마이크로서비스의 주요 비즈니스 로직을 처리한다. 또한 콘솔의 코드 바로 아래에서 Function to execute 옵션의 값이 weatherService로 설정돼야 한다는 점에 유의한다.

```
weatherService:

function handlePUT(req, res) {
    // Return Forbidden message for POST Request
```

```
        res.status(403).send('Forbidden!');
}


function handleGET(req, res) {
    // Retrieve URL query parameters
    var zip = req.query.zip;
    var countrycode = req.query.countrycode;
    var apikey = req.query.apikey;

    // Create complete OpenWeatherMap URL using user-provided parameters
    var baseUrl = 'http://api.openweathermap.org/data/2.5/weather';
    var completeUrl = baseUrl + "?zip=" + zip + "," + countrycode + "&appid=" + apikey;
    console.log("Request URL--> " + completeUrl)

    // Import the sync-request module to invoke HTTP request
    var weatherServiceRequest = require('sync-request');

    // Invoke OpenWeatherMap API
    var weatherServiceResponse = weatherServiceRequest('GET', completeUrl);
     var statusCode = weatherServiceResponse.statusCode; console.log("RESPONSE STATUS -->" +
statusCode);

    // Check if response was error or success response
    if (statusCode < 300) {
        console.log("JSON BODY DATA --->>" + weatherServiceResponse.getBody());
        // For Success response, return back appropriate status code, content-type and body
        console.log("Setting response content type to json");
        res.setHeader('Content-Type', 'application/json');
        res.status(statusCode);
        res.send(weatherServiceResponse.getBody());
    } else {
        console.log("ERROR RESPONSE -->" + statusCode);
        // For Error response send back appropriate error details
        res.status(statusCode);
        res.send(statusCode);
    }
}
/**
* Responds to a GET request with Weather Information. Forbids a PUT request.
```

```
 *
 * @param {Object} req Cloud Function request context.
 * @param {Object} res Cloud Function response context.
 */
exports.weatherService = (req, res) => {
    switch (req.method) {
        case 'GET':
        handleGET(req, res);
        break;
        case 'PUT':
        handlePUT(req, res);
        break;
        default:
        res.status(500).send({
            error: 'Something blew up!'
        });
        break;
    }
};
```

4. 이제, package.json 옵션을 클릭하고 다음과 같이 코드별 종속성을 포함하도록 편집한다.

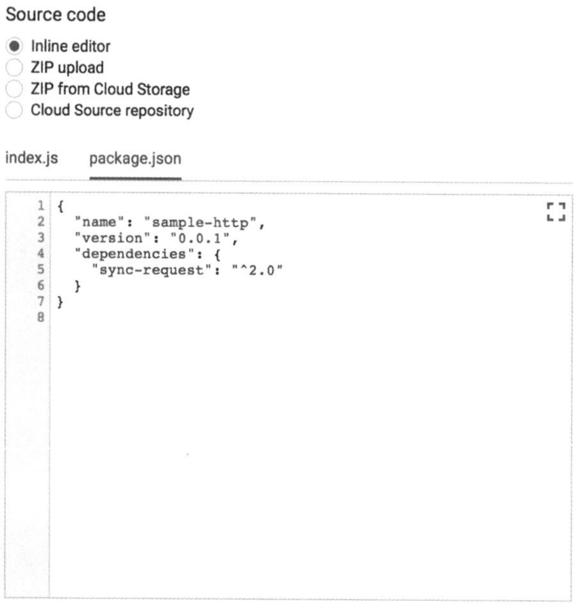

Source code

- ● Inline editor
- ○ ZIP upload
- ○ ZIP from Cloud Storage
- ○ Cloud Source repository

index.js   package.json

```
1  {
2    "name": "sample-http",
3    "version": "0.0.1",
4    "dependencies": {
5      "sync-request": "^2.0"
6    }
7  }
8
```

그림 11.7 소스코드 – package.json

package.json 창에 넣을 코드 스니핏은 다음과 같다.

```
{
    "name": "sample-http",
    "version": "0.0.1",
    "dependencies": {
        "sync-request": "^2.0"
    }
}
```

5. 모든 설정과 코드가 앞에서 언급했던 단계와 일치하는지 확인한 후 Create 버튼을 클릭한다. 몇 분 안에 기능이 콘솔에서 생성되고 활성화될 것이다.

6. 이제 기능을 테스트할 차례다. 기능 세부 사항 페이지로 이동하고 Tigger 옵션 아래에 마이크로서비스를 호출하고 테스트하는 데 사용할 수 있는 기능의 HTTPS 엔드포인트가 있다. 이 URL을 복사한 후 다음 단계에서 사용한다.

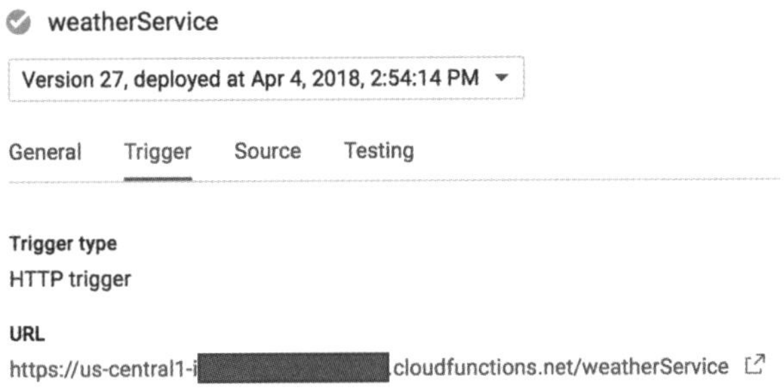

그림 11.8 weatherService의 엔드포인트 확인

7. 이제 다음과 같이 zip, countrycode, apikey 매개 변수를 다음 URL에 추가한다.

```
https://us-central1-abcdef-43256.cloudfunctions.net/weatherService/?zip=10011&countrycode=us&a
pikey=vjhvjvjhvjhv765675652hhjvjsdjysfydfjy
```

이제 원하는 인터넷 브라우저를 사용해 이 URL로 이동하여 자신의 마법을 직접 확인해 보자! 함수가 성공적으로 실행되면 매개변수에서 지정한 위치에 대한 날씨 정보가 포함된 JSON 응답을 볼 수 있어야 한다.

8. 다음과 같이 curl 명령을 사용해 명령 줄을 이용하여 동일한 내용을 테스트할 수 있다.

```
$ curl -X GET
'https://us-central1-idyllic-coder-198914.cloudfunctions.net/weathe
rService/?zip=10001&countrycode=us&apikey=098172635437y363535'
{"coord":{"lon":-73.99,"lat":40.73},"weather":[{"id":500,"main":"Ra
```

```
in","description":"light
rain","icon":"10d"}],"base":"stations","main":{"temp":285.07,"press
ure":998,"humidity":87,"temp_min":284.15,"temp_max":286.15},"visibi
lity":16093,"wind":{"speed":10.8,"deg":290,"gust":14.9},"clouds":{"
all":90},"dt":1522869300,"sys":{"type":1,"id":1969,"message":0.0059
,"country":"US","sunrise":1522837997,"sunset":1522884283},"id":4200
27013,"name":"New York","cod":200}
```

9. 기능을 테스트한 후에는 기능 세부 사항의 General 탭 아래의 콘솔에서 모니터할 수도 있다. 다음과 같이 '호출', '메모리 사용', '실행 시간'을 기초로 하는 것처럼 여러 가지 다른 보기를 사용할 수 있다.

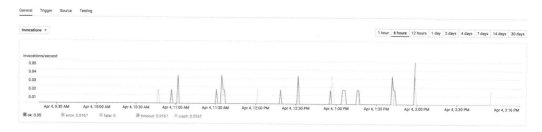

그림 11.9 호출/초 보기

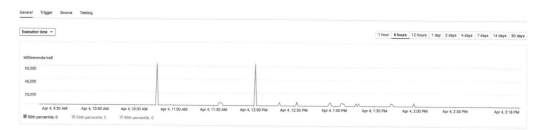

그림 11.10 실행 시간(밀리 초/호출) 보기

10. Google Functions 관리의 또 다른 중요한 측면은 다음과 같이 코드와 기능 실행에 백엔드 디버깅에 대한 세부 사항을 제공할 수 있는 Stackdriver Logs 옵션이다.

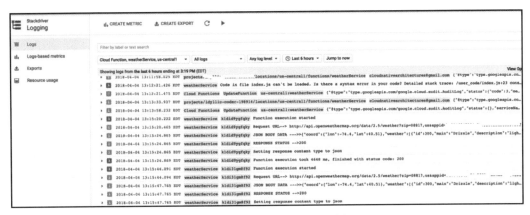

그림 11.11 로그 옵션을 보여주는 스크린 숏

이것으로 Google Cloud Functions를 사용해 서버리스 마이크로서비스를 설계하는 방법에 대한 엔드 투 엔드 데모를 완료했다.

구글 클라우드 플랫폼의 자동화 (CNMM 축-3)

이전 장에서 설명한 바와 같이, 자동화는 클라우드에서 애플리케이션을 최적으로 배포하고 관리하는 관점에 있어 가장 중요한 요소 중 하나다. 이에 따라 구글 클라우드는 프로세스와 워크플로 자동화에 도움이 되는 많은 서비스를 제공하는 것 외에도, 풍부한 API와 SDK를 보유하고 있다. 실제로 개발자의 개별 환경 선호에 따라 다양한 SDK 클라이언트 라이브러리에 대한 옵션이 있고, 여기에는 자바, 파이썬, NodeJS, Ruby, Go, .Net, PHP 등이 포함돼 있어 유연성과 자동화와 통합의 편의성을 제공한다.

코드형 인프라

구글 클라우드는 다양한 프로비저닝과 자동화 관련 작업의 자동화를 위해 선언적 방식(YAML)으로 인프라 구성 요소를 쉽게 작성할 수 있는 Google Cloud Deployment Manager라는 AWS CloudFormation과 매우 유사한 서비스를 제공한다. 따라서 이를 사용하면 서비스를 통해 템플릿을 사용해 프로비저닝하고 배포할 애플리케이션의 여러 구성 요소를 가질 수 있는 템플릿을 만들 수 있다.

예를 들어, 앞 단에 로드 밸런서가 있는 자동 조정 가능한 3계층의 웹 애플리케이션이 있고 지속성을 위한 데이터베이스가 있는 경우 애플리케이션을 위한 새 인스턴스를 시작할 때마다 수동으로 인스턴스를 생성하는 대신 전체 프로세스를 자동화할 수 있는 YAML Cloud Deployment Manager 템플릿을 작성할 수 있다. 동적으로 만들기 위해 템플릿에서 템플릿 속성과 환경 변수를 사용해 개별 실행에 따라 제공할 수 있을 것이다. 테스트/개발 환경에서는 완전히 확장 가능한 운영 환경에 비해 더 작은 집합 크기를 가질 수도 있다.

템플릿 모듈과 복합 유형에 있어 몇 가지 다른 흥미로운 기능이 있다. 이는 Deployment Manager의 기능을 크게 확장하는 데 도움이 될 수 있다. 템플릿 모듈의 일부로 파이썬 또는 Jinja에서 도우미 파일을 작성해 고유한 리소스 이름 생성과 같은 특정 기능을 수행함으로써 템플릿을 더욱 정교하게 만들 수 있다. Jinja나 파이썬 기반 로직을 활용하는 동일한 메커니즘을 사용해 기본적으로 함께 작동하도록 사전 구성된 하나 이상의 템플릿을 갖는 기능인 복합 유형을 작성할 수 있다. 복합 유형의 예를 들자면, 기본적으로 특정 구성의 VPC 네트워크 유형을 생성해서 새로운 애플리케이션 환경 세트를 생성할 때마다 이를 재사용할 수 있다.

 Cloud Deployment Manager에서 지원되는 최신 리소스는 다음 링크를 참조하기 바란다: https://cloud.google.com/deployment-manager/docs/configuration/supported-resource-types.

이제 샘플을 사용해 실제로 구글 클라우드에서 리소스를 만드는 방법을 살펴볼 것이다. 구글이 깃허브에서 샘플을 제공하므로 개념을 빠르게 살펴보고 시작할 수 있도록 해당 샘플을 사용해 시연하도록 한다. 다음은 이 샘플에 대한 링크이며, 이것은 기본적으로 특정 구글 클라우드 프로젝트에서 가상 머신을 생성한다: https://github.com/GoogleCloudPlatform/deploymentmanager-samples/blob/master/examples/v2/quick_start/vm.yaml.

이 템플릿의 참고 사항에서 언급된 것처럼 Deployment Manager를 사용해 샘플 인스턴스를 올바르게 프로비저닝하려면 프로젝트 ID의 플레이스홀더를 MY_PROJECT로, 인스턴스 패밀리 이름을 FAMILY_NAME으로 업데이트해야 한다.

이를 수행하는 가장 빠른 방법 중 하나는 Google Cloud Shell을 사용하는 것이다. Google Cloud Shell은 **사전 설치된 gcloud(CLI)**와 함께 제공되므로 최소 구성이 필요하다. 다음 스크린 숏에서 확인할 수 있는 것처럼 명령이 성공적으로 완료되어 샘플 템플릿을 사용해 리소스를 프로비저닝했다.

```
cloudnativearchitectures@idyllic-coder-198914:~$ gcloud deployment-manager deployments create simple-deployment --config vm.yaml
The fingerprint of the deployment is 7y7p0qjcF6g7Cpl0sqlphQ==
Waiting for create [operation-1525443310211-56b61f2a14fb8-7a136a28-eaa7aa5b]...done.
Create operation operation-1525443310211-56b61f2a14fb8-7a136a28-eaa7aa5b completed successfully.
NAME                      TYPE                STATE      ERRORS  INTENT
quickstart-deployment-vm  compute.v1.instance COMPLETED  []
```

그림 11.12 gcloud CLI - 샘플 템플릿을 사용한 리소스 프로비저닝

리소스를 성공적으로 생성한 후 gcloud CLI를 사용해 다음과 같이 생성된 리소스를 확인할 수 있다.

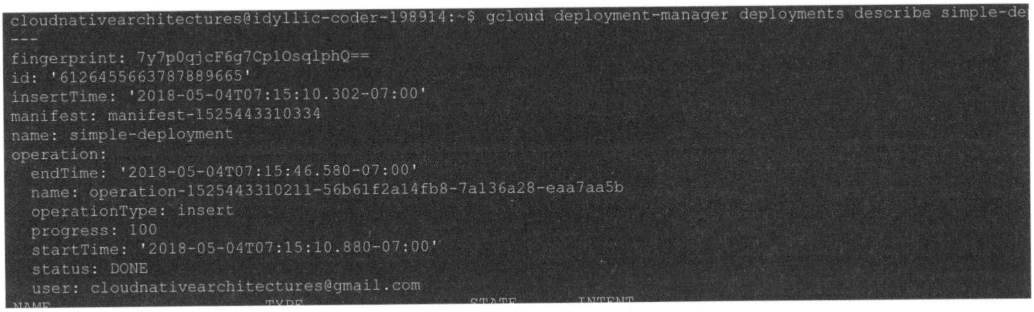

```
cloudnativearchitectures@idyllic-coder-198914:~$ gcloud deployment-manager deployments describe simple-de
---
fingerprint: 7y7p0qjcF6g7Cp1OsqlphQ==
id: '6126455663787889665'
insertTime: '2018-05-04T07:15:10.302-07:00'
manifest: manifest-1525443310334
name: simple-deployment
operation:
  endTime: '2018-05-04T07:15:46.580-07:00'
  name: operation-1525443310211-56b61f2a14fb8-7a136a28-eaa7aa5b
  operationType: insert
  progress: 100
  startTime: '2018-05-04T07:15:10.880-07:00'
  status: DONE
  user: cloudnativearchitectures@gmail.com
NAME                    TYPE              STATE       INTENT
```

그림 11.13 gcloud CLI – 생성된 리소스의 확인

gcloud CLI를 사용하는 것 외에도 Google Cloud Console을 사용해 Cloud Deployment Manager 섹션으로 이동해 다음과 같이 다양한 섹션과 링크를 클릭하면 동일한 배포에 대한 자세한 정보를 얻을 수 있다.

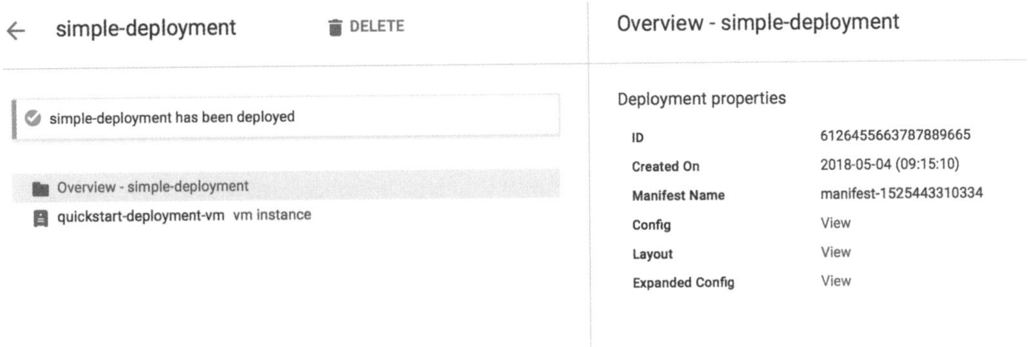

← simple-deployment 🗑 DELETE	Overview - simple-deployment
	Deployment properties
✓ simple-deployment has been deployed	ID 6126455663787889665
	Created On 2018-05-04 (09:15:10)
📁 Overview - simple-deployment	Manifest Name manifest-1525443310334
📄 quickstart-deployment-vm vm instance	Config View
	Layout View
	Expanded Config View

그림 11.14 Cloud Deployment Manager

서버리스 마이크로서비스를 위한 CI/CD

구글 클라우드는 서버리스 마이크로서비스의 CI/CD 관련 측면에서는 아직 초기 단계다. 소스 코드 관리를 위해 구글은 Cloud Source Repositories(https://cloud.google.com/source-repositories/)라는 서비스를 제공한다. 이를 통해 클라우드 펑션에 대한 코드를 관리에 사용할 수 있지만, 그 이상의 본격적인 CI/CD 환경을 만들 수 있는 네이티브 기능은 이 책을 쓰는 시점에는 제한적이었다.

이 프로세스에서 도움이 되는 옵션 중 하나는 서버리스 프레임워크다. 이 프레임워크에는 Google Cloud Functions용 플러그인이 제공되며 비즈니스 로직과 관련된 함수를 쉽게 생성, 설치, 패키징, 배포할 수 있게 해준다. 자세한 내용은 다음 링크를 참조하기 바란다: `https://github.com/serverless/serverless-google-cloudfunctions`.

아울러 빨리 시작할 수 있도록 도움을 주는 예제도 제공된다: `https://serverless.com/ framework/docs/providers/google/examples/`.

컨테이너 기반 애플리케이션을 위한 CI/CD

컨테이너 기반 애플리케이션을 구글 클라우드에 배포하는 가장 보편적인 방법 중 하나는 쿠버네티스를 사용하는 것이다. 실제로 앞에서 설명한 바와 같이 쿠버네티스는 지속적인 코드 통합과 배포와 같은 문제를 해결하기 위해 구글의 내부 기술로 시작해 고안됐다. 그렇기 때문에 유사한 환경에서 CI/CD 패턴을 구현하고자 할 경우, 이를 사용해 쉽게 구현할 수 있다.

Kubernetes CLI/API를 사용하는 경우 최신 컨테이너 이미지를 사용해 애플리케이션 코드의 최신 버전으로 자원 업데이트를 구현할 수 있는 작업을 수행하므로 릴리즈 관리 측면에서의 구현이 매우 간단하다. 롤링 업데이트 메커니즘을 사용해 이를 수행하거나 업데이트 프로세스 중에 발견된 일부 문제점이 있는 경우 프로세스를 중단하거나 이전 버전으로 롤백할 수도 있다. Kubernetes CLI 업데이트 작업에 대한 자세한 내용은 다음 링크를 참조하기 바란다: `https://kubernetes.io/docs/reference/kubectl/cheatsheet/#updating-resources`.

 구글 클라우드에는 쿠버네티스를 통한 CI/CD 옵션을 배울 수 있는 재미있는 만화가 있다: https://cloud.google.com/kubernetes-engine/kubernetes-comic/.

쿠버네티스 환경에서 CI/CD를 구현하는 또 다른 메커니즘은 빌드, 테스트, 배포 파이프라인을 유연하게 조정하는 오픈 소스 자동화 서버인 Jenkins를 사용하는 것이다. 이를 위해서는 Kubernetes Engine (구글 클라우드 호스팅 버전의 쿠버네티스)에 젠킨스를 배포하고 젠킨스용 쿠버네티스 플러그인을 설치해 전체 배포 프로세스를 조정하는 적절한 구성을 설정해야 한다. 다음 다이어그램은 구글 클라우드 설명서에 따른 전체 설정과 각각의 단계를 보여준다.

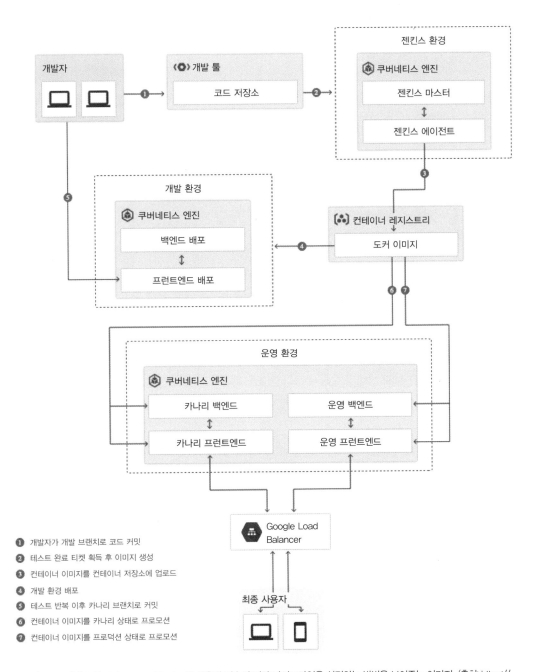

① 개발자가 개발 브랜치로 코드 커밋
② 테스트 완료 티켓 획득 후 이미지 생성
③ 컨테이너 이미지를 컨테이너 저장소에 업로드
④ 개발 환경 배포
⑤ 테스트 반복 이후 카나리 브랜치로 커밋
⑥ 컨테이너 이미지를 카나리 상태로 프로모션
⑦ 컨테이너 이미지를 프로덕션 상태로 프로모션

그림 11. 15 젠킨스 및 Kubernetes Engine을 사용해 지속적 전달 파이프라인을 설정하는 방법을 보여주는 이미지 (출처: https://cloud.google.com/solutions/continuous-delivery-jenkins-kubernetes-engine)

모놀리식 애플리케이션 아키텍처에서 구글 클라우드 네이티브 아키텍처로 전환하기 위한 패턴

이전 장에서 논의했듯이, 원래 이 책에서는 주로 그린필드 애플리케이션과 서버리스, 컨테이너, 마이크로서비스 아키텍처, CI/CD 패턴 등과 같은 클라우드 네이티브 기능을 활용하는 방법에 중점을 뒀다. 하지만 일반적인 엔터프라이즈 환경에서 대부분 고객은 이미 기존 온프레미스 또는 코로케이션(colocation) 환경에 상당한 투자를 하고 있기 때문에 전체적인 이익을 위해서는 이러한 워크로드를 클라우드로 이동해야 한다. 이를 위해 구글 클라우드는 다양한 마이그레이션 단계에서 활용할 수 있는 파트너 서비스뿐만 아니라 일부 네이티브 서비스를 제공한다. 일반적으로 구글은 모든 마이그레이션 프로젝트에서 '평가', '계획', '네트워크 구성', '복제'를 포함한 네 가지 단계를 제안한다.

대부분의 경우 평가와 네트워크 구성 단계에서 고객은 원활하게 마이그레이션 경로를 따라갈 수 있게 적절한 툴을 통한 작업을 검토하거나 자동화 방안을 개발해야 하며 이를 통해 온프레미스 환경의 기존 워크로드를 식별하고 동일한 네트워크 구성을 클라우드상에 생성할 수 있어야 한다.

구글은 계획 단계를 위해 Cloudamize, CloudPhysics, ATADATA와 같은 추천 파트너를 보유하고 있다. 이러한 파트너들은 현재 상태의 온프레미스 환경을 점검하고 이에 알맞은 최적의 성능을 위한 적절한 유형의 인스턴스뿐만 아니라 올바른 클라우드 서비스로의 매핑까지도 제공할 수 있을 것이다.

 다음 링크에서 최신 구글 클라우드 추천 마이그레이션 파트너를 확인할 수 있다: https://cloud.google.com/migrate/.

비슷하게, 실제 VM 마이그레이션 단계에서 구글은 CloudEndure, Velostrata, ATADATA와 같은 권장 파트너를 보유하고 있는데, 이들은 온프레미스의 가상 머신을 클라우드로 직접 복제할 수 있다. 이러한 파트너 제공 서비스 외에도 구글 클라우드는 네이티브 서비스 기능을 사용해 가상 디스크를 직접 가져올 수 있는 옵션을 제공한다. 하지만 그것은 대규모 마이그레이션을 위한 최적의 옵션은 아니며 파트너 제품이 더 나은 기능을 제공한다. VM 마이그레이션에 대한 자세한 내용은 다음 링크를 참조하기 바란다: https://cloud.google.com/compute/docs/vm-migration/.

VM 마이그레이션 이외의 대규모 마이그레이션에서 고려해야 할 또 하나의 중요한 측면은 데이터 마이그레이션에 관한 것이다. 이를 위한 다음과 같은 몇 가지의 옵션이 있다.

- **Cloud Storage Transfer Service**: 이 서비스는 HTTP/HTTPS 기반 인터페이스를 사용해 AWS와 같은 다른 클라우드에서 Google Cloud Storage 버킷으로 데이터를 전송하는 것에 도움이 된다. Google Cloud Console, REST API, 구글 클라우드 클라이언트 API 라이브러리를 사용해 직접 수행할 수 있다. 자세한 내용은 다음 링크에서 확인할 수 있다: `https://cloud.google.com/storage/transfer/`.

- **Google Transfer Appliance**: AWS Snowball 서비스와 마찬가지로 구글 클라우드는 구글에서 임대해 대량의 데이터를 클라우드로 전송할 수 있는 물리적 기기를 제공한다. 현재 100TB와 480TB의 두 가지 크기로 제공되며 며칠 동안 로컬 스토리지 시스템에 연결하고 데이터를 전송한 다음 구글로 다시 발송해 Cloud Storage 버킷 중 하나로 전송할 수 있다. 전송 기기에 저장하기 전에 수집한 모든 데이터는 중복 제거, 압축되고 고객이 지정한 암호를 사용해 산업 표준 AES 256 알고리즘으로 암호화된다. 이 서비스를 사용하면 인터넷 대역폭을 사용하지 않고 데이터를 빠르게 마이그레이션할 수 있으므로 비용과 시간을 절약할 수 있다. 자세한 내용은 다음 링크에서 확인할 수 있다: `https://cloud.google.com/transfer-appliance/docs/introduction`.

- **BigQuery Data Transfer Service**: 대부분의 경우 고객은 Adwords, DoubleClick Campaign Manager, DoubleClick for Publishers, YouTube와 같은 많은 SaaS 애플리케이션도 사용한다. 이러한 서비스의 데이터를 분석하기 위해 고객은 BigQuery Data Transfer Service를 사용해 데이터를 BigQuery로 직접 전송하고 데이터 웨어하우스를 구축해 분석 쿼리를 실행할 수 있다. 이 서비스는 지속적인 데이터 복제를 보장한다. 그리고 추세를 시각화하기 위해 고객은 BigQuery 인스턴스에서 Tableau, Looker, ZoomData와 같은 ISV 제품을 사용할 수 있다. 자세한 내용은 다음 링크에서 확인할 수 있다: `https://cloud.google.com/bigquery/transfer/`.

마이그레이션 프로젝트에 더 적합한 서비스를 이해하려면 다음 링크에 게시돼 있는 '적합한 서비스 선택하기' 표를 참조하기 바란다: https://cloud.google.com/products/data-transfer/.

요약

이번 장에서는 세 번째로 중요한 클라우드 제공 업체인 구글 클라우드 플랫폼에 대해 자세히 알아보고 그 기원과 발전을 이해한 후 클라우드 AI, Kubernetes Engine, G Suite과 같은 차별화된 서비스를 중점적으로 살펴봤다. 또한 서버리스 마이크로서비스와 관련된 개념을 이해하고 실제로 구글 클라우드 기능을 활용해 샘플 날씨 서비스 애플리케이션을 만들었다. 그에 이어서 자동화와 인프라를 코드 형태로 취급하기 위해 Google Cloud Deployment Manager를 사용해 반복 가능한 템플릿을 만드는 방법을 집중적으로 알아봤다. 또한 쿠버네티스 기반의 컨테이너화된 배포뿐만 아니라 서버리스 환경에서 CI/CD 패턴을 구현하기 위한 옵션을 살펴봤다. 마지막으로 다양한 구글 클라우드 네이티브 서비스와 파트너 제공 서비스를 사용해 기존 온프레미스 애플리케이션과 워크로드를 마이그레이션하는 다양한 옵션을 살펴봤다. 앞서 언급한 모든 개념을 통해 상위 3개의 퍼블릭 클라우드 제공 업체와 더 많은 클라우드 네이티브 아키텍처를 구축할 수 있는 그들의 기능에 대한 탐색을 완료했다.

이어지는 마지막 장에서는 모든 개념을 하나로 모으고, 이를 바탕으로 진화하는 기술 동향과 예상을 살펴볼 것이다. 그렇게 함으로써 이 분야의 지속적인 변화에 대비할 수 있을 것이다!

클라우드 네이티브 애플리케이션 아키텍처 동향

이전 장에서는 **CNMM(Cloud Native Maturity Model, 클라우드 네이티브 성숙 모델)**의 핵심 정의로 시작해 서로 다른 계층을 살펴보고 다양한 클라우드 제공 업체의 서비스를 직접 사용해 보면서 여러 가지 측면을 배웠다. 이번 장에서는 미래를 내다보고 몇 가지 예측에 관한 이야기를 나누면서 여러 가지 새로운 것들에 초점을 맞춰 살펴볼 것이다.

다음은 이 장에서 중점을 둘 내용이다.

- 향후 3년간의 주요 7가지 예측 – 클라우드 네이티브 아키텍처의 진화 측면에서 기대되는 사항

- 클라우드에서 기업의 미래

- AI 관리자와 같은 진화 가능한 새로운 IT 역할

이 주제는 다음과 같은 기술을 배우는 데 도움이 될 것이다.

- 미래 대비 전략과 아키텍처의 추세 이해

- 개인 경력의 성장과 진화의 영역

그럼, 바로 시작해 보자!

향후 3년간의 예측 – 클라우드 네이티브 아키텍처 진화 측면에서 예상되는 것

클라우드는 이미 모든 유형의 애플리케이션과 사용 사례에서 주류가 됐지만, 전반적인 시장의 잠재력 면에서 보면 아직 초기 단계에 있다. 현재 보고 있는 트렌드 및 발전과 더불어 앞으로 3년간 클라우드 네이티브 아키텍처 도입을 촉진할 상위 7개 예측을 살펴보자.

오픈 소스 프레임워크와 플랫폼

많은 고객이 퍼블릭 클라우드의 록인(Lock-in) 가능성에 대해 걱정하고 있다. 그러나 이러한 두려움은 전혀 근거가 없다고 할 수 있다. 왜냐하면 모든 소프트웨어와 애플리케이션은 공급 업체별로 고객에게 유무형의 지적인 가치를 제공하기 때문이다. 따라서 고객은 퍼블릭 클라우드를 단지 록인(Lock-in)의 관점에서만 봐서는 안 된다. 예를 들어 워드 프로세싱의 경우 많은 고객이 마이크로소프트 워드를 사용하는데, 당신이 그것을 사용해 문서를 작성하는 경우 해당 애플리케이션과 유기적 관계에 있다고는 할 수 있지만 그렇다고 해서 그것이 반드시 록인(Lock-in)돼 있음을 의미하지는 않는다. 그러나 많은 엔터프라이즈 시나리오에는 비용을 낮추고 특정 공급 업체에 대한 종속성을 줄이는 데 도움이 되는 다른 오픈 소스 옵션으로 대체할 수 있는 특정 COTS(Commercial Off The Shelf, 즉시 사용 가능한 상용 완성품) 애플리케이션이 있다. 이에 대한 전형적인 예로, 수년간 오라클 데이터베이스를 사용해 온 많은 엔터프라이즈 고객들은 이제 PostgreSQL 또는 MySQL과 같은 오픈 소스 옵션으로 해당 데이터베이스를 리플랫폼화하는 길을 걷기 시작했다.

같은 관점에서 본다면, 오늘날 클라우드 제공 업체는 오픈 소스 소프트웨어 표준에 대한 동질성을 보여줄 필요가 있기 때문에 깃허브에서 누구나 사용할 수 있는 여러 프레임워크와 패키지를 출시했다. 이러한 오픈 소스 플랫폼의 대표적인 예로는 컨테이너화된 애플리케이션 관리를 위한 오픈 소스 시스템인 쿠버네티스를 들 수 있으며, 이는 아파치2.0 라이선스로 사용할 수 있고 깃허브에서 복제하거나 다운로드할 수 있다(https://github.com/kubernetes/).

마이크로서비스 기반 클라우드 아키텍처를 공개하고 커뮤니티를 주도하기 위한 이 방향의 또 다른 주요 단계는 2017년 CNCF(Cloud Native Computing Foundation)를 시작한 것이다(https://www.cncf.io/). 최초의 플래티넘 회원 중 일부는 Amazon Web Services, Microsoft Azure, Google Cloud와 같은 하이퍼 스케일 클라우드 공급 업체였다. 출시 이후 많은 조직이 이 커뮤니티의 일부가 됐으며 컨테이너 기반 마이크로서비스 에코 시스템용 소프트웨어를 활성화하거나 오픈 소스로 유지하는 사명을 지속해서 주도하고 있다.

CNCF 헌장의 자세한 내용을 보려면 다음 링크를 검토하기 바란다: https://www.cncf.io/about/charter/.

모든 퍼블릭 클라우드 제공 업체는 일반적으로 CNCF 관련 노력 외에도 개방적이고 개발자 친화적인 노력을 기울이고 있다. 다음은 상위 3개 클라우드 제공 업체의 오픈 소스 마이크로사이트에 대한 링크다.

- AWS의 오픈 소스: https://aws.github.io/

- Azure의 오픈 소스 소프트웨어: https://azure.microsoft.com/en-us/ overview/open-source/

- Google Cloud의 오픈 소스: https://github.com/GoogleCloudPlatform

미래의 트렌드 #1

오픈 소스 소프트웨어와 프레임워크는 클라우드 네이티브 아키텍처를 더욱 향상시키고 개발자 친화적으로 만들 것이다.

인프라 서비스에서 증가된 추상화

몇 년 전, 퍼블릭 클라우드가 관심을 끌기 시작했을 시점에는 컴퓨팅, 스토리지, 네트워킹, 데이터베이스 등을 다루는 핵심 인프라 블록에 중점을 뒀다. 그러나 다양한 클라우드 제공 업체가 새로운 서비스를 도입하기 시작하면서 서비스 수준이 높아지고 기본 인프라 측면이 크게 추상화되면서 이러한 추세가 빠르게 변화했다. 예를 들면 AWS의 클라우드 기반 컨택트 센터 서비스인 Amazon Connect와 같은 서비스가 있다. 최종 사용자는 기본 인프라를 전혀 신경 쓸 필요 없이 핵심 비즈니스 측면, 통화 라우팅 로직 등에 중점을 두고 몇 분 안에 빠르게 서비스를 시작할 수 있다.

애플리케이션 배포 관점의 또 다른 측면은 기본 가상화 클라우드 기반 인스턴스를 사용하는 대신 개발자가 컨테이너 기반 배포 또는 심지어 AWS Lambda와 같은 서비스를 사용하는 서버리스 방식으로 나아가고 있다는 것이다. 이러한 기술은 기본 인프라에서 사용자를 더욱 추상화하고 핵심 애플리케이션과 비즈니스 로직에 집중할 수 있도록 한다. 실제로 이 추세는 컴퓨팅 계층뿐만 아니라 데이터베이스(AWS의 Amazon Aurora Serverless), 메시징(Amazon SQS), 분석(Amazon Athena) 등에서도 볼 수 있다.

앞서 언급한 변화의 결과로 애플리케이션의 배포 모델은 계속 변경될 것이다. 하지만 이 변화가 서비스 자체에서 자동으로 처리될 것이기 때문에 사용자의 인프라 사양에 대한 의존성은 점점 더 적어질 것이다. 이러한 변경의 또 다른 부가적인 효과는 일반적인 IaaS(Infrastructure-as-a-Service), PaaS(Platform-as-a-Service), SaaS(Software-as-a-Service)와 같이 서비스를 구분하는 측면에서 이들 사이의 관계가 계속 모호해지고 모든 것이 정확하게는 클라우드 또는 클라우드 네이티브 형태의 서비스가 될 것이라는 점이다. FaaS(Functions-as-a-Service) 또는 XaaS(Anything-as-a-Service)와 같은 새로운 용어가 여러 문맥에서 사용되고 있는 것에서도 알 수 있는 것처럼 현재 시점에도 이미 이러한 변화를 확인할 수 있다.

미래의 트렌드 #2

클라우드 서비스는 기본 인프라에 구애받지 않는 형태로 배포 모델이 변화함으로써 더욱 애플리케이션과 소프트웨어 지향적인 모습이 될 것이다. 또한 IaaS/PaaS/SaaS 간의 구분은 더 많은 클라우드 네이티브 서비스가 도입됨에 따라 더 모호해질 것이다.

AI/ML을 기반으로 더 똑똑해지는 시스템 – 이미 시작된 데브옵스로부터 NoOps의 형태까지의 전환

퍼블릭 클라우드가 등장하면서, 이를 기반으로 하는 자동화를 통해 확장 가능하고 자체 장애 복구 프로세스를 내재하는 애플리케이션을 만들 수 있게 해주는 등의 새로운 유형의 인프라 관리 패턴을 목격했다. 그 뒤를 이은 자동화 물결 속에서 추상 클라우드 서비스로 인해 실질적으로 개발자와 시스템 운영 역할 간의 경계가 흐려지고 결과적으로 데브옵스가 더 주류가 되는 현상도 봤다. 그 결과로 더 빠르고 빈번한 배포, 문제 발생 시 간편한 롤백 메커니즘, 더 나은 도구와 서비스를 통해 전체 프로세스를 보다 쉽게 통합할 수 있었다. 하지만 이러한 유형의 고급 자동화 기술을 사용하더라도 특정 운영 체제나 애플리케이션 측면에서는 운영과 업데이트가 필요하며 이는 여전히 수작업으로 수행되는 작업들이다. AWS Lambda나 Amazon Aurora 서버리스와 같은 최신 서비스가 고객의 손에서 이런 부담되는 노력을 덜어주고는 있지만 여전히 대부분 운영 관점의 관련 업무를 이들 서비스 스스로가 대신 처리할 수 있을 정도로 시스템이 똑똑해질 때까지는 갈 길이 멀다. 이 이야기는 시스템이 더 똑똑해야 한다는 것을 의미할 수도 있는데, 예상되는 특정 상황에만 반응하는 것이 아니라 가능한 실패 시나리오와 변경의 필요성을 사전에 능동적으로 예측해서 수행하게 되므로 수작업으로 매우 복잡한 자동화를 구축한다거나 어떤 것이든 직접 수정해야 하는 필요성을 줄일 수 있을 것이다!

앞서 언급한 자동화를 기반으로 하는 운영 모델의 전환을 가능하게 하는 데는 인공 지능이나 머신러닝 같은 기술이 중요한 역할을 하게 될 것이며 이미 이러한 서비스들이 많은 클라우드 제공 업체에서 제공 하는 예측 모델링 기술을 응용해 실제로 사용되기 시작했다. 예를 들어 Amazon Macie는 머신러닝을 사용해 AWS에서 중요한 데이터를 자동으로 검색, 분류, 보호해준다. 마찬가지로 Amazon GuardDuty 는 통합 위협 인텔리전스 피드를 통해 의심되는 공격자를 식별하고 머신러닝을 사용해 계정과 작업 부하 활동의 이상 상황을 탐지한다. 이것은 보안 영역에서 사용되는 머신러닝의 좋은 예다. 하지만 이러한 발 전으로 현재의 일반적인 운영은 큰 변화를 필요로 하게 되고 애플리케이션 배포와 관리 모델의 경우 클 라우드를 기반으로 하는 동일한 원칙과 메커니즘이 더욱 주류로 자리잡게 될 것이다.

AWS가 여러 서비스에서 보안 관련 측면을 처리하기 위해 만든 수학적이자 머신러닝 기반의 도구를 자세히 설명하는 흥미로운 블로그 게시물을 참조하기 바란다: https://aws.amazon.com/blogs/security/protect-sensitive-data-in-the-cloud-with-automated-reasoning-zelkova/.

미래의 트렌드 #3

클라우드 서비스와 시스템은 더욱 지능화되어 인프라나 애플리케이션 운영에 대한 일반적인 요구 사항 이 줄어들어 새로운 NoOps 원칙이 만들어질 것이다.

개발자는 먼저 로컬에서 개발하는 대신 클라우드에서 새로운 애플리케이션을 개발할 것이다

클라우드가 모든 유형의 애플리케이션 배포에서 매우 인기를 얻었지만, 대부분 실제 코딩과 같은 애플리 케이션 개발은 개발자가 IDE를 가지고 있는 워크스테이션에서 오프라인 모드로 이뤄진다. 코드를 작성 하고 단위 테스트를 수행한 후 모든 것이 좋다고 판단되면 중앙 코드 저장소로 푸시한다. 푸시된 코드 는 클라우드에 있을 수도 있고 없을 수도 있다. 하지만 대부분의 경우 전체 빌드 프로세스가 실행되면 실제 애플리케이션 바이너리 배포는 클라우드에서 이루어진다. 그 이유는 다음과 같은 몇 가지 요인 때 문이다.

- 클라우드에서 개발하기 위해서는 지속적으로 인터넷에 연결해야 하지만 이것이 항상 가능하지 않을 수 있다.
- 개발자가 워크스테이션에서 사용하기에 편한 IDE나 도구는 클라우드와 같은 환경을 위해 설계된 적이 없다.
- 일부 고객이 핵심 IP인 코드베이스가 클라우드에 위치하는 것이 안전하지 않을 수 있다고 우려할 수도 있다.

개인적으로 이러한 사항은 로컬에서 개발할 때만 나올 수 있는 이유라고 확신하는데, 이러한 두려움 대부분은 완전히 사실 무근이다. 실제로 개발자가 순수하게 클라우드에서 개발한다면 프로세스가 쉬워질 뿐만 아니라 아키텍처에서 기본적으로 많은 클라우드 서비스를 활용할 수 있게 제공한다. 그렇지 않다면 직접 코딩을 해야 할 것이다.

이 상황에서 지속적으로 개선되는 예로, 애저에는 클라우드를 위한 코딩을 위해 Visual Studio Code가 있으며, 아마존 역시 AWS Cloud9을 사용해 브라우저만 있으면 코드를 작성할 수 있다. 같은 맥락에서 마이크로소프트는 깃허브도 인수했다. 깃허브는 개발자를 유치하고 클라우드에서 기본적으로 쉽게 개발할 수 있도록 하는 것에 중점을 두고 있다. 사실 이 모든 것은 시작에 불과하며 시간이 지남에 따라 개발자가 온전히 클라우드에서 개발하기가 훨씬 더 쉬워질 것이다. 향후 전체적인 개발/테스트 경험은 근본적으로 달라질 것이다. 이를 통해 글로벌 협업이 더욱 쉬워지고 분산된 방식으로 애플리케이션을 작성하고 관리할 수 있게 될 것이다.

미래의 트렌드 #4

클라우드 서비스는 클라우드에서 개발을 효과적으로 할 수 있는 다양한 옵션을 제공함으로써 개발자가 1급 객체(First Class Citizen[1])가 될 수 있도록 한다.

음성, 챗봇, AR/VR 기반 상호 작용 모델이 널리 보급될 것이며 주로 클라우드에 의해 구동될 것이다

지난 1년여 동안 AR/VR뿐만 아니라 AI/ML에 관한 많은 대화와 행동을 봐왔다. 이러한 기술은 여러 해 동안 존재했지만 효과적인 AI/ML 알고리즘을 생성하기 위해서는 많은 데이터가 필요하며 AR/VR도 마찬가지로 많은 CPU/GPU가 필요하다. 이제 클라우드가 필요한 기본 인프라 구성 요소를 유연하게 제공함에 따라 가상 공간에 페타 바이트 규모의 데이터를 저장하고 새로운 시대의 애플리케이션을 구현할 때 수천 개의 CPU를 즉시 사용할 수 있게 됐다. 이 외에도 아파치 MXNet(https://mxnet.apache.org/), 텐서플로(https://www.tensorflow.org/), Caffe(http://caffe.berkeleyvision.org/), PyTorch(https://pytorch.org/) 등 이 영역의 서비스와 프레임워크에서도 큰 발전이 있었다. 마찬가지로 간단한 Q&A 유형의 봇에서부터 여행 예약과 같은 특정 사용 사례를 완전하게 지원할 수 있는 모든 기능을 갖춘 봇에 이르기까지 다양한 유형의 봇에 있어서도 큰 성장을 보였다. 또한 이러한 봇은 클라우드 기반 고객 센터 구

---

1   (옮긴이) 프로그램 언어 디자인에서 다른 객체에게 일반적으로 적용 가능한 연산을 모두 지원하는 객체 - 위키피디아

현의 일환으로 점점 주류가 되고 있으며, 통화 라우팅 흐름을 기반으로 봇 자체가 사람의 의존 없이 많은 작업을 완전히 처리할 수 있다. 이 봇은 또한 AI/ML 기술에서 **NLP(Natural Language Processing, 자연어 처리)**, 음성-텍스트, 텍스트-음성, 이미지 인식, **광학 콘텐츠 인식(OCR)**과 같은 기술을 사용하는 기반 기술로도 이용된다. 또한 AR/VR 측면에서도 최종 사용자와의 상호 작용(예를 들어 고객이 드레스를 디지털 방식으로 온라인상에서 입어볼 수 있는)과 산업/기업 사용 사례(원격 엔지니어를 통한 중장비 문제 탐지 등)에 디지털 아바타가 사용되는 것을 볼 수 있었다. 이러한 추세는 Amazon Sumerian과 같은 클라우드 서비스에 의해 더욱 증폭돼 안드로이드나 iOS 모바일 기기뿐만 아니라 Oculus Go, Oculus Rift, HTC Vive], Google Daydream, Lenovo Mirage와 같은 인기 있는 하드웨어에서 실행할 수 있는 VR, AR, 3D 경험을 생성하는 데 사용할 수 있다.

 구글 IO 2018의 Google Duplex 데모를 링크에서 살펴보기 바란다(https://www.youtube.com/watch?v=bd1mEm2Fy08).

음성 기반 상호 작용의 또 다른 전형적인 예로는 Amazon Echo, Amazon Echo Dot과 같은 장치를 사용해 직접 상호 작용하거나 심지어 Alexa 음성 서비스를 사용해 자신의 장치에 통합할 수 있는 클라우드 기반 음성 서비스인 Amazon Alexa가 있다(https://developer.amazon.com/alexa-voice-service). 이러한 통합 환경이나 Alexa 기술의 결과로 집에서 TV, 온도, 조명을 제어하거나 신용 카드의 지불 상태 확인이나 결제 개시와 같은 은행 업무를 수행할 수 있다.

이전에는 애플리케이션을 호출하려면 일반적으로 브라우저 기반 액세스나 모바일 앱이 필요했고 시스템 레벨의 통합을 위해서는 API가 유용했다. 하지만 앞서 언급한 것처럼 챗봇이나 음성, AR/VR 기반 인터페이스와 같은 새로운 유형의 상호 작용 메커니즘으로 인해 애플리케이션 개발 패턴도 바뀌고 있다. 실제로 애플리케이션뿐만 아니라 인프라의 관리 작업에서도 많은 조직이 EC2 인스턴스를 시작하거나 모니터링 정보를 얻고 심지어는 삭제할 수 있는 Alexa Skill을 만들기 시작했다. 애플리케이션 없이 손이나 얼굴 인식 등과 같은 동작을 기반으로 하는 인터페이스는 현재까지는 아직 초기 단계의 영역 중 하나이기는 하지만, 향후 주류가 되는 것은 시간 문제일 것이다. 결과적으로 미래에는 애플리케이션과의 상호 작용이 향상되고 여러 가지 다른 인터페이스를 활용해 더 나은 사용자 경험을 갖게 될 것이다.

미래의 트렌드 #5

클라우드 서비스는 애플리케이션이 음성이나 제스처, 가상 현실, 증강 현실과 같은 기술을 활용해 더욱 발전된 형태의 상호 작용을 할 수 있도록 함으로써 사람과 기계의 격차를 줄일 수 있게 할 것이다.

클라우드 네이티브 아키텍처는 데이터 센터를 넘어 '사물'로 확장될 것이다

전통적으로 애플리케이션은 서버 기반 환경이나 모바일 장치용으로 설계됐다. 하지만 최근에는 코드와 애플리케이션이 '사물'용으로 작성되는 형태로 조금씩 변화하고 있다. 전구, 온도 조절 장치, 어린이 장난감, 실제 자동차 등과 같이 인터넷과 연결되고 제어되는 어떠한 형태의 물리적 장치라도 여기서 언급하는 사물이 될 수 있다. 가트너의 기사(https://www.gartner.com/newsroom/id/3598917)에 따르면, 2020년까지 약 204억 대에 이르는 이러한 사물들이 인터넷에 연결될 것으로 추정되며, 인간이 그것들과 상호 작용하는 방식이 크게 바뀔 것으로 예상된다. 실제로 백엔드에 연결된 장치가 너무 많으면 애플리케이션 아키텍처와 전송 또는 소비되는 데이터 양이 크게 변경될 것이다. 이런 환경에서 데이터를 처리하기 위해서는 확장 가능한 스트림 기반의 데이터 처리 기술이 필요하며AWS IoT와 Amazon Kinesis 같은 서비스가 요구되는 기능 구현 중심이 될 것이기 때문에, 다시 한 번 말하지만, 클라우드 없이는 이런 처리가 불가능할 것이다. 이와는 별도로, 예를 들어 석유 굴착 장치의 센서와 같이 많은 장치는 인터넷에 항상 연결될 수는 없을 것이다. 이러한 인터넷 연결이 제한된 원격 위치에 있는 시나리오의 경우 '에지 컴퓨팅'의 역할이 상당히 중요할 것이다. 이러한 유형의 사용 사례로는 AWS Greengrass와 같은 서비스를 들 수 있다. 이를 통해 안전하게 연결된 장치에 대한 로컬 컴퓨팅, 메시징, 데이터 캐싱을 수행할 수 있도록 지원받게 될 것이다. 또한 이러한 에지 컴퓨팅 시나리오를 지원해야 하는 마이크로 컨트롤러와 같은 소형 디바이스의 경우 Amazon FreeRTOS와 같은 새로운 커널 서비스가 매우 중요하며 그것이 이러한 원격지 배포를 가능하게 할 것이다.

이러한 에지 디바이스의 데이터가 클라우드에서 수집됨에 따라 실시간 또는 배치 작업이나 추세 분석 등을 수행할 수 있을 것이며, 이는 지속해서 또 다른 새로운 길을 열고 아키텍처 패턴을 발전시킬 것이다.

미래의 트렌드 #6

클라우드 네이티브 애플리케이션은 에지에서부터 백엔드 애플리케이션과 고객 대상 포털에 이르기까지 처음 단계부터 마지막에 이르는 모든 단계에 전체적으로 영향을 미치게 되므로 애플리케이션의 생성과 배포 방식에도 변화를 초래할 것이다.

데이터는 계속 새로운 형태의 '오일'이 될 것이다

데이터 관리는 성공적인 애플리케이션 개발과 배포에 있어 항상 핵심적인 분야였으며, 클라우드를 사용함으로써 페타 바이트 단위의 데이터를 쉽게 저장하고 새로운 정보 채널을 활용할 수 있게 되어 이러한 추세는 계속 증가하고 있다. 실제로 많은 조직에서 웹에 연결된 장치들을 소셜 미디어나 비즈니스 애플리케이션에 연결하는 등의 형태로 다양한 소스에서 제공되는 데이터를 중앙 집중식으로 관리하는 데이터 레이크를 생성하는 모델로 이동하고 있다. 그들은 이렇게 구성된 데이터 레이크를 활용해 깊은 통찰력과 트렌드를 알기 위한 분석을 수행한다.

 AWS나 애저에서 다음 데이터 레이크 아키텍처 세부 정보를 검토해 보라:
https://aws.amazon.com/answers/big-data/data-lake-solution/
https://docs.microsoft.com/en-us/azure/data-lake-store/data-lake-store-overview.

데이터를 클라우드로 옮길 수 있는 더 빠르고 더 좋은 옵션이 있다는 사실로 인해 앞의 트렌드는 더욱 촉진되었다. 몇 년 전까지 만해도 AWS DirectConnect와 같은 옵션을 사용하거나 AWS Storage Gateway와 같은 가상 기기를 사용해 인터넷과 네트워크를 통해 데이터를 전송할 수 있었다. 그러나 지난 몇 년 동안 모든 클라우드 제공 업체는 Amazon Snowball과 같은 물리적 장치를 만들었다. 이러한 장치들은 최종적으로 Amazon S3와 같은 서비스로 데이터를 이동하기 위해 데이터 센터에서 주문하고 데이터를 전송하기 위해 로컬에서 연결하고 전송이 완료되면 클라우드 제공 업체로 다시 배송한다. 이 작은 데이터 전송 장치만이 아니라, 지금 당장 세미 트레일러 트럭에 의해 견인되는 45피트(약 13.7m) 길이의 견고한 운송 컨테이너 하나당 100PB 데이터를 전송할 수 있는 AWS Snowmobile을 요청할 수도 있다. 이는 혁신의 시작에 불과하며 이로 인해 향후 클라우드로나 클라우드에서의 데이터 전송이 훨씬 쉬워질 것이다. 그리고 이는 방대한 데이터 집합에서 정보를 수집, 집계, 분석하는 작업을 더욱 촉진할 것이다. 데이터가 클라우드로 이동함에 따라 애플리케이션은 이러한 추세를 따르게 될 것이며 결국 이는 데이터가 전체 클라우드 도입에 있어서 중점이 될 수밖에 없는 이유가 될 것이다.

미래의 트렌드 #7

데이터는 모든 클라우드 배포의 중심이 될 것이며 클라우드로의 데이터 마이그레이션 경로가 사용하기 쉬워짐에 따라 클라우드 기본 아키텍처 도입이 크게 증가할 것이다.

클라우드에서의 기업의 미래

기업은 항상 위험을 회피하기 위해 모든 기술 패턴에 있어서 느리게 움직여왔다. 그런 면에서는 클라우드를 바라보는 것 역시 다르지 않다. 수년 동안 기업들은 경기장의 관중석에 앉아 기술의 진전을 지켜봤고 다른 사람들이 첫 발을 내딛기를 기다려왔다. 그와 동시에 클라우드에서 모든 환경을 구축하고 사용하는 수많은 신생 스타트업의 급격한 증가와 그들이 잘 구축돼 있던 주류 기업을 서서히 붕괴시키는 것을 목격했다. 예를 들어, 리프트(Lyft)와 우버(Uber)는 택시/운송 사업에 도전했고 에어비앤비(Airbnb)는 호텔 여행 산업을 혼란에 빠뜨렸다. 마찬가지로 오스카 보험(Oscar Insurance)은 건강 보험 부문을 근본적으로 바꿔 놓았다. 이러한 유형의 성공은 이전보다 결코 쉽지는 않았지만, 이제는 클라우드를 통해 모든 사람이 비즈니스 요구에 따라 확장/축소할 수 있는 동일한 서비스나 인프라 리소스에 액세스할 수 있게 됐음을 의미했다. 그리고 이것은 모든 경기의 룰을 근본적으로 바꿨다.

앞서 언급한 효과의 결과로 많은 기업은 다른 사람이 자신의 비즈니스를 방해하기 이전에 스스로 클라우드를 사용해 혁신을 주도해야 한다는 것을 깨달았다. 그에 따라 많은 기업이 클라우드를 도입하는 것뿐만 아니라 운영과 비즈니스 모델을 재정의하기 위해 지난 몇 년간 올인(all-in) 모델로 가는 것을 봤다. GE, 캐피탈 원(Capital One), 어도비(Adobe), 헤스(Hess), 켈로그(Kellogg's), 노바티스(Novartis), 인포(Infor), 썬콥(Suncorp), 베스트바이(BestBuy), 필립스(Philips), 골드만삭스(Goldman Sachs) 등의 고객이 모두 하나 또는 다른 퍼블릭 클라우드 플랫폼으로 사용 환경을 모두 옮겨가고 있으며 이런 엔터프라이즈 고객의 목록은 지속해서 증가하고 있다.

다양한 클라우드 제공 업체의 사례 연구는 다음 링크를 참조하라.
- AWS: https://aws.amazon.com/solutions/case-studies/enterprise/
- 애저: https://azure.microsoft.com/en-us/case-studies/
- 구글 클라우드: https://cloud.google.com/customers/

영리 기관 외에도 정부와 공공 기관이 대규모로 클라우드를 채택하는 것을 볼 수 있었다. 몇 가지 예로 NASA, FDA, FINRA, 미국 국토 안보부, 싱가포르 정부, 런던 교통, 온타리오 정부, 비즈니스 스웨덴, 텔 아비브시, 칠레 보건부 등이 이런 저런 워크로드를 클라우드에 배포하고 있으며 이에 대한 내용은 다양한 클라우드 제공 업체의 웹사이트에 공개된 자료를 통해 확인할 수 있다.

기업의 경우 클라우드로 인한 변화가 매우 클 것이다. 클라우드를 향한 기업의 변화는 업그레이드나 리플랫폼과 같은 기술적인 영역뿐만 아니라, 이제 모든 것이 온-디맨드 또는 운영 비용 지향적인 면과 자본 지출과의 비교를 필요로 하고 이러한 비용 모델이 기업에게는 완전히 새로운 형태라서 기업의 운영과 비즈니스에도 많은 영향을 미칠 것이기 때문이다. 그 외에도 빠르게 변화하고 클라우드의 힘을 진정으로 활용하기 위해서는 새로운 클라우드 서비스와 기능을 신속하게 시험하고 애플리케이션 아키텍처에 통합할 수 있는 데브옵스나 피자 두 판 팀과 같은 소규모 팀이 필요하다. 이런 민첩하고 혁신적인 문화를 유지하는 것 외에도 기업은 올바른 법률 준수를 확인하기 위해 감사자에게 올바른 통제 권한을 부여할 수 있어야 하며, 이를 위해 적절한 관리 정책과 보안 통제를 갖춰야 한다. 이러한 전체 변경 사항을 보다 원활하게 만들기 위해 다양한 클라우드 제공 업체는 기업 고객의 CIO/CTO 또는 기타 다양한 이해 관계자들이 마찰과 중단 없이 클라우드로 전환하는 것을 지원할 수 있는 매우 포괄적인 클라우드 도입과 변경 관리 프레임워크를 개발했다.

 이와 관련된 흥미로운 정보에 대해서는 다음 AWS Enterprise Strategy 블로그를 참조하기 바란다: https://aws. amazon.com/blogs/enterprise-strategy/.

모든 엔터프라이즈 고객이 처리해야 할 또 다른 변경 사항은 대상 클라우드 플랫폼에 대한 직원들의 교육이다. 이를 위해 모든 클라우드 제공 업체는 교육과 인증에 관한 포괄적인 프로그램을 보유하고 있으며, 이를 통해 고객과 직원들은 서비스 기능과 통합 기술, 모범 사례에 대해 배울 수 있다. 하지만 직원을 교육하는 것 외에도 기업 고객은 프로젝트의 중요한 단계에서 직원을 지원해줄 수 있는 전문가가 필요하다. 마찬가지로 모든 클라우드 제공 업체에는 전문 기술 서비스 컨설턴트가 있으며, 다양한 전문 기술이나 프로세스, 프로젝트 제공 측면에 대해 고객에게 조언을 제공할 수 있다. 고객은 필요한 클라우드 지식을 갖춘 CCOE(Cloud Centers of Excellence)와 구축 팀의 설정을 지원하기 위해 대부분의 경우 다양한 분야를 전문으로 다루고 클라우드 프로젝트를 성공적으로 수행할 수 있는 다양한 컨설팅 파트너를 활용하기도 한다.

앞서 언급한 구성 요소를 통해 고객은 일상 업무에 변화를 가져오고 클라우드 네이티브 여정을 원활하고 성공적으로 진행할 수 있다. 이러한 실행의 결과로, 다음과 같은 기업 고객의 매우 흥미로운 혁신을 볼 수 있었다.

- 캐피탈 원의 Amazon Alexa Skill사례: https://www.capitalone.com/applications/alexa/

- FINRA, AWS를 사용해 매일 수십억 개의 중개 거래 기록 수집 및 분석: https://youtu.be/rHUQQzYoRtE

- NASA JPL의 프레젠테이션-클라우드가 우주에 관한 질문에 대한 답변을 돕는 방법: https://youtu. be/8UQfrQNo2nE

- 클라우드 기반의 소셜 마케팅을 통한 BMW의 모델 출시 지원과 잠재고객 개발: https://customers.microsoft. com/en-us/story/bmw-supports-model-launch-develops-prospects-with-clo2

- 에어버스 디펜스 앤드 스페이스(Airbus Defense and Space), 클라우드 머신러닝을 사용해 위성 이미지 품질을 향상시키다: https://cloud.google.com/blog/big-data/2016/09/google-cloud-machine-learning-now-open-to-all-with-new-professional-services-and-education-programs

새로운 IT 역할

클라우드가 기업에 미치는 장기적인 영향 중 하나는 진화하는 여러 가지 새로운 역할이 있다는 것이다. 이런 클라우드 기반의 기술 중 일부는 이미 주류가 되었고, 일부는 기술 트렌트의 진화로 인해 더 인기를 얻기 시작했다.

- **최고 기술 혁신 책임자(CTIO):** 이전에는 조직에 CTO 또는 CIO가 있었지만 최근에는 주로 클라우드를 기반으로 하는 혁신에 대한 관심이 높아짐에 따라 CTIO라는 새로운 역할이 나타나기 시작했다.

- **클라우드 솔루션 아키텍트:** 이전에는 애플리케이션 아키텍트, 시스템 아키텍트, 통합 아키텍트 등이 있었지만, 새롭게 떠오르는 클라우드 네이티브 아키텍처의 가능성으로 인해 클라우드 솔루션 아키텍트의 새로운 역할이 매우 인기를 얻고 있다.

- **클라우드 마이그레이션 아키텍트:** 많은 기업이 클라우드를 효과적으로 활용하기 위해 제거해야 하는 막대한 양의 기존 기술 기반의 기술 부채가 있어 클라우드 마이그레이션 아키텍트 역할에 중점을 둔 새로운 마이그레이션이 뒤늦게 나타나기 시작했다.

- **데브옵스 전문가/클라우드 자동화 엔지니어:** 클라우드의 성능을 최대한 활용하려면 자동화와 오케스트레이션 기능에 중점을 둬야 한다. 자동화와 오케스트레이션 기능은 종종 코딩과 스크립팅이 필요하며 데브옵스에 적합한 운영 절차가 마련돼야 한다. 이에 데브옵스 전문가/클라우드 자동화 엔지니어 역할이 중추적 역할을 담당하게 되었다.

- **클라우드 보안 아키텍트:** 클라우드의 보안 제어와 절차는 온프레미스 설정과 매우 다르다. 따라서 클라우드의 보안 제어를 적절한 방식으로 활용해 적절한 규정 준수나 거버넌스 모델 준수 여부에 대한 보증을 위해 많은 조직에서 클라우드 보안 아키텍트라는 역할을 도입하고 있다.

- **클라우드 재무 전문가:** 이것은 매우 독특한 역할이며 여전히 주류는 아니지만 일부 조직에서 비용 관리 관점에서 클라우드 사용 최적화에 더 중점을 둔 전문가를 고용하기 시작했다. 이들은 예약 인스턴스와 같은 더 나은 재무 구조를 찾는 데 더 중점을 두거나 태그 지정과 같은 기술을 활용해 내부 조직에서 비용을 분리하는 데 도움을 준다.

이전 역할과 함께 클라우드를 기반으로 하는 빅 데이터나 분석, 머신러닝의 성장으로 인해 주류가 된 여러 가지 역할이 있다. 실제로 AI와 ML이 향후 몇 년 동안 성장함에 따라 해당 분야에서 중요해질 수 있는 역할에 대한 논의가 이미 증가하고 있다. 그러한 역할 중 하나는 AI/ML의 힘을 활용하는 기술적인 측면뿐만 아니라 사회적 영향을 살펴볼 AI 책임자다. 예를 들어 AI/ML이 더 똑똑해지고 자동차를 운전하는 것과 같이 스스로 결정을 내릴 수 있는 경우, 자율 주행 자동차가 보행자를 덮쳤을 때 누가 책임을 져야 하는가? AI 또는 AI 시스템을 구축한 개발자가 책임져야 할까? 이는 쉽게 답할 수 있는 문제가 아니기 때문에 최고 AI 책임자와 같은 새로운 역할이 실제로 이러한 유형의 새로운 사회에 영향을 미치는 상황에 초점을 맞추고 정부와 다양한 규제 기관과 협력해 사회의 균형을 유지하기 위해 적절한 규칙과 프레임워크를 만들 것이다.

따라서 앞서 언급한 변화와 함께 기업들은 이 새로운 혁신 주도 시대에 성공적이고 경쟁력을 유지하기 위해 진화하고 적응해야 할 것이다!

요약

이제 이 책을 마무리할 때가 됐다. 이 책에서는 처음부터 많은 기본 지식을 다뤘다. 그렇다면 조금 뒤로 돌아가서 이 책의 여러 단원에서 배운 내용을 떠올려 보자.

먼저 클라우드 네이티브라는 것이 실제로 무엇을 의미하는지 정의하는 것부터 시작했다. 그것이 나머지 장에서 펼친 토론의 토대를 마련하는 핵심 부분이기 때문이다. 빠르게 기억을 되돌려 보면, CNMM은 세 가지 주요 축을 중심으로 회전한다.

- 클라우드 네이티브 서비스
- 애플리케이션 중심 디자인
- 자동화

따라서 각 고객은 이 모든 축에 대해 다양한 성숙도를 갖고 있지만 본질적으로는 클라우드 네이티브에 기반을 두고 있을 수 있다.

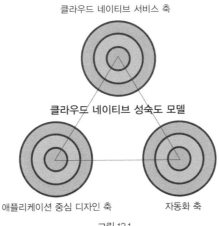

그림 12.1

그러고 나서 클라우드 도입 프레임워크의 세부 사항과 비즈니스, 인력, 거버넌스, 플랫폼, 보안, 운영을 포함한 여러 가지 관점에서 그것이 의미하는 바를 살펴봤다. 이는 결국 서버리스와 마이크로서비스의 본질과 12단계 애플리케이션 프레임워크를 사용해 클라우드에서 애플리케이션을 구축하는 방법을 중심으로 하는 다음의 중요한 주제로 이어졌다. 그다음, 기술과 컨설팅 파트너로 구성된 클라우드 에코시스템과 마켓 플레이스, 라이선스 가져오기(BYOL, bring-your-licenses) 등을 포함한 다양한 소프트웨어 라이선싱과 조달 모델을 살펴봤다. 이러한 모든 일반적인 개념을 명확하게 이해한 후 여러 겹의 양파 껍질 접근 방식을 사용해 확장성, 가용성, 보안, 비용 관리, 운영 효율성 등 클라우드 관점에서 이해해야 하는 매우 중요한 특징에 대해 어떻게 생각하는지, 그리고 그것이 기존 온-프레미스 모델과 어떻게 유사하고 어떻게 다른지에 대해 구체적으로 살펴봤다.

이러한 개념을 모두 명확하게 살펴본 후 아마존 웹 서비스, 마이크로소프트 애저, 구글 클라우드 플랫폼의 3대 최고 클라우드 제공 업체의 세부 정보를 살펴보면서 직접 구현 가능한 구체적인 내용을 살펴보는 시간을 가졌다. 각 섹션에서 앞서 설명한 CNMM 모델을 기반으로 기능과 차별점을 살펴봤다. 거기서 CNMM 축-1을 기반으로 한 모든 클라우드 제공 업체의 주요 제공 서비스를 검토한 다음 CNMM 축-2를 기반으로 서버리스 마이크로서비스를 개발하고 배포한 후 CNMM 축-3을 기반으로 한 자동화/데브옵스 가능성으로 최종 결론을 도출했다. 이 연습을 통해 모든 클라우드 제공 업체의 용어와 상대적 비교를 바탕으로 한 층 더 깊은 통찰력을 얻을 수 있었다.

마지막으로 이 장에서는 몇 가지 새로운 측면을 살펴봤다. 주요 사항 중 하나로, 향후 3년간 진화를 기대해 볼 수 있는 상위 7대 기술 트렌드를 살펴봤다. 이를 통해 현재의 기능을 살펴보는 것은 물론이고 미래를 계획하는 데도 도움이 될 것이다. 그 다음, 클라우드가 기업에 미치는 영향과 그 변화를 수용하는 방법을 조금 더 깊이 알아봤다. 같은 섹션에서 클라우드가 기업에서 주류가 됨에 따라 진화한 새로운 IT 역할에 대해서도 살펴봤다.

이를 바탕으로 결론에 도달했다. 만약 이 책 전체에서 한 가지만 가져가기를 원한다면, 그것은 다음 한 문장이 될 것이다.

"클라우드는 새로운 표준이며, 그 힘을 최대한 활용하고 싶다면 클라우드 네이티브로 가기 위해 모든 것을 집중하는 것이 최고의 방법이다!"

ㅈ - ㅊ